LAB 주석 시리즈

적용을 도와주는

고린도후서

Life
Application®
Bible Commentary

책임편집 : 그랜트 오스본(Grant Osborne) | 김진선 옮김

성서유니온선교회

LAB 주석 시리즈

고린도후서

저자 : 브루스 B. 바톤, 그렉 아시마쿠풀로스,
　　　조나단 패라르
시리즈 편집자 : 그랜트 오스본
신약 편집자 : 필립 컴포트
역자 : 김진선

판권 : ⓒ (사) 한국성서유니온선교회 2001
펴낸곳 : (사) 한국성서유니온선교회

초판발행일 : 2001년 10월 24일
초판4쇄 : 2013년 3월 20일

등록 : 제14-6호(1978.10.21)
주소 : 138-852 서울시 송파구 송파동 144
전화 : 02-2202-0091
팩스 : 02-2202-0095
http://www.su.or.kr
e-mail:sukorea@su.or.kr

ISBN 978-89-325-2202-9 04230
ISBN 978-89-325-2200-5 (세트)

성서유니온선교회(Scripture Union)는 1867년에 영국에서 어린이 전도와 성경읽기 사역으로 시작하여, 현재 전 세계 120여 개 국에서 다양한 선교사역을 펼치고 있는 국제적인 선교단체입니다.

한국성서유니온선교회는 1972년에 시작되어 한국 교회에 성경 묵상(QT)을 소개하였고, 현재는 전국 13개 지부에서 매일 성경 읽기, 어린이·청소년 전도, 캠프, 개인성경공부(PBS), 그룹성경공부(GBS), 지도자 훈련, 기독교 서적 출판 등의 사역에 힘쓰고 있습니다.

성서유니온선교회의 목적은 하나님의 복음을 어린이와 청소년과 그들의 가정에 전하는 한편, 모든 연령층의 그리스도인들에게 규칙적이고 체계적으로 성경을 묵상하도록 권하여 온전한 믿음에 이르러 성숙한 그리스도인이 되도록 돕는 것입니다.

Life Application Bible Commentary

tr. by Tyndale House Publishers

2 CORINTHIANS

Bruce B. Barton
Greg Asimakoupoulos
Jonathan Farrar
Dave Veerman

Series Editor: Grant Osborne
Editor: Philip W. Comfort

Copyright © 1996 by The Livingstone Corporation
Korean Translation Edition Copyright © 2001 by Tyndale House Publishers
"Translated into korean by permission of Tyndale House Publishers"
"Life Application is a registered trademark of Tyndale House Publishers, Inc."

머리말

LABC 시리즈는 신약의 각 구절마다 설명과 배경, 그리고 적용을 제공하고 있습니다. 또한 개인적인 도움말과 교수 노트, 설교에 대한 아이디어를 담고 있어서, 필요를 채워주고, 의문에 대한 답을 제시하며, 하나님의 말씀을 오늘의 삶에 적용할 수 있는 통찰력을 줄 것입니다.

각 권은 서론, 주해, 참고문헌 등 세 부분으로 구성되어 있습니다. 서론에서는 책에 대한 개관, 그 책의 역사적 문맥, 연대, 문화적 배경, 주요 주제, 개략적인 지도, 그리고 저자와 독자에 대해 설명하고 있습니다.

주해 부분에서는, 주로 NIV와 NRSV 등 몇 가지 현대 번역본들을 참조하여 성경 본문을 그때그때 주해하고 있으며, 곳곳에 삶에 대한 적용도 싣고 있습니다. 여기에다 도표, 지도, 그리고 예화들도 덧붙이고 있습니다. 또한 존 칼빈, 마틴 루터, 존 웨슬리, A.W. 토저 등과 같은 교회 지도자들과 신학자들에게서 인용한 통찰력 있는 말들도 싣고 있습니다. 이것은 여러분이 성경의 정보를 빨리 이해하고 다른 사람들에게 전달할 수 있도록 도와주기 위한 것입니다.

차례

서론 … 9

고린도후서 1:1-2:4 바울의 인사(1:1-2) … 27
우리는 다른 사람들에게
하나님의 위로를 전달한다(1:3-11) … 35
바울의 변경 계획들(1:12-2:4) … 49

고린도후서 2:5-17 회개한 죄인을 회복시키라(2:5-13) … 71
그리스도의 향기(2:14-17) … 85

고린도후서 3장 하나님의 위대한 새 언약(3:1-18) … 93

고린도후서 4장 사단은 어두움을, 하나님은 빛을 주신다(4:1-18) … 115

고린도후서 5:1-6:2 연약한 육의 몸(5:1-10) … 137
하나님과 화목함(5:11-6:2) … 151

고린도후서 6:3-7:1 고난을 인내하며 견디는 바울(6:3-13) … 167
불신자들과의 분리(6:14-7:1) … 179

고린도후서 7:2-16	고린도 교회의 회개를 기뻐하는 바울(7:2-16) … 191
고린도후서 8장	하나님을 영화롭게 해 드리는 후한 연보(8:1-24) … 207
고린도후서 9장	즐겨 내시는 자를 기뻐하시는 하나님(9:1-15) … 229
고린도후서 10장	신뢰받지 못한 바울의 권위(10:1-18) … 245
고린도후서 11장	바울과 거짓 선생들(11:1-15) … 265
	바울이 당한 숱한 시련(11:16-33) … 281
고린도후서 12장	바울이 본 환상과 몸의 가시(12:1-10) … 295
	고린도 교인들에 대한 바울의 사랑(12:11-21) … 309
고린도후서 13장	바울의 마지막 충고(13:1-13) … 323

서 론

사람들은 자신의 자질과 신뢰성을 증명하기 위해 학력과 경력, 업적, 만족스런 고객들, 특별한 자격증 같은 다양한 자격들을 이력서에 기입한다. 물론 자격은 중요하다. 당신은 배관공을 고용하거나 의사에게 당신의 생명을 맡기기 전에, 그들이 그 일에 적절한 자격을 갖춘 사람인지 확인하고 싶을 것이다. 그렇게 하지 않는 것은 어리석고 무책임한 태도일 것이다.

그러나 이러한 자격증명이 불필요할 때도 있는데, 특별히 친한 사이일 경우에 그렇다. 친구에게 신뢰할만한지 증명하라고 요구하지 않을 것이고, 친척에게 신원조회를 요구하지도 않을 것이다. 당신이 그 사람을 잘 알고 있고 또 그것으로 충분하기 때문이다.

그래서 우리는 바울이 자신의 자격을 고린도에 있는 신자들에게 제시하는 것을 보고 놀랄 것이다. 바울은 고린도 교인들과 살면서 많은 사람들을 그리스도께로 인도했으며, 그 중요한 헬라 도시에 교회를 세우기도 했다. 하지만 거짓 교사들이 슬그머니 교회에 들어가 바울의 권위를 훼손하려고 했다. 그 거짓 교사들은 특별히 바울이 이전에 쓴 서신(지금은 존재하지 않는 세 번째 편지-편집자 주)에서 사용한 귀에 거슬리는 엄격한 말들을 들먹이면서, 바울의 사도성과 진실성에 의문을 제기했다.

따라서 바울은 거짓 설교자들(2:17)과 거짓 교사들(3:1)과 거짓 사도들(11:5, 13)을 논박하는 중에, 자신이 자격 있음을 되풀이하여 말하고 있는 것이다. 이렇게 하는 것이 거북했지만, 고린도 교인들을 되찾기 위해서는 반드시 필요했다. 바울은 교회를 걱정했으며, 고린도 교인들이 자신이 가르친 영적 교훈을 따르는 것이 매우 중요하다는 것을 알고 있었기 때문이다.

고린도후서에는 교회를 걱정하는 목회자의 심정이 잘 드러나 있다. 바울은 고린도 교인들에게 닥친 문제들을 들었다. 고린도 교인들은 교회의 질서에 관해 묻기 위해 대표단을 보내기까지 했다. 바울은 처음으로 아들을 대학에 보낸 아버지처럼, 고린도 교회가 정상화되기를 바라는 마음으로 장문의 편지를 썼다. 그동안 혼신을 기울여 헌신해온 바울은, 사소한 문제들과 해이해진 기강 때문에 교회가 나뉘는 것을 참을 수가 없었던 것이다.

고린도후서를 읽으면서, 이 영감된 서신을 비롯한 나머지 하나님의 말씀에 담긴 능력과 권위를 사용하여 우리 시대의 거짓 교사들의 거짓말에 어떻게 대응할 수 있을지 생각해 보라.

저자

바울(다소의 사울): 바리새인, 사도, 교회 선교의 선구자

저자와 통일성에 관한 논쟁들. 고린도후서는 대부분 자전적 서신이다. 이 서신에서 바울은 고린도 교인들에게 최근에 있었던 자신의 선교 여행에 대해서 자세하게 설명했다. 이 서신에는 바울에게 일어났던 흥미를 끄는 특별한 일들이 포함되어 있다. 예를 들면, 그가 소아시아에서 죽음에 직면했던 급박한 순간(1:8-10)과 그를 괴롭혔던 '육체에 가시'(12:7) 같은 것들이 언급되어 있다. 바울이 아니면 결코 그와 같은 일신상의 일들을 생생하게 묘사할 수 없기에, 이러한 자세한 표현들은 다름 아닌 바울이 고린도후서를 썼다는 사실을 실제적으로 증명해준다. 더욱이 바울은 그가 쓴 것으로 잘 알려진 다른 서신들(예를 들면, 갈 1:6을 참조하라)과 마찬가지로 여기서도 하나님의 은혜를 중심 개념으로 삼고 있다(바울이 증거한 하나님의 은혜-1:12; 고린도 교인들을 향한 하나님의 은혜-9:8, 14; 약한 중에 바울에게 베푸신 하나님의 은혜-12:9). 이러한 이유로, 이 편지의 첫 절에서 언급

한 대로- '이 서신은 바울로부터 온 것이다' -바울이 고린도후서의 저자라는 사실에 효과적으로 의문을 제기할 사람은 아무도 없다(1:1, NLT). (이 주석은 본래 다양한 영어 성경 번역본을 인용했으나, 특별한 경우를 제외하고는 한글개역성경을 따라 번역했다-역자 주).

비록 바울의 저작권에 대하여는 이의를 제기하지 않지만, 고린도후서가 실제로 하나의 서신이었는지에 대해서는 학자들간에 논란이 있어왔다. 어조와 단어 선택에 일관성이 없다는 이유로, 몇몇 주석가들은 고린도후서가 실제로는 두 개나 혹은 세 개, 심지어는 네 개의 서신들이 한 편집자에 의해서 편집되었다고 주장한다. 이들은 이렇게 고린도후서의 편집설을 확신하면서 그 관점으로 이 서신의 일관성을 전체적으로 조망해왔다. 그러나 방금 앞에서 논의한 것처럼, 은혜는 여전히 이 서신의 중심 주제다. 게다가 일관되게, 복음을 전하는 바울의 권위(예를 들면, 1:3-23; 2:14-17; 10:1-18)와 그리스도를 위해 당한 바울의 고난들(예를 들면, 6:3-13; 11:16-33)에 초점을 맞추고 있다. 이 서신이 실제 일련의 서신들이라고 주장하지 않고도 고린도후서에 나타나는 어조 변화를 설명할 수 있다. 일례로, 어조 변화는 바울이 글을 쓰다가 오랫동안 중단했는데, 그 기간 동안에 고린도 교회에 대한 정보를 추가로 받았다는 사실을 반영할 수도 있다. 이러한 고린도후서를 둘러싼 몇 가지 상세한 설명들은 다음과 같다:

고린도후서 10:1-13:13. 몇몇 주석가들은, 고린도후서가 원래는 바울이 두 부분으로 나누어 쓴 서신이라는 증거로, 고린도후서의 처음 아홉 장과 마지막 네 장의 어조가 다르다는 사실을 지적한다. 첫 아홉 장은 기쁨에 넘치는 어조를 띄고 있다. 바울은 자신이 최근에 지시한 것들(2:5-11; 7:2-15)을 고린도 교인들이 순종한 것을 기뻐했고, 예루살렘에 있는 그리스도인들을 위해 연보를 모으라고(8:1-24) 성도들에게 상세하게 가르치기도 했다. 이것은 바울과 고린도 교회 사이에 최근에 문제가 있긴 했지만(7:7-10) 이미 화해했음을 암시한다. 그러나 고린도후서의 마지막 네 장에서는 극적으로 어조가 바뀌고 있다. 여기서 바울은 교회 안에서 자신의 권위에 반대하는 자들(10:13-18)에 대해 강력하게 변호하고, 자신이 방문해서 처리하기 전에 교회 안에 있는 문제들을 해결하라고 고린도 교인들에게 권고했으며(10:1-2; 13:2, 10), 두 세 증인이 있을 때만 분쟁거리들을 바울 자신에게 가져오라고 가르쳤다(13:1-2). 이와 같은 차이점들 때문에, 몇몇 주석가들은 고린도후서의 마지막 네 장들은 7:8에서 암시하는 엄한 편지라고 주장했다(더 자세한 내용은 '정황과 목적'이란 항목을 참조하라).

이 이론이 어떤 사람들에게는 호응을 얻긴 했지만, 고린도후서에 나타나는 극적인 어조 변화를 다르게 설명하는 사람들도 있다. 일례로, 어조 변화를 바울이 고린도 교인들의 마음과 생각을 사로잡기 위해 채택한 전략으로 보기도 한다. 먼저 고린도 교인들이 자신의 명대로 잘 따라준 것을 칭찬하는 것으로 시작함으로써, 바울은 자기 편지에서 더욱 엄격한 측면-자기 권위에 대적하는 자들을 징계하기 위해 방문할 것이라는 사실(13:1-13)-을 받아들일 수 있도록 준비시키고 있다는 것이다. 또한 어조의 변화는 바울이 서신을 쓰다가 길게 중단했음을 보여준다고 주장하기도 한다. 그 동안 바울은 아마 자기 말을 받아 적고 있던 사람에게 펜을 달라고 해서 갑자기 떠오른 몇 가지 난점들을 다루었을지 모른다.

고린도후서 6:14-7:1. 바울이 고린도후서를 기록했다는 것에 대해서는 대다수의 많은 학자들이 동의하고 있지만, 6:14-7:1이 후기 편집자에 의해서 삽입되었을지 모른다고 추측한 학자들도 있다. 이들은 자신에게 마음을 열라는, 고린도 교인들을 향한 바울의 두 간청(6:13; 7:2) 사이에 자신을 불신자들과 영적으로 분리시키는 구절들(6:14-7:1)을 편집자가 삽입시켰다고 주장한다.

그럴 듯하게 들리기는 하지만, 이 부분이 고린도후서에서 빠져 있는 초기 필사본은 전혀 없다. 따라서 이 이론을 지지해주는 명확한 증거가 없다. 더욱이 학자들은 대부분 이 부분(6:14-7:1)이 고린도 교인들과 바울 사이에 '사랑이 결핍한'(6:12, NLT) 이유를 설명하고 있다고 믿는다. 고린도 교인들은 바울 및 바울이 가르친 진리를 반대하는 자들과 결별하지 않은 것이다. 이러한 관점에서 볼 때, 이 부분은 바울 자신에게 마음을 열라고 고린도 교인들을 향해 호소하는 단락과 불가분의 관계에 있다(6:13; 7:2).

문제가 되는 그 밖의 구절들. 고린도후서는 성경학자들이 거듭 거듭 분석하고 상세히 쪼개온 책 중의 하나다. 그 결과 이 책과 관련한 학적인 이론들은 넘쳐나고 있다. 몇몇 학자들은 또한 고린도후서 8장과 9장은 개별 서신들이라고 생각한다. 다시 말해 8장은 디도를 위해 고린도의 교회를 칭찬하는 서신이고, 9장은 헬라의 다른 지방에 있는 교회들을 칭찬하는 서신이라고 생각한다. 2:14-7:4이 고린도의 교회에게 보낸 다른 서신들을 포함하고 있을지도 모른다고 생각하는 학자들도 있다. 그러나 고린도후서가 편집을 통해 변했다는 증거는 거의 없다. 왜냐하면 특별히 이러한 편집상의 변화들이라고 할만한 구절들이 빠져있는 고린도후서의 초기 필사본이 하나도 없기 때문이다.

  결론적으로, 고린도후서는 바울이 문제가 많은 분열된 교회에게 보낸 단일서신으로 볼 수 있다. 고린도에 있는 교회에게 옳은 것을 계속 행하도록 격려하고, 회중 가운데 여전히 사람들을 잘못 인도하고 있는 자들을 징계하도록 권고할 필요가 있었다. 고린도후서는 그 교인들을 몹시도 걱정하는 한 목사가 보낸 열정적인 서신이다. 바울은 성도들의 승리에는 기뻐했지만, 계속해서 그들을 괴롭히고 있는 문제들에 대해서는 슬픔을 토로하고 있다.

기록 시기와 배경

주후 55-57년경 마게도냐에서 쓰여졌다. 이 서신에서 바울은 마게도냐에서 이 서신을 쓰고 있다고 반복해서 진술했다(7:5; 8:1; 9:2). 정확히 어떤 도시였는지는 잘 알려지지 않았지만, 몇몇 고린도후서의 고대 필사본에는 '빌립보에서 쓰여진' 이라고 읽도록 되어 있다(그 부연 설명들은 고대 서신들의 시작 부분에 삽입되던 서론적 설명들이었다). 그러나 바울이 실제로 빌립보에 있었는지 여부를 검증할 방법은 없다. 이 장소에 관해서는 학자들간에 많은 논란이 있어왔다.

확실한 것은 바울이 마게도냐에 있었다는 것이다. 이 지역은 헬라의 고린도와 함께 바울의 2차 전도여행 때 복음화된 곳이다. 빌립보와 데살로니가와 베뢰아와 아덴에 교회가 세워졌다. 제 3차 전도여행 중에, 바울은 에베소에 2년 조금 넘게 머물렀다. 그동안 그는 고린도전서를 썼다. 에베소에 폭동이 일어나자(행 19:21-41), 바울은 2차 전도 여행 때 세운 교회들을 격려하면서 소아시아를 거쳐 마게도냐로 여행했다. 바울은 마게도냐에서 이미 이 지역 교회들이 당하고 있던 곤경의 형태대로 심한 박해를 당했다(박해에 직면한 마게도냐 교회에게 믿음으로 굳게 서라고 이전에 격려한 내용은 살후 1:3-12에 있다). 그러나 바울은 마게도냐에 있으면서, 그곳의 끔찍한 상황(1:8-9; 7:5을 참조하라) 뿐만 아니라 고린도 교인들이 싸우고 있는 영적 전투까지 염두에 두고 있었다. 바울의 조력자 디도는 고린도 교회에 관한 새로운 소식을 가지고 드로아에서 바울을 만나기로 되어 있었다. 그들은 마게도냐 어딘가에서 만났다. 거기서 디도는 좋은 소식과 안 좋은 소식을 모두 보고했다. 고린도 교회는 몇몇 사람들을 징계하라는 바울의 지시에는 순종했지만, 동시에 바울의 권위에 의문을 제기하는 사람들도 있다는 것이었다(바울이 방문을 지연한 것 때문에-1:12-24, 그리고 본인이 직접 그 사람들을 대면하여 징계하지 않는 것 때문에-10:1).

이와 같이 바울은, 마게도냐에서, 고난과 환난 가운데서도 분열된 고린도 교회에게 이 서신을 썼다. 그는 믿음의 사람들의 순종을 칭찬하면서도 이방인에게 복음을 전하는 자신의 권위를 다시 주장했다. 바울은 자기가 고린도로 향하고 있다고 경고했다. 그리고 나서 디도에게 서신을 들려 앞서 보내면서 자신의 교회가 방문을 준비하게 하였다(8:16; 13:1-3). 마침내 바울은 고린도를 방문하여 석달 동안 머물렀다(행 20:1-3을 참조하라).

수신자

고린도 교회. 로마와 알렉산드리아와 더불어 고린도는 로마 제국의 주요 도시 중 하나였다. 고린도의 부와 명성은 고린도의 항구들을 통해 거래되던 상업과 선박의 엄청난 양에서 비롯되었다. 아가야와 그리스 대륙을 연결하는 4.5마일의 지협에 위치한 지형학적 특성 때문에, 고린도는 이상적인 정박 중심지였다. 배들은 목재 판에 얹혀 고린도-레기움(Lechaeum)과 겐그레아, 두 항구 사이를 연결하는 지협 위의 대리석 길을 가로질러 견인되어 갔다. 운하가 있었더라면 이상적이었겠지만, 로마인들은 운하를 건설하지 않았다. 그러나 운하가 없다고 해서 지협을 횡단하는 배의 왕래에 지장을 준 것은 아니었다. 예측할 수 없는 무서운 폭풍으로 악명 높은 200마일 거리의 여행길인 아가야 주변을 돌아가기보다는, 지협을 가로질러 배를 끌고 가는 견인비를 지불하는 편이 선장에게는 쉽고 안전한 선택이었다. 로마인들은, 주전 146년, 반역을 주도했다는 죄목으로 고린도를 파괴했지만, 줄리어스 시이저가 주전 46년에 이 도시를 재건했다. 이 도시는 곧 이전의 명성을 되찾았고, 주전 27년경에는 아가야 지방의 수도가 되었다. 주후 1세기경에 이르러 이 도시는 그리스에서 가장 영향력있는 상업의 중심지가 되었다. 그 외에도 로마의 원형 경기장을 건설하는 데 사용된 금속인 청동 수공업의 중심지이기도 했다. 고린도의 명성은 2년마다 열리는 이스트미아 경기(Isthmian games, 올림픽에 버금가는 경기)에서 더욱 잘 발휘되었다. 바울은 그리스도인의 삶의 본질을 설명하기 위해 이 경기에서 주는 상과 육상 선수들의 이미지를 차용하기도 했다(9:24-27).

상업적 성공으로 인한 부는 종종 도덕적 해이를 조장한다. 고린도가 바로 이 경우에 해당되었다. 고대 세계에서 이 도시는 도덕적 타락으로 유명했다. 플라톤은 창녀를 지칭할 때 '고린도 여자' 라는 용어를 사용했다. 아리스토파네스는 간음을 가리켜 표현할 때 '고린도 사람처럼 행동하다' 라는 동사를 사용했다. 웅장한 아프로디테 신전(사랑과 다산과 미의 여신)이 이 불멸의 생활 양식을 기념하여 고린도를 내려다보는 언덕에 서 있었다. 그 신전은 각종 종교적 매춘의 본거지였다.

상업의 중심지였기 때문에, 고린도에는 로마 각국에서 흘러들어온 사람들로 북적거렸고, 인종적 다양성과 종교적 다양성이 이 도시의 특색이 되었다. 고린도는 아프로디테 신전 외에도, 이집트의 뱃사람들의 신인 이시

(Issi)와 이시에 해당하는 그리스 신인 포세이돈을 기리는 장소가 있었을 뿐 아니라, 그리스의 의술의 신인 아스클레피우스 신전도 있었다. 3세기 것으로 추정되는 유대인의 회당에 대한 고고학적 증거가 발견되기도 했다. 도시의 이러한 다양성은 고린도 회중의 구성에도 반영되어 있었다(12:13).

고린도는 바울의 2차 전도 여행의 마지막 방문 도시였다(행 18:1-18). 그는 고린도에 18개월을 머물며 교회를 설립했다. 에베소에서 브리스길라와 아굴라에게서 기독교 신앙의 기본을 배웠던 아볼로가 후에 이 교회를 방문하여 교인들을 격려했다(1:12).

불행하게도 고린도 교회는 그 도시의 다인종적 특성뿐 아니라 도덕적 타락에도 영향을 받았다. 근친상간(5:1-5)과 창녀의 유혹에 대한 바울의 엄한 질책(6:9-20)은, 교회 내의 지체들이 그 도시에 만연한 부도덕성에 맞서 힘겨운 싸움을 하고 있었음을 시사한다. 그러나 바울은 고린도 교회에 대해 숭고한 기독교적 행동 기준을 조금도 타협하려 하지 않았다. 부도덕성이 판을 치는 곳이라고 해서 고린도 교인들이 그 기준을 따라야 하는 데 예외가 될 수는 없었다. 그는 그들에게 하나님을 위한 순결한 삶을 요구했다. 그는 그들의 몸을 하나님의 성전에 비유하기도 했다(6:18-20). 숱한 문제가 있었음에도 불구하고, 고린도 교회는 복음 전파를 위한 전략적 교회가 되었다. 로마 제국의 주요 무역로에 위치한 지형학적 특성 때문에, 아가야 지방에 복음을 전하기 위한 핵심적인 전초기지가 된 것이다.

기록 목적과 이유

고린도후서는 바울의 사역을 확고히 하고, 사도로서 그의 권위를 변호하고, 고린도에 있는 거짓 교사들을 논박하기 위해 기록되었다.

서신마다 편지의 맥락(context)이 있다. 딸에게 편지를 쓰는 엄마는 이전에 자기들끼리 주고받은 편지에서 이야기한 여자 친구를 언급할지도 모른다. 성경에 들어있는 편지들도 마찬가지다. 고린도후서도 예외는 아니다. 고린도후서를 이해하기 위해서는 바울과 고린도 교인들이 오랫동안 맺어

온 복잡한 관계를 이해하는 것이 도움이 된다. 그 관계는 학자들도 해결하는 데 상당히 오래 걸릴 정도로 복잡하다. 사실, 바울의 고통스런 방문(2:1)을 둘러싼 상세한 정황들과 고린도 교인들에게 쓴 엄한 서신(2:1-4; 7:8)에 대해서는 여전히 학자들 사이에 논란이 되고 있다. 그러나 고린도 교인들과 바울간의 얽힌 관계에 관하여 대략 윤곽을 그려볼 수는 있다.

1. 고린도의 복음화. 2차 전도여행 때 바울은 오늘날의 그리스 지방을 여행했다. 아덴의 철학자들과 사상가들에게 냉대를 받은 후 바울은 고린도로 갔다(행 18장). 처음에 바울은 아굴라와 브리스길라와 함께 장막 짓는 일을 하다가, 마침내 마게도냐에서 충분한 재정 지원을 받아 전적으로 복음 전파 사역을 할 수 있게 되었다. 많은 유대인들에게 배척을 당한 후, 바울은 이방인 사역에 집중했고, 하나님을 경외하는 이방인 디도 유스도 집에 머물렀다. 어느 날 밤 이상 중에 하나님께서 고린도에서 설교를 계속하도록 그를 격려하시자(행 18:9-11), 바울은 일년 반을 더 머물렀다(주후. 50-52년).

2. 에베소에 머문 바울. 주후 52년경, 바울은 안디옥에 있는 교회와 예루살렘에 있는 장로들에게 보고하러 돌아가기 위해 고린도를 떠났다(행 18:18-22). 그 다음 전도여행 때 바울은 에베소의 두란노 서원에 선교 본부를 세웠다(행 19:8-10). 거기서 이년 조금 넘게 머물면서 전도했다. 분명 그는 많은 제자들을 주변 지역들로 보냈을 것이다. 사도행전에 나타난 누가의 보고에 따르면, "이같이 두 해 동안을 하매 아시아에 사는 자는 유대인이나 헬라인이나 다 주의 말씀을 들었다"(행 19:10). 바울이 에베소에 있을 때 고린도 교인들에게 몇 통의 편지를 보낸 것이다.

3. 고린도인들에게 보낸 첫 번째 서신. 이 무렵 바울은 고린도에 첫 번째 편지를 보냈다. 이것이 바로 바울이 고린도전서 5:9에 넌지시 언급한 서신이다. 바울은 그 편지에서 분명히, 자신을 그리스도인이라 부르면서도 계속해

서 성적 타락에 빠져있는 이들과 교제하지 말라고 고린도인들에게 경고했을 것이다(고전 5:9-13처럼). 비록 몇몇 학자들이 6:14-7:1을 그 편지의 일부라고 생각하지만, 학자들은 대부분 이 서신은 남아 있지 않다고 믿는다.

4. 고린도 교인들에게 보낸 두 번째 서신. 에베소에 머무는 기간이 끝나갈 무렵(주후 54-55년 경), 바울은 고린도전서로 알려진 두 번째 서신을 썼다. 그 전에 바울은 스데바나와 브드나도, 아가이고가 전해준 고린도 교회가 보낸 서신을 받았다(고전 16:17). 이 서신은 교회의 질서에 대한 질문으로 가득했다. 바울은 고린도전서를 보내서 이 질문들에 대답했다. 그 질문들에는 그리스도인의 결혼(고전 7:1), 우상에게 바쳐진 음식(고전 8:1), 신령한 은사들(고전 12:1)과 예루살렘에 있는 성도들을 돕기 위해 연보 모으는 일(고전 16:1) 등이 포함되어 있었다. 이러한 질문들뿐 아니라 바울은 글로에의 집 편에 보고된 몇 가지 비공식적인 소식에 관해서도 대답했다. 특히 근친상간(고전 5:1), 교인들간에 벌어진 소송(고전 6:1)과 음주와 폭식, 주의 만찬에 대한 논쟁(고전 11:17-22)에 관심을 보였다.

5. 바울의 고통스런 방문. 고린도전서를 보낸 직후에, 바울은 직접 고린도를 방문했을 가능성이 높다. 교회의 상황 때문에 대단히 근심한 나머지, 그는 직접 부상한 문제들을 해결하기 위해 여행한 것이다. 고린도후서의 언급들을 통해서 볼 때, 이 방문 기간 동안 바울의 권위는 특별한(아마도 다른 사람들을 인도하던) 사람들에 의해서 도전을 받았다. 이것에 대한 대응으로써 바울은 자신이 가서 직접 징계하기 전에 교회에게 부도덕한 교인들을 징계하도록 경고했다(2:1; 12:14, 21; 13:1-4을 참조하라).

6. 고린도 교인들에게 보낸 엄한 서신. 이 고통스런 방문 후에, 바울은 '엄한 서신'을 고린도 교인들에게 보내서, 그들이 그릇된 교인이나 또는 성도들(2:1-4; 7:8을 참조하라)을 징계하라고 도전했다. 성경 주석가들은 대부분 이 엄한 서신이 지금은 분실되고 없는, 고린도 교인들에게 쓴 바울의 세 번

째 서신이라고 생각한다. 고린도전서가 '엄한 서신'이 아니라는 것은 일반적으로 받아들여지고 있다. 왜냐하면 우선 바울이 엄한 서신의 배경으로 묘사한 극심한 슬픔이 고린도전서에는 대체로 나타나지 않기 때문이다.

그러나 전통적으로는 이 '엄한 서신'과 고린도전서가 동일한 것으로 여겨졌다. 이 이론을 제안한 사람들은 고린도전서 5:1-5의 근친상간의 죄를 지은 사람과 바울이 2:5-11에서 바울이 용서한 죄인을 같은 인물로 보았다. 다른 학자들은 앞의 아홉 장과 후반부 네 장 사이에 어조와 주제가 극심하게 다른 사실을 지적하면서, 그 '엄한 서신'은 고린도후서의 마지막 네 장을 말한다고 생각했다. 그러나 어조 변화는 서신을 쓰는 중에 중단했기 때문이라고 쉽게 설명할 수 있다. 몇 가지 이유들 때문에 바울은 고린도후서를 받아쓰게 하는 것을 중단했을 것이다. 그러다가 그가 다시 구술을 시작했거나 혹은 그가 직접 펜을 들었을 때 그의 어조가 변한 것이다. 아마도 그는 고린도 교회에 있는 자신의 반대자들에 관하여 고민되는 소식들을 더 많이 들었기 때문일 것이다.

2:1-4과 7:8에 넌지시 등장하는 '엄한 편지'는 이제 남아있지 않을 가능성이 가장 높다.

7. 고린도 교인들에게 보낸 네 번째 서신. 주후 55년에 바울은 드로아로 전도여행을 떠나기 위해서 에베소를 떠났다(행 20:1-6). 실제로, 그는 그곳에서 고린도 교회에 대한 보고를 받기 위해 디도를 만나기로 했을 것이다. 바울은 드로아에서 복음을 전할 좋은 기회가 몇 차례 있었지만, 고린도 교인들의 영적인 상태가 걱정되어 디도를 만나려고 마게도냐로 갔다(2:12-13). 그는 마게도냐 어딘가에서 디도를 만나 고린도 교인들이 바울이 지시한 대로 죄인들을 징계했다는 기쁜 소식을 들었다(2:5-11; 7:2-16). 디도는 대체로 고무적인 소식을 바울에게 전했다(2:14; 7:5-7). 그러나 고린도 교회에 다른 문제들이 표면화되고 있었다. 많은 사람들이 바울이 전도여행 계획을 변덕스럽게 바꾼 것이나(1:12-2:4), 그에게 참으로 사도적 권위가 있는지 여부(3:1-18)를 두고 불만을 토로하고 있었던 것이다.

바울은 네 번째 서신인 고린도후서를 보내서 고린도 교인들이 (자신의 말한 대로) 순종한 것을 격려하고(7:8-15), 자신의 사도적 권위를 변호하며(10:1-18), 그들 가운데 여전히 존재하는 거짓 교사들을 반박했다(11:1-15). 이 편지에서 바울은 고린도 교인들을 향한 자신의 진지한 관심을 나타냈다. 거짓 교사들은 고린도 교인들이 바울 자신과 그리스도의 가르침에서 떠나 자신들을 따르게 하려고 애쓰고 있었다. 바울은 자신의 어떤 편지들보다 더욱 열정적으로 자신의 전(全) 삶을 고린도 교인들에게 공개했다. 비록 그렇게 하는 것이 내키지는 않았지만, 고린도 교인들에게 파송된 그리스도의 대사라는 공적인 자격 때문에 그리스도를 위해 고난 당한 일들을, 마치 과시하듯 드러낼 수밖에 없었다(6:3-13). 과연 고린도 교인들은 자신들에게 처음으로 그리스도를 소개해주었던 그 사람, 바울에게 마음을 열까? 이것이 바로 바울이 열렬하게 호소한 바였다(6:13). 만약 고린도 교인들이 교회의 문제들을 해결하지 않는다면, 바울은 자신이 직접 가서 그 문제를 처리하겠다고 경고했다(13:1-10). 그러나 바울의 소원은 그렇게 되기보다는 고린도 교인들을 그리스도 안에서 세우는 것이었다.

메시지
시련, 교회의 권징, 소망, 나눔, 건전한 교리.

시련(1:3-11; 2:1-11; 6:1-13; 12:1-10). 바울은 사역을 하면서 심한 고통과 박해와 반대를 겪었다. 그는 심지어 개인적인 연약함, 즉 '육체에 가시'와 싸우기까지 했다. 바울은 그 모든 것을 통해 하나님의 신실하심을 확신하게 되었다. 그는 고통 중에도 사랑의 하나님을 신뢰했으며, 부르심에 성실하게 반응했다.

〈오늘을 위한 요점〉 하나님은 신실하시다. 하나님의 능력은 어떤 고난을 이기기에도 충분하다. 고난은 우리로 자만하지 않고 하나님을 의지하도록 가르쳐 준다. 하나님께서 우리를 위로하시니 우리도 다른 사람들을 위로할 수 있다. 박해나 핍박을 당할 때 마음이 상하거나 의심에 사로잡히기 쉽다. 고통과 씨름할 때 하나님의 선하심을 의심하기 쉽다. 그러나 바울처럼 우리도 하나님의 신실하심과 사랑에 초점을 맞추고 인내해야 한다.

당신이 어떤 상황에 있든지 하나님께서는 당신과 함께 하신다. 계속해서 하나님과 그분의 사랑에 초점을 맞추라.

교회의 권징(2:1-17; 5:11-21; 7:2-16; 10:1-18; 11:1-33; 12:1-21; 13:1-4). 바울은 교회의 권징에 관한 자신의 역할을 변호했다. 자신의 지도력에 대한 반대가 거세지자, 그리스도의 사도인 자신의 자격을 제시했다. 부도덕성과 잘못된 가르침을 모두 간과할 수 없었기에 바울은 그 논쟁들을 정면으로 공격했다. 교회는 권징을 시행할 때, 너무 느슨해서도 안 되지만 지나치게 엄해서도 안 된다. 교회는 누구든지 회개하면 징계받은 사람을 회복시켜 주어야 한다.

〈오늘을 위한 요점〉 교회의 권징 목적은 보복에 있지 않고 교정에 있다. 영향력 있는 교회가 되기 위해서는, 문제들을 회피하지 말고 맞서서 해결하되 모든 일을 사랑 가운데 해야 한다.

또한 범죄를 합리화시키거나 부당하게 영적인 지도자들을 비판하는 사람들을 경계해야 한다. 우리는 하나님의 말씀을 분명하게 제시하고, 그 말씀대로 인격적으로 살며, 공동체가 그 말씀을 붙들게 해야 한다.

만약 당신이 교회의 지도자라면, 교회의 권징을 경시하지 말고, 도리어 주의하여 권징을 행하라. 또한 교회에서 행하는 권징에 당신이 먼저 복종하라.

소망(3:7-18; 4:1-18; 5:1-10). 고난을 만난 고린도 교인들을 격려하기 위해서, 바울은 그들이 하늘에서 새로운 몸을 받을 것임을 상기시키고 있다. 이것은 그들이 현재 당하는 고난과 대조되는 위대한 승리가 될 것이다. 확실히 이 세상은 신자가 머물 최후의 집이 아니다. 이 얼마나 심오하고 삶을 변화시키는 진리인가!

〈오늘을 위한 요점〉 우리가 새 몸을 받을 것이라는 사실을 알 때, 우리에게 소망이 된다. 어떤 역경을 만나더라도 우리는 계속해서 나아갈 수 있다. 우리의 신실한 섬김은 마침내 승리로 끝날 것이다.

또한 우리는 이 세상과 세상의 가치관에 지나치게 예속되지 않도록 싸워야 한다. 오직 예수 그리스도 안에서만 소망을 발견할 수 있다. 그것이 바로 우리의 구원이며 우리의 메시지다. 그리스도 안에서 당신의 소망을 발견하라. 그분 안에 생명이 있고, 그분만이 생명이시기 때문이다.

나눔(8:1-24; 9:1-15). 바울은 예루살렘 교회에 있는 가난한 성도들을 위해 연보를 모았다. 아시아의 많은 교회들이 헌금을 했다. 바울은 나눔에 대한 자신의 믿음을 설명하고 변호했다. 그리고 바울은 고린도 교인들에게 풍부하게 나눠줄 것과 그들이 이전에 약속한 것을 끝까지 지킬 것을 촉구하며 연보를 요청했다. 바울은 이렇게 하는 것을 전혀 부끄럽게 여기지 않았다.

〈오늘을 위한 요점〉 하나님의 역사는 그분의 백성들에 의해서 지원을 받아야 한다. 더욱이 신자들은 궁핍한 사람들을 돕는 일과, 굶주린 사람들을 먹이는 일과, 병든 사람들을 치료하는 일에 앞장서야 한다. 고린도 교인들과 같이 우리도 재정적인 부분에까지 헌신해야 한다. 우리는 풍부하게, 희생적으로, 계획에 따라, 필요한 곳에 나누어 주어야 한다. 우리는 관용을 베풀어 곤궁한 사람들을 도울 뿐만 아니라, 그들이 하나님께 감사할 수 있도록 도와야 한다.

당신이 출석하는 교회와 전 세계에서 진행되는 하나님의 일을 넉넉하게 지원하라. 그리고 여러분이 속한 모임에 있는 궁핍한 사람들에게 손을 내밀 수 있는 방법을 찾아 보라.

건전한 교리(6:14-18; 7:1; 13:5-14). 거짓 교사들은 사도인 바울의 사역과 권위에 도전하였다. 그래서 바울은 자신의 자격들을 열거하고, 올바른 기독교 교리를 보존하기 위해 자신의 권위를 주장하였다. 바울은 그리스도를 향한 자신의 신실함과 사랑, 사람들을 향한 애정을 제시하며 자신을 변호했다.

⟨오늘을 위한 요점⟩ 우리 교회도 바른 가르침을 향한 바울의 관심을 공유해야 한다. 그러나 그렇게 할 때, 우리는 그리스도와 사람들을 향한 사랑의 동기를 먼저 공유해야 한다. 우리는 하나님의 말씀인 성경을 공부함으로써 건전한 교리를 유지할 수 있다.

요점 정리

- **목적** : 바울의 사역을 확증하고, 사도인 바울의 권위를 변호하며, 고린도에 있는 거짓 교사들을 반박하는 것.
- **저자** : 바울
- **수신자** : 고린도에 있는 교회와 도처에 사는 그리스도인들.
- **기록 시기** : 55-57년경. 마게도냐에서.
- **배경** : 바울은 이미 세 편의 서신을 고린도 교인들에게 보냈다(두 편은 분실됨). 고린도 전서(두 번째 서신)에서 바울은 잘못된 것을 바로잡고 가르치기 위해 격한 단어들을 썼다. 성도들은 대부분 영적으로 바르게 반응했지만, 바울의 권위를 부정하고 그의 동기에 의문을 제기하는 사람들도 있었다.
- **핵심 구절** : "이러므로 우리가 그리스도를 대신하여 사신이 되어 하나님이 우리로 너희를 권면하시는 것 같이 그리스도를 대신하여 간구하노니 너희는 하나님과 화목하라"(고후 5:20).
- **핵심 인물** : 바울, 디모데, 디도, 거짓 교사들.
- **핵심 장소** : 고린도, 예루살렘.
- **특징** : 열정적인 한편의 개인적이고 자전적인 편지다.

개요

바울은 자신의 성품과 권위가 공격을 받자, 그리스도인 사역의 본질을 설명하고 자신의 사역에 대하여 허심탄회하게 나눈다. 이것은 어떤 모양으로든지 그리스도의 사역에 동참하기 원하는 모든 사람에게 중요한 서신이다. 이 서신은 오늘날 우리가 어떻게 사역을 감당해야 할지에 관하여 많은 것을 가르쳐 주기 때문이다. 바울처럼 사역에 몸담고 있는 사람들은 흠이 없고, 신실하며, 확신에 차고, 봉사하기를 좋아하며, 관대하고, 그리스도를 위하여 기꺼이 고난받으려는 사람이어야 한다.

1. 자신의 활동을 설명함(1:1-2:11)
2. 자신의 사역을 변호함(2:12-7:16)

3. 자신의 연보 모금을 변호함(8:1-9:15)
4. 자신의 권위를 변호함(10:1-13:13)

고린도의 위치

고린도는 로마와 알렉산드리아와 함께 로마제국의 주요 도시 중 하나였다. 아가야와 그리스 본토를 잇는 4.5마일의 지협 위에 있는 지정학적 위치 때문에, 정박항으로 이상적인 곳이었다. 이 항구를 통해 거래되던 막대한 교역량 때문에 상업적으로 대단히 번성한 도시였다.

고린도후서
1:1-2:4

1:1-2 바울의 인사

¹하나님의 뜻으로 말미암아 그리스도 예수의 사도 된 바울과 및 형제 디모데는 고린도에 있는 하나님의 교회와 또 온 아가야에 있는 모든 성도에게 ²하나님 우리 아버지와 주 예수 그리스도로 좇아 은혜와 평강이 있기를 원하노라

　바울은 마게도냐에서 고린도에 있는 그리스도인들에게 이 편지를 썼다. 그는 소아시아에서-아마도 에베소일 것이다-큰 박해를 당했으며, 이제 고린도 교인들을 방문하려고 가는 중이었다. 그는 예루살렘에 있는 가난한 그리스도인들을 위한 연보를 모금하기 위해 헬라 모든 지방-북쪽에 있는 마게도냐와 남쪽에 있는 아가야(Achaia) 지방까지-을 여행하고 있었다. 바울은 고린도 교인들이 자신들을 괴롭히고 있는 몇몇 문제들을 어떻게 다루어야 하는지를 알려주기 위해서, 자신이 방문하기에 앞서 이 서신을 보낸 것이다. 그는 특별히 교회에 잠입한 거짓 교사들 문제에 역점을 두었다. 교인들 가운데 핵심 그룹이 이 거짓 교사들에게 영향을 받았다. 따라서 바울은 고린도 교인들에게 자신의 사도적 권위를 다시 강조하기 위해서 고린도후서를 쓴 것이다.

　아마도 이 서신은 바울이 쓴 서신 가운데 아주 난해한 서신 중 하나일 것이다. 바울은 고린도 교인들이 영적으로 성장하는 것을 보며 함께 기뻐하기를 원했지만, 자신의 권위를 확증하며 권징이 필요한 사람들에게 권징하는 일도 주저하지 않았다.

1:1 하나님의 뜻으로 말미암아 그리스도 예수의 사도된 바울

시작부터 바울은 자신을 사도라고 밝히고 있다. 바울의 권위가 이 서신의

주요 주제이기 때문에 서신의 서두에서부터 바울이 자신의 사도성을 언급하는 것은 적절했다. '거짓 사도들' 그룹(문자적으로는 '사이비 사도들'; 11:13을 참조하라)들이 고린도 교회에 슬그머니 침투했다. 바울 자신이 2차 전도 여행 때 직접 이 교회를 세웠기 때문에, 그는 이런 소식을 듣고 몹시 괴로워했다. 이들 거짓 사도들은 고린도에서 근거지를 얻기 위해 조직적으로 바울의 선교 사역에 대한 불신을 조장했다. 그래서 바울은 고린도후서를 써 보내 자신의 사도적 권위를 변호하고 거짓 사도들과 그들의 비난을 반박한 것이다.

'사도'가 된다는 것은 무엇을 뜻하는가? 헬라어 **아포스톨로스**(*apostolos*)는 문자적으로 '보냄을 받은 사람'이란 뜻이다. 사도는, 그리스도 예수의 이름으로 제자를 삼으라는 사명을 받고 그리스도 예수에 의해서 '보냄'을 받은 사람이다(마 28:18-20). 제자들, 즉 예수님의 지상 사역 중에 예수님을 따라 다니면서 예수께 배우고, 예수님의 기적을 목격한 열두 명이 사도가 되었다. 그러나 바울도 사도에 포함되었다. 예수께서 친히 이방인에게 복음을 전하도록 부르셨기 때문이다. 바울이 그리스도인들을 박해하는 데 열심이었던 바리새인이었는데도, 예수께서는 다메섹으로 가는 도중에 그에게 나타나셔서 완전히 다른 삶으로 부르셨다. 바울은 하나님께서 친히 자신의 사역을 위하여 택한 사람이기 때문에, **하나님의 뜻으로** 말미암은 사도였던 것이다: "이 사람(사울)은 내 이름을 이방인과 임금들과 이스라엘 자손들 앞에 전하기 위하여 택한 나의 그릇이라"(행 9:15; '사울'은 바울의 히브리식 이름이다). 그리스도께서 주신 이 비전이 바울을 영원히 변화시켰다. 이 비전은 그를 그리스도를 헌신적으로 따르는 자가 되게 했을 뿐 아니라, 이방인 가운데 제자를 삼기 위해 그리스도께서 보내신 사도가 되게 하였다. 예수님의 부르심으로 말미암아 바울은 지중해 세계 전역에 교회를 세우고, 이 교회에 모인 신자들을 가르칠 권위를 얻게 되었다. 바울의 사도성은 예루살렘 사도들에 의해서 확증되었고(행 9:28), 그의 메시지는 예루살렘 회의에서 확증되었다(행 15:1-21).

당대의 유명한 가말리엘 선생에게서 율법에 관한 폭넓은 훈련을 받은 덕택으로, 바울은 능숙한 기독교 변증가가 될 수 있었다. 그러나 이 서신을 포함한 바울의 모든 서신에서 그는 결코 사도의 권위를 변호하는 데 자신의 자격이나 교육 배경을 의지한 적이 없었다. 오히려 바울은 변화된 삶의 증거들과 자신의 가르침에 나타나는 성령의 능력을 의지하였다. 십여 년 만에 소아시아와 그리스 도처에 교회들을 그물처럼 연결하신 분은 바로 하나님의 영이셨다. 바울이 전한 것은 바울 자신의 것이 아니라 바로 성령의 메시지였다.

우리의 형제 디모데

디모데는 바울의 조력자였다. 그는 갈라디아 지방에 있는 루스드라에서 자랐다. 바울은 제 1차 전도여행 때 갈라디아를 방문했다(행 14:8-21). 그 여행 중에 디모데의 어머니 유니게와 할머니 로이스를 만났을 것이다(딤후 1:5). 루스드라를 재차 방문했을 때 바울은 젊은 디모데에게 여행에 동행해 줄 것을 요청했다(행 16:1-5). 분명히 바울은 디모데 안에서 그리스도의 계획에 함께 협력하고자 하는 마음과 복음을 향한 열정을 보았을 것이다. 이런 것들은 초대 기독교 선교를 위해 반드시 있어야 하는 자질들이었다. 마침내 디모데는 바울과 동행하는 데 동의했고, 그 후로 바울과 함께 지중해 지역을 다니면서 가는 곳마다 교회를 세우는 일에 협력했다. 디모데는 바울이 당하는 고난과 조롱을 용감하게 함께 당했다. 바울에게는 디도와 같은 다른 조력자들도 있었지만, 디모데를 그리스도 안에서 아들로 부를 정도로 특별한 관계로 발전했다(빌 2:22).

바울은 간혹 디모데를 사명을 위임하여 특정 교회에 대사로 보내기도 했다. 디모데는 그 역할을 감당하기 위해 빌립보에 있는 교회(빌 2:19)와 데살로니가에 있는 교회(살전 3:2), 기타 지중해에 있는 교회들(행 19:22)을 방문했다. 디모데는 고린도 교인들에게도 바울의 대사 역할을 다했다. 고린도전서에서 바울은 고린도 교인들에게 디모데가 그들을 방문할 것이라는 소식을 전했을 뿐만 아니라 또한 디모데의 메시지를 보증하기도 했다: "저가 너희로 하여금 그리스도 예수 안에서 나의 행사 곧 내가 각처 각 교회에서 가르치는 것을 생각나게 하리라"(고전 4:17). 바울은 분명히 디모데를 고린도 교인들에게 보내는 것을 약간은 우려했던 것 같다. 고린도 교인들이 존경심을 가지고 디모데를 대하여야 한다고 거듭 강조한 것도 그 때문이다(고전 16:10). 고린도후서에는 고린도 교회나 혹은 그 교회 안에 있는 몇몇 그룹이 바울의 권위를 부정한 것이 분명하게 드러나고 있다. 그래서 몇몇 학자들은 디모데가 배척 당한 사람 중의 하나라고 주장한다. 디모데는 바울과 바울의 메시지를 대신 전했기 때문에, 바울은 그들이 디모데를 거부하는 것을 곧 바울 자신의 메시지를 거부하는 것으로 받아들였기 때문이다. 상황이 어떠했든 간에, 고린도 교회와 바울 사이에는 많은 장애물들이 놓여 있었던 것만은 분명하다. 디모데는, 바울의 조력자와 사신이었기에 어쩔 수 없이 고린도 교인들의 비난의 화살을 맞아야 했다. 고린도후서에서 바울은 디모데의 메시지와 자신의 메시지를 동일시하는 일에 특별히 신경을 쓰고 있다(1:19). 이 때문에 바울이 서신 서두에서 디모데를 다룬 데는 중요한 의미가 있는 것이다. 다른 때는 바울이 디모데를 '아들'이라고 밝히는 데 반해(빌 2:22), 여기서는 그리스도 안에 있는 형제라고 말한다. 즉, 종속 관계가 아니라 대등한 관계로 말하고 있는 것이다. 아마도 바울은 고린도 교인들 사이에서 디모데의 권위를 든든히 세워주기 위해 이와 같이 말하고 있는 것 같다.

바울과 및 형제 디모데는 고린도에 있는 하나님의 교회에게

바울은 50년경 제 2차 전도여행 때 고린도 교회를 세웠다. 이 교회의 핵심 그룹은 바울의 설교를 듣기 위해 디도 유스도의 집에 모이곤 했던 이방인들이었다. 유스도의 집은 고린도에 있는 유대인 회당 바로 옆에 있었기 때문에, 이방인들 가운데 상당수가 하나님을 경외하는 사람들이었을 것이라고 짐작할 수 있다. 다시 말하면, 그 사람들은 바울이 설교를 시작하기 전부터 이미 그 지역에 있는 회당 예배에 참석했던 이방인들이었을 수 있다. 고린도에 있는 유대인들이 바울의 사역을 적극적으로 반대했다는 사실은 이러한 추측을 입증해 주고 있다(행 18:6을 참조하라). 이들 유대인들은 회당에 사람이 줄어드는 것 때문에 반발했는지도 모른다. 그들은 바울의 설교에 매우 분노하여 아가야 지방의 통치자인 갈리오에게 공적으로 고소를 하였다(행 18:12-17을 참조하라). 그러나 갈리오는 그들의 고소를 받아들이지 않았다. 갈리오는 유대인들이 서로 다른 두 종파 간의 반목으로 자신에게 고소를 하고 있다고 생각했다. 유대인들의 훼방에도 불구하고 바울은 일년 반 동안 고린도에 머물렀다. 그 기간 동안 바울은 고린도 교인들이 그리스도의 진리 안에서 굳게 서도록 설교하고 가르치면서 보냈다.

아가야에 있는 모든 성도에게

1세기에 헬라의 남부 지역은 아가야로 불리면서 정치적 단일체로 활동했다. 그곳은 로마 제국의 영토였다. 그리스 북쪽 지방은 따로 다스려졌는데, 이곳은 마게도냐로 불렸다.

바울은 고린도를 그 지역을 위한 기독교의 중심지로 보고 아가야에 있는 모든 성도에게 이 서신을 보냈다. 아가야에 있는 모든 성도들이 고린도 교회의 상황을 알고 있었을 가능성이 크다. 바울은 이 서신을 아가야에 있는 모든 성도들에게 보냄으로써, 자신이 고린도 교회의 논쟁적인 문제들에 주목하고 있음을 분명하게 알리기를 원했다. 게다가 바울은 자신이 염두에 두고 있던 일반적인 영적 원리들을 가지고 이 서신을 썼다. 사도적 권위에 대한 그의 열정적인 옹호(10:1-18)와 새 언약과 옛 언약에 대한 그의 웅변적인 대조(2:12-3:18)는 모든 성도에게 유익을 줄 수 있었을 것이다.

바울은 일반적으로 그리스도인들을 **성도들**(saints)이라고 불렀다. '성도들'에 해당하는 헬라어는 **하기오이**(*hagioi*)이며, '구별된 자들' 또는 '거룩한 자들'이란 뜻이다. 즉, 그리스도인들은 하나님의 의로우신 목적을 **위해**(to) 죄에서(from) 구별된 자들이다. 구약성경에는 이스라엘 민족을 이런 식으로 묘사하고 있다. 이스라엘은 하나님을 위해 구별되고, 다른 민족들과 그 민족들의 죄악된 행실들과는 완전히 다른 거룩한 백성으로 묘사되고 있다(출 19:6과 벧전 2:9을 비교해 보라). 따라서 '성도들'이라는 단어를 그리스도인들에게 사용했을 때, 바울은 지금 그들이 완전하다고 주장하고 있는 것은 아니다. 고린도전·후서의 내용을 보면, 그 성도들이 매우 심각한 잘못을 범했다는 것이 분명히 드러나고 있다(고전 5:1-12; 고후 2:5-17). 바울은 그들의 행위 때문이 아니고 하나님께서 선택하셔서 자기 백성으로 삼으셨기 때문에 그들을 성도라고 부른 것이다. 고린도의 그리스도인들은 하나님께 헌신된 자들이었으며, 하나님의 뜻을 이루기 위해 죄에서 자신을 구별하기 위해 끊임없이 싸움을 하는 사람들이었다. 그들은 하나님의 거룩한 백성들이었다.

1:2 하나님 우리 아버지와 주 예수 그리스도로 좇아 은혜와 평강이 있기를 원하노라

이것은 바울이 자기 서신들에서 사용하던 표준적인 인사다. 바울 당대의 일반적인 편지 서식의 관행을 그리스도인들이 채택하였다. 수신자를 밝힌 후, 발신자는 카이레인(*chairein*) 즉, 오늘날의 '안녕'과 같은 역할을 하는 단어를 써서 '인사'를 한다. 바울은 대개 '은혜'라고 번역되는 헬라어 단어 카리스(*charis*)를 써서 이 일반적인 인사를 기독교화시키고 있다. 은혜는 받을 자격이 없는 자에게 베푸시는 하나님의 호의다. 하나님의 자비하심은 그가 자기의 독생자를 보내셔서 십자가에 죽게 하셨다는 사실에서 분명하게 드러나고 있다. 동시에 하나님께서는 호의를 받을만한 자격이 없는 자에게 매일 호의를 베풀어주신다. 즉 곡식들이 자라도록 비를 주시는 것부터, 빛을 주셔서 낮을 밝힐 수 있게 하시는 데 이르기까지, 모든 것을 공급하여 주신다. 하나님의 자비하심은 그리스도인들, 즉 옳은 것을 행하도록 인도하시는 주의 성령을 즐거워하는 사람들에게 더욱 뚜렷하게 드러난다.

'평강'이라는 헬라어는 일반적인 히브리식 인사인 샬롬(shalom)에 기초하고 있다. 유대인들에게 샬롬은 우리가 '중동에는 평화가 있다'라고 말할 때처럼 갈등이 없다는 뜻이 아니다. 오히려 샬롬은 행복과 온전함과 평온함을 의미한다. 평강은 '사물들이 목적에 맞게 존재하는 상태'를 말한다. 바울에게 십자가에서 죽으신 그리스도의 죽음은 참 평강을 회복시키는 유일한 사건이었다.

아버지 하나님과 **주 예수님**을 함께 언급함으로써 바울은 성부와 성자 두 분이 모두 이와 같은 놀라운 은혜와 평강의 선물을 주시는 분이라고 역설하고 있는 것이다. 바울은 예수님을 신성을 가지신 완전한 사람으로 언급하고 있다. 성부 하나님과 주 예수님 두 분 모두 그리스도인들에게 은혜와 평강을 주신다. 바울은 로마 교인들(롬 1:7)과 갈라디아 교인들(갈 1:3)과 에베소 교인들(엡 1:2)과 빌립보 교인들(빌 1:2)에게 보내는 서신의 서두에서도 이와 동일한 표현을 쓰고 있다. 예수께서는 지상의 사역기간 내내 하나님을 자신의 아버지라고 말했으며(요 10:29), 예수께서는 자신과 성부가 하나라고까지 선언하셨다(요 10:30). 초대교회는 하나님을 아버지로 부르는 예수님의 어법(terminology)을 받아들였다. 로마서에서 바울은 예수께서 왜 그리스도인들이 하나님을 자신들의 참된 아버지로 생각해야 하는지를 설명했다. 이는 예수께서 그리스도인들에게 하나님의 참된 자녀가 되게 하는 양자의 영을 주셨기 때문이다(롬 8:15을 참조하라).

고린도후서
1:1-2:4

1:3-11　우리는 다른 사람들에게 하나님의 위로를 전달한다

³찬송하리로다 그는 우리 주 예수 그리스도의 하나님이시요 자비의 아버지시요 모든 위로의 하나님이시며 ⁴우리의 모든 환난 중에서 우리를 위로하사 우리로 하여금 하나님께 받는 위로로써 모든 환난 중에 있는 자들을 능히 위로하게 하시는 이시로다 ⁵그리스도의 고난이 우리에게 넘친 것같이 우리의 위로도 그리스도로 말미암아 넘치는도다 ⁶우리가 환난 받는 것도 너희의 위로와 구원을 위함이요 혹 위로 받는 것도 너희의 위로를 위함이니 이 위로가 너희 속에 역사하여 우리가 받는 것 같은 고난을 너희도 견디게 하느니라 ⁷너희를 위한 우리의 소망이 견고함은 너희가 고난에 참예하는 자가 된 것같이 위로에도 그러할 줄을 앎이라 ⁸형제들아 우리가 아시아에서 당한 환난을 너희가 알지 못하기를 원치 아니하노니 힘에 지나도록 심한 고생을 받아 살 소망까지 끊어지고 ⁹우리 마음에 사형 선고를 받은 줄 알았으니 이는 우리로 자기를 의뢰하지 말고 오직 죽은 자를 다시 살리시는 하나님만 의뢰하게 하심이라 ¹⁰그가 이같이 큰 사망에서 우리를 건지셨고 또 건지시리라 또한 이 후에라도 건지시기를 그를 의지하여 바라노라 ¹¹너희도 우리를 위하여 간구함으로 도우라 이는 우리가 많은 사람의 기도로 얻은 은사를 인하여 많은 사람도 우리를 위하여 감사하게 하려 함이라

　바울은 수신자들의 믿음에 대해 하나님께 감사하는 전형적인 방식으로 서신을 시작하곤 했다. 로마서에서 바울은 로마 교인들의 믿음을 칭찬했다(롬 1:8-9). 에베소서에서는 다른 사람들을 향한 에베소 교인들의 사랑을 칭찬했다(엡 1:15). 데살로니아 교인들은 신실한 역사와 예수님의 재림에 대한 소망 때문에 칭찬을 받았다. 끝으로, 골로새 신자들은 예수께 대한 신뢰 때문에 칭찬을 받았다(골 1:3). 고린도전서에서도 바울은 구변과 지식과 같은 영적 은사들을 주신 하나님을 찬양했다. 그러나 바울은 고린도후서에서는 교인들을 칭찬하지 않고 있다. 그렇다고 그들을 꾸중한 것도

아니었다. 오히려 바울은 그들을 격려하려고 했다.

1:3 찬송하리로다 그는 우리 주 예수 그리스도의 하나님이시요

이 부분은 1세기 회당 예배의식에서 사용하던 일반적인 어법으로 시작하고 있다. '하나님을 찬송하리로다'는 구약성경에서 예배자들이 사용하던 찬양의 선언이었으며, 일반적으로 회당에서 예배를 시작할 때 전형적으로 사용하던 말이었다(시 66:20; 68:35을 참조하라). 이것의 정확한 문구는 베드로가 쓴 편지들 가운데 한 편의 시작 부분에 나타나고 있다(벧전 1:3, "찬송하리로다 우리 주 예수 그리스도의 하나님"). 신약성경의 서신들에서 이런 문구가 자주 사용되는 것은(또한 엡 1:3을 참조하라), 아마도 그 문구가 초대교회 예배에서 '예배로의 부름'을 가리키는 일반적인 문구였을 것이라는 것을 보여준다.

그러나 바울은 뚜렷하게 변화를 주지 않은 채 그저 회당에서 쓰던 용어를 그대로 예배의 표현들로 채택하지는 않았다. 바울은 자신이 섬기는 하나님을 분명하게 표현함으로써 유대적 표현들을 전형적인 기독교적 표현으로 만들었다. 예배와 찬양은 오직 우리를 구원하시기 위해서 자기 아들을 보내서 십자가에 죽게 하신 하나님께만 돌려져야 한다. 바울은 신자들을 다스리시는 예수님의 완전한 권위를 표현하기 위해서, '예수'라는 이름과 함께 '주인' 또는 '소유주'라는 뜻의 '주'(Lord)를 사용했다. 한편 '그리스도'는 '메시아'를 뜻하는 헬라어 단어다. 이와 같이 바울은 '주 예수 그리스도'라는 문구를 사용하여 예수님을 주인(master)이요, 구약성경에 약속된 메시아로 밝히고 있다. 하나님은, 예수께서 아버지 하나님에 의해서 창조된 것이 아니라 아버지 하나님께로부터 오셨다는 의미에서 예수님의 **아버지**이신 것이다.

이 '예배로의 부름'으로 초대교회-이 서신에서 바울-는 자신들이 예배하고 있는 분을 분명하게 밝히고 있다. 그들의 하나님은 자기 백성을 구원하시기 위해 자기 아들을 약속된 구주로 기꺼이 보내신 분이다. 참으로 경배를 받으시기 합당하신 분은 하나님 한 분뿐이시다.

자비의 아버지

유대인 회당 예배에서 믿음의 고백을 도입하는 기도는 "오, 우리의 아버지, 자비의 아버지"라고 하는 위로의 하나님에 대한 찬양이었다. 여기서 바울은 이 회당 예배의 형식을 따르기는 하지만, 유대적 의식에서 쓰던 단어들을 고집하지는 않았다. 바울은 자신이 최근에 아시아를 여행하면서 경험한 하나님의 자비를 극적으로 표현했다. 바울은 고린도 교인들이 잘 알고 있는 예배 문구를 사용하여 자기 삶에서 체험한 하나님의 위로를 고백하고 있는 것이다. 그들은 아마도 가정교회에서 이것을 암송했을 것이다. 회심하기 이전에 하나님을 경외하는 유대인이었거나 이방인들이었을 이 그리스도인들은, 이미 회당에서 의무적으로 그것을 암송했다. 그러나 여기서 바울은 하나님을 위로의 아버지로 부름으로써 이 의미심장한 문구에 새 생명을 불어넣었다. 바울은 자신의 삶에서 하나님께서 얼마나 자비롭게 역사하셨는지를 고린도 교인들에게 말함으로써, 고린도 교인들이 예배 중에 이 문구를 암송할 때, 하나님께서 그들에게 베푸신 자비를 기억하도록 격려하고 있는 것이다.

자비의 하나님

어떤 사람에게는 하나님의 이름을 언급하는 것만으로도 두려움이나 죄의식을 일으킨다. 그 하나님은 인간과는 상관없이 멀리 계신 엄격한 신(神)으로 간주되기 때문이다. 그러나 그것이 성경이 말하는 하나님은 아니다. 바울이 이 서신의 첫 장에서 수신자들에게 자비의 아버지를 소개하는 것은 결코 시간낭비가 아니다(1:3). '자비'에 대한 우리의 정의는 하나님 자신에게서 유래한다. 하나님께서 자비를 창안하셨다. 자비는 하나님의 성품의 핵심이다. 하나님께서 참으로 우리의 아버지시라면, 우리는 우리와 관계하시는 그 분을 닮으려고 할 것이다. 당신은 누구에게 자비를 나타내는 것이 쉬운가? 누구에게 자비를 베풀고 싶은 마음이 간절한가? 오늘 당신이 자비를 베풀 사람을 정하라. 그리고 그 사람에게 끝까지 자비를 베풀라.

모든 위로의 하나님

많은 경우 이 파라클레시스(*paraklesis*)라는 헬라어 단어를 '위로'로 번역하지만, 그 단어는 안정(ease)이나 긴장 이완(relaxation)을 의미하지는 않는다. 이 헬라어 단어는 '격려'라는 뜻에 더욱 가깝다. 이 단어는 하나님께서 당신의 백성을 모든 불안에서 건져내신다는 것을 암시하지 않으며, 자기 백성들에게 이러한 삶의 문제들을 견뎌낼 수 있는 방법을 알려주시고 필요한 훈련을 시키시고 인도하신다는 것을 의미한다. 이 때문에 예수께서는 성령을 가리키실 때 이 단어 파라클레테(*paraclete*)를 사용하셨다(요 14:16을 참조하라). 성령님은 '격려하시는 분'이다.

인내하라

바울은 환난과 위로를 모두 경험했다(1:4). 그러한 경험은 우리가 다른 사람에게 격려를 주기 위하여 받는 삶의 원리다. 바울은 이 원리를 우리가 곤란을 겪을 때 하나님께서 우리에게 주시는 도움에 적용했다. 결과적으로 우리의 삶에서 슬픔은 결코 쓸모 없는 것이 아니다. 우리가 다른 사람과 공감할 수 있는 것은 우리 삶의 직접적인 체험에서 나온다. 이런 경험을 통하여 우리는 고난 중에 인내하는 법을 터득하게 된다. 지난 한 해 하나님께서 우리로 '인내하는 법들'을 깨닫게 하시려고 허락하신 어려웠던 때를 나열해 보라. 하나님께서는 어떻게 당신이 견뎌내게 하셨는지를 생각해 보라. 당신이 경험했던 문제들로 어려워하고 있는 사람들을 어떻게 도울 수 있겠는가?

1:4 우리의 모든 환난 중에서 우리를 위로하사 우리로 하여금 하나님께 받는 위로로써 모든 환난 중에 있는 자들을 능히 위로하게 하시는 이시로다

바울은 고린도 교인들에게 매우 곤란한 편지를 써야 했었다. 고린도 교회는 외부적인 박해로 곤경을 당한 것은 아니었지만, 많은 내부적 분쟁을 겪고 있었다. 대립하는 양측은 자기 주장을 내세우며 맞서고 있었고(고전 1:10-17), 심지어 서로 고소까지 하고 있었다(고전 6:1-7). 하지만 바울은 이처럼 끊임없이 일어나는 문제들에 초점을 맞추기보다는 하나님과 그 분의 위로에 초점을 맞추며 편지를 시작하고 있다. 하나님께서는 이러한 어려운 시기를 보내고 있는 고린도 교인들을 격려하시곤-심지어 부드럽게 타이르시곤-하셨다. 어려움이 지나가고 고린도 교인들이 다시 신뢰하게 되었을 때, 그들은 마찬가지로 격려가 필요한 다른 사람들을 격려할 수 있게 되었다.

바울에게 시련과 고난의 때는 절망의 때가 아니었다(1:8-10; 4:7-12; 11:23-29). 오히려 참된 자아를 드러내고 하나님의 풍성한 사랑을 더욱 풍성하게 경험하는 기회로 보였다. 고난은 결코 쉬운 것은 아니지만, 하나님께서는 바로 고난을 통해서 우리의 성품을 빚으시고 형성하신다. 종종 우리는 오직 시련을 통해서만 우리를 돌보시는 하나님의 사랑을 배울 수 있다.

1:5 그리스도의 고난이 우리에게 넘친 것 같이 우리의 위로도 그리스도로 말미암아 넘치는도다

바울은 그리스도께서 지상에서 당하신 고난과 똑같은 최고의 굴욕, 즉 십자가에서 당한 범죄자의 죽음(요 19:19-37)을 당할 것이라고 생각했다. 예수님은 제자들에게 그들이 그같은 고난을 당할 수 있다고 경고하셨다: "내가 너희더러 종이 주인보다 더 크지 못하다 한 말을 기억하라 사람들이 나를 핍박하였은즉 너희도 핍박할 터이요"(요 15:20). 예수님의 경고는 적절했다. 그 경고대로 초대 교회는 심한 반대와 박해를 받았기 때문이다. 그리스도께 대한 신앙 때문에 순교자가 된 사람들의 긴 목록(행 12:2; 계 7:14-17)을 시작한 사람은 스데반이다(행 7:57-60).

바울은 겨우 10년 남짓 전도여행을 하면서도, 이미 그리스도로 인해 많은 환난과 고난을 경험했다. 그는 모욕을 당했고(행 13:45), 성난 폭도들에 의해서 이 도시에서 저 도시로, 이 마을에서 저 마을로 쫓겨다녔으며(행 17:8-10), 매를 맞고 음습한 감옥으로 던져졌으며(행 16:22-23), 돌에 맞아 죽음에 내몰렸으며(행 14:19-20), 살해 음모의 표적이 되기도 했다(행 14:5).

> 고난은 잘못된 태도나 행동 양식을 지적하는 본질적인 방법이다. 그리고 비이기적인 사람에게 고난의 순간은 늘 성숙의 기회가 된다. 이상하게 들릴지 모르지만 사람들은 고난 중에도 즐거워해야 한다. 그 고난은 우리의 성품을 변화시키는 에너지를 얻을 수 있다는 신호이기 때문이다. 롤로 메이(Rollo May)

바울에게 있어서 하나님께서 자기 백성이 **고난** 당하지 않도록 보호하시지 않는다는 것은 분명한 사실이었다. 오히려 하나님께서는 자기 백성들이 조소와 배척과 능욕을 당하도록 허락하신다. 오늘날 사람들은 고난이 올 것이라고 생각하지 않으며 고난이 닥쳤을 때도 견뎌내지 못한다. 그들은 즉각적인 구출과 치료만을 기대한다. 그리고 가혹한 고통을 당할 경우엔 자신의 생명을 끝낼 권리가 자신에게 있다고 주장하는 사람들도 있다. 이런 식의 생각대로라면, 고난은 어떤 대가를 치루더라도, 심지어 자기 생명을 희생시키고라도 중단시켜야 하는 것이 되고 만다.

하지만 바울은 고난에 대해 근본적으로 달리 생각하고 있었다. 바울에 따르면 고난, 특별히 그리스도의 나라의 진행과 관련한 시련과 환난은, 그리스도인들이 예수님을 더욱 닮게 하여, 예수님처럼 복음을 위하여 고난을 받도록(빌 1:29; 3:10) 허락하신 하나님의 방법이다. 베드로의 견해도 바울과 같다. 그리스도인들은 고난을 당할 때 기뻐해야 한다. 그리스도인이 고난을 당할 때 예수께서 자신들의 죄를 위하여 고난을 당하셨다는 것을 다소나마 경험할 수 있기 때문이다(벧전 4:12-13).

고난이 사람들을 그리스도께로 더욱 가까이 가도록 하는 것 외에도 그들의 믿음이 성숙해지는 데 도움이 된다. 하나님께서는 자기 백성들을 성숙시키고 그들을 더 나은 그리스도인으로 빚으시기 위하여 고난을 사용하신다. 사실 고난은 영적 성숙에 늘 함께하는 필수불가결한 고통이라고 생각해야 한다. 바울은 로마서에서 고난은 인내를, 인내는 그리스도인의 성품을 이룬다고 지적하고 있다(롬 5:3-4; 또한 약 1:3-4; 벧후 1:6; 계 2:2, 19도 참조하라). 이 문단은 고난의 또 다른 유익을 강조함으로써 절정에 이른다. 즉, 고난은 고난 당한 자에게 고난을 당하고 있는 다른 사람들을 어떻게 격려할지를 가르쳐 준다는 것이다(1:6-7을 참조하라).

고난에 대한 이와 같은 진리를 이해할 때, 신자들은 현재 자신들의 어려운 상황을 뛰어 넘어 그 고난의 궁극적 목표-그리스도께 가까이 나아가는 것-를 바라볼 수 있게 된다. 고난에 대한 진리를 이해한다고 해서 시련과 환난과 어려움이 조금이라도 쉬워지는 것은 아니다. 그러나 고난의 진리를 이해할 때 참으로 하나님의 백성은 이와 같은 어려움을 이겨낼 수 있는 힘을 얻는다. 고난 당하는 중에는 철저하게 감추어져 있을지라도, 고난에는 하나님의 목적이 있다. 그리스도인은 환난의 한 가운데(in the midst)라도 하나님께서 거기 계시다는 것을 확신할 수 있어야 한다. 하나님께서는 그리스도인의 고통을 아시지만(그리스도께서는 십자가에서 그 큰 고통과 죽음을 경험하셨기 때문에. 빌 2:8; 히 12:2), 하나님께서는 또한 영원의 관점에서 그것을 바라보신다. 하나님께서는 선한 목적으로 고통과 고난을 허락하시며, 어떤 환란도 견뎌낼 수 있도록 위로를 주심으로써 신자들의 삶 속에서 그 선한 목적을 이루어내신다(롬 8:28)

1:6 우리가 환난 받는 것도 너희의 위로와 구원을 위함이요 혹 위로 받는 것도 너희의 위로를 위함이니 이 위로가 너희 속에 역사하여 우리가 받는 것 같은 고난을 너희도 견디게 하느니라

여기서 바울은 왜 자신이 지금 아시아에서 고난과 환난을 당한 것을 자세히 말하고 있는지를 고린도 교인들에게 설명하고 있다. 바울은, 교회는 독립된 개인들로 구성된 모임이 아니라, 구성원들간에 서로 철저한 관계를 맺고 있는 한 몸임을 강조하고 있다. 바울은 이미 "만일 한 지체가 고통을 받으면 모든 지체도 함께 고통을 받고 한 지체가 영광을 얻으면 모든 지체도 함께 즐거워한다"(고전 12:26)고 고린도 교인들에게 가르친 적이 있다. 바울은 자신과 고린도 교인들이 같은 그리스도인으로 연합되어 있음을 상기시키기 위하여, 복음 때문에 당한 자신의 고난을 말하고 있는 것이다. 바울과 그의 동료들은 **환난을 받았다**. 그러나 이 환난은 결과적으로 고린도 교인들에게 **위로와 구원**이 되었다. 바울과 그의 동료 전도자들이 하나님께 위로를 받았기 때문에, 그들은 고린도 교인들에게 위로가 될 수 있었다.

모든 교인들이 그리스도 안에서 연합된 곳인 교회에서, 우리는 참된 공감을 볼 수 있어야 한다(고전 12:12-31). 이러한 삶에는 시련과 환난이 따르겠지만, 그리스도인들은 고난 당하는 사람을 격려해야 한다. 그리고 고난을 인내할 때, 그 사람은 새로운 통찰력을 얻게 될 것이다. 그 통찰력으로 말미암아 그 사람은 유사한 어려움을 겪고 있는 다른 사람들을 격려할 수 있게 될 것이다. 그러면 그 사람들은 계속해서 그 같은 어려움들을 인내할 수 있게 된다.

바울과 고린도 교인들에게 이것은 단순한 진리 이상이었다. 바울은 매일 일상적인 문제들로 고통을 받은 것이 아니었다. 그는 그리스도와 함께 하면서 복음을 전한다는 것 때문에 박해를 받고 있었다. 고난에 직면해서도 바울은 하나님께서 주시는 용기로 처음부터 고린도에서 복음을 증거할 수 있었다. 이처럼 고린도 교인들은 그들의 스승(mentor)이요 교회 설립자인 바울과 아주 밀접하게 연결되어 있었다. 그러나 고린도후서를 보면 고린도 교회의 일부 성도들이 바울과의 유대를 거부하고 있음을 알 수 있다(10:1-18). 그래서 바울은 편지를 시작하면서부터 고통스럽게 고린도 교인들과 자신의 관계를 강조하고 있는 것이다.

1:7 너희를 위한 우리의 소망이 견고함은 너희가 고난에 참예하는 자가 된 것 같이 위로에도 그러할 줄을 앎이라

교회 안의 심각한 분열에서부터 충격적인 부도덕에 이르기까지 고린도 교인들에게 많은 문제가 있었지만, 바울은 그들에 대한 자신의 완전하고도 확고부동한 확신을 피력했다: 너희를 위한 우리의 소망이 견고하다. 바울은 고린도 교회가 애쓰며 고난을 겪고 있음을 알았지만, 그는 그들이 이렇게 애쓰는 것은 바울 자신이 소아시아에서 복음의 진보를 위하여 애쓰듯이 그들도 복음을 위해서 그렇게 하고 있으리라는 확신에 찬 소망을 가지고 있었다. 진리의 복음에 대해 확고부동하고 고난 속에서도 인내함으로 말미암아, 그들은 하나님의 격려와 능력을 누릴 수 있게 될 것이다. 그것은 고통스런 수고에 합당한 상이기 때문이다.

고린도후서 1:8 **43**

1:8 형제들아 우리가 아시아에서 당한 환난을 너희가 알지 못하기를 원치 아니하노니 힘에 지나도록 심한 고생을 받아 살 소망까지 끊어지고

이제 바울은 일반적인 원리-하나님께서 시련 가운데서 그리스도인들을 격려하심-에서 자신의 특별한 상황으로 옮기고 있다. 바울은 고린도 교인들에게 아시아에서 겪은 일을 상세하게 설명하지는 않았으며, 다만 그 일은 자기 목숨을 염려할 정도였다는 것만 설명하고 있다. 주석가들은 각기 다양한 시나리오를 제안하고 있다: (1) 바울은 심각한 병으로 고통을 겪었다. 아마 확실하지는 않지만 '육체에 가시'(12:1-10을 참조하라)와 연관될 수도 있다. (2) 바울은 에베소에서 투옥되었다. 그가 '에베소에 있는 들짐승'(고전 15:23-31을 참조하라)과 싸우고 있다고 썼을 때, 아마 이 사건을 암시하고 있었을지 모른다. (3) 바울은 에베소의 은장색의 선동으로 인해 발생한 폭동 때문에 생명의 위협을 느꼈다(행 19:31을 참조하라).

물론, 이 세 가지 중에 에베소 폭동과 관련하여 바울이 환난을 당했다는 주장이 가장 유력하다. 이것은 바울이 언급하고 있는 생명의 위협을 느끼는 상황이 될 수 있지만, 확실한 것은 아니다. 우리가 확실하게 아는 것은 바울이 살 소망까지 끊어졌다는 것이다. 바울은 마치 배가 침몰하여 가라앉는 것과 같은 심한 고생을 받았다. 바울의 절망은 실제적이었다. 그는 심각한 침체를 말하고 있는 것이다.

 **압박감과 스트레스와 침체**

바울은 고난에 관해서 상당히 많이 알고 있었다. 그리스도를 따르는 자라고 해서 압박감과 스트레스와 침체를 겪지 않는 것은 아니다. 많은 신자들은, 그리스도인은 결코 침체에 빠져서는 안된다고 믿는다. 그러나 초대교회의 챔피언인 바울이 바로 그 문제를 여기서 다루고 있다. 사도 바울에게 압박감은 제자도의 영역에 늘 따라 다니는 것이었다. 바울은 그때에 그 압박감이 너무나 심해서 살 소망까지 끊어졌다고 숨김없이 쓰고 있다(1:8). 분명히 바울은 자신이 집요한 반대에서 벗어날 수 있을지 의문을 품었을 것이다. 의심할 여지없이 당신에게도 그런 순간이 있었음을 증명하는 표지들이 있을 것이다. 당신이 오늘 주님과 고요한 대화의

시간을 보낼 때, 지금 당신을 태워 폭발하고 있는 압박감과 근심을 솔직하게 인정하라. 자신의 능력 밖이라고 느끼고 있는 상황에서 당신이 조금씩 무너져 갈 때, 당신을 지탱해주시도록 주님께 구하라. 바울이 빌립보 교회의 친구들에게 준 약속을 만끽하라: "내게 능력 주시는 자 안에서 내가 모든 것을 할 수 있느니라"(빌 4:13).

1:9 우리 마음에 사형 선고를 받은 줄 알았으니 이는 우리로 자기를 의뢰하지 말고 오직 죽은 자를 다시 살리시는 하나님만 의뢰하게 하심이라

여기서 사형선고는 바울이 감옥에 있는 동안 공식적으로 받았던 판결을 암시한다고 해석한 주석가들도 있다. 다른 주석가들은, '선고'라는 헬라어 단어는 '답변'(answer)으로 번역할 수 있기 때문에, 바울은 아마도 이 문단에서 자신을 겸손하게 목숨을 구하는 청원자로 묘사하고 있는지도 모른다고 주장한다. 자비를 구하는 간절한 탄원에 대해 그가 받은 답변은 죽음이었다. 거기에는 소망이 없었다. 아무도 그를 구원해 줄 수 없었다. 바울의 소망은 오직 하나님께만 있었다.

그러나 바울은 아주 적절한 곳에 소망을 두었다. 오직 하나님만이 죽은 자를 다시 살리신다. 죽음에서 일으키시는 하나님의 능력은 몇몇 고린도 교인들이 의심하고 있던 교리였다(고전 15:1-56에 나오는 부활의 교리에 대한 바울의 긴 설명을 참조하라). 고린도후서에서 바울은 영생에 대한 그리스도인의 소망의 중요성을 부각시키기 위해서 인간 존재의 한시성을 반복해서 강조했다(4:16; 5:1). 부활에 대한 확실한 소망이 없이는 그리스도인의 믿음은 쓸모 없는 것이 되고 말 것이다(고전 15:14을 참조하라).

고난을 통해서 하나님의 백성은 자신들이 의뢰할 수 있는 유일한 분은 하나님뿐임을 깨닫기 때문에, 바울은 아무리 많은 고난이라도 견딜만한 가치가 있다고 말하고 있다. 이 세상이 주는 위로를 즐기며 계속 속으면서 살게 되면 더욱 나빠진다. 사람은 자신을 죽음에서 구할 수 없기 때문에, 자신을 의지하는 삶은 종국엔 파멸에 이르게 된다. 우리가 보기에는 고난을 통해 단지 하나님을 열렬하게 의존하게 되고 당신의 기도생활이 새로워지는 데 그칠지라도, 하나님의 시각에서는 그 고난은 고통만큼 아주 값어치가 있었을지 모른다.

1:10 그가 이같이 큰 사망에서 우리를 건지셨고 또 건지시리라 또한 이후에라도 건지시기를 그를 의지하여 바라노라

하나님 안에 둔 바울의 소망은 입증되었다. 생명과 사망 사이에서 궁극적인 능력을 가지고 계신 하나님께서 바울을 구원해내셨다. 바울의 기도는 응답 받았다. 예수 그리스도를 죽음에서 일으키신 그 하나님께서 바울을 큰 사망에서 건지셨다. 하나님께서는 바울을 죽음에서 보호하실 뿐만 아니라 또한 고난의 상황에서 인내할 수 있도록 용기를 주셨다.

이러한 특별한 어려움 속에서 주님의 구원을 경험함으로써, 바울은 자신의 구원은 처음부터 하나님께서 계획하신 것이며, 장래에도 자신을 건지시리라 믿을 수 있는 용기를 얻었다. 바울처럼 우리도 하나님께서 과거에 우리를 구원하셨고 또 건지셨던 때를 자세히 말해야 한다. 이러한 사건들은 하나님께서 우리가 몸부림치고 있는 지금도 우리를 구원하실 계획을 가지고 계심을 보여주는 증거가 될 것이다. 우리 하나님은 건지시는 분이라는 사실을 기억하는 것이 우리로 말할 수 없는 기쁨과 감사를 불러일으켜야 한다.

1:11 너희도 우리를 위하여 간구함으로 도우라 이는 우리가 많은 사람의 기도로 얻은 은사를 인하여 많은 사람도 우리를 위하여 감사하게 하려 함이라

바울은 중보기도의 유효성에 대한 확고한 믿음을 드러내고 있다. 바울은 종종 자신을 위하여 기도해줄 것을 교회들에게 요청하였다(롬 15:20-32; 엡 6:18-20을 참조하라).

> 기도는 영혼의 방패요, 하나님께 드리는 산 제사요, 사단을 향한 채찍이다.
> 존 번연(John Bunyan)

여기서 바울은 고린도 교인들이 자신을 위하여 **간구함**을 감사했다. 헬라어를 문자적으로 보면, 바울은 고린도 교인들이 기도를 통해 자신을 '돕기 위해 함께 일하고 있다'고 말하고 있다. 바울은 고린도 교인들이 그들의 교회에서 바울 자신과 함께 일하도록 격려하기 위해서 이런 용어를 사용하고 있는 것이다. 그들이 힘써 함께 기도해 줄 때 바울은 효과적인 복음 사역자가 될 수 있을 것이다. 바울은 그 교회를 괴롭히는(고전 1:10-17) 분열을 치유하는 길은 함께 무릎을 꿇고 기도하는 것임을 알았다. 만약 교회의 모든 사람들이 하나님 앞에서 자기 자신을 낮춘다면, 많은 차이점들은 그리스도를 위한 가장 중요한 것들과 비교하여 사라질 것이기 때문이다.

7절처럼 이 구절은 교인간의 상호 의존성을 웅변적으로 부각시키고 있다(바울이 앞서 몸의 비유로 설명했던 진리-고전 12:12-30을 참조하라). 바울은 자신이 삶에서 겪은 정황들을 예로 들며 상호 의존성을 설명하고 있다. 바울의 고난 보고는 고린도 교인들을 기도하는 자리로 이끌었다. 하나님은 그 기도에 응답하셔서 바울을 건져내셨다. 이 경험 때문에 바울은 자신의 구출 소식뿐만 아니라 하나님께서 어떻게 자신을 격려하셨는지를 나누는 편지를 쓸 수 있었다. 그리고 바울의 이 격려는-아마도 강력한 권고일 수도 있다-고린도 교인들이 어떤 어려움을 만나더라도 이에 직면할 수 있는 힘이 될 것이다. 이런 식의 상호 의존적 관계가 바울이 최근에 겪은 자신의 시련 경험을 예로 들면서 설명하려고 했던 바였다. 자기만 의지하는 그리스도인은 이런 경험을 할 수 없다. 모든 교회는 하나님을 향해 영적으로 성장하는 데 있어서 긴밀하게 연결되어 있다. 하나님께서 바울을 건져내셨기 때문에, 바울은 자신과 동역자들의 **안전을 위한 고린도 교인들의 기도가 응답된 것에 대해 하나님께 감사하도록** 고린도 교인들을 격려할 수 있었다. 고린도 교인들의 찬양은 다른 많은 사람들을 격려하고, 그들에게 하나님의 신실하심을 가르쳐 주었을 것이다.

 ## 안전 우선

바울은 성도들이 자기 안전을 위해 기도하도록 촉구했다(1:11). 기도는 교회에 국한되지 않는다. 기도는 우리(또한 우리가 사랑하는 사람들)가 인생의 위험을 안전하게 헤쳐갈 수 있도록 하나님께서 주신 수단이다. 바울은 하나님의 말씀을 전하기 위하여 여행하고 있는 자신과 동역자들을 위하여 기도해 달라고 요청했다. 바울은, 문자적으로나 상징적으로, 자신이 감옥에 있을 때 자신이 섬기던 교회의 교인들의 기도가 하나님의 손을 움직여 자신을 구출했음을 경험을 통해 알고 있었다. 그는 또한 사람들이 어떻게 자기를 도울 수 있겠느냐고 물었을 때, 무슨 말을 해야 하는지를 정확히 알고 있었다. 그것은 '기도하라', '기도하라', '기도하라'였다. 만약 바울과 그의 동역자들이 기도 후원이 필요했다면, 당신의 삶에 영적인 지도력을 주는 사람들도 그럴 것이다. 사단은 그리스도와 그리스도의 교회에 연합된 사람들에게 도전할 것이다. 당신의 목회자들과 주일학교 교사들과 신학교 교수들과 선교사들과 그리스도의 나라를 확장하고 있는, 당신이 아는 모든 사람들을 위해 기도하라.

고린도후서
1:1-2:4

1:12-2:4 바울의 변경 계획들

[12]우리가 세상에서 특별히 너희에게 대하여 하나님의 거룩함과 진실함으로써 하되 육체의 지혜로 하지 아니하고 하나님의 은혜로 행함은 우리 양심의 증거하는 바니 이것이 우리의 자랑이라 [13]오직 너희가 읽고 아는 것 외에 우리가 다른 것을 쓰지 아니하노니 너희가 끝까지 알기를 내가 바라는 것은 [14]너희가 대강 우리를 아는 것같이 우리 주 예수의 날에 너희가 우리의 자랑이 되고 우리가 너희의 자랑이 되는 것이라 [15]내가 이 확신을 가지고 너희로 두 번 은혜를 얻게 하기 위하여 먼저 너희에게 이르렀다가 [16]너희를 지나 마게도냐에 갔다가 다시 마게도냐에서 너희에게 가서 너희가 보내줌으로 유대로 가기를 경영하였으니 [17]이렇게 경영할 때에 어찌 경홀히 하였으리요 혹 경영하기를 육체를 좇아 경영하여 예 예하고 아니 아니라 하는 일이 내게 있었겠느냐 [18]하나님은 미쁘시니라 우리가 너희에게 한 말은 예 하고 아니라 함이 없노라 [19]우리 곧 나와 실루아노와 디모데로 말미암아 너희 가운데 전파된 하나님의 아들 예수 그리스도는 예 하고 아니라 함이 되지 아니하였으니 저에게는 예만 되었느니라 [20]하나님의 약속은 얼마든지 그리스도 안에서 예가 되니 그런즉 그로 말미암아 우리가 아멘 하여 하나님께 영광을 돌리게 되느니라 [21]우리를 너희와 함께 그리스도 안에서 견고케 하시고 우리에게 기름을 부으신 이는 하나님이시니 [22]저가 또한 우리에게 인치시고 보증으로 성령을 우리 마음에 주셨느니라 [23]내가 내 영혼을 두고 하나님을 불러 증거하시게 하노니 다시 고린도에 가지 아니한 것은 너희를 아끼려 함이라 [24]우리가 너희 믿음을 주관하려는 것이 아니요 오직 너희 기쁨을 돕는 자가 되려 함이니 이는 너희가 믿음에 섰음이라 [1]내가 다시 근심으로 너희에게 나아가지 않기로 스스로 결단하였노니 [2]내가 너희를 근심하게 하면 나의 근심하게 한 자밖에 나를 기쁘게 하는 자가 누구냐 [3]내가 이같이 쓴 것은 내가 갈 때에 마땅히 나를 기쁘게 할 자로부터 도리어 근심을 얻을까 염려함이요 또 너희 무리를 대하여 나의 기쁨이 너희 무리의 기쁨인 줄 확신함이로라 [4]내가 큰 환난과 애통한 마음이 있어 많은 눈물로 너희에게 썼노니 이는 너희로 근심하게 하려 한 것이 아니요 오직 내가 너희를 향하여 넘치는 사랑이 있음을 너희로 알게 하려 함이라

바울은 가장 최근에 겪은 시련 속에서 주님께서 자신에게 보여주신 위로를 인하여 하나님을 찬양을 한 후, 고린도 교인들에게 최근의 여행 계획을 설명하기 시작했다. 고린도전서에서 바울은 마게도냐를 여행한 후에 고린도 교인들을 방문할 것이라고 말했다(고전 16:5-7). 그 이후에 바울은 여행 계획을 변경했다. 바울은 고린도를 두 번 방문할 계획이었다. 우선 마게도냐 전역을 여행하기 전에 그 곳에 머물고, 동쪽으로 돌아오는 길에 다시 머물 계획이었다(1:15-16을 참조하라). 바울은 두 번의 방문 계획 가운데 첫 번째는 실행했다. 그러나 이 방문이 너무나 '고통스러웠기' 때문에 바울은 즉시 고린도를 다시 방문하지 않기로 결정했다. 그 대신 마게도냐에서 에베소로 곧장 가고 싶어했다. 거기서 바울은 고린도 교회가 처리해야 할 어려운 문제들에 관한 '엄한 편지'를 썼다(2:3을 참조하라).

고린도전·후서의 증거를 통해서 우리는 바울의 '고통스런 방문'에서 발생된 일들을 서로 연결시킬 수 있다. 몇몇 거짓 교사들이 고린도 교회에 잠입해서 바울의 권위를 실추시키려고 했다. 이것 때문에 교회는 그들을 지지하는 쪽과 그렇지 않은 쪽으로 분열되었다(고전 3:1-23). 거짓 교사들은 이러한 분열을 야기시켰을 뿐만 아니라 바울의 성품까지 공격하기 시작했다. 그들은 여러 가지 이유를 들면서 사도로서의 바울의 권위에 이의를 제기했다. 그들은 바울의 언변 부족과 재정적인 지원 거부, 심지어 그가 복음 전도자로서 겪었던 시련과 실패들까지 근거로 제시했다.

분명히 바울의 마지막 방문 때에 어떤 사람은 공개적으로 바울의 권위에 도전하기도 했을 것이다(13:3을 참조하라). 바울은 그 방문 동안에 고린도 교인들을 엄하게 경고한 후(13:2), 마게도냐로 여행을 계속했다. 그러나 바울은 고린도로 되돌아오지 않고 곧바로 에베소로 갔다. 바울은 그의 두 번째 방문을 취소하는 대신에 편지(바울이 그들에게 보낸 세 번째 편지)를 써서, 교회가 공동체 안에 있는 몇 가지 문제들을 해결하도록 권고하였다(2:3). 이 편지에서 바울은 고린도 교인들이 우선적으로 해야 할 일을 대략적으로 말해 주었다. 그들은 지난 번 바울이 방문했을 때 바울에게 많은 어려움을 안겨 주었던 교인들을 징계해야 했다(2:5-11).

고린도후서의 첫 장의 많은 부분을 할애하여, 자신과 고린도 교인들이 예수님을 위해 어떻게 친밀하게 동역했는지를 부각시킨 후에, 바울은 자기 자신의 신실성과 고린도에서 전면적인 공격을 당하고 있었던 문제에 대해 충분히 변호하고 있다.

1:12 우리 양심의 증거하는 바니 이것이 우리의 자랑이라

바울은 고린도에서 자신을 반대하는 자들의 자랑에 맞서야 했기 때문에, 고린도후서에서는 자신의 다른 어떤 편지들에서보다 더 많이 자랑하고 있다(1:12, 14; 10:8, 13, 16-17; 11:12, 18, 21, 30; 12:5-6, 9을 참조하라). 본질적으로 '자랑'이라는 헬라어 단어는 '신임'(confidence)을 의미한다. 바울은 종종 자신의 능력을 확신하는 사람들을 묘사하기 위해 이 단어를 부정적인 의미로 사용했다(11:12). 다른 곳에서 바울은 이 단어를 하나님과 하나님께서 모든 고린도 교인들에게 아낌없이 주신 능력에 대한 적절한 확신 또는 소망을 말할 때 사용하기도 했다(10:17). 이런 식으로 바울은 하나님 안에서 자랑할 수 있었다. 그 자랑은 궁극적으로 주님께 영광이 돌아가기 때문이다.

그 단어는 고린도 교인들이 흔하게 사용하던 용어였기 때문에, 바울은 여기서 자신의 양심을 거론했을지도 모른다. 스토아학파 철학자들은 양심을 자기들 안에 있는 하나님의 음성이라고 말했다. 그러나 바울은 그 용어를 그와 같은 의미로 사용하지 않았다. 오히려 그는 양심을 행동의 옳고 그름을 판단하는 능력이라고 생각한 것 같다. 그러나 바울은 자신의 양심도 하나님에 의해서 판단받아야 한다는 것을 분명히 밝혔다(고전 4:4-5을 참조하라). 결국 사람의 양심은 전능하신 하나님 앞에서 아무도 죄 없다고 말하지 못할 것이다. 하나님께서, 아니 오직 하나님만이 각 사람의 행동을 판단하실 것이다. 비록 바울이 자기 양심에 호소하긴 했지만, 그는 궁극적으로는 자기 양심이 예수 그리스도 앞에서 입증될 것임을 알았다(1:14).

우리가 세상에서 특별히 너희에게 대하여 하나님의 거룩함과 진실함으로써 하되

바울은 자신의 행동 때문에 복음이 손상되기를 원치 않았기에 매우 조심했다. 바울은 철저하게 진실하려고 했으며 비난받는 일을 하지 않으려고 노력했다. 이렇게 함으로써 바울은 자신의 행동보다는 자신의 메시지의 진실성에 집중하게 했다. 1세기에는 순회 전도자들이 많이 있었다. 그들 가운데는 재정적인 지원을 얻기 위해 비열한 방법들을 사용하는 전도자들도 있었다. 바울은 고린도에서 브리스길라와 아굴라 부부와 함께 천막을 만들어 생계를 꾸려감으로써 이러한 전도자들과는 거리를 두려고 했다. 바울은 자신이 이처럼 윤리적으로 진실했음을 고린도 교인들에게 상기시키고 있는 것이다.

육체의 지혜로 하지 아니하고 하나님의 은혜로 행함은

바울은 자신의 행위뿐만 아니라, 자신의 선한 행위의 근거와 가르침의 근원을 지적하고 있다. 그 행위는 **육체의 지혜**가 아니라 하나님의 은혜로 말미암은 것이다. 바울은 이미 고린도전서에 하나님의 지혜와 사람의 지혜의 차이를 묘사한 바 있다. 사람들은 대부분 메시지의 진리를 증명하기 위해 웅변적인 화술이나 경외심을 일으키는 이적을 찾지만, 하나님께서는 당신의 능력있는 진리의 말씀으로 지혜로운 자를 부끄럽게 하기 위해 어리석고 연약한 증거자들을 사용하신다(고전 1:18-2:14). 바울이 고린도전서 1장에서 하나님의 메시지가 인간의 지혜보다도 우월하다고 논한 이유는, 아마도 고린도 교인들이 자기들 가운데 언변이 뛰어난 사람들을 계속 높이 평가하고 있었기 때문일 것이다.

이 구절에서 '은혜'로 번역된 **카리스**(*karis*)라는 헬라어 단어는, 받을만한 자격이 없는 자에게 주시는 하나님의 분에 넘치는 호의를 의미한다. 이 문맥에서 그것은 바울에게 복음을 전할 수 있게 하신 하나님의 은사를 말한다. 다시 말해서, 바울이 복음의 진리를 가지고 고린도를 방문했을 때, 그는 자신의 지혜와 지식을 의존하는 대신 하나님께서 주신 권능을 의지하였다. 모든 고린도 교인들은 이 사실을 분명히 알아야 했다.

1:13-14 오직 너희가 읽고 아는 것 외에 우리가 다른 것을 쓰지 아니하노니 너희가 끝까지 알기를 내가 바라는 것은 너희가 대강 우리를 아는 것같이 우리 주 예수의 날에 너희가 우리의 자랑이 되고 우리가 너희의 자랑이 되는 것이라

여기에 사용된 헬라어는 바울이 고린도 교인들이 아직 알지 못하는 어떤 것을 쓰고 있지 않았음을 의미할 수 있지만, 그보다는 고린도 교인들이 이해할 수 없는 어떤 것을 쓰지 않았음을 뜻할 가능성이 더 크다. 분명히 고린도 교인들은 바울의 신실성에 의문을 제기하고 있었다. 교회 안의 몇몇 사람들은 바울의 편지에는 일관성이 없다고 주장하고 있었다(10:9-10을 참조하라). 여기서 바울은 자신의 신실성을 변호하고 있다. 특별히 그는 이전에 쓴 편지들에서도 자신은 진실했다고 변호하고 있다.

만약 고린도 교인들이 바울의 참된 의도를 확신하지 않았다면, 바울은 주 예수의 날에 자신의 참된 의도가 드러나기를 **바랄 수밖에**-다시 말해, 확신있게 기대할 수밖에-없었다. 그 날은 예수께서 이 땅에 다시 오실 날이다. 구약성경의 선지자들은 이 날을 '주의 날' (the day of the Lord)이라고 불렀다(사 13:6; 욜 1:15; 암 5:18을 참조하라). 바울은 선지자들이 기다리고 있는 그 분이 누구신지를 분명히 하기 위해서, 구약성경의 구절에 예수님의 이름을 덧붙였다. 선지자들은 예수께서 이 땅을 심판하셔서 박해자들에게서 의인들을 구원해내실 그날을 바라보고 있었다. 그 날에 바울은 자신의 행위와 말들이 있는 그대로-흠없고(blameless) 진실하게-드러나기를 기대했다. 고린도 교인들의 진실한 믿음은 그날에 바울에겐 커다란 기쁨의 사건이 될 것이다. 그들은 바울을 자신들의 선생으로서 모셨다는 것을 **자랑하게** (또는 긍지를 갖게) 될 것이며, 바울도 그때에 자신을 통해 고린도 교인들이 회심하게 된 것을 **자랑스럽게** 생각할 것이다. 마치 예수께서 강림하실 때 데살로니가 사람들의 믿음이 바울에게 기쁨을 가져다주는 것처럼(살전 2:19), 고린도 교인들 역시 바울을 기쁨으로 충만하게 할 것이다. 또한 고린도 교인들도 바울이 성취한 일로 기뻐하게 될 것이다. 바울의 사역을 위해 신실하게 기도해줌으로써 그들도 바울의 동역자들이 되었기 때

문이다(1:11).

단순함
효과적인 선교 사역의 열쇠는 그들이 하나님의 말씀을 나눌 사람들의 언어를 배우는 것이다. 만약 그 사람들이 이해하지 못하는 개념들과 말로 복음을 나눈다면, 좋은 의도로 전한 말씀들이라도 땅에 떨어질 수 있다. 무의미한 말들이 되는 것이다. 바울은 비교문화적 원리(cross-cultural principle)를 알고 있었기에, 고린도 교인들이 이해할 수 있는 이미지와 말로 의사소통을 하는 데 특별한 주의를 기울였다. 바울은 자기 말을 그들이 이해할 수 있게 하려고 노력했다. 비록 바울은 자신의 편지를 읽거나 듣는 대부분의 사람들보다는 교육을 더 받은 사람이었지만, 가장 교육을 받지 못한 사람들도 쉽게 닿을 수 있도록 그 나라의 진리를 담은 그릇을 선반 맨 아래에 두었다. 설교를 하거나 가르치는 사람들은 바울의 모범을 따라야 할 것이다. 당신은 단순한 성경의 개념들을 전하는 일에 얼마나 숙련되어 있는가?

1:15-16 내가 이 확신을 가지고 너희로 두번 은혜를 얻게 하기 위하여 먼저 너희에게 이르렀다가 너희를 지나 마게도냐에 갔다가 다시 마게도냐에서 너희에게 가서 너희가 보내줌으로 유대로 가기를 경영하였으니

바울은 자신이 고린도 교인들에 대해 자부심을 느끼고 있듯이(1:14을 참조하라) 고린도 교인들도 자신에 대해 자긍심을 가지고 있다는 확신에 기초하여 여행 계획들을 세웠다. 그는 갑자기 예정에도 없이 고린도를 방문했다. 그러나 고린도에 도착했을 때, 바울은 교회 분위기가 전혀 다르다는 것을 알게 되었다. 적어도 교인 중 일부가 바울을 거부했고 그의 권위를 부인했다. 바울은 뒤에 이것을 '고통스런 방문'이라고 칭했다. 이 '고통스런 방문'으로 인해 바울과 고린도 교인들 사이의 친밀한 교제에 금이 가기 시작했다(2:1을 참조하라). 바울이 마게도냐에 있는 교회들을 급히 방문해야 했기 때문에, 갑자기 이 '고통스런 방문'이 이루어진 것이다. 고린도에 머무는 동안, 바울은 되돌아오는 길에 고린도 교인들을 다시 방문하기로 약속했다.

그러나 바울은 여행 계획을 변경했다. 마게도냐와 아가야(지금의 그리스)를 지나 돌아오는 길에 고린도를 방문하는 대신에, 그는 곧바로 에베소로 향한 것 같다. 바울이 당초에 계획을 세울 때는 고린도 교회가 그 문제들을 대부분 해결할 것이라는 생각했다. 그러나 계획대로 고린도로 갈 때가 되었는데도 그 위기는 완전히 해결되지 않았던 것이다(비록 몇몇 지역들에서는 진척을 보았지만; 7:11-16을 참조하라). 그래서 바울은 방문하는 대신에 편지를 썼다(2:3-7; 7:8). 바울은 자기 방문이 사태를 더욱 악화시킬 것이라고 생각했던 것이다.

예정에 없던 바울의 첫 방문과 그 후 취소된 두 번째 고린도 방문은 바울을 반대하는 자들에겐 그를 비난할 또 다른 빌미가 되었다. 바울은 그 약속들을 지키지 못했다. 그 때문에 바울은 고린도후서에서 고린도 교인들에게 자신의 정직성을 변호하기 위해 편지의 많은 부분을 할애한 것이다(1:12).

바울이 이 구절들에서 사용한 헬라어 단어들은 그의 신실성을 강조하고 있다. 먼저, 바울은 자신이 아주 조심스럽게 계획을 세웠다는 사실을 전하고 싶었다. 바울이 여기서 사용한 '계획한'이라는 헬라어는 강한 의지적 행동-기본적으로 용의주도한 결정-을 담고 있다. 둘째로, 바울은 자신의 행동 이면에 자리잡은 동기를 강조하고 싶었다. '유익'(benefit)이라는 뜻의 헬라어 단어의 어근은 일반적으로 '은혜'로 번역되는 **카리스**다. 바울은 이 문맥에서는 **카리스**를 '기쁨', '호의', '즐거움' 또는 '유익'의 뜻으로 사용하고 있다. 그래서 바울은 고린도 교인들에게 친절을 베풀 기회가 두 번 있었다고-두 번의 방문 때문에-말하고 있는 것이다. 그러나 그 만남은 기쁨이 되기보다는 짐이 되었고 또 고통의 원인이 되었다.

조심스런 단어 선택을 통해서 바울은 고린도 교인들에게 자신의 동기를 분명하게 표현하려고 하였다. 바울은 상호간의 영적 **유익**을 위해 의도적으로 계획들을 세웠었다. 바울이 갑작스럽게 계획을 변경한 이유도 마찬가지였다. 즉, 바울은 고린도 교인들에게 가장 유익한 것을 주기 원했기 때문에 고린도 방문 계획을 취소한 것이다.

고린도 교인들은 바울을 오해했고, 이 편지에서 바울은 자신의 동기들을 설명해야 했다. 바울의 곤경은 모든 그리스도인들에게 분명한 교훈이 된다. 그리스도인은 어떤 상황에서든지 옳은 것을 추구해야 한다. 뿐만 아니라 행동의 과정 또한 그들의 진실한 동기를 효과적으로 드러내야 한다.

1:17 이렇게 경영할 때에 어찌 경홀히 하였으리요 혹 경영하기를 육체를 좇아 경영하여 예, 예 하고 아니, 아니라 하는 일이 내게 있었겠느냐

바울의 계획 변경은 고린도에 있는 적대자들에게 바울의 행동에 대해 불평하고 심지어 바울의 권위까지도 비난하는 이유가 되었다. 바울의 변덕스러운 여행 계획을 비판함으로써 바울의 적대자들은, 바울은 신뢰할 수 없는 사람이라고 은근히 주장하고 있었던 것이다. 만약 바울이 신뢰할 수 없는 사람이라면 어떻게 그의 메시지를 믿을 수 있겠는가?

'경홀히'란 말에 사용된 헬라어 구성을 보면, 바울이 자신의 반대자들의 말을 그대로 인용하고 있음을 알 수 있다. 그 단어는 지키지 못할 약속을 하는 사람, 즉 근본적으로 신뢰할 수 없는 사람이란 뜻을 내포하고 있다. 이 구절에서 첫 번째 수사학적 질문("이렇게 경영할 … 하였으리요")을 한 후에, 바울은 다시 한번 적대자들이 자신을 고소할 때 쓴 말을 인용해서 두 번째 수사학적인 질문을 하고 있다. 이 서신에서는 바울이 자신의 계획들을 육체를 좇아 경영하였다는 진술이 반복되고 있다(10:2). 바울의 용법에 따르면, '육체'는 성령과 뚜렷하게 대조된다(갈 5:16-17을 참조하라). 바울에게 '육체'라는 말은 이 세상의 기준과 사회적 관습, 즉 많은 사람들의 행동을 지배하고 있는 인간적인 이기심을 의미했다. 전적으로 이기심과 자기 중심적인 욕망에 지배를 받는 사람은, 형편이 좋을 때는 '예'라고 말하겠지만 더 좋은 기회가 오면 그 약속을 어길 것이다. 이것이 바로 자신의 이기적 욕망에 대해 '아니오'라고 말하지 못하는 사람에게 예상할 수 있는 행동이다.

바울은 자신의 글 이곳저곳에서 육체의 소욕을 따르는 사람과 성령에 의해서 다스림을 받는 사람을 대조하고 있다. 그리스도인들 안에 살아게 신 하나님의 영은 그들에게 단지 이기심이 아니라 더 고차원적인 기준을 따라 행동하도록 동기를 줌으로써 자신의 이기심에서 벗어날 수 있도록 도우신다. 그 고차원적인 기준은 하나님께 순종하는 것이다. 바울은 단지 인간의 메시지가 아니라 성령의 메시지를 가지고 고린도에 왔다. 바울은 고린도 교인들에게서 돈 받기를 거절함으로써 자신의 진실한 동기를 증명했다. 바울은 이기적인 동기로 행동하지 않았다. 그는 자신의 재정적인 유익을 위해 설교하지 않았다. 그 대신 성령에 의해 능력을 부여받은 바울은, 거짓된 세상에서 새롭게 하는 진리인 하나님의 메시지를 전하고 있었다.

고린도에 있는 바울의 반대자들도 바울을 반대하기 위해 성령과 세상을 첨예하게 구별했던 바울의 방법을 사용했다. 그들은 바울이 세상적인 기준을 따라 행동하고 있다고 비난했다. 이러한 고발은 고린도전서에서 바울이, 자신의 설교는 인간적인 권위가 아니라 하나님의 영으로부터 나온 것이라는 주장했던 것과 정면으로 배치되었다(고전 2:4을 참조하라). 바울의 행동이 육체적인 동기에서 비롯됐다고 말하는 것은 바울의 영적인 권위에 대한 정면 공격이었다. 고린도에서 유포되고 있던 이 심각한 비난들 때문에 바울이 고린도후서를 쓰게 된 것이다. 본질적으로, 이 서신은 바울의 사도적 권위와 그의 메시지의 진실성에 대한 열정적인 변호인 것이다.

솔직한 말

그리스도인들이 쓰는 말은 분명하고 알맞아야 한다. 바울은 1:17에서 육체를 따라 의사 결정하는 것에 대해서 언급하고 있다. 사람들이 세상의 방식대로 결정할 때, 그들은 한 입에서 두 말을 하며, 말과 행동을 따로따로 하게 된다. 그리스도인들은 세상에 살지만 '세상에 속하지'는 않은 존재다(요 17:14-16). '세상'은 성경의 지혜를 완전히 무시하는 가치 체계다. 그리스도인들은 세상에 살고 있기 때문에 세상(육체)을 따르는 사람들처럼 생각하려고 한다. 따라서 하나님의 말씀을 통해 세상의 영향을 의도적으로 반대하고 우리의 동기와 목적을 평가할 때, 우리는 자신의 선택과 계획에 대하여 확신할 수 있게 된다. 바울은 우리가 장차 하나님의 교회에서 책임을 감당하기 위해 헌신할 때, 하나님께서 우리가 어떤 확신을 갖기 원하시는지를 알고 있었다. 기독교 지도자들은 자신들의 의도를 전달하고 한 번 말한 것은 끝까지 감당해야 한다.

1:18-19 하나님은 미쁘시니라 우리가 너희에게 한 말은 예 하고 아니라 함이 없노라 우리 곧 나와 실루아노와 디모데로 말미암아 너희 가운데 전파된 하나님의 아들 예수 그리스도는 예 하고 아니라 함이 되지 아니하였으니 저에게는 예만 되었느니라

바울은 자신의 행동에 대한 반대자들의 비난에 즉각적으로 대답하는 대신에 고린도 교회의 근본적인 문제들을 언급했다. 고린도에 있는 성도들은 바울이 자신들에게 전해준 메시지의 진실성에 의문을 제기하고 있었다. 바울은 무엇이 문제인지를 분명히 알고 있었다. 메시지를 전하는 자의 동기와 정직성에 의문을 제기하면, 결국 메시지의 진실성이 의심받게 된다는 것을 안 것이다.

바울은 자신을 변호하기보다는 고린도 교인들에게 하나님의 신실하심을 상기시켰다. 하나님은 표리부동하신 분이 아니다. 하나님의 약속들은 성취될 것이다. 하나님은 '예'와 '아니오' 사이에서 주저하지 않으신다. 예수 그리스도는 이것을 보여주는 최고의 모범이셨다. 이스라엘의 구주이신 메시아에 관한 모든 약속은 그리스도 안에서 성취되었다. 따라서 "그리스도 안에서 하나님의 약속은 항상 '예'이다." 예수께서는 하나님께서 약속하신 모든 것을 성취하시는 자신의 사역에 전적으로 신실하셨다. 예수께서는 전혀 죄를 짓지 않으셨다(벧전 3:18). 그는 신실하시고 순종하심으로 모든 인간을 위하여 죽으셨다(히 2:9). 그리고 이제 자기를 믿는 모든 자들을 위하여 신실하게 중보하고 계신다(롬 8:34; 히 4:14, 15). 예수님은 하나님의 신실하심의 화신(embodiment)이시다.

모든 면에 걸쳐 예수님의 신실하심을 고린도 교인들에게 상기시킨 후, 바울은 큰 문제에서 시작하여 작은 문제를 다루어 가는 1세기의 일반적인 논쟁 방식을 채택한다. 만약 예수께서 자신의 신실하심을 증명하셨다면, 예수께서 임명한 전도자들-바울과 디모데와 실라들-역시 분명히 신실하고 믿을만한 자들일 것이다. 바울은 설교할 때 이랬다 저랬다 하지 않음으로써 그리스도의 사자(messenger)로서 신실성을 드러냈다. 바울은 고린도 교인들에게 항상 그리스도를 전했다. 바울이 고린도 교인들에게 그랬던 것처럼 그리스도를 일관성있게 전한다는 사실은 그가 여행 계획과 같은 사소한 일에서도 믿을 수 있는 사람임을 의미했다.

1:20 하나님의 약속은 얼마든지 그리스도 안에서 예가 되니 그런즉 그로 말미암아 우리가 아멘 하여 하나님께 영광을 돌리게 되느니라

이 구절은 바울의 논지를 되풀이한다. 즉, 그리스도께서는 하나님의 모든 약속들을 성취하셨다는 것이다. 그리스도의 지상사역은 자기 백성을 향한 하나님의 신실하심의 예다. 하나님께서는 구원자를 준비하겠다고 약속하셨고 그 약속을 이루셨다. 그리스도는 하나님과 하나님의 위대한 약속에 대해 순종하고 충성하는 마음으로 '예' 하셨다.

　바울은 이 서신의 서두에서처럼(1:3), 다시 한번 1세기의 기도문을 인용했다. 이번에는 아멘이라는 말을 인용하고 있다. 신약성경의 서신서들에서 구약성경에 나오는 이 히브리어 단어(아멘)를 빈번하게 사용한다는 사실(1:20; 롬 1:25; 9:5; 11:36; 15:33; 16:20, 27; 고전 14:16; 16:24; 갈 1:5을 참조하라)은 1세기 그리스도인들이 이 단어를 자신들의 예배에서 사용했다는 것을 보여준다. 히브리어 단어 아멘은 누군가의 말에 대한 확고한 동의의 뜻을 담고 있다. 이스라엘 사람들은 하나님의 법과, 그 법에 나타난 축복과 저주(신 27:15)에 동의한다는 뜻으로 이 단어를 사용했다. 이 구절에서 바울은 그리스도인들이 이 단어를 사용한 이유를 설명했다. 이 단어를 사용하여 그리스도인들은 예수께서 하나님의 모든 약속들을 성취하셨음을 인정한 것이다. 하나님께 신실하신 예수님은 위대한 '아멘' 이시다(계 3:14). 그리스도인들이 '아멘' 이라고 말할 때, 그들은 하나님께 '예' 라고 말씀하신 예수께 참예하고 있는 것이다. 이렇게 함으로써 그리스도인들은 어디서나 하나님께 영광을 돌리며, 하나님께서 받으시기에 합당한 존경과 경의를 표한다. 이러한 추론 방식으로, 바울은 자신의 메시지는 일관되게 그리스도의 복음이었기 때문에 자신의 신실함은 그리스도의 신실하심에 기초하고 있음을 분명히 했다.

고린도에 있는 자신의 반대자들에 대한 바울의 접근 방식은 우리에게 교훈이 된다. 서신의 서두에서 바울은 자신의 행동을 변호하고 반대자들을 공격하고 싶은 유혹을 억누르는 대신 하나님께 대한 찬양으로 시작하고 있다(1:3-11을 참조하라). 이 찬양에서 바울은 고린도 교인들을 언급한다. 그들이 이 첫 부분과 관련된 것(1:6, 14)은 오직 예수님 때문이었다. 그리스도께서는 바울과 고린도 교인들과 연합하여 복음의 진리를 전파하고 또 그 진리대로 살기 위해서 씨름하셨다. 그들의 뜨거운 기도는 바울에게 유익이 되었고, 바울이 아시아에서 복음을 위하여 당한 고난들은 그들에게 유익이 되었다(1:6, 11). 그들의 삶은 하나님께 찬양과 영광을 돌리기 위하여 뗄래야 뗄 수 없이 연결되어 있었다. 즉, 바울은 이런 곤란한 상황에서도 자신과 고린도 교인들이 공유하는 기반, 즉 예수 그리스도와 그의 메시지를 강조한 것이다.

바울은 분열된 양 진영이 모두 헌신하고 있는 그리스도를 위한 위대한 목적을 상기시킨 후에야 그들간의 차이점들을 언급하고 있다. 어느 교회나 이견이 생기고 갑자기 논쟁이 벌어질 수도 있다. 이런 논쟁을 중재할 때 맨 먼저, 처음에 교회가 가졌던 최우선적인 목적-복음을 전파하고 하나님께 영광을 돌리는 것-에 초점을 맞추어야 한다. 많은 경우, 교회 구성원들이 단호하게 자신들의 같은 구주께 집중할 때, 차이들은 점점 우리 뒤로 사라지기 시작하고 교회는 존재 목적-하나님께 영광을 돌리는 신자들의 공동체가 되는 것-에 부합해져 간다.

말을 조심하라

바울은 의사소통에서 성실(integrity)을 강조했다(1:20). "나도 그렇게 생각해"라는 표현은 신뢰감을 더해준다. 상품이나 서비스를 제공하는 사람들은 이미 광고한 품질과 성능을 뒷받침하기 위해 늘 자신들의 명성을 걸고 있다. 요한복음 1:1에 따르면 예수님은 말씀(로고스, *Logos*)이시다. 예수님은 창조주의 사랑과 구속 계획을 나타내신 전달자(communication)시다. 그러나 예수님은 그 이상이시다. 이 본문에 따르면 예수님은 하나님께서 성경의 역사에 광고하신 모든 것의 보증이시다. 예수님의 동정녀 탄생, 기적 사역들, 대속적인 죽음과 초자연적인 부활에서, 우리는 구원에 대한 하나님의 보증을 나타내는 정교한 인쇄물을 읽는다. 예수님 안에서 하나님은 당신의 말씀을 주신 것이다.

여러분이 최근에 어떤 일을 할 것이라고 약속한 사람은 누구인가? 자녀들인가? 부모님인가? 교회의 직원 중의 한 사람인가? 소그룹의 맴버인가? 당신의 약속을 소홀히 다루지는 않았는가? 당신은 모임 시간에 늘 지각하는 사람은 아닌가? 당신의 태만을 고백하고 용서를 구하라. 할 수 있을 때 다시 시작하라. 그리스도의 모범을 따르라.

1:21-22 우리를 너희와 함께 그리스도 안에서 견고케 하시고 우리에게 기름을 부으신 이는 하나님이시니

이 두 절에서 바울은 자신과 자신의 조력자들-디모데와 실라-이 고린도 교인들과 어떻게 함께 연결되어 있는지를 묘사하고 있다. 그들은 모두 하나님의 영을 받았고, 이것은 그들이 모두 하나님께 속했다는 것을 보여준다. 바울의 여행 계획들(1:23을 참조하라)과 같은 일들에서 바울의 신뢰성을 보증해주는 것은, 그들 모두의 삶 가운데 일하시는, 흠잡을 데 없는 하나님의 역사다.

이 구절들은 하나님께서 그들 모두를 어떻게 자신의 가족의 일부로 만드셨는지를 묘사하기 위해 중요한 용어 네 개를 사용하고 있다.

1. 첫째로, '견고케 하시고'는 법률 용어에서 가져왔다. 1세기 지중해 지역에서 이 단어는 매매의 유효성을 확증하는 법적 보증을 위한 전문용어였다. 모든 매매 조건들이 약속대로 이행된 것이다. 신약성경에서 그 단어는 하나님께서 실제로 그 시간과 장소에서 역사하시고 계셨다는 것을 확증하는 기적적인 표적들과 영적인 은사들을 나타낼 때 사용되었다(막 16:20; 고전 1:6을 참조하라). 여기서 바울은 예수님을 믿는 사람들의 구원을 보증하는 분은 하나님 자신이라는 것을 표현하기 위해 이 단어를 사용하고 있다. 전능하신 하나님의 보증이나 확증은 사람이 구할 수 있는 가장

안전한 것이 될 것이다. 그것은 특별히 주 하나님께서 이미 예수 그리스도의 삶을 통해 약속에 대한 자신의 신실성을 입증하셨기 때문이다.

다른 세 개의 용어들을 아래의 문장에서 볼 수 있다.

……우리에게 기름을 부으신 이는 하나님이시니 저가 또한 우리에게 인치시고 보증으로 성령을 우리 마음에 주셨느니라

2. 두 번째 단어인, '기름을 부으신'은 구약성경의 개념에서 나왔다. 구약성경에서 선지자들과 제사장들과 왕들은 이스라엘 백성들에게 하나님의 대리자가 되는 직무를 표명하기 위해 기름 부음을 받았다(출 28:41; 삼상 15:1; 왕상 19:16을 참조하라). '기름 부으신'에 해당하는 단어는 마시아(*masiah*)다(영어의 'Messiah'(메시아)가 이 단어에서 파생되었다). 그 히브리어 단어는 이스라엘 백성들에게 약속된 구주와 관련하여 사용되었다. 마시아(*masiah*)의 헬라어 번역은 크리스토스(*christos*)이며, 영어로는 'Christ'(그리스도)이다. 따라서 그리스도인들이 예수님을 그리스도라고 말할 때, 그들은 예수님을 구약성경에 약속된 메시아라고 고백하고 있는 것이다. 여기서 바울은 하나님의 영의 기름 부으심을 말하기 위해서 '기름을 부으신'에 해당하는 헬라어 동사 크리오(*chrio*)를 사용했다. 사도행전의 저자 누가도 이 단어를 같은 방식으로 사용했다. 예를 들면, 그는 성령의 능력이 사람에게 임하는 것을 말하기 위해 이 단어를 사용하고 있다(눅 4:18; 행 10:38을 참조하라).

3. 바울이 구원을 설명하기 위해 사용한 세 번째 단어, '인치시고'는 1세기의 상업 용어에서 나왔다. '인치시고'에 해당하는 헬라어 단어는 서신의 원문이 변경되지 않도록 하기 위해 서신을 봉하는 관습과 관련이 있다. 인(印)은 그 서신을 쓴 사람이 누구인지를 밝혀주며, 또한 그 서신의 진정성을 보증해 준다. 1세기에 인(印)은 아마도 화폐를 담은 꾸러미들에도 사용했을 것이다. 1세기의 인(印)은 동물들의 생가죽에 불로 지져 만든 현대의 소인(燒印)과 비슷했다. 그 소인은 동물의 소유주를 밝혀주고 다른 사람들에게 이 동물을 만지지 말도록 경고하는 역할을 했다. 본래 많은 사람들은

귀중한 상품에 일련번호를 새겨서 이것들이 자기 소유임을 표시했다.

바울은 그리스도인들에게 이러한 인 또는 소인의 개념을 사용했다. 하나님께서 자신의 영을 주셔서 우리 안에 살게 하셨을 때, 하나님은 친히 당신의 소유 표시로 우리에게 인을 치시거나 혹은 소인을 찍으신 것이다(엡 1:13; 4:30에서 이 단어에 대한 바울의 용례를 보라).

4. 바울은 당대에 또 다른 법적 용어인 '보증'(deposit)을 사용했다. '보증'에 해당하는 헬라어는 구매자가 매매자에게 모든 금액을 지불하겠다는 뜻으로 지불하는 계약금(down payment)과 관계가 있다. 신용이 몰락한 현대 사회에서 우리는 집에서부터 대금 완납 때까지 보관해 두는 겉옷에 이르기까지 모든 것에 대해 계약금이나 약조금을 지불한다. 여기와 에베소서 1:14에서 바울은 성령을 언급하기 위해 이 단어를 사용했다. 하나님은 자녀들에게 자기의 영을 계약금으로 주셨다. 그것은 하나님의 자녀들이 하늘에서 누릴 영광스러운 기쁨-약속대로 완납하시는 것-을 미리 맛보는 것에 불과하다.

이 네 가지 중요한 용어들을 사용하여 바울은 고린도 교인들과 함께 자신이 누구에게 속했는지를 거듭 거듭 말하고 있다. 그들은 하나님의 것이다. 하나님은 그들의 마음에 자신의 영의 보증을 두실 뿐만 아니라, 그리스도 안에서 그들을 보증하시고 인치시며 기름을 부어 주셨다. 이 네 가지 보증들은 믿는 자는 모두 구원을 받았으며, 장차 하늘에서 하나님과 더불어 영원히 살 것이라고 확신할 수 있는 근거들이다. 신자들의 구원을 보증하는 것은 그리스도인의 행위가 아니라 하나님의 영이다.

1:23-24 내가 내 영혼을 두고 하나님을 불러 증거하시게 하노니 다시 고린도에 가지 아니한 것은 너희를 아끼려 함이라

바울은 고린도 교인들을 두 번 방문할 계획이었다(1:15-16을 참조하라). 그러나 지난 번 '고통스런 방문'(2:1) 때에 반대자들에게 공격을 당한 후에, 바울은 방문하는 대신에 그들의 태도를 바꿀 기회를 주기 위해 편지를 썼다(7:8-9). 바울은 방문해서 똑같은 문제로 똑같은 충고를 하고 싶지 않았다.

그보다는 신뢰 가운데서 그들을 격려할 수 있을 때에 방문하기를 원했다.

　이 구절에는 "내가 내 영혼을 두고 하나님을 불러"라는 일반적인 법적 표현이 쓰이고 있다. 이 표현은 재판에 증인을 소환할 때 사용되었다. 바울은 하나님을 자신의 증인으로 소환하고 있는 것이다. 아무도 자신의 동기를 증언할 수 없었기 때문에, 바울은 자신의 결백을 위한 증언자로 하나님께 호소하고 있는 것이었다. 바울은 신약성경의 많은 서신들에서 자신의 의도를 증언할 분으로 하나님을 청하고 있다(롬 1:9; 빌 1:8; 살전 2:5, 10을 참조하라). 바울은 자신의 삶을-자기 마음의 가장 깊은 생각을 포함하여- 하나님께 숨김없이 펼쳐져 있는 책으로 보았다.

　이런 맥락에서 바울은 두 번째 고린도 방문 계획을 취소하기로 한 자신의 결정이 고린도 교인들의 영적인 유익을 고려하여 내린 것임을 명백하게 드러내고 싶었다. 그는 결코 자신의 반대자들이 주장하는 것과 같은(1:17) 이기적인 이유들 때문에 결정하지 않았던 것이다. 바울은 쉽게 변덕을 부리는 사람이 아니었다. 오히려 바울은 또다시 방문하여 그들을 슬프게 하는 일이 없게(한글개역성경은 '아끼다'로 번역하고 있다-역자 주) 하려고 했던 것이다. 분명히 바울은 고린도 교인들에게 지난 번 '고통스런 방문' 때 표면화되었던 문제들을 해결할 시간을 주고 싶었던 것이다.

우리가 너희 믿음을 주관하려는 것이 아니요 오직 너희 기쁨을 돕는 자가 되려 함이니 이는 너희가 믿음에 섰음이라

고린도후서를 시작하면서 바울은 고린도 교인들의 감정을 상하게 하지 않기 위해 매우 조심했다. 오히려 그리스도 안에서 그들과 자신은 하나라는 사실을 거듭 강조했다. 예수님을 통해 바울과 고린도 교인들은 연결된 것이다(1:6, 11, 14, 21을 참조하라). 바울과 고린도 교인들은 복음을 위해서 동역하고 있었다. 즉, 고린도 교인들의 기도를 통해 시련 중에서 바울은 더욱 힘을 낼 수 있었고, 바울 역시 그러한 경험을 통해서 고린도 교인들을 격려할 수 있었다. 예수께서 다시 오시는 그날에 고린도 교인들은 바울의 사역을 자랑할 것이며, 바울도 고린도 교인들의 믿음을 자랑할 것이다

(1:14). 바울은 '우리 대(對) 그들'이라는 도식을 피하기 위해, 자신들이 어떻게 동역했는지를 애써 강조하고 있다.

이 구절은 바울이 '아끼려 하다'는 말을 어떤 의미로 사용했는지를 설명해 줌으로써 고린도 교인들이 가질 수 있는 오해로부터 바울을 보호해 주고 있다. 이 구절은 바로 전 구절을 수식해주고 있는 것이다. 바울은 그리스도를 믿는 고린도 교인들의 믿음 위에 군림하는 통치자나 심판자처럼 행동하고 있지 않다. 바울은 그들에게 믿음-즉 하나님과 그들의 구원자 예수님에 대한 확신-을 줄 수 없었고, 더군다나 그 믿음을 관리할 수도 없었다. 그들의 믿음은 하나님께서 주신 선물일 뿐 하나님 외에 다른 어떤 사람의 통제 아래 있는 것이 아니었다(롬 12:3; 엡 2:8). 이러한 관점에서 고린도 교인들은 최후의 심판자 이외에 어느 누구에게도 종속되어 있지 않았다(롬 14:1-4). 이 믿음의 선물의 결과로서 고린도 교인들은 견고하게 설 수 있었다. 견고하게 선다는 것은 세상으로부터 오는 반대와 핍박 앞에서 견뎌내고 인내하는 것을 의미한다(이 주석 시리즈 히 12:1; 12:11-13의 각주를 참조하라).

 **견고하게 서는 것**

예수 그리스도께 대한 헌신을 통해서 인내는 성장한다. 마태복음 10:22에서 예수님은 자신이 지지한 것을 싫어하는 사람들에 의해서 심한 박해를 받을 것이라고 예언하셨다. 그러나 무시무시한 박해의 한 가운데서도 그 구원이 자신들의 것이라는 것을 깨닫고는 소망을 가질 수 있었다. 고난의 시기는 진정한 그리스도인과 거짓되고 겉만 번지르르한 그리스도인을 구분해 주는 역할을 한다. 당신이 포기하고 그리스도를 배척하라는 압력을 받더라도 절대 그렇게 해서는 안 된다. 견고하게 서서 그리스도를 위해 사는 삶이 가져다 주는 유익을 기억하라.

끝까지 견고히 서는 것은 구원을 받는 방법이 아니라 한 개인이 진실로 그리스도께 헌신했는지를 보여주는 증거다. 인내는 구원을 얻기 위한 수단이 아니다. 진정으로 헌신된 삶의 부산물이다.

바울은 사도적 역할을 선생(master)이 되는 것으로 묘사하기보다는, 조심스럽게 사도로서의 자신의 직임을 그리스도 안에서 최고의 기쁨을 누리기 위해 고린도 교인들과 함께 일하는 것으로 묘사한다. 그것은 그리스도 안에서만 가능하다. 왜냐하면 그들이 견고히 설 수 있는 것은 오직 그리스도를 믿는 믿음으로만 가능하기 때문이다. 바울은 그들의 엄한 선생이 아니었다. 오히려 그는 그들이 하나님께서 주기 원하시는 기쁨을 어떻게 하면 경험할 수 있었는지를 가리켜 주는 동역자였다. 이것은 목회자에서부터 주일학교 교사에 이르기까지 어떤 영적 지도자에게든지 설득력 있는 지도자의 이미지가 될 수 있다. 영적 지도자는 선생이 되기보다는 더욱 친구가 되어야 한다. 이런 지도자는 항상 하나님 안에서만 발견할 수 있는 기쁨에 이르는 길을 가리켜 주면서, 곁에서 함께 일하는 사람이다.

2:1-2 내가 다시 근심으로 너희에게 나아가지 않기로 스스로 결단하였노니

바울이 이 서신에서는 이 고통스런 방문 때에 어떤 일이 일어났었는지를 자세히 이야기하지는 않았다. 바울이 이미 앞에서 언급했기 때문에(2:3을 참조하라) 다시 자세히 말하는 것이 부적절했을 것이다. 그러나 이 서신은 어떤 일이 일어났었는지를 가늠할 수 있는 몇 가지 실마리를 준다. 남아 있는 두 편의 서신-고린도전·후서-으로부터 우리는 고린도 교인들에게는 근친상간(고전 5:1-2)과 간음(고전 6:9)의 문제들뿐만 아니라, 끊임없는 논쟁(고전 1:10)과 예배를 방해하는 일(고전 11:17-22)과 심지어 신자들 사이의 법정 소송(고전 6:1-8) 때문에 시달리고 있음을 알았다. 더욱이 거짓 교사들은 바울의 행동들과 권위를 비난하는 데(11:1-11) 열을 올리고 있었다. 지난 번 바울이 방문했을 때, 고린도 교회의 일원이 바울에게 공개적으로 도전하기도 했다(2:5). 바울은 교회 안에 계속 죄를 짓고 있는 사람들을 엄하게 경고하였다(13:2).

내가 너희를 근심하게 하면 나의 근심하게 한 자밖에 나를 기쁘게 하는 자가 누구냐

이 수사학적 질문은 바울의 사역이 그들 상호간의 기쁨을 위해 고린도 교인들과 함께 일하는 것이라는 바울의 강조점을 거듭 말해주고 있다(1:24을 참조하라). 바울이 쓴 많은 서신들에는 바울이 다른 그리스도인들-로마 그리스도인들(롬 15:32)과 빌립보 그리스도인들(빌 1:25)과 데살로니가 그리스도인들(살전 2:19)-로부터 받은 기쁨과 위로를 묘사하고 있다. 이들 그리스도인들이 가진 확고한 믿음을 보고 바울은 복음을 위한 노력을 계속하도록 도전을 받았다. 이 서신 뒷부분에서 바울은 고린도 교인들의 믿음이 좋아질 것이라는 디도의 보고가 자신이 박해를 견디는 데 얼마나 격려가 되었는지를 묘사하고 있다(7:4, 7을 참조하라).

이와 같이 바울은 고린도 교인들에게 불필요한 근심을 주지 않으려고 고린도 교인들을 방문하지 않기로 결정한 것이다. 그는 이미 지난 번 방문 때 그 교회를 책망했다(13:2). 바울은 그들에게 교회 안에 있는 몇 가지 악습을 교정하는 방법에 대해 더욱 많은 가르침을 주기를 원했지만(2:3-4에 있는 자신의 서신에 대한 바울의 묘사를 보라) 또한 그들 가운데 있는 문제점들을 해결할 시간을 주고 싶었다. 왜냐하면 그들이 바울 자신이나 그들의 문제를 해결해준 자신의 노력이 아니라(1:24을 참조하라) 궁극적으로 하나님께 근거하여 믿음을 세우기를 바랐기 때문이다. 바울이 고린도 교인들에게 믿음을 행동으로 옮긴다는 것이 무엇을 뜻하는지를 보일 시간적 여유를 준 것은 참으로 적절한 조치였다.

2:3 내가 (지난 서신에서, NLT) 이같이 쓴 것은 내가 갈 때에 마땅히 나를 기쁘게 할 자로부터 도리어 근심을 얻을까 염려함이요 또 너희 무리를 대하여 나의 기쁨이 너희 무리의 기쁨인 줄 확신함이로라

바울이 쓴 지난 서신의 정체는 학자들 간의 많은 논쟁의 주제였다. 전통적으로는 바울이 여기서 언급한 서신이 고린도전서로 간주되었다. 이 이론의 지지자들은 다음 문단(2:5-11)에서 용서해준 그 죄인을 고린도전서 5:1-5의 근친상간을 범한 사람과 동일시했다.

그러나 고린도전서가 '지난 서신'이 아니라는 이론이 보편적으로 받아들여지고 있었다. 그 이유는 무엇보다도 고린도전서의 전반적인 분위기는 이어지는 구절에서 바울이 묘사하고 있는 극도의 고난을 반영하고 있지 않기 때문이다. 더욱이 그 다음 문단(2:5-11)에서 묘사된 상세한 설명은 고린도전서 5:1-5에 언급된 근친상간을 범한 사람보다는 오히려 지난 번 고린도를 방문했을 때 바울을 개인적으로 공격했던 사람(2:5을 참조하라)에게 더 적합하다. 이러한 이유들 때문에 많은 성경 주석가들은 이 구절에 언급된 그 서신은 없어진 것으로 생각한다. 분명히 바울은 자신의 '고통스런 방문' 직후에 이 '엄한 서신'을 고린도 교인들에게 썼을 것이다. 이 소실된 서신에서 바울은 고린도 교인들에게 잘못한 교인들을 징계하라고 권고했다. 특별히 바울의 권위를 공개적으로 반대하고 있는 사람들을 징계하라고 했다(고후 2:1-4; 7:8-7을 참조하라). 하나님께서는 자신의 주권적인 계획에 따라 자신이 영감으로 만드신 성경에 포함시키고 싶은 바울의 서신은 모두 보존하셨다. 마찬가지로, 하나님의 계획에 따라 이 서신은 후 세대가 읽고 연구하도록 보존되지 않은 것이다.

이 구절은 바울 자신이 누리는 기쁨은 고린도 교인들의 영적인 상태에 달려 있었음을 반복하여 말하고 있다. 고린도후서의 첫 부분은 바울과 고린도 교인들-그들 사이에 존재했던 믿음의 공동체-간의 상호 의존성을 강조하고 있다(1:11-14을 참조하라). 바울 자신의 영적인 성공은 고린도 교인들의 영적인 성공과 긴밀하게 연결되어 있었다. 이 구절(2:3)은 고린도 교인들이 바울의 동기에 한 부분을 공급하였음을 다시금 강조하고 있다. 사실, 그들의 강한 믿음과 그들의 기쁨(happiness)은 바울이 복음전도자로서 시련을 당할 때 담대히 맞설 수 있었던 이유 가운데 하나였다(7:4을 참조하라).

그리스도인의 상호 의존성은 바울이 이미 고린도 교인들에게 말했던 진리다(고전 12:12-29을 참조하라). 한 몸을 이룬 그리스도인들은 하나님 아버지의 영광을 위하여 그리스도와 연합되었다. 한 몸의 모든 부분으로서 신자들은 그리스도의 복음을 위하여 함께 일해야 한다. 각 신자들은 하나님께서 각 사람에게 주신 영적인 은사를 따라 자신의 역할을 감당해야 한다. 바울은 이 진리를 거듭 거듭 강조해야 했다- '나의 기쁨이 너희 무리의 기쁨인 줄 확신함이로라'. 에베소서에서 바울은 그리스도 안에서 이방인과 이스라엘 백성의 연합을 강조하고 있다(엡 3:6). 로마서에서는 각 그리스도인들은 교회 전체의 유익을 위해서 자신만의 영적인 은사를 아주 열정적으로 사용하라고 격려한다(롬 12:4-8). 골로새서에서는 모든 사람은 같은 몸의 지체이기 때문에 다른 사람과 더불어 화평을 추구하라고 격려하고 있다(골 3:15).

 **시기적절한 편지**

바울은 편지를 많이 썼다. 바울은 자신이 관계하고 있는 사람들이나 자신이 영적인 부모 역할을 하고 있는 사람들과 꾸준히 연락하는 것이 중요하다는 것을 잘 이해하고 있었다. 바울은 불경건한 행동과 태도에 이의를 제기하는 편지를 써야 할 때조차도 시간을 내어 연락을 하였다. 분주하고 여유가 전혀 없는 삶을 사는 오늘날, 편지 쓰기의 묘미는 거의 사라져 버렸다. 전화와 이메일이 편지를 대체해 버렸으며 정보의 속도를 빠르게 했다. 그럼에도 불구하고, 바쁜 일정과 각종 모임들 때문에 영적인 충전이 필요한 사람들이 분주해지고 있다. 서신은 중요한 사역의 도구가 될 수 있다. 당신의 편지가 필요한 사람은 누구인가? 어떻게 하면 사람들이 당신이 자기들을 염려해주고 있다는 것을 알 수 있는 방법으로 그들이 들어야 할 말을 나눌 수 있겠는가?

2:4 내가 큰 환난과 애통한 마음이 있어 많은 눈물로 너희에게 썼노니 이는 너희로 근심하게 하려 한 것이 아니요 오직 내가 너희를 향하여 넘치는 사랑이 있음을 너희로 알게 하려 함이라

바울은 그가 그 서신, 곧 '엄한 서신'을 쓸 때 어떤 심정이었는지를 열정적으로 표현하고 있다. 비록 지난 번 보낸 서신으로 인해 고린도 교인들이 근심하게 된 것은 마음에 걸렸지만, 어쨌든 바울은 그 서신을 보냈다. 7:8-12에서 바울은 그 이유를 더욱 자세히 설명하고 있다. 이 서신에서 바울은 고린도 신자들의 마음을 꼭 변화시키려는 목적으로 엄하게 질책하였다. 그는 이 서신으로 인해서 더 많이 근심하게 될 것이라는 것을 알았지만,

다른 한편 이 서신이 '경건한 근심'(7:10), 즉 회개에 이르는 근심을 불러일으키게 되기를 바라고 있었다. 그 때문에 바울은 여기서 자신의 동기가 사랑이었다고 주장하고 있는 것이다. 종종 동료 그리스도인들에게 보일 수 있는 최고의 사랑은 진실을 가지고 대면하는 것일 수 있다. 진실은 종종 아픔을 주기도 한다. 그러나 잘못을 저지른 사람에게 진실을 가지고 대면하는 것은 친구가 할 수 있는 가장 최선의 방법이 될 수 있다.

그럼에도 불구하고 사랑하라

바울은 자신의 친구들과 동료 신자들을 책망하는 것을 좋아하지는 않았지만, 고린도 교인들이 자신들의 잘못된 행위에 직면하게 할 만큼은 (2:4) 그들에게 관심을 보였다. 잠언 27:6은 "친구의 통책은 충성에서 말미암은 것이나 원수의 자주 입맞춤은 거짓에서 난 것이니라"고 말한다. 우리의 친구들은 종종 우리 보기에 잘못된 것을 선택하기도 한다. 만약 우리가 그들의 행위를 모른 체하고 계속 그것을 하도록 내버려둔다면, 그들에게 사랑을 표현하는 것이 아닐 것이다. 우리는 이 친구들이 하나님을 위해 참으로 가장 좋은 사람이 되고 선한 일을 하도록 돕기 위해서, 정직하게 우리의 관심을 나눔으로써 사랑을 표현할 수 있다. 우리가 돕기 위한 조치를 전혀 취하지 않을 때, 우리는 그들에게 일어날 일에 대한 것보다는 만족하고 좋아하는 것에 대하여 더욱 관심을 가지고 있음을 보여주는 것이 된다.

고린도후서 2:5-17

2:5-13 회개한 죄인을 회복시키라

⁵근심하게 한 자가 있었을지라도 나를 근심하게 한 것이 아니요 어느 정도 너희 무리를 근심하게 한 것이니 어느 정도라 함은 내가 너무 심하게 하지 아니하려 함이라 ⁶이러한 사람이 많은 사람에게서 벌 받은 것이 족하도다 ⁷그런즉 너희는 차라리 저를 용서하고 위로할 것이니 저가 너무 많은 근심에 잠길까 두려워하노라 ⁸그러므로 너희를 권하노니 사랑을 저희에게 나타내라 ⁹너희가 범사에 순종하는지 그 증거를 알고자 하여 내가 이것을 너희에게 썼노라 ¹⁰너희가 무슨 일이든지 뉘게 용서하면 나도 그리하고 내가 만일 용서한 일이 있으면 용서한 그것은 너희를 위하여 그리스도 앞에서 한 것이니 ¹¹이는 우리로 사단에게 속지 않게 하려 함이라 우리가 그 궤계를 알지 못하는 바가 아니로라 ¹²내가 그리스도의 복음을 위하여 드로아에 이르매 주 안에서 문이 내게 열렸으되 ¹³내가 내 형제 디도를 만나지 못하므로 내 심령이 편치 못하여 저희를 작별하고 마게도냐로 갔노라

바울이 고린도 방문을 연기한 이유를 개괄적으로 설명한 후에(1:12-2:4을 참조하라), 자신이 방문 계획을 취소할 수밖에 없었던 구체적인 상황을 언급하고 있다. 바울은 자신이 지난 번 고린도에 머물 때 어려움을 안겨 주었던 적대자의 이름은 거명하지 않지만, 교회가 이런 사람들을 어떻게 다루어야 하는지에 관해서는 분명하게 가르친다. 나중에 이 서신에서 설명하듯이, 고린도 교인들은 바울이 이전에 눈물로 쓴 서신(2:1-4; 7:8-10을 참조하라)에서 지시한 것들에는 순종했다. 그들은 자기 잘못을 시인했다. 초기에 불미스런 일들을 제대로 처리하지 못한 것을 진실로 후회하며 잘못을 범한 사람을 징계했다.

바울은 잘못을 범한 그 사람의 영적인 안위에 관심을 보였다. 그래서 잠시 자신의 최근 여행 계획에 대한 설명을 중단하고(2:1-4과 2:12-13을 비교

하라), 교회가 이 사람을 어떻게 처리해야 하는지를 가르쳤다. 이것은 바울의 목회적 관심을 드러내주고 있다. 고린도후서를 쓴 가장 근본적인 목적은 점증하는 비난에 직면하여 자신의 사도적 권위를 다시 주장하는 것이긴 하지만, 바울은 교인 중 누구도-심지어 자신에게 개인적으로 상처를 입힌 사람까지도(2:5을 참조하라)-영적으로 위태로워지는 것을 원치 않았다. 그는 그 사람을 용서해줄 때라고 설명했다. 바울은 아마도 교회가 시행한 징계로 인해 그 사람이 근심에 빠져 있다는 소식을 디도에게서 들었을 것이다(7:6-7을 참조하라). 기회만 주어진다면, 그의 근심은 회개로 이끄는 하나님의 뜻대로 하는 근심으로 변할 수 있었다(7:10-13에서 바울이 하나님의 뜻대로 하는 근심에 대한 묘사를 보라). 그 범죄자에게는 용서와 용납과 위로가 필요했다. 바울은 너무 지나치게 엄격하게 처벌하여 그 사람을 신자들의 공동체에서 영원토록 격리시켜 교회 안에 사단의 근거지가 생기지 않을까 걱정했다. 그러므로 그 사람이 회개를 하는 한 교회는 반드시 속히 용서하고 복귀시켜야 한다. 교회 권징은 항상 범법자를 회복시키는 것을 목표로 삼아야 한다. 교회가 권징을 할 때 피해야 할 것이 두 가지 있다. 너무 관대하여 잘못을 고쳐주지 않는 것과 너무 가혹하여 죄인을 용서하지 않는 것이다. 맞설 때가 있으면 위로할 때가 있어야 한다.

2:5 근심하게 한 자가 있었을지라도 나를 근심하게 한 것이 아니요 어느 정도 너희 무리를 근심하게 한 것이니 어느 정도라 함은 내가 너무 심하게 하지 아니하려 함이라

이 구절에서 바울은 이 사람의 범죄에 대해 자신이 근심하는 이유가 자신을 고통스럽게 한 명예 훼손을 바로 잡으려는 데 있는 것이 아님을 강조하고 있다. 만약에 바울이 실추된 자신의 명예를 회복하려고 하지 않았다면, 바울은 자신의 가르침을 마음에 담아야 했을 것이다(고전 6:7, "너희가 피차 송사함으로 너희 가운데 이미 완연한 허물이 있나니 차라리 불의를 당하는 것이 낫지 아니하며 차라리 속는 것이 낫지 아니하냐"). 그 대신, 바울은 전체 교회(너희 무리)가 이 사람 때문에 고통을 당하고 있다는 것을 강조하고 있다.

 틀림없이 그 범죄자의 행위는 바울의 사도적 권위에 대해 직접 공격하는 데까지 이르렀을 것이다. 고린도 교회에 잠입하여 바울의 권위를 실추시키기 시작한 '거짓 사도들'의 가르침들은 아마도 이 사람이 바울의 권위를 공개적으로 도전하도록 부추겼을 것이다(11:1-15에 있는 이들 '거짓 사도들'에 대한 바울의 책망을 참조하라). 바울은 이것이 자신의 권위에 대한 공격일 뿐만 아니라 자신이 전한 복음의 말씀 위에 세워진 교회 전체에 대한 모독이라고 생각했다. 만약 바울이 근본적으로 신뢰할 수 없는 사람이라면, 그가 전하는 메시지도 역시 신뢰할 수 없게 된다(1:19-20에서 바울이 자신이 전한 메시지를 변호한 것을 참조하라). 바울의 사도성에 대한 공격은 많은 것을 함축하는 범죄였던 것이다.

 이 모든 것에서 바울의 관심은 자신을 스스로 변호하는 것이 아님을 확신시키는 것이었다. 즉 바울의 관심은 개인적인 복수가 아니라 그리스도인의 믿음의 근본적인 것들을 언급하는 데 있었다. 이 구절에 나타난 구분은 오늘날 교회에서도 나타나야 한다. 개인적인 주장이나 선호도가 복음의 분명한 선포를 방해해서는 안 된다. 그러나 예수님의 권위나 복음의 진리를 다루는 문제라면 심각하게 다루어야 한다. 왜냐하면 그것은 전체 교회의 삶에 영향을 주기 때문이다. 우리 역시 1세기의 바울처럼 우리가 속한 교회 안에 있는 다툼과 이기적인 욕망에 대해 판단할 용기를 불러일으킬 필요가 있다. 마치 바울이 1세기에 했던 것과 똑같이 할 필요가 있다(빌 2:3; 약 3:14을 참조하라).

2:6 이러한 사람이 많은 사람에게서 벌받은 것이 족하도다

바울이 쓴 엄한 서신은 바라던 결과를 얻어냈다. 고린도 교인들은 대부분 이 사람과 이 사람이 조장한 죄를 묵인하는 것은 공동체를 파괴하는 일이라는 것을 깨달았다. 그들은 자기들 가운데 있는 이와 같은 적대하는 사람들과는 하나님의 거룩한 백성의 역할을 할 수 없었던 것이다.

 '벌받은'에 해당하는 헬라어 단어는 신약성경에서 유일하게 이 곳에서만 쓰였다. 1세기에 이 단어에서 파생된 헬라어 단어들은 법적인 제재나 상업적 형벌에 사용되었다. 그러나 이 단어들은 가벼운 질책을 의미할 수도 있었다. 고린도 교회가 잘못을 범한 이 사람에 대해 어떤 조치를 취했는지는 분명하지 않다. 거의 틀림없이 고린도 교인들은 바울이 직접 고린도전서에서 제안한 대로—"그러므로 누구든지 주의 떡이나 잔을 합당치 않게 먹고 마시는 자는 주의 몸과 피를 범하는 죄가 있느니라"(고전 11:27)—성찬식에 참여하지 못하도록 했을 것이다. 여기서 중요한 것은 교회 성도들 **대부분이**(한글개역성경은 '많은 사람'으로 번역하고 있다—역자 주) 이 사람에게 형벌을 부과하는 일에 하나가 되었다는 사실이다. 이런 연합 전선을 통해 그 사람에게 자기 죄의 심각성을 보여주었고, 틀림없이 그 사람이 회개에 이르는 데 도움이 되었을 것이다(교회 권징에 대한 자세한 설명은 2:11과 고전 5:1-13의 각주들을 참조하라).

2:7-8 그런즉 너희는 차라리 저를 용서하고 위로할 것이니 저가 너무 많은 근심에 잠길까 두려워하노라 그러므로 너희를 권하노니 사랑을 저희에게 나타내라

실제로 고린도 교인들이 시행한 책망은 충분했다. 적어도 디도는 그렇다고 보고했다(7:8-10을 참조하라). 이름이 알려지지 않은 그 범법자는 자신의 행위의 심각성을 깨달았다. 바울은 고린도 교인들이 그 범죄자를 적절한 시기에 용서하고 위로할 것을 간절히 원했다. 그는 그 범죄자가 **너무 많은 근심에 잠기는** 것을 원하지 않았다. '잠기다'에 해당하는 헬라어 동사는 헬라어 작품들에서는 심하게 소용돌이치는 파도를 묘사하기 위해 사용되었다. 따라서 바울은 이 구절에서 권징을 받은 사람이 슬픔에 빠져드는 것을 묘사하고 있는 것이다. 바울은 자신을 괴롭힌 사건에 대한 설욕이 아니라 그 범죄자의 영적인 안위를 생각하고 있었던 것이다.

바울은 지난 방문 때 고린도 교인들에게 범죄자를 징벌하도록 강하게 권했던 것과 마찬가지로(13:2), 여기서도 범죄자에게 고린도 교인들의 **사랑을 나타내라**고 도전하고 있다. 교회 권징의 취지는 교정이지 형벌이 아니다. 범죄자를 회개에 이르게 하는 것이 권징의 목표가 되어야 한다.

하나님께서는 모든 사람의 행위에 대한 최후의 심판자시며 최후의 징계자시다(약 4:12). 그러나 이 땅 위에서 교회는 복음의 진리와 하나님께서 요구하신 의로운 삶에서 벗어난 교인들을 징계할 책임이 있다. 이런 상황에서 권징은 진정한 회개에 이르게 해야 한다. 그러므로 고린도 교인들은 권징을 당하고 있는 그 사람에게 참된 그리스도인의 사랑을 보여줌으로써 그를 회복시켜야 했다. 이 구절에서 사용된 '나타내라'에 해당하는 헬라어 단어는 임명에 대한 추인과 같은 법적인 조치를 뜻한다. 그런데 바울이 이 구절에서 '이기심이 없는 사랑'을 의미하는 아가페(agape)라는 헬라어 단어와 함께 법적 용어를 사용하고 있다는 사실은 주목할만하다. 바울은 사랑의 공동체 즉, 교회 안에서 이 사람의 교인 자격을 공적이고 공개적으로 추인해달라고 요구하고 있는 것이다. 바울은 이 문제에 대해 예수님의 말씀을 인용하지 않지만 실제로는 예수님의 가르침을 따르고 있었다: "너희는 스스로 조심하라 만일 네 형제가 죄를 범하거든 경계하고 회개하거든 용서하라"(눅 17:3).

책망하고 또 용서하기에 적절한 때를 아는 것은 자비로운 교회 권징이 되게 하는 열쇠다. 고린도 교인들에게 쓴 바울의 편지들에서, 그는 고린도 교회가 책망과 용서하기에 적절한 시기를 잘 분별하라고 가르치고 있다(13:1-5; 고전 5:1-5을 참조하라). 이러한 분별은 고린도 교회처럼 어려운 문제로 고통받고 있는 교회에게는 아주 중요하다. 권징을 시행할 때 결정권을 가지고 있는 교회 지도자들은 계속해서 자신의 동기를 점검해야 한다. 그들은 다음과 같이 자신에게 물어야 한다: '과연 나는 많은 교인들, 특별히 잘못을 범한 사람의 영적인 안위를 고려했는가?'

2:9 너희가 범사에 순종하는지 그 증거를 알고자 하여 내가 이것을 너희에게 썼노라

바울은 자신이 '엄한 서신'을 쓴 이유를 다시 한번 언급하고 있다. 무엇보다도 바울은 자신이 도착하기 전에 그 편지를 통해 곤란한 상황이 해결되기를 바랐다(2:3을 참조하라). 바울이 고린도 교인들을 방문했을 때, 그는 그들의 잘못을 고치기보다는 믿음으로 살도록 격려하기를 원했다. 둘째, 바울은 그들의 순종을 **시험하고**(표준새번역, NIV) 싶었다.

바울은 자신이 폭압적으로 고린도 교인들의 믿음을 통제하기보다는(1:24) 고린도 교인들의 기쁨을 위해 그들과 함께 일하고 있었다는 사실을 강조한 후에, 그들이 복음에 순종한 것을 인해 칭찬하고 있는 것이다. 바울이 로마 교인들에게 설명했던 것처럼, 하나님께서는 사람들을 그리스도를 믿는 믿음으로 말미암은, 하나님을 향한 순종으로 부르는 사도적 사명을 그에게 부여하셨다(롬 1:5을 참조하라). 후에 고린도후서에서, 바울은 불순종을 벌하는 사도로서 자신의 권위를 분명하게 주장하였다. 그는 그리스도에 의해서 사도적 권위를 부여받았지만(10:4-6), 그 권위는 바울 자신에게가 아니라 그리스도와 복음에 순종하도록 명령하는 권위였다. 바울은 이것을 갈라디아 교인들에게 철저하게 설명했다. 그의 메시지는 예수 그리스도께서 직접 자신에게 계시하신 복음이었다. 바울은 자신이 전한 복음 외에 다른 복음을 전하는 자는 영원히 저주를 받게 될 것이라고 말했다(갈 1:6-12). 고린도전서에서 바울은 십자가에 달리신 그리스도의 메시지만을 전했다고 주장했다. 그는 그리스도의 십자가에 아무 것도 더하지 않았다. 유대인이나 이방인은 그리스도의 십자가를 어리석은 것이라고 생각했지만, 그 메시지에는 하나님의 능력이 들어 있었다. 바울에게는 참으로 이 메시지와 이 복음에 제시된 하나님께 대한 순종을 명할 권위가 있었다. 바울은 자신의 권위를 데살로니가 사람들에게 천명했다(살전 4:2). 바울은 고린도 교인들에게 자신의 사도적 권위를 변호할 때, 자기에게는 교회를 파괴하는 것이 아니라 교회를 세우는 권위가 있다고 조심스럽게 설명했다(10:8; 13:10을 참조하라).

고린도 교인들이 그 복음에 순종했다는 기쁜 소식이 들렸다. 고린도에서 온 디도의 보고는 고린도 교인들이 바울의 책망을 듣고 바울의 가르침을 순종했다는 것을 보여주었다. 이 문제들에 대한 고린도 교인들의 완전한 순종으로 말미암아 바울은 기쁨을 얻었다(7:13-16).

2:10 너희가 무슨 일이든지 뉘게 용서하면 나도 그리하고 내가 만일 용서한 일이 있으면 용서한 그것은 너희를 위하여 그리스도 앞에서 한 것이니

'용서하다'에 해당하는 헬라어 단어는 **카리조마이**(*charizomai*)다. 바울이 용서를 표현하기 위해 다른 헬라어 단어를 사용하기도 했지만, 그는 이 단어가 '은혜'에 해당하는 헬라어 **카리스**(*charis*)에서 파생되었기에 일반적으로 이 단어를 선호했다. 바울에게 용서는 복음의 중심 주제였다. 하나님께서는 자신의 자유로운 뜻대로 자기 아들을 믿는 자들을 용서하신다(롬 3:24; 5:5). 구원을 받은 자는 누구든지 오직 하나님의 은혜-즉, 받을만한 자격이 없는 자에게 베푸시는 호의-로 받은 것이다. 따라서 고린도 교인들이 자기 중에 잘못한 자를 용서하는 것은 근본적으로 자신들을 향한 그리스도의 용서에 기초하고 있다(엡 4:32; 골 3:13).

이 구절은 전체 사건에서 바울 자신의 역할을 중시하지 않고 있다. 바울은 자신이 고린도 신자들의 믿음을 주장하고 있다는 인상을 주고 싶지 않았다(1:24에서 바울이 그와 같은 동기를 부정하고 있는 것을 참조하라). 그러므로 바울은 기대되는 것과는 정반대 방식으로 용서의 선언을 언급한 것이다. 그것은 결국 바울 자신을 향한 범죄였기 때문에(2:5을 참조하라) 그는 용서의 선언을 가장 먼저 해야 했다. 그러나 바울은 용서해야 할 사람은 바울보다는 오히려 고린도 교인들이라고 강조하고 있다. 그는 단지 그들의 결정에 동의만 하려고 했다. 이런 자기 비판적(self-deprecating) 방법으로 바울은 심지어 자기에게는 용서해야 할 것이 전혀 없다고까지 주장하고 있다. 이런 식으로 바울은 범죄가 단지 바울 자신에게만이 아니라 교회 전체를 거스르는 것이라고 거듭해서 말하고 있다.

'그리스도의 관점에서'(NLT)에 해당하는 헬라어 구(句)는 문자적으로는 '그리스도의 앞에서'이다(한글개역성경은 문자적으로 번역하고 있다-역자 주). 바울은 교회에 대한 모든 숙고는 그리스도의 현존 안에서 하고 있다고 지적하고 있는 것이다. 예수님은 모든 것-사람의 모든 동기와 생각까지도-을 보신다. 이런 상황에서 바울은 자신의 권위를 경시함으로써 궁극적인 권위이신 예수님을 가리키고 있다. 교회가 범죄자를 용서한 것은 그리스도 앞에서였으며, 멀리 떨어져 있는 바울이 그 같은 범죄자를 용서한 것도 그리스도 앞에서였다.

> 모든 사람은 자신이 용서할 것이 있기 전까지는 용서란 참 멋진 생각이라고 말한다.
> C. S. 루이스(C. S. Lewis)

2:11 이는 우리로 사단에게 속지 않게 하려 함이라 우리가 그 궤계를 알지 못하는 바가 아니로라

바울은 신약성경에 있는 자신의 어떤 다른 서신에서보다도 고린도 교인들에게 보낸 서신에서 사단에 대해서 많이 언급했다. 바울은 사단이 이간질을 통해 고린도 교회를 공격하고 있는 조짐을 보았다. 고린도후서는 고린도 교회에 있는 '거짓 사도들'을 사단의 교묘한 속임과 분명하게 동일시하고 있다(11:14을 참조하라). 더욱이 바울은 사단을 교회 안에서 사람들을 성적인 부도덕(고전 5:1-5; 6:12-20을 참조하라)으로 유혹하는 사람 및 이교도 우상숭배에 참여하는 사람들(고전 10:18-22을 참조하라)과 동일시했다.

이 구절은 사단의 또 다른 악한 음모를 드러내고 있다. 죄에서 교회를 정화하려는 열심으로 고린도 교인들은 권징의 목적-회개하게 하고 하나님과 화목하도록 도모하는 것-을 생각하지 않은 채 잘못한 자를 징계하고 있었다. 사단의 영향 아래서 잘못을 범한 자의 근심은 회개보다는 쉽게 원망(2:7을 참조하라)으로 변할 수 있다(7:10에서 세상이 주는 근심과 하나님의 뜻대로 하는 근심에 대한 바울의 비교를 보라). 바울은 고린도 교인들에게 이와 같은 비참한 결과가 나오지 않도록 경계하라고 간청하고 있다.

사단을 대적하는 그리스도인의 갑주

사단은 신자들이 더 이상 자기 편이 아니기에 그들을 반대하여 음모를 꾸민다. 신자들은 하나님의 군대다. 다음은 하나님께서 모든 신자에게 주시는 갑주의 목록이다 (엡 6:11-17).

갑주	사단에 맞선 신자의 방어
진리의 허리띠	사단이 당신을 속일 수 없도록 성경을 연구하라.
의의 흉배	사단의 유혹을 저지할 수 있는 능력을 구하라.
복음 증거를 위해 예비한 신	불신자들에게 예수님에 대해 말할 기회를 주시도록 구하라.
믿음의 방패	하나님 안에서 믿음이 성숙하도록 구하라.
구원의 투구	예수께서 죄에서 당신을 구원하셨다는 사실을 계속해서 상기하라.
성령의 검, 곧 하나님의 말씀	당신이 성경의 메시지를 이해하도록 도와 달라고 성령께 구하라.

2:12 내가 그리스도의 복음을 위하여 드로아에 이르매 주 안에서 문이 내게 열렸으되

드로아는 잘 알려진 고대 도시 트로이에서 십 마일 떨어진 에게해의 큰 항구도시였다. 드로아는 흑해로 흐르는 다르다넬스(Dardanells) 해협 가까이에 있었다. 주전 334년에 알렉산더 대제의 후계자인 안티구스(Antigonus)에 의해서 기초가 세워졌으며, 주전 323년에 알렉산더 대제가 죽은 후 셀루시드(Selrucid) 왕조에 의해 통치를 받았다. 주전 300년, 알렉산드리아 대제 사후에 이 도시는 알렉산드리아 드로아로 개명되었고, 마게도냐와 드레아(Thrace, 오늘날의 북쪽 그리스)에 있는 도시들과 소아시아를 연결하는 중요한 항구도시가 되었다. 주전 133년, 로마가 이 도시의 통치권을 획득했을 때, 로마인들은 그 도시를 그 주변 지역의 수도로 삼으려고 신중하게 고려하기도 했다.

 사랑으로

교회 권징은 교회의 순수성을 유지하고 제멋대로인 사람들이 회개하도록 돕는 데 사용해야 한다. 그러나 사단은 교회가 그 권징을 용서 없는 방법으로 사용하도록 유혹함으로써(2:14) 교회를 훔집내려고 애쓰고 있다. 사단의 강력한 무기 중의 하나는 속임수다. 우리가 바울처럼 사단의 거짓말을 더 빨리 드러내면 드러낼수록 더 좋을 것이다. 종종 사단은 권징을 행하고 있는 사람들을 속여 자신들이 권징을 당하고 있는 사람보다 더 순수하다고 생각하게 만든다. 이 때문에 교회 안에 아픔이 뿌리내리는 것이다. 심지어 권징을 받은 사람이 교회를 떠날 수도 있다. 신자들은 교회의 권징의 목적은 그 사람을 파괴하는 것이 아니라 하나님과 교제를 '회복'하기 위한 것이라는 사실을 잊지 말아야 한다. 권징이라는 미명아래 개인적인 분노를 쏟지 않도록 주의하라.

바울은 이 북적대는 항구도시를 제 2차 전도 여행 중에 방문했다. 바울은 그 무렵 누가복음과 사도행전의 저자인 누가(Luke)를 만났을 것이다. 이 도시에서 바울은 복음을 전해달라고 요청하는 마게도냐인의 환상을 보았다. 바울은 이것을 하나님께서 주신 표징으로 여기고, 즉시 마게도냐에 있는 유명한 도시인 빌립보로 갔다(행 16:9-10을 참조하라). 그러나 바울은 이 서신에서 드로아 방문에 대해서는 언급하고 있지 않다. 바울은 2차 전도 여행이 아니라 3차 전도 여행 때 고린도후서를 썼다. 분명히 바울이 제 3차 전도 여행 때 소아시아를 두루 다니는 동안, 주께서 바울이 복음을 전하도록 문을 여셨을 것이다. 고린도전서는 에베소에서 복음전파를 위한 기회들에 대해 같은 은유를 사용하고 있다. 바울은 2년 동안 에베소에 머물렀다. 그는 소아시아 전역에서 모인 학생들이 있는 두란노서원에서 복음을 전했다. 결국 에베소는 소아시아 전지역을 복음화하기 위한 전진기지가 되었다. 바울은 드로아도 에베소처럼 복음전파의 전진기지가 되기를 기대했을지 모른다.

드로아에서 바울은 **그리스도의 복음**을 전할 기회를 얻었다. 바울은 '복음'이란 단어를 표현하기 위해 헬라어 **유앙겔리온**(*euangelion*)을 사용했다. 그 단어는 '좋은 소식'을 뜻하며, 바울은 신약성경에 있는 자신의 서신에서 60번이나 사용하고 있다. 바울은 자신의 평생 사명을 이방들에게 복음을 전하는 것으로 요약했다(갈 1:11-16; 딤후 1:10). 그가 전한 복음의 메시지는 무엇인가? 바울은 '복음'이라는 단어를 하나님께서 자신의 독생자, 예수 그리스도를 믿는 모든 자들에게 거저 주신 구원의 놀라운 메시지란 뜻으로 사용했다(갈 3:6-14; 골 1:21-23). 이 메시지는 바로 하나님의 말씀이었다(4:2-4에서 '복음'과 '하나님의 말씀'을 바꿔가며 사용하고 있는 용례를 보라). 이런 이유 때문에 이 메시지를 변경하거나 다른 메시지 혹은 다른 복음을 받아들이는 것은 심각한 문제가 되었다(11:4; 갈 1:6을 참조하라). 그것은 하나님께서 주신 구원을 완전히 거절하는 것과 같은 것이 될 것이다. 이 때문에 바울이 그렇게 열정적이면서도 용기있게 거짓 가르침으로부터 복음의 순수성을 지키려고 했던 것이다(11:1-6을 참조하라). 복음의 순수성을 지키기 위한 열심 때문에 바울은 사도 베드로의 위선적인 행동에까지 맞설 수 있었다(갈 2:14-15). 그러나 바울이 이 서신 뒷부분에서 제시하는 것처럼, 복음을 확장시키는 자신의 사명은 파괴하기 위함이 아니라 세우기 위함이었다(13:10). 이 때문에 바울은 지중해 전역을 돌아다니며, 기회가 주어지는 대로 복음을 전한 것이다. 그는 분명히 드로아에서도 이와 같은 복음 전도의 기회를 발견했을 것이다.

2:13 내가 내 형제 디도를 만나지 못하므로 내 심령이 편치 못하여 저희를 작별하고 마게도냐로 갔노라

바울은 여기서 처음으로 바울과 고린도 교인들 사이의 복잡한 관계에서 디도의 역할을 언급하고 있다. 이 편지에서 분명하게 나타나고 있듯이, 디도는 이 둘을 화해시키는 것을 중요한 역할이라고 생각하고 있었다(2:13; 7:6, 13-14; 8:6, 16-17, 23; 12:18). 디도는 바울이 몹시 사랑했고 마음으로부터 신뢰했던 헬라인 회심자였다(갈 2:3). 디도는 바울의 선교사역을 통해 그리스도를 믿는 믿음에 이르렀을 가능성이 크다. 바울과 디도의 관계는 특별했다. 바울은 디도를 '참 아들'(딛 1:4)이요 자기 사역의 '동역자'(8:23)라고 불렀다.

바울이 그를 이방인 중에 믿음의 모범으로서 제시하기 위해 예루살렘에 있는 장로들에게 보내는 것을 보면(갈 2:1-5), 디도는 틀림없이 그리스도를 향한 절대적인 믿음을 가진 사람이었을 것이다. 분명히 바울은 디도를 더욱 어려운 몇몇 교회들에게 자신을 대신해서 보냈을 것이다.

디도에게 보낸 바울의 편지를 통해서(디도서), 바울이 '마무리가 되지 않고 남아 있는 것을 바로잡기'(NIV, 한글개역성경은 '부족한 일을 바로잡기 위해서'라고 번역한다-역자 주) 위해서 폭력과 부도덕으로 유명한 그레데 섬에 디도를 보냈다는 것을 분명히 알 수 있다(딛 1:5). 디도는 모든 교회에 장로들을 세우고, 교회 안에 적대적인 말을 많이 하는 사람들을 잠잠케 하고(딛 1:1-12), 분파적인 사람들을 경고하는(3:10) 직무를 맡고 있었다. 디모데후서 4:10을 보면, 바울이 감옥에 있는 동안, 어려움을 겪고 있는 달마디아로 디도를 보냈음을 알 수 있다. 교회 전통에 따르면, 디도는 그레데로 돌아가 남은 여생을 보낸 것으로 알려졌다.

바울은 이미 디모데를 고린도에 보냈고, 거기서 디모데는 실제로 몇 가지 어려운 문제들을 만났을 것이다(1:1의 주석을 참조하라). 그래서 고린도 방문 기간 동안에 개인적으로 그리고 공개적으로 도전 받은 후에 바울은 '엄한 서신'을 들려서 디도를 보낸 것이다. 분명히 디도는 이런 반항적인 교회에게 교회 안의 악습을 고치라고 명령한 바울의 편지를 가지고 갈 정도로 용기와 결단력을 갖춘 사람이었다. 바울은 '엄한 서신'이 고린도에 있는 힘든 상황에 어떻게 영향을 미쳤는지에 대한 보고를 걱정스럽게 기다리고 있었다. 이것이 그가 애통했던 것과 같은 편지이기 때문에, 그가 그 편지에 대해서 **마음의 평강이 없었다**(문자적으로는 '나의 심령이 편치 못하였다')고 한 것은 자연스럽다. 당연히, 바울은 고린도의 상황이 너무나 걱정이 되었기에 드로아에서 복음 전파할 기회를 포기하였다.

그러나 이 짧은 드로아 방문이 바울의 마지막 드로아 방문이 되지는 않았다. 예루살렘으로 돌아가기 위해 떠나기 전에 다시 드로아에 들렀다(행 20:6-12). 그때에 그 곳에서 칠일을 보냈다. 그 방문한 주일에, 바울은 그 다음날 새벽까지 드로아에 있는 전 성도들에게 말씀을 전했다. 이 방문 때 바울은 드로아에 있는 그리스도인들에게 그들이 복음 안에서 믿음을 굳건히 세우는 데 필요한 모든 것을 주기로 결심했다.

분명히 바울은 드로아에서 디도를 만나기 위해 몇 차례 일정을 조정하였을 것이다. 그래서 바울은 그곳에서 디도를 **만나지 못하자** 디도의 안전

고린도후서 2:13 **83**

이 걱정되어, 오늘날 그리스의 북쪽 지방인 **마게도냐**에서 그를 찾기 위해 드로아를 떠났다. 이 서신의 뒷부분에서 바울은 고린도 교인들에게 마게도냐에서 디도를 만났다고 말하고 있다. 고린도의 상황에 대한 디도의 고무적인 보고를 듣고 바울은 크게 기뻐했다. 바울이 이 서신의 뒷부분에서 쓴 것처럼, 디도는 몇 가지 점에서 성공적으로 교회를 개혁하였다(7:5-16을 참조하라). 바울은 고린도 교인들이 영적인 진보를 보인 것 때문에 너무나 기뻐서 디도편에 고린도후서를 들려서 고린도에 보낸 것이다(8:6, 16-17).

형제들

바울은 실제로는 형제가 아니였지만 디도를 자신의 형제라고 불렀다(2:13). 그들은 그리스도 안에서 하나님의 가족의 구성원인 형제였다. 바울은 디도를 형제와 같이 사랑했다. 계획과는 달리 드로아에서 디도를 만나지 못하자 바울은 걱정이 되어 정신을 못 차릴 정도였다. 그리스도 안에서 자신의 동역자 된 사람에 대해 걱정한 것이다. 바울처럼 우리도 같은 이름(그리스도인)을 공유하고 있는 사람들의 안전과 복지에 대해 책임감이 있어야 한다. 우리가 정기적으로 그리스도 안에서 관계하고 있는 사람들이 예배나 모임에 불참했을 때, 그런 사실을 알아차려야 할 책임이 있다. 우리는 평범한 삶을 사는 것으로 만족하지 않는다. 당신이 교회에서 한동안 못 본 사람은 누구인가? 당신이 그들에게 관심을 분명히 나타내기 위해 취할 수 있는 행동은 무엇인가?

디도를 찾아나선 바울

바울은 디도를 만나서 고린도 교회에 관한 새로운 소식을 듣기 위해서 드로아로 찾아갔다. 드로아에서 디도를 만나지 못하자 다시 마게도냐로 갔다. 그는 빌립보에서 디도를 만났을 가능성이 가장 높다.

고린도후서
2:5-17

2:14-17 그리스도의 향기

¹⁴항상 우리를 그리스도 안에서 이기게 하시고 우리로 말미암아 각 처에서 그리스도를 아는 냄새를 나타내시는 하나님께 감사하노라 ¹⁵우리는 구원 얻는 자들에게나 망하는 자들에게나 하나님 앞에서 그리스도의 향기니 ¹⁶이 사람에게는 사망으로 좇아 사망에 이르는 냄새요 저 사람에게는 생명으로 좇아 생명에 이르는 냄새라 누가 이것을 감당하리요 ¹⁷우리는 수다한 사람과 같이 하나님의 말씀을 혼잡하게 하지 아니하고 곧 순전함으로 하나님께 받은 것같이 하나님 앞에서와 그리스도 안에서 말하노라

바울은 자신의 최근 사역을 시간 순서로 나열하는 데 고린도후서의 처음 두 장을 할애했다. 그것은 그리 유쾌한 일이 아니었다. 그는 아시아에서 자신의 생명을 포기할 정도로 심한 고통을 겪었다(1:8-10). 고린도에서는 자신의 신실함에 대한 비난으로 괴로움을 당하기도 했다(1:17-20). 상황이 너무 심각한 나머지 몇몇 사람들은 바울이 그곳을 방문한 동안 공개적으로 대적하기도 했다. 이에 대한 반응으로, 바울은 눈물과 근심으로 경고하는 엄한 서신을 써야만 했다(2:1-4). 그런 후에 바울은 디도의 안녕과 고린도 교회의 상태에 대한 근심으로 괴로웠기에, 드로아에서 복음을 전할 결정적인 기회를 포기해야만 했다(2:12-13). 선교사들은 대부분 후원자들에게 이런 것을 보고하기 꺼려할 것이다. 반대와 갈등과 고난이 끝임 없이 바울을 찾아왔다.

바울은 마음 깊은 곳에서 우러나오는 찬양으로 이 슬픈 이야기를 중단했다. 2:14에서 그의 어조가 갑자기 바뀐 것과 7:5에서 바울이 디도를 만나는 이야기를 다시 시작한다는 사실 때문에, 많은 학자들은 2:14에서 시작해서 7:4에 끝나는 이 문단이 바울이 고린도 교인들에게 보낸 또 다른 서신인데 이것이 2:14에 삽입된 것인지, 혹은 익명의 편집자의 삽입인지 여부

를 연구해왔다. 면밀하게 조사해 보면, 바울 편지의 이 부분과 이전 단락 사이의 관계를 발견할 수 있다. 고린도후서의 분명한 강조점 중의 하나는 바울의 고통과 연약함을 복음을 위한 승리로 바꾸신 하나님의 능력이다. 이 주제는 이미 아시아에서 당한 자신의 고난이 사람들로 하나님을 영화롭게 하고 찬양하는 결과를 가져왔다는 바울의 주장에서 표면화되었다(1:8-11). 이 서신에서 그러한 것이 가장 뚜렷하게 표현된 곳은 12:9이다.

> "내게 이르시기를 내 은혜가 네게 족하도다 이는 내 능력이 약한 데서 온전하여짐이라 하신지라 이러므로 도리어 크게 기뻐함으로 나의 여러 약한 것들에 대하여 자랑하리니 이는 그리스도의 능력으로 내게 머물게 하려함이라"

이 장의 14절에서 나타난 갑작스런 어조 변화에 대한 가장 좋은 해석 방법은, 이 부분을 고린도후서의 기본적인 강조점들 중의 하나—하나님께서는 자신이 영광을 받으시기 위하여 연약한 자를 통하여 일하시기를 좋아하신다—를 반복하여 말하는 것으로 보는 것이다. 그러므로 바울이 당한 고난들과 어눌한 말재주 때문에 그가 복음을 전하는 일에 부적격자가 되는 것은 아니다. 오히려 그와 같은 연약함과 고난은 바울을 하나님의 은혜와 하나님의 메시지와 하나님의 능력을 전달하는 완벽한 통로가 되게 하였다(고린도후서에 나온 바울의 고난에 대한 광범위한 묘사들을 보려면 6:3-13; 11:16-27을 참조하라).

2:14 항상 우리를 그리스도 안에서 이기게 하시고 우리로 말미암아 각처에서 그리스도를 아는 냄새를 나타내시는 하나님께 감사하노라

로마의 개선 행렬에서 로마 장군은 포로들과 전리품들을 앞세우고 로마의 주도로를 따라 행렬했다. 그는 로마 사람들에게 큰 환호로 환영을 받았으며, 그들이 주피터(Jupiter) 신전으로 행진을 하는 동안 신들을 위해 향품을 태웠다. 로마 사람들에게 그 향기는 달콤한 승리의 냄새였다. 반면에 행렬에 있던 포로들에게는 비참한 예속이나 심지어 죽음의 냄새였다.

이 구절이 분명히 이러한 로마의 관습을 암시하고 있기는 하지만, 바울의 유비의 참 본질에 대해서는 광범위하게 논란이 있어 왔다. 바울이 그리스도인들을 그리스도와 함께 한 승리의 동역자로 암시하고 있는지, 혹은 하나님의 자원하는 포로들임을 암시하고 있는지 분명하지 않다. 몇몇 주석가들은 '승리의 행렬에 이끄시고'(NIV, '우리를 이기게 하시고'-한글 개역성경)는 그리스도인들이 승리한 장군이 이끄는 로마 군인들과 같다는 뜻이라고 주장한다. 이들 주석가들은 그 문단의 문맥을 그 근거로 지적한다. 바울은 자신의 연약함을 이기신 하나님의 능력을 강조하고 있다. 그 승리는 하나님의 승리요 복음의 승리인 것이다. 다른 주석가들은 '승리의 행렬에 이끄시고'에 해당하는 헬라어 단어는 '어떤 사람을 포로로서 행렬로 이끄는 것'을 뜻한다고 주장한다. 그래서 바울은 자신과 모든 그리스도인들을 로마 개선 행진에 있는 노예들에 비교하고 있다는 것이다. 그는 다른 모든 그리스도인들처럼 이전에는 하나님의 원수였다. 그러므로 그리스도인들이 신자가 될 때, 하나님께서는 그들을 포로된 원수로 간주하시는 것이다.

정리하자면, 일반적으로 이 구절은 그리스도께서 궁극적으로 모든 죄악을 이기시고 승리하실 것이라는 뜻인 것 같다. 반대와 방해와 연약함이 결코 그리스도의 승리를 막을 수 없다. 승리는 이미 십자가에서 성취되었다. 그리스도의 개선 행진은 진행 중에 있다.

2:15-16 우리는 구원 얻는 자들에게나 망하는 자들에게나 하나님 앞에서 그리스도의 향기니

이 구절들은 로마 행렬에 사용된 향에 대한 유비를 확장하고 있다. 여기서 바울은 기분 좋은 냄새라는 단 한 가지 뜻만을 내포하는 헬라어 단어 유오디아(*euodia*, '향기'로 번역)를 쓰고 있다. 이 행렬에서 향은 예배를 받는 신을 기쁘게 하기 위해 피워졌다. 로마 개선 행렬에서 이 향은 주피터를 위해 피워졌다. 그러나 구약성경의 언어에 익숙한 바울의 유대 독자들은 바울의 언어가, 제물을 태우는 것은 '여호와께 향기로운 냄새'라고 말하고 있는 레위기 23:18과 유사하다는 것을 곧 알아차렸을 것이다.

물질적 냄새들은 하나님께(로마의 경우에는 주피터에게) 드려졌다는 이러한 배경과는 달리, 바울은 고린도 교인들에게 그리스도인들의 거룩한 삶이 하나님을 가장 기쁘시게 한다고 말한다(롬 12:1). 하나님께서는 구약성경에서 몇몇 이스라엘 백성이 부주의하게 바친 희생제물을 받지 않으셨다. 잠언 21:3-"의와 공평을 행하는 것은 제사 드리는 것보다 여호와께서 기쁘게 여기시느니라"-도 똑같은 진리를 가르치고 있다. 하나님께 전심으로 바친 마음과 삶이 바로 하나님께서 가장 기쁘게 받으시는 제사인 것이다.

이 사람에게는 사망으로 좇아 사망에 이르는 냄새요 저 사람에게는 생명으로 좇아 생명에 이르는 냄새라

하나님을 기쁘시게 하는 어떤 것이 되는 것 외에, 하나님께 바쳐진 거룩한 삶은 그분께 영광이 된다. 그리스도인들(구원을 받은 사람들)을 통하여 하나님의 은혜의 귀한 향기가 세상 곳곳에 퍼진다. 그러나 그리스도인들이 복음의 메시지를 전할 때, 그것은 어떤 사람에게는 복된 소식이 되지만(**생명으로 좇아 생명에 이르는 냄새**), 다른 사람들에게는 나쁜 소식이 된다(**사망으로 좇아 사망에 이르는 냄새**). 성령으로 인도함을 받는 사람들은 그 메시지에 담긴 생명을 부여하는 능력을 즉시 인식한다. 그러나 믿음을 완강하게 거부하고 있는 사람들은 악취 나는 어떤 냄새-그들을 기다리고 있는 죽음의 심판-를 맡는다.

'사망으로 좇아 사망에 이르는'이라는 관용구는 진행 중인 무언가를 표현하고 있다. 이 향기는 사망의 냄새일 뿐만 아니라 사망으로 이끄는 냄새다. 이 사람들은 영원한 멸망으로 가는 지름길 위에 있으며, 그들은 걸음을 내디딜 때마다 최후의 사망에 가까이 접근하고 있는 것이다. '생명으로 좇아 생명에 이르는'이라는 관용구는 이와는 정반대의 의미를 내포하고 있다. 이 관용구는 신자의 참된 삶에서 시작하고 신자들이 궁극적인 목표에

점점 가까이 가도록 북돋아 주는 향기다.

바울은 뚜렷하게 대조하고 있다. 중간 지대는 없다. 생명에 이르는 길과 사망에 이르는 길이 있을 뿐이다. 비록 그 길들이 나란히 나타날지 모르지만, 사망에 이르는 길로 더 멀리가면 갈수록 생명의 길의 특성인 선함과 진리와 사랑으로부터는 점점 더 벗어나게 된다. 이것은 성경에 일관되게 나타나는 주제다. 예수께서도 그와 같은 극한 대조를 제시하셨다: "좁은 문으로 들어가라 멸망으로 인도하는 문은 크고 그 길이 넓어 그리로 들어가는 자가 많고 생명으로 인도하는 문은 좁고 길이 협착하여 찾는 이가 적음이니라"(마 7:13-14). 모세도 이스라엘 백성들에게 이와 똑같은 대조를 말했다: "내가 오늘날 천지를 불러서 너희에게 증거를 삼노라 내가 생명과 사망과 복과 저주를 네 앞에 두었은즉 너와 네 자손이 살기 위하여 생명을 택하고"(신 30:19).

누가 이것을 감당하리요(NLT, '누가 이런 사역에 적합한가')

'적합하다'(adequate)에 해당하는 헬라어 단어는 '능력'이나 '권위'를 의미한다. 분명히 고린도의 몇몇 설교자나 교사들은 영적인 문제들에 있어서 자신들의 능력을 자랑하고 바울의 자질을 헐뜯었을 것이다. 바울은 11장에서 이들 적대자들에 반대해서 자신의 사도적 권위를 철저하게 변호하고 있다.

이러한 수사학적 질문에 대한 답변은 아주 분명하지는 않다. 바울은 '**누가 이것을 감당하리요**'라는 질문에 대답을 하지 않았다. 바울은 아마도 그리스도께서 직접 임명하신 사도인 자신이 자격이 있다는 것을 암시하고 있는지도 모른다. 뒤에 이어지는 구절이 이러한 대답을 내포하고 있다. 여기서 바울은 많은 다른 사람들과는 달리 다른 동기를 섞지 않고 설교했다고 설명하고 있기 때문이다. 바울은 복음에서 벗어나 돈을 벌려고 하지 않고, 전적으로 성실하게 메시지를 전했다(2:17-3:1을 참조하라). 그러나 그 대답에 함축된 의미는 아무도 그 임무를 감당할 자격이 없다는 사실이다. 하나님께서는 바울에게 사명을 주시고(행 9:1-22) 권능을 부어 주심으로 이방인에게 대사가 되게 하신 분이다(갈 2:7; 엡 3:8). 다시 말해, 하나님께서는 바울이 복음 전파라는 막대한 임무를 감당할 수 있게 하신 것이다(3:5; 고전 15:10). 같은 방법으로, 신자들도 자신의 능력을 의지하기보다는 하나님의 능력을 의지하여 하나님께서 주신 임무를 감당하기 위해 자신을 준비시킬 수 있다. 그리스도를 섬기기 위해서는 우리가 예수님을 위해 할 수 있는 것들에 초점을 맞출 것이 아니라 예수께서 우리를 통하여 하실 수 있는 것들에 초점을 맞추는 것이 필요하다.

2:17 우리는 수다한 사람과 같이 하나님의 말씀을 혼잡하게 하지 아니하고 곧 순전함으로 하나님께 받은 것 같이 하나님 앞에서와 그리스도 안에서 말하노라

복음 전하는 사역을 누가 감당하겠느냐고 물은 후, 바울은 하나님의 말씀을 혼잡케 하고 있는 것에 대해 고린도에 있는 자신의 반대자들을 간접적으로 비난하고 있다.

이 비난은 바울이 자신의 봉사의 대가를 요구하지 않는다고 그의 사역을 헐뜯고 있는 사람들에 대한 반응이다. 오늘날 이것은 전문적으로 사역하지 않고 재미 삼아 혹은 아마추어로 사역하는 사람을 꾸짖는 것과 같을 것이다. 고린도에 있는 동안 바울은 장막을 만들어 자기 힘으로 재정을 충당했다(행 18:1-4). 바울은 비난하는 사람들은 이 일을 바울의 직업으로, 그의 설교는 장막 만드는 자에 불과한 사람의 허술한 사상으로 보았다. 바울을 반대한 자들은 자신들을 유대 법과 대중적인 연설법을 훈련받은 전문적인 설교자로 생각하였다(11:6, 22을 참조하라). 그들은 필수적인 자격을 갖추었고, 표면적으로는 분명히 고린도 교회를 이끌만한 역량이 있는 사람들이었다.

그러나 바울은 그 상황을 전적으로 다른 시각으로 보았다. 복음의 메시지를 전할 능력이 있는 사람은 아무도 없는 것이다. 하나님은 누군가의 전문적인 봉사가 필요한 분이 아니시다. 하나님의 진리를 다룰 자격이 있다고 주장할 수 있는 사람은 아무도 없다. 바울은 이러한 대단히 값비싼 설교자들을 단지 하나님의 말씀이라는 신적인 보화를 파는 '밀매인' (NRSV, 우리말 성경에는 '혼잡게' 라고 번역했다-역자 주) 혹은 장사꾼으로 보았다. 바울은 이 서신의 뒷부분에서는 이들을 '거짓 사도들'이라고 불렀고, 그들이 사단의 도구라고 넌지시 말하고 있다(11:13-15). 좀스러운 상인들은 대개 속임수를 사용하기 때문에, 여기서 바울이 사용한 '밀매인' (peddler)에 해당하는 헬라어 단어는 부정적인 의미를 내포하고 있다. 그 단어는 좀스러운 상인들이 술에 물을 타곤 했던 것처럼 이들 설교자들이 탐욕으로 복음의 메시지를 묽게 했다는 것을 뜻한다.

바울은 복음을 전하면서 사역자들이 사역의 대가로 생계비를 받는 것에 반대하지 않았다는 것은 고린도전서에 명백하게 나타난다. 그는 고린도전서 9:3-10에서 생활비를 요구하는 설교자들의 권리를 변호하기 위해 많은 지면을 할애했다. 한편 바울 자신은 그 권리를 포기했다. 그는 자신의 순전함을 보여주기 위해서 대가 없이 복음을 소개하려고 노력했다. 바울은 자신을 재정적으로 돕는 추종자를 만들려고 하지 않았다. 바울은 사람들이 듣고 싶어하는 것만을 전하지 않았으며, 예수 그리스도를 통한 영광스러운 구원의 메시지인, 순전한 진리만을 가르치고 있었다.

행상들(hucksters)

바울은 자신이 '혼란하게 하는 자' (peddler)와 같지 않다고 주장했다. 바울 당대에 있었던 많은 연설가들처럼 바울도 하나님의 말씀을 혼잡케 하고 있다는 비난을 받았다. 이 이미지는 경제적인 이득과 대중적 인기를 얻기 위해 하나님의 선지자들이 전해준 진리를 팔아먹는 방문 판매자로부터 비롯되었다. 그들이 말하는 내용과 수법은 그 말을 듣고 있는 사람(혹은 듣는 사람들이 얼마나 많은 돈을 가지고 있느냐)에 따라서 달라졌다. 사도 시대에 그리고 우리 시대에도, 우리의 동기에 의문을 제기하고, 우리를 잘못 판단할 수도 있는 많은 사람들이 우리들의 가르침을 듣기 위해 앉을 것이다. 우리가 하나님의 현존 안에서 하나님에 의해 부름 받은 사람으로서 전하고 있다고 인식할 때, 확신있고 겸손한 사람이 될 수 있다. 그러므로, 시간을 내어 그리스도의 종으로서-유급이든지 자비량이든지-당신이 사역에 부름 받은 사실을 숙고해 보라. 만약 하나님께서 당신의 가장 중요한 청중이라면, 당신의 설교나 강의 준비나 전달은 어떻게 달라져야 하는가?

세 개의 병행구절들은 바울이 설교할 때 느꼈던 깊은 책임감을 반복하여 말하고 있다. 바울은 **하나님으로부터** 직접 진리를 전하도록 **보냄**을 받았거나 혹은 위임을 받았다. 더욱이 바울은 처음부터 그리스도 안에서 혹은 **그리스도의 대리자**로서 설교하였다. 그는 다메섹 도상에서 이스라엘뿐만 아니라 이방인과 왕들에게도 복음을 전하도록 그리스도께 명령을 받은 사람이다(행 9:1-15을 참조하라). 충성스런 종처럼, 바울은 자신의 직무를 심각한 역할로 받아들였다. 그는 하나님의 임재 안에서 또는 하나님의 시각으로 메시지를 전했다. 바울은 의식적으로 하나님께서 자신의 메시지와 삶을 살피시도록 열어놓았다. 그는 전능하신 하나님 앞에서 말하기에 부끄러운 것은 어떤 것도 감히 설교하거나 말하지 않았다. 바울은 자신의 말과 행동에 대해 해명할 때가 올 것이라는 것을 알고 있었던 것이다. 이것이 바로 이익을 가장 주요한 동기로 삼고 있는 많은 설교자들과 바울이 뚜렷하게 대조되는 부분이다.

고린도후서 3장

3:1-18 하나님의 위대한 새 언약

¹우리가 다시 자천하기를 시작하겠느냐 우리가 어찌 어떤 사람처럼 천거서를 너희에게 부치거나 혹 너희에게 맡거나 할 필요가 있느냐 ²너희가 우리의 편지라 우리 마음에 썼고 뭇 사람이 알고 읽는 바라 ³너희는 우리로 말미암아 나타난 그리스도의 편지니 이는 먹으로 쓴 것이 아니요 오직 살아 계신 하나님의 영으로 한 것이며 또 돌비에 쓴 것이 아니요 오직 육의 심비에 한 것이라 ⁴우리가 그리스도로 말미암아 하나님을 향하여 이 같은 확신이 있으니 ⁵우리가 무슨 일이든지 우리에게서 난 것같이 생각하여 스스로 만족할 것이 아니니 우리의 만족은 오직 하나님께로서 났느니라 ⁶저가 또 우리로 새 언약의 일꾼 되기에 만족케 하셨으니 의문으로 하지 아니하고 오직 영으로 함이니 의문은 죽이는 것이요 영은 살리는 것임이니라 ⁷돌에 써서 새긴 죽게 하는 의문의 직분도 영광이 있어 이스라엘 자손들이 모세의 얼굴의 없어질 영광을 인하여 그 얼굴을 주목하지 못하였거든 ⁸하물며 영의 직분이 더욱 영광이 있지 아니하겠느냐 ⁹정죄의 직분도 영광이 있은즉 의의 직분은 영광이 더욱 넘치리라 ¹⁰영광되었던 것이 더 큰 영광을 인하여 이에 영광될 것이 없으나 ¹¹없어질 것도 영광으로 말미암았은즉 길이 있을 것은 더욱 영광 가운데 있느니라 ¹²우리가 이같은 소망이 있으므로 담대히 말하노니 ¹³우리는 모세가 이스라엘 자손들로 장차 없어질 것의 결국을 주목치 못하게 하려고 수건을 그 얼굴에 쓴 것같이 아니하노라 ¹⁴그러나 저희 마음이 완고하여 오늘까지라도 구약을 읽을 때에 그 수건이 오히려 벗어지지 아니하고 있으니 그 수건은 그리스도 안에서 없어질 것이라 ¹⁵오늘까지 모세의 글을 읽을 때에 수건이 오히려 그 마음을 덮었도다 ¹⁶그러나 언제든지 주께로 돌아가면 그 수건이 벗어지리라 ¹⁷주는 영이시니 주의 영이 계신 곳에는 자유함이 있느니라 ¹⁸우리가 다 수건을 벗은 얼굴로 거울을 보는 것같이 주의 영광을 보매 저와 같은 형상으로 화하여 영광으로 영광에 이르니 곧 주의 영으로 말미암음이니라

이력서와 신원 증명서와 천거서는 모두 오늘날엔 구직에 필요한 서류들

이다. 바울 당대에도 평판이 좋은 사람의 천거서는 어떤 사람의 노력에 대해 성공을 보장해 줄 수 있었다. 1세기의 기독교 순회 전도자들은 당시의 관습에 따라 천거서를 지니고 다녔다. 천거서를 가지고 있으면, 빈곤한 전도자는 최소한 머물 곳과 식사와 모임에서 말할 기회를 얻을 수 있었다. 분명히 몇몇 거짓 교사들도 그와 같은 천거서들을 가지고 고린도 교회에 접근할 수 있었을 것이다. 그러나 이들은 복음의 확장을 위해 그 천거서를 사용하기보다는 바울의 메시지와 그의 권위를 비난하는 데 사용했다. 그 비난 가운데는 바울에게는 천거서가 없다는 것도 포함되어 있었다.

바울은 어쩔 수 없이 이러한 비난에 대응할 수밖에 없었다. 바울은 자신이 직접 세운 교회에 자신의 사역과 권위를 변호하는 것은 어리석은 일처럼 보였다. 그러나 비난의 목소리가 점점 커져가자 바울도 목소리를 높였다. 바울이 고린도 교인들에게 성령께 능력을 부여받아 사역했다는 것을 처음부터 분명히 해야 했다. 그리고 바울의 복음과 그 복음에 권능을 부여하신 성령을 통해 영원토록 삶이 변한 사람들의 증언은, 자신의 권위에 대한 충분한 증거 이상이 되도록 해야 했다.

자신의 사역에 대한 바울의 사리에 맞는 변호는, 모세의 율법 사역과 자신의 성령 사역을 길게 비교하는 단락으로 재빨리 전환된다. 이것은 아마도 고린도 교회에 잠입한 거짓 교사들이 모세를 경건의 모델로 삼고 있다는 것을 가리킬 수도 있다. 바울은 신자들의 삶 가운데 있는 성령의 역사가 모세와 율법보다 더 능력이 크다고 주장한 것이다.

당신이 이 문단을 읽고 연구할 때, 바울이 고린도에서 자신을 비난하는 사람들의 주장에 **어떻게** 맞서는지 주목하라. 그들은 바울의 권위와 자격과 심지어 능력까지도 공격하고 있었다. 그들은 참으로 거세게 비난했다. 그러나 바울은 열정적인 자기 변호에 의존하지 않았다. 그는 자신이 적임자인 것은 자신의 능력 때문이 아님을 기꺼이 인정했다. 그러나 그는 예수께서 자신에게 사도적 권위를 주셔서, 교회들을 세우시고, 그 교회들을 그리스도를 믿는 믿음으로 인도하게 하셨다고 주장했다. 바울의 권위는 그의 사역을 통해 나타난 명백한 성령의 역사로 입증되었다. 이러한 방식으로 바울은 이 논쟁을 근본적인 문제-고린도 교인들이 그들의 삶 가운데 그리스도의 권위에 복종할 것인지 여부-로 돌려놓고 있다.

3:1 우리가 다시 자천하기를 시작하겠느냐

바울은 자신이 고린도 교인들에게 자찬(自讚)하거나 자천(自薦)한다는 비난에 대단히 민감한 반응을 보이고 있다. 바울은 자신이 자찬이나 자천을 하지 않았다며 단호하게 부인하고 있다(5:12과 10:18도 참조하라). 분명히 바울은 자신의 업적을 자랑하고 있는 듯이 보이고 싶지 않았을 것이다(11:17을 참조하라). 그보다 오직 어떻게 그리스도의 능력이 연약한 자신에게 나타났는지를 자랑하려고 의식적으로 노력하였다(11:30을 참조하라).

고린도 교인들은 바울을 어려운 상황에 처하게 하고 있었다. 바울은 자신의 동역자 실라와 디모데와 함께 그 교회를 설립했기 때문에 고린도 교인들에게 자신을 변호할 필요가 없었다. 그들이 교회로 존재하게 된 것은 성령의 능력으로 전한 자신의 가르침 때문이었다. 고린도 교인들은 바울 뒤에 온 그 전도자들에게 의문을 제기하기보다는 자신들의 영적 아버지인 바울을 의심하기 시작했다. 기본적으로 그들은 바울에게 설교할 자격을 제시하라고 요구하고 있었다. 고린도후서를 막 시작하자마자 바울이 자신의 최근 여행 계획들에 관해 해명하면서(1:12-17) 자신을 변호해야만 했던 것으로 봐서 이것은 분명하다. 바울은 고린도 교인들이 거짓 교사들에 의해서 오도되지 않게 하려고 그렇게 한 것이다.

우리가 어찌 어떤 사람처럼 천거서를 너희에게 부치거나 혹 너희에게 맡거나 할 필요가 있느냐

오늘날 사람들이 장차 자신의 고용주가 될 사람에게 자신을 소개하기 위해서 이력서를 사용하듯이, 바울 당대에도 순회 설교자들과 전도자들은 여러 교회에서 받은 천거서로 자신들을 소개했다. 바울도 뵈뵈(롬 16:1-2)와 디모데(고전 16:10-11)를 위해서 천거서를 써주었다. 이 서신들은 바울이 신임하는 동료들과 친구들이 여러 교회들에서 환영을 받게 하는 데 도움이 되었다.

분명히 몇몇 거짓 교사들은 고린도 교회에서 설교단을 차지하기 위해 천거서를 사용하기 시작했을 것이다(11:13-15). 바울이 그들을 일컫고 있듯이(2:17, 'peddler of God's word'. NIV), 하나님의 말씀을 팔아먹는 순회(巡廻) 장사꾼들은 이 천거서-진짜일 수도 있고 위조한 것일 수도 있다-를 가지고 고린도 교회에 들어왔으며, 고린도 교인들에게 다른 교회에 자신들을 추천해 달라고 요구하고 있었다. 이 천거서만 있으면 그들은 다른 교회로부터 환대와 설교할 기회와 설교한 대가로 돈까지 받을 수 있었기 때문이다.

분명히 몇몇 거짓 교사들은 바울이 천거서 하나라도 제시했는지 교묘하게 질문함으로써 바울의 권위를 비난하기 시작했을 것이다. 당연히 자기가 설립한 교회에 자신의 사도 자격을 해명해야 한다는 사실에 마음이 편치 않았을 것이다.

3:2-3 너희가 우리의 편지라 우리 마음에 썼고 뭇사람이 알고 읽는 바라

바울은 분명하고 설득력 있는 방법으로 자신에겐 어떤 편지도 필요하지 않다고 설명한다. 자신과 자신의 동료들에게서 말씀을 들은 신자들의 변화된 삶이 충분한 천거서였기 때문이다. 훈련 프로그램은 늘 훈련을 받은 사람들의 상태에 의해서 평가되어야 한다.

바울은 고린도 교인들의 변화된 삶이 **우리 마음에 쓴** 편지라고 주장한다. 몇몇 고대 사본들은 '우리 마음에' 대신에 '너희 마음에'라는 독법을 제시하고 있다. 따라서 (이것을 근거로) 어떤 사람들은 이 구절이 고린도 교인들 자신의 마음, 즉 성령에 의해서 변한 그들 자신들의 삶이 그것을 보는 모든 사람들에게 바울의 사도적 권위를 증거한다는 뜻으로 해석하기도 한다. 그런데 바울은 다음 구절에서 이 사실을 단언하고 있다. 이와 같이 '우리의 마음'을 따르는 독법이 해석하기에는 더 어렵지만 아마 원본에 더 가까운 독법인 것 같다. 바울은 자신이 고린도 교인들의 삶에 참여했다는 사실을 피력하려고 애쓰고 있는 것 같다(이 서신의 주제, 1:6-7, 11;

2:5-6을 참조하라). 그들에게 복음을 증거해 준 자로서, 바울은 그들과 뗄 레야 뗄 수 없이 서로 얽혀 있었다. 그들의 성공은 바울의 성공이고 그들의 슬픔 역시 바울의 슬픔이었다. 이러한 식으로 그들의 믿음의 삶은 바울과 그의 동역자들인 실라와 디모데의 마음에 새겨졌다. 고린도 교인들의 삶이 모든 사람에게 공개된 책이듯이, 고린도 교인들과 그 교회의 설립자 바울 사이의 친밀한 관계 역시 모든 사람에게 분명히 드러났다. 따라서 고린도 교인들이 행한 것은 무엇이든 바울과 바울의 사역을 반영하며, 바울과 바울의 사역 역시 고린도 교인들이 행한 것을 반영하였을 것이다.

너희는 우리로 말미암아 나타난 그리스도의 편지니 이는 먹으로 쓴 것이 아니요 오직 살아 계신 하나님의 영으로 한 것이며 또 돌비에 쓴 것이 아니요 오직 육의 심비에 한 것이라

만약 고린도 교인들이 바울을 천거하는 편지라면, 이 편지는 예수 **그리스도 그 분**께로부터 온 것이다. 이것은 바울의 사도적 권위가 예수님에게서 왔다는 사실을 강조한다. 그리스도께서 직접 다메섹 도상에서 바울을 만나셔서 그를 사도와 복음 전도자로 임명하셨다(행 9:1-20을 참조하라). 바울의 천상 위임은 예루살렘에 있는 사도들에 의해서 확증되었고, 결국엔 바울과 바나바를 이방인에게 복음을 전하기 위해서 파송한 안디옥에 있는 교회의 장로들에 의해서도 확증되었다(행 9:26-28; 13:1-2). 고린도 교인들의 유익을 위해, 바울은 자신이 주님께 부름 받았음을 강조했다. 비록 바울에게도 자신을 지지하고 추천하는 평판이 좋은 그리스도인들이 있었지만, 바울은 그 사실을 강조하지 않았다. 고린도에 있는 거짓 교사들과는 대조적으로 바울의 사역은 예수님에 의해서 권위를 부여받았다. 바울의 천거 편지는 그리스도께서 직접 쓰신 것이다.

이 그리스도의 '**편지**'는 바울과 자신의 동역자들에 의해서 전달되었다. 즉, 그들은 하나님을 위한 사자(使者)이고 그의 영광스런 구원의 좋은 소식들이었다. 그것은 **살아계신 하나님의 영**(성령)에 의해 신자들의 마음과 삶에 쓰여졌다. 고린도 교인들의 마음에 역사하고 계시고, 하늘에서 고린도 교인들이 받을 영광스러운 기업의 보증이 되신 성령께서, 바울이 전한 말씀의 진정성을 확증해주셨다.

다음으로, 바울은 고린도 교인들의 마음에 쓰여진 그리스도로부터 온 이 편지와 하나님의 손가락으로 돌비에 쓰여진 십계명을 비교했다. 바울의 강조점은 분명하다. 사람의 삶에 나타난 성령의 역사의 징후들이 다른 어떤 종류의 서류—그것이 교회의 천거서든지 돌에 새겨진 하나님의 율법이든지—보다 우월하다는 것이다(출 31:18을 참조하라).

육의 심비에 쓴다는 이미지는 에스겔 선지자에게서 온 것이다. 이 구약 선지자는 언젠가는 하나님께서 직접 돌과 같이 굳은 이스라엘 백성의 마음을 제하시고, 하나님의 명령을 따르는 육의 마음으로 대체시킬 것이라고 예언했다. 왜냐하면 하나님께서 직접 그 부드러운 마음에 자신의 법을 쓰셨기 때문이다.

"또 새 영을 너희 속에 두고 새 마음을 너희에게 주되 너희 육신에서 굳은 마음을 제하고 부드러운 마음을 줄 것이며 또 내 신을 너희 속에 두어 너희로 내 율례를 행하게 하리니 너희가 내 규례를 지켜 행할지라"(겔 36:26).

"나 여호와가 말하노라 그러나 그날 후에 내가 이스라엘 집에 세울 언약은 이러하니 곧 내가 나의 법을 그들의 속에 두며 그 마음에 기록하여 나는 그들의 하나님이 되고 그들은 내 백성이 될 것이라"(렘 31:33).

공개된 책

고린도 교회는 사도로부터 편지를 받았으며, 바울에게 그들은 그 자체로 불신 세계에 보낸 편지였다. 그가 그리스도와 경건한 삶에 대하여 그들에게 가르쳤던 것은 준수할 수 있고 또 이해할 수 있는 것들이었다. 그들의 삶은 말이 필요 없는 증거였다. 우리가 무엇을 중요하게 여기는지는 우리를 보고 있는 사람들이 읽고 평가할 수 있다. 몇몇 사람들에게는 우리가 그들이 읽을 유일한 복음이 될 것이다. 당신의 개인적 메모장과 수표장을 꼼꼼히 살펴보라. 당신의 삶은 어떤 종류의 말씀을 제시하고 있는가?

바울은 고린도 교인들에게 에스겔이 예언한 그날이 왔다고 선언하고 있는 것이다. 성령께서 그들의 마음에 하나님의 법을 쓰시고, 그들의 마음을 변화시키고 계셨다. 에스겔이 수세기 전에 말한 새 언약은 바울이 설교하고 있는 그 복음이었다. 바울은 에스겔의 예언을 암시함으로써 이 장에서 새 언약과 옛 언약 간의 차이에 관한 설명을 확장하기 시작한다(3:6-18).

3:4-5 우리가 그리스도로 말미암아 하나님을 향하여 이같은 확신이 있으니 우리가 무슨 일이든지 우리에게서 난 것같이 생각하여 스스로 만족할 것이 아니니 우리의 만족은 오직 하나님께로서 났느니라

바울은 헛된 자랑과는 전혀 관계가 없는 사람이 되고 싶었다(3:1; 5:12; 10:18을 참조하라). 하지만 그는 자신의 사역에 대한 확신과 자신감을 표현하고 있는데(1:15; 5:6, 8을 참조하라), 이는 자신의 언변이나 지혜 때문이 아니라 그리스도를 통해 다메섹 도상에서 자신을 사도로 임명하신 하나님 때문이었다(행 9:15-19을 참조하라).

바울은 과연 누구에게 복된 소식을 전하는 직무를 감당할 자격이 있는지(혹은 적합한지)를 물었다(2:16). 이 구절에서 바울은 자신이 던진 질문에 답하고 있다. 하나님께서 부르신 사람들만이 자격이 있으며(competent, 한글개역성경은 '만족한'), 이는 능력(competence, 한글개역성경은 '만족')은 오직 하나님 안에만 있기 때문이다. 이것은 고린도에 있는 바울의 반대자들에게는 가벼운 질책이 됐을 수도 있다. 그들은 자신들의 지혜(고전 2:1을 참조하라)와 언변(11:6)과 유대적 혈통의 우월성(11:12)과, 이 문단에서 분명하게 드러난 것처럼, 천거서를 자랑했다. 반대로 바울은 자기 자신에 대해서 자랑하기를 거부했다. 그 대신 자신의 연약함(11:30)과 그리스도를 위하여 견딘 고난들을 통하여 분명하게 드러난 그리스도의 능력 안에서 자랑했다(11:16-27; 엡 3:7-8; 살전 2:4; 딤전 1:12, 14을 참조하라).

 **자랑할 권리**

바울은 자랑하지 않았다. 그는 자신이 성취한 모든 일에 대한 공을 하나님께 돌렸다. 거짓 교사들은 자신들의 능력과 명성을 뽐냈지만 바울은 하나님 앞에서 겸손했다. 하나님의 도우심이 없이도 부족하지 않는 사람은 아무도 없다. 자신의 힘만으로는 아무도 하나님의 소명을 충분히 수행할 수 없다. 성령께서 가능하게 하시지 않으면, 타고난 재능만으로는 그 정도 밖에 할 수 없다. 자신의 태도를 시험하기 위하여, 당신의 사역이 성공하기 시작했을 때 자신에게 물어보라: 누가 명성을 얻고 있는가? 당신인가, 그리스도인가?

반대자들을 향한 바울의 전략은 정교했다. 그는 자신의 능력에 대한 논쟁을 중단하지 않았다. 바울 자신은 복된 소식을 신실하게 전하는 까다로운 직무를 맡기에는 적합하지 않고 자격도 없다고 거리낌없이 인정했다. 그는 자기가 그리스도의 임재 안에서 설교하며 사역하고 있다는 것을 알았다(2:10). 따라서 아무도 이와 같은 직무를 가볍게 여길 수 없었다. 자신의 자격과 관련한 바울의 겸손은, 바울을 비판하는 자들이 얼마나 목소리 높여 자신을 자랑하는지를 드러냈다(exposed). 동시에, 바울은 이 거짓 교사들에게 자신의 권위를 넘겨주지 않았다. 그는 기쁜 소식을 전하도록 그리스도께서 주신 직무를-우리의 만족은 우리 하나님께로서 났다-자신의 권위와 능력(만족)의 원천으로 지적하고 있는 것이다.

3:6 저가 또 우리로 새 언약의 일꾼 되기에 만족케 하셨으니 의문으로 하지 아니하고 오직 영으로 함이니

자신을 자랑하지 않았다고 설명한 후에, 바울은 하나님께서 자기와 자신의 동역자들을 새 언약의 일꾼들로, 즉 새 언약의 종들이 되게 하셨다고 선언하였다. 이것은 바울이 '새 언약'이란 헬라어 단어를 두 번 사용한 것 가운데 한 경우다. 다른 한 번은 새 언약의 잔과 관련하여 예수님의 말씀을 인용하실 때 사용하고 있다(고전 11:25). 바울은 이 문단에서 예레미야 31:31-33의 용어를 사용하고 있을 가능성이 크다. 예레미야 선지자는 새언약을 하나님께서 자기 백성들의 마음에 자신의 법을 쓰시는 때라고 말했다(3:2을 참조하라).

의문은 죽이는 것이요 영은 살리는 것임이니라
이 구절은 짧은 격언-의문은 죽이는 것이요 영은 살리는 것임이니라-으로 끝난다. 바울이 자신의 사역을 지지하기 위해 이 격언을 사용하고 있고 또 그것을 전혀 설명하지 않는 것을 볼 때, 분명히 고린도 교인들은 이 말에 친숙했을 것이다. '의문'은 모세의 율법으로 요약되는 구약성경을 가리킨다. 로마서에서 바울은 율법을 따라 구원을 이룰 수 있다는 것을 명백하게 부인하고 있다. 오히려 율법은 사람이 결국 사망에 이르게 되는 자신의 죄를 의식하게 할 뿐이다(롬 2:29; 3:19-20; 6:23; 7:6). 구약의 율법들을 지킴으로써 구원을 받으려는 노력은 결국 사망으로 끝날 것이다. 우리는 오직 주 예수 그리스도를 믿음으로써 성령을 통해 영생을 받을 수 있다. 예수님 외에는 완전하게 율법을 성취할 수 있는 사람은 아무도 없다. 따라서 온 세상은 죽을 운명에 처해 있다. 율법은 자신의 죄를 인식하게는 하지만 생명을 줄 수는 없다. 새 언약 아래서 영생은 성령으로부터 온다. 성령께서 그리스도를 믿는 모든 자에게 새생명을 주신다. 도덕법(십계명)은 여전히 죄를 지적하며 그리스도인들이 어떻게 하나님께 순종해야 하는지를 보여주지만, 우리는 오직 그리스도의 은혜와 자비를 통해서만 용서를 받을 수 있다(롬 7:10-8:2을 참조하라).

3:7-8 돌에 써서 새긴 죽게 하는 의문의 직분도 영광이 있어 이스라엘 자손들이 모세의 얼굴의 없어질 영광을 인하여 그 얼굴을 주목하지 못하였거든 하물며 영의 직분이 더욱 영광이 있지 아니하겠느냐
바울은 자신의 사역과 모세의 사역 간의 차이를 설명하기 위해서 십계명을 주신 이야기를 예로 사용하고 있다.

이 이야기는 출애굽기 34:29-35에서 볼 수 있다. 하나님께서 직접 쓰신 십계명을 받은 후, 모세는 그 돌판들을 가지고 시내산에서 내려왔다. 모세 자신은 몰랐지만, 그의 얼굴은 찬란하게 빛나고 있었다. 즉, **영광**으로 충만했다. 모세는 그 산 위에서 하나님과 대화를 나누었다. '영광'(독세스, *doxes*)이란 단어는- '영광송(doxology)'은 이 단어에서 파생됐다-경이롭고, 경외심을 불러일으키며, 형언할 수 없는 하나님 자신의 임재를 의미한다. 사람들은 '영광'을 광명(brightness)이란 용어로 생각하려는 경향이 있다. 하지만 '영광'은 분명 광명 이상일 것이다. '영광'은 절대적인 온전함이요, 또한 완전함이다.

옛 언약과 새 언약

사진 속의 인물과 실제 인물 사이의 유사점과 차이점을 지적하듯이, 모세의 옛 언약과 메시아의 새 언약 사이의 관계는 옛 언약이 실제 그리스도의 그림자였음을 입증한다.

모세 아래 있는 옛 언약	그리스도 안에 있는 새 언약	적용
죄를 범한 사람들이 드린 예물들과 희생들	죄 없으신 그리스도께서 스스로 희생 제물이 되심	당신을 위해 그리스도께서 죽으셨다.
사람들이 제사하기 위해 들어가는 물질적인 건물에 집중됨	그리스도께서 마음속에서 다스리심에 집중함	하나님께서 당신의 삶에 직접 간섭하신다.
그림자	실제	임시적이지 않고 영원함
제한된 약속들	제한 없는 약속들	우리에게 주신 하나님의 약속들을 신뢰할 수 있다.
백성들에 의한 실패한 계약	그리스도에 의한 신실한 계약	그리스도께서 사람들이 지킬 수 없었던 계약을 지키셨다.
외적인 규범과 규칙	내적인 규범들-새 마음	하나님께서는 동기와 행동을 모두 보신다. 즉, 우리는 규칙이 아니라 하나님 앞에 책임있는 사람이 되어야 한다.
하나님께 제한적으로 접근	하나님께 제한 없이 접근	하나님께 개인적으로 나아갈 수 있다.
법적인 정결	인격적 정결	하나님의 정결은 완전하시다.

계속적인 희생	최종적인 희생	그리스도의 희생은 완전하고 최종적이다.
획득된 용서	대가 없이 받은 용서	우리는 참되고 완전하게 용서를 받았다.
매년 반복됨	그리스도의 죽음으로 완성됨	그리스도의 죽으심을 당신의 죄에 적용할 수 있다.
인간의 노력	하나님의 은혜	당신을 향한 하나님의 사랑에서 시작되었다.
몇몇 사람만 가능함	모든 사람에게 가능함	당신에게 가능함

　모세가 이스라엘 진영으로 돌아왔을 때, 그 백성들은 자신의 빛나는 얼굴을 보고 그에게 가까이 가기를 두려워했다. 모세는, 하나님께서 이스라엘 백성들에게 행하라고 명하신 모든 것을 말할 수 있도록 백성들을 자기 주위로 불러모았다. 그는 자신의 얼굴을 수건으로 덮었다. 모세가 주께서 임재해 계시는 성막의 지성소로 들어갈 때마다 하나님과 대화하기 위해 얼굴에서 수건을 벗었다. 그리고는 가리지 않은 얼굴로 백성들 앞에 서서 하나님께서 명하신 것을 전해주었다. 말을 마친 후에 모세는 다시금 자신의 얼굴을 살짝 가렸다.

　만약 사망으로 이끄는 율법이 이처럼 영광스러운 것이라면, 하나님의 영을 통해 생명을 주시는 하나님의 계획은 얼마나 더 영광스럽겠는가? 예수 그리스도의 희생은 구약의 희생제사 제도보다 훨씬 우월하다(더 자세한 논의는 LAB 주석의 히브리서 8장과 10장을 참조하라). 만약 기독교가 지상에서 가장 고등한 종교라는 구약성경의 유대교보다 우월하다면, 기독교는 현대의 다른 어떤 종교보다 확실히 우월할 것이다. 하나님의 계획은 어떤 다른 것과 비교하더라도 놀랍기 때문에, 우리는 그것을 감히 거부하지 말고 조심스럽게 다루어야 한다.

　바울은 모세가 자신의 얼굴에 수건을 썼다 벗었다 했던 관습을 옛언약과 새언약 사이의 차이, 즉 **사망을 가져오는** 사역과 **성령의** 사역의 차이를 보여주는 상징으로 이해했다. 옛 언약은 죄와 죄의 비극적인 결과인 사망을 지적하기 때문에 정죄를 가져왔다. 반면에 새언약은 생명을 가져온다. 그것은 시작부터 성령의 기사들이 수반되기 때문에 성령의 사역이다. 오순절 날에 성령께서는 제자들에게 능력을 부으셔서 하나님의 구원을 담대히 전하게 하셨다(행 2:4-21을 참조하라). 그날에 베드로는 청중들에게 설교하여 그들도 성령을 받을 수 있도록 회개하고 예수님을 믿으라고 촉구하였다(행 2:38). 새 언약의 정수는 신자들 안에 살아계셔서 그들을 인도하시고 능력을 부어주시는 하나님의 성령의 약속이다.

바울이 쓴 신약성경의 서신들은 예수께서 신자들에게 성령을 선물로 주시는 것의 중요성을 강조하고 있다(롬 5:5; 갈 3:2-8). 성령은 신자들의 구원의 보증-첫 번째 적립금(first deposit)-이시다. 성령께서 신자들 안에서 역사하시기에 그들은 새로운 피조물이다. 그러므로 신자들은 옛날의 죄된 방식으로 되돌아가지 말고 성령께서 지시하시는 대로 살아야 한다(롬 7:6). 고린도전서에서 바울은, 자신이 성령께서 부어주신 능력으로 사역을 했다는 것을 입증하려고 애를 썼다. 그러므로 성령의 능력은 세상의 지혜보다 훨씬 우월하다(고전 2:10-14). 이 서신은 성령을 따른 바울의 사역과 율법에 따른 모세의 사역을 비교하고 있다. 성령을 따른 사역은 율법을 따른 사역보다 영광스러웠다-문자적으로 말하자면, 하나님의 광채를 더욱 반영하고 있었다. 바울은 자신의 강조점을 더욱 설득력 있게 제시하기 위해서 모세의 얼굴을 없어질 영광으로 묘사했다. 구약성경은 이 사실을 기록하지 않고 있다. 바울은 자기 얼굴에 수건을 덮는 모세의 행동을, 모세가 백성들의 관심을 율법에 집중시키기 위해서 사라져 가는 자기 얼굴의 광채로부터 주의를 돌리려고 노력하는 것으로 해석하고 있는 것 같다. 바울은 이 없어질 영광을 옛 언약의 한시적인 성격을 보여주는 또 다른 표시로 보고 있는 것이다.

영광을 향하여

바울은 하나님께서 옛 언약을 쓰신 돌판을 떠올렸다. 비록 사망에 이르게 하는 것인데도 불구하고, 바울은 율법을 영광스러운 것이라고 말한

> 다. 그것은 하나님께서 준비하신 것이며 하나님께서 자기 백성들의 삶에 관여하신다는 증거이기 때문이다. 그러나 돌에 요약된 율법은 결코 아직 오지 않은 것만큼 영광스럽지는 않다. 성령님은 우리 안에서 새로운 생명을 창조하신다. 그분은 생명 그 자체가 시작할 때 동인(動因)들 가운데 하나로, 세상을 창조하실 때 계셨던 거룩한 영이시다(창 1:2). 성령님은 모든 그리스도인의 중생의 배후에 계시는 능력이시며, 우리가 그리스도인으로 살도록 도우시는 분이다. 그리스도께서 다시 오실 때, 우리는 성령의 능력을 통해 그리스도의 완전한 모습으로 변할 것이다. 가장 좋은 것이 남아 있다는 사실에 대해 하나님께 감사하라.

3:9 정죄의 직분도 영광이 있은즉 의의 직분은 영광이 더욱 넘치리라

이 문단에서 바울은 옛 언약을 정죄의 직분으로, 새 언약은 하나님께서 우리를 의롭게 하시는 직분으로 부른다. 바울은 고린도 교인들이 자신의 논쟁 배후에 있는 추론을 당연히 알고 있는 것으로 간주하고 있다. 어쨌든, 바울은 고린도 교인들을 가르치면서 일년 반을 보내지 않았는가.

그러나 바울은 로마서에서는 어떻게 옛 언약이 정죄에 이르게 하는지를 상세하게 설명했다. 율법은 사람들의 삶에서 죄를 지적하기 때문에(롬 3:19-20; 5:12-13) 유죄 판결을 받게 한다. 대조적으로, 새 언약은 백성들이 하나님께 의로운 자가 되게 한다. 이 구절은 통상적으로 '의'(righteousness)로 번역되는 **디카이오수네**(dikaiosune)라는 헬라어 단어를 사용했다. 신약성경의 서신들에서 바울은 이 단어를(다양한 형태로) 백 번 이상 사용했다. 그는 '의'(義)를 자신이 전하고 있는 복음의 핵심으로 보았다. 간혹 바울이 이 헬라어 단어를 신자들의 의로운 삶을 뜻하는 데 사용하기는 했지만(딤전 6:11), 이 문맥에서는 확실히 이 단어가 하나님께서 신자들에게 주시는 의(義)를 의미하고 있다(롬 4:3, 22을 참조하라). 하나님의 옛 계약은 우리를 죄인으로 만들었지만, 새 계약은 우리를 의롭게 만든다.

하나님만이 참으로 의로우신 분이시다. 하나님 앞에서는 의로운 자는 아무도 없다(롬 3:10). 그러나 하나님께서는 자신의 의(義)를 자기 아들을 믿는 자들에게 자비롭게 주신다(롬 5:17). 이러한 방식으로 예수님을 믿는 모든 자는 하나님 앞에서 의롭다고 선언된다(롬 3:20-22). 그리고 나면 신자들은 한 번에 한 걸음씩 그들의 행동이 변화되기 시작한다. 성령께서 그들 안에 거하시면서 의로운 길로 인도하시기 때문이다(롬 8:4, 10을 참조하라).

그러므로 이 문장은 바울이 고린도 교인들에게 설교해왔던 옛 언약과 새 언약 사이에 차이점을 요약하고 있다. 즉, 옛 언약은 죄를 지적함으로써 하나님의 심판을 가져오지만, 새 언약은 예수님의 죄 없는 삶과 죽음을 통하여, 하나님의 의(義)를, 믿는 자들에게 가져온다.

3:10-11 영광되었던 것이 더 큰 영광을 인하여 이에 영광될 것이 없으나

옛 언약은 **영광**스러웠다. 시내산에서 옛 언약이 시작될 때, 모세의 얼굴이 빛났을 뿐만 아니라, 천둥과 번개와 지진과 짙은 구름과 타는 불꽃과 귀가 터질 듯한 나팔 소리 같은 폭풍이 동반되었다(출 19:16-20). 이스라엘 백성들은 두려워했다. 그들은 산 위에나 그 경계에 서 있을 수도 없었다. 만약 그 곳에 섰다면 죽었을 것이다. 하나님의 영광은 두려움과 경외심을 불러 일으켰다. 빛나는 모세의 얼굴은 하나님 영광의 희미한 반영에 불과했다. 이스라엘 백성들도 이 사실을 알았다. 왜냐하면 그들은 하나님께서 시내산의 토대 자체를 흔드시는 것을 경험했기 때문이다.

> 만약 교회가 깨어서 자신에게 준비된 영광을 더욱 절실하게 의식할 수 있다면, 교회는 앞에 있는 싸움에 보다 열정적으로 임하게 될 것이다. 쏜웰(J. H. Thornwell)

바울은 옛 언약의 영광을 도외시하지 않았다. 옛 언약을 충분히 인정했지만, 그것은 새 언약의 압도적인 영광에 비하면 전혀 영광스럽지 않다는 사실을 분명히 했다. 성령의 새롭게 하시는 직분은 더욱 영광스럽다. 신자들의 변화된 마음과 삶은 번개와 천둥과 지진보다도 더욱 기적적인 하나님의 역사(work)다. 사실, 더욱 위대한 영광이 옛 언약의 영광을 가리고 있었던 것이다. 햇빛이 손전등을 무색케 하는 것처럼, 월등한 새 언약의 영광은 그보다 열등한 영광을 무색하게 만드는 것이다.

없어질 것도 영광으로 말미암았은즉 길이 있을 것은 더욱 영광 가운데 있느니라

바울은 새 언약이 더욱 영광되다는 사실을 거듭해서 말하고 있다. 옛 언약이 한시적이었고, 없어졌으며, 새 언약으로 대체되었다는 사실은 다시 한 번 새 언약의 완전성을 강조하고 있다. 새 언약은 하나님의 영광 이상의 것을 드러내고 있다. 새 언약은 영원할 뿐만 아니라 예수님을 믿는 사람들에게 영생을 줄 것이기 때문이다.

사실, 새 언약은 이미 하나님의 영광을 드러냈다. 예수 그리스도는 완벽한 삶을 사심으로써 사람들에게 하나님을 계시하셨다. 예수님은 육신을 입으신 하나님이셨으며, 십자가에서 죽으심으로써 하나님 사랑의 본질을 계시하셨다. 하나님은 백성들을 그들의 죄에서 구원하시기 위해 자신의 독생자를 기꺼이 희생시키셨다. 예수님의 삶은 참으로 영광스러운 계시였지만 새 언약의 영광은 거기서 끝나지 않았다. 오순절 날에 성령께서는 예수님을 따르는 자들을 사로잡으시고 권능을 주셔서 예수님의 증인이 되게 하셨다. 제자들이 다른 언어로 말하는 것을 들은 사람들은 두려워했다(행 2:12-13). 더욱 놀랍고 영광스러운 일들이 계속해서 일어났다. 그리스도를 신뢰하는 사람들은 성령을 받았으며, 그 결과 그들의 삶이 바뀌었다. 하나님께서 인간의 영혼을 구원하시는 것은 이 세상에서 우리가 위대하다고 생각하는 어떤 것-예를 들면, 큰 집, 잔고가 많은 통장, 명성, 또는 권력과 권세-것보다 더욱 위대하다.

백성들의 삶 가운데 성령께서 역사하시는 것은 그다지 사람들의 눈에 띄지 않는다. 사람들은 그러한 역사를 당연하게 여긴다. 그러나 이것은 옛 언약의 불과 연기와 빛의 영광이 능가할 수 없는 가장 위대한 영광을 하나님께 돌려드리는 역사다.

3:12-13 우리가 이같은 소망이 있으므로 담대히 말하노니

새 언약이 옛 언약 보다 우월하다는 자신의 논의를, 그 새 언약이 자신을 담대하게 했다는 말로 마무리하고 있다. '담대함' 으로 번역된 헬라어 단어는 헬라인들이 자유롭게 연설할 권리를 말할 때 사용하던 단어다. 여기서 바울은 이 단어를 자신의 사역의 공적인 성격을 지적하기 위해 사용하고 있다. 바울은 수세기 동안 가려졌던 구원의 비밀을 담대하게 설교했다. 비록 유대인들이 성경에서 오실 구주와 메시아에 관한 약속을 하나님께 받았지만, 잘 교육받은 율법학자들조차 하나님께서 계획하신 것을 정확하게 간파할 수 없었다. 그러나 하나님께서 사도들에게는 이 비밀을 계시하셨다. 즉, 하나님께서는 오래 전에 메시아의 죽음을 통해 유대인과 이방인 모두에게 구원을 주시고자 계획하셨다(엡 3:6을 참조하라). 공적으로 또한 공개적으로, 바울은 이 위대한 비밀을 로마 세계 안에 있는 모든 도시들에서 선언하고 있었다.

바울의 담대함은 신자들의 삶 속에 있는 성령의 영광스럽고 영속하는 사역인, 새 언약 안에 있는 자신의 소망의 자연적인 결과였다. 바울은, '소망'이란 용어의 우리 시대의 용례와는 달리, '갈구하는 열망'이란 뜻으로 사용하지 않았다. 로마서에서 바울이 설명한 대로, 그리스도인의 소망은, 하나님께서는 약속하신 것을 반드시 행하실 것임을 확신있게 기대하는 것을 말한다. 아브라함이 하나님께서 자신을 많은 민족의 조상으로 만드실 것을 온전하게 기대했던 것처럼(롬 4:18-21), 그리스도인들도 하나님께서 자신들에게 영원한 구원을 주실 것을 확신있게 기대할 수 있다(롬 5:5). 하나님의 신실하심에 대한 이러한 확신 때문에, 바울은 구원의 복된 소식을 공개적으로 선언할 수 있었던 것이다.

 **거리낌없이 말함**

바울은 하나님께서 준비하고 계신 것을 소망하고 있었기 때문에 담대하게 증거했다. 그러한 담대함을 건방짐이나 둔감함과 혼동해서는 안 된다. 오히려 그것은 현재 상황이 다른 방향을 가리키는 듯 할 때조차도 당신이 진리로 알고 있는 것을 확신있게 전달하는 능력을 말한다. 당신을 가장 잘 알고 있는 사람들은 이 담대함의 측면에서 당신의 사역을 어떻게 평가하고 있는가? 만약 하나님께서 당신에게 주셨다고 생각하는 담대함이 없다면, 분수에 맞게 살지 못

하는 당신의 삶은 무엇으로 해명하겠는가? 하나님의 약속을 몰랐기 때문인가? 하나님의 요구를 신뢰하지 못했기 때문인가? 그 약속을 전달할 준비가 안됐기 때문인가?

우리는 모세가 이스라엘 자손들로 장차 없어질 것의 결국을 주목치 못하게 하려고 수건을 그 얼굴에 쓴 것 같이 아니하노라

바울은 수건을 (모세의) 얼굴에 쓴 것을 자신의 얼굴의 광채가 없어지고 있는 사실을 감추기 위한 모세의 노력으로 해석했다. 바울은 이 광채가 사라지는 것을 모세가 백성들에게 건네준 옛 언약이 사라지는 표로 보았다.

이와 같이, 자신의 사역에 임하는 바울의 담대함은 새 언약의 영원성에 정초하고 있었다. 바울은 모든 민족에게 선포할 영원한 메시지를 받았기 때문에, 영적인 거인 모세보다 더 확신있게 행할 수 있었다. 하나님의 구원 계획은 더 이상 감춰지지 않았다. 지금은 하나님의 위대한 자비를 찬미할 때며 또한 담대할 때다. 구원의 선물을 받기 위해 하나님께로 향하는 사람들은 누구든지 제자로 삼음으로써 열방에 하나님의 영광을 선포할 때다.

3:14-16 그러나 저희 마음이 완고하여 오늘까지라도 구약을 읽을 때에 그 수건이 오히려 벗어지지 아니하고 있으니 그 수건은 그리스도 안에서 없어질 것이라 오늘까지 모세의 글을 읽을 때에 수건이 오히려 그 마음을 덮었도다

분명히, 바울은 복음이 유대인들에게 전해졌을 때 많은 유대인들이 그리스도께 돌아오지 않은 것이 괴로웠을 것이다. 바울은 어떤 도시에 들어가면 일반적으로 맨 먼저 그 지역 회당에 모인 유대인들에게 설교하였다(고린도에서처럼, 행 18:1-4을 참조하라). 그러나 유대인들은 구원의 메시지를 거부했다(행 18:6-7). 유대인들은 종종 바울을 잠잠케 하기 위해서 다른 도시로 쫓아내기까지 했다(행 14:1, 19을 참조하라). 바울은 아주 빈번하게 하나님을 경외하는 이방인들에게서 환영을 받았다(행 17:4).

바울은 로마서에서 유대인들이 모든 성경(구약성경)이 가리키고 있는 예수님을 거부한 이유에 초점을 맞추었다. 예수님은 이스라엘의 메시아로서, 하나님께서 이스라엘에게 약속하신 것을 성취하신 분이다. 유대인을 포함하여 누구든지 기뻐했어야 했다. 하지만 일어나고 있는 일에 대해서 그들의 심령은 굳어졌고 그들의 마음은 완고하였다(롬 9-11장; 특히 10:1-3을 참조하라). 그러나 바울은 유대인들의 복음 거부는 값없이 주시는 구원이 이방인에게까지 확장되게 하시려는 하나님의 신비스런 계획의 일부라는 사실을 알고 있었다(롬 11:28을 참조하라). 하나님께서는 유대인의 마음이 완고하고 반역적이 되도록 내버려두심으로써, 한 때 자신에게 반역하고 거부한 이방인과 유대인 모두에게 자비를 베푸시는 하나님이심을 분명하게 보여주실 수 있었다(롬 11:29-31). 자비하시게도, 하나님께서는 믿음을 가진 이방인들을 자기 백성으로 포함시키셨다. 로마서에서 바울은 나무에 가지를 접붙이는 유비를 사용하고 있다. 이같은 방식으로, 하나님께서는 믿음 없는 유대인들을 꺾어버리셨고, 이질적인 가지, 즉 이방인들을 자신의 믿음의 나무에 접붙이셨다(롬 11:17-21). 그러나 여전히 바울은 하나님께서 하나님의 선택된 백성인 이스라엘을 완전히 포기하셨다고 믿지는 않았다. 언젠가 하나님께서는 다시 한번 유대인들에게 자신의 자비를 퍼부어 주실 것이라고 믿었다(롬 11:32).

고린도후서의 이 단락은 유대인들이 복음을 거부한 이유에 대한 바울의 가르침을 간단히 요약하고 있다. 이 문단은 회당에서 율법과 선지서를 낭독하는 장면을 묘사하고 있다. 사도행전에 나타난 바울의 여행담에서 드러나듯이, 바울은 여러 번 이 회당 예배에 참석했다. 이 구절들은 그때 바울의 마음에 스쳐지나간 생각을 묘사하고 있다. 바울은 유대인들이 성경이 가리키고 있는 예수 그리스도 그분을 이해할 수 없었다는 사실에 놀라고 있다. 진짜 수건이 그들의 마음과 정신-그들의 지적, 사회적, 영적인 존재-을 덮었기에 진리를 이해할 수 없었던 것이다.

그러나 **그리스도 안에서** 그 수건은 기적적으로 벗겨진다. 그리스도께서 자신에 대한 진리를 볼 수 있도록 바울의 영적인 눈을 열어주셨듯이, 성령께서는 또한 예수께서 어떻게 성경을 성취하셨는지를 볼 수 있도록 신자들의 눈을 열어주신다.

그러나 언제든지 주께로 돌아가면 그 수건이 벗어지리라

모세와 그의 수건은 옛 체계의 사라짐과, 자긍심으로 덮인 유대인들의 마음, 완고해진 심령, 회개를 거부하는 마음 등에 대한 예가 되고 있다. 그 수건 때문에 많은 유대인들은 매주 자신들이 듣는 성경에서 그리스도를 언급하고 있는 부분을 이해하지 못했다.

모세는 하나님께 돌아갈 때는 수건을 벗었다(출 34:34). 마찬가지로 사람이 하나님의 독생자 그리스도께 돌아갈 때는 그리스도에 의해서 **수건이 벗어진다**. 그 수건은 사람들이 하나님의 위대한 구원 계획을 이해할 수 없게 만드는 죄를 나타낸다. 돌아간다는 것은 회개, 즉 자신의 옛 방식을 의식적으로 거부하고 하나님과 하나님의 방식으로 돌아가는 것을 말한다. 구약성경에서 하나님께 돌아간다는 개념은 항상 거짓 신들로부터 벗어나 돌아가는 것을 의미한다(대하 34:2; 시 53:5; 렘 17:5).

누구든지 주께로 돌아가 그리스도인이 될 때, 그리스도께서는 그 수건을 벗기셔서 그 사람이 성경의 참된 의미를 이해하게 하실 뿐 아니라, 영생을 주시며, 율법을 지킴으로 구원받으려고 애쓰는 삶으로부터도 자유롭게 하신다. 그리스도께서는 우리를 죄에서 구원하실 뿐만 아니라 우리의 죄로 인한 무지로부터도 구원하신다.

3:17-18 주는 영이시니 주의 영이 계신 곳에는 자유함이 있느니라

랍비적인 전통에서, 선생은 청중을 위해 성경 언어를 최근의 것으로 바꾸는 역할을 했다. 바울은 랍비적 훈련을 받은 대로, 자신의 그리스도인 청중들을 위해 출애굽의 언어를 새롭게 하고 있다. 고린도 교인들의 심령에서 수건을 벗기신 분은 하나님 아버지가 아니라 그리스도 주님이셨다. 부활로 살려 주는 영이 되신(고전 15:45) 그리스도는 자신의 백성 가운데 거할 수 있고(13:5), 그들을 무지 가운데서 해방시킬 수 있는 분이다.

다음으로, 바울은 새언약이 옛 언약보다 나은 또 다른 이유를 소개하고 있다. 그것은 새언약이 자유하게 하는 사역이기 때문이다. 바울은 자기 독자들이 그리스도인의 자유에 관하여 자신이 가르친 것을 충분히 이해하고 있다는 생각에서, 자신의 사역을 변호하기 위해 이런 표현을 사용하고 있다. 그것은 3:12에 있는 담대함이라는 개념과 연관되어 있다. 그리스도께서 십자가에 죽으심으로 모든 믿는 자를 자유케 하셨다(고전 6:20). 그리스도는 죄와 율법에 순종하려고 애씀으로써 야기된 정죄에서 우리를 해방시키신다(롬 8:1-4; 갈 3:21-24). 예수님은 우리의 죄의 대가인 죽음의 공포에서 우리를 해방시키신다(롬 5:17-18). 또한 이 세대의 악한 세력으로부터 우리를 해방시키신다(갈 1:4). 이 구절은 그리스도께서 믿는 자들을 해방시키신 또 다른 '덫' — 하나님의 구원 계획에 대한 무지 — 을 언급하고 있다. 그리스도께서는 바울이 말씀을 전하던 많은 유대인들을 가리고 있었던 것과 똑같은 마음의 수건으로부터 신자들을 해방시키신다(3:14).

우리가 구원받기 위해 그리스도를 의지할 때, 예수님은 예수님 자신을 기쁘게 하려는 무거운 짐을 제거하신다. 그의 빛은 우리가 복음을 분명하게 깨달을 수 있도록 해줌으로써 우리의 무지를 몰아내 주신다. 그리스도를 의지함으로써 우리는 그리스도를 위해 살도록 사랑을 받으며, 용납되고, 용서를 받고, 자유롭게 된다.

우리가 다 수건을 벗은 얼굴로 거울을 보는 것 같이 주의 영광을 보매(우리는 주의 영광을 반영하는 거울이 될 수 있다. NLT)
여기서 바울은 수건을 쓴 모세의 행동에 대한 자신의 해석을 재개하고 있다. 모세가 주님의 임재 속으로 나아갈 때 자신의 수건을 벗었던 것과 마찬가지로, 모든 그리스도인들도 수건을 벗은 채 하나님의 영광을 볼 수 있다. 하나님과 자신들 사이를 중재할 제사장들을 의지할 수밖에 없었던 유대인과는 달리, 그리스도인들은 십자가 위에서 행하신 그리스도의 구원 사역을 통하여 아버지께 직접 나갈 수 있게 되었다(엡 2:18).

'거울'로 번역된 헬라어 단어는 다른 두 가지 방식으로 번역할 수 있다. 그 단어는 '거울로 자신을 본다'는 뜻이거나 '거울처럼 반사한다'는 뜻일 수 있다. 몇몇 학자들은 바울이 여기서 우선적으로 대조하고 있는 것은, 그리스도를 거부한 그들의 유대인 대적자들과는 달리, 그리스도인들은 하나님의 영광을 볼 수 있다는 것이다. 그러나 NLT은 그리스도인이 거울과 같은 역할을 한다는 개념으로 번역했다. 이와 같이, 새 언약 아래서 모든 신자들은 **주의 영광**을 반영한다. 대조적으로 옛 언약 아래에서는 오직 모세만이 주님의 임재 앞에 나아가서 주의 영광을 반영할 수 있었다. 그러나 이제는 모든 그리스도인이 모세와 같이 될 수 있다. 이와 같이 그리스도의 사역을 통해 아버지께 나아감을 얻은 그리스도인이 하나님의 영광을 목도할 때, 그들은 삶 가운데 하나님의 거룩한 성품을 반영하기 시작한다. 이러한 하나님과의 만남의 결과 그들은 영원히 변화된다.

저와 같은 형상으로 화하여 영광으로 영광에 이르니 곧 주의 영으로 말미암음이니라

성령께서 신자들에게 나눠 주시는 영광은 모세가 경험했던 영광보다 훌륭하고 더욱 오래도록 지속된다. 수건으로 가리지 않은 마음으로 하나님의 성품을 바라봄으로써, 우리 그리스도인들은 모두 더욱 예수님과 같이 될 수 있다. '더욱 더 예수님과 같이 된다' (NLT)는 헬라어에서는 문자적으로 '변형되고 있다' 는 뜻이다. 똑같은 헬라어 단어가 예수님의 변모를 언급하는 마태복음 17:12과 마가복음 9:2과 그리스도인들의 도덕적인 변화를 언급하는 로마서 12:2에도 등장한다.

복음은 그리스도에 관한 진리를 계시하며, 주의 성령은 우리 안에서 역사하시면서 예수 그리스도에 관한 진리를 이해하고 적용할 때 우리를 도덕적으로 변화시키신다. 그리스도의 삶에 대하여 배움으로써, 우리는 하나님께서 얼마나 놀라운 분이시며, 그는 실제로 어떤 분이신지를 이해할 수 있게 된다. 우리가 더 깊이 알수록 성령께서는 우리 안에서 역사하셔서 우리가 변하여 그리스도를 더욱 닮도록 도우신다(도덕적 변화에 대해 더 알고 싶으면, 렘 31:33; 겔 36:25-27; 롬 6:1-4; 고후 5:17; 갈 6:15을 참조하라).

그리스도와 같이 되는 것은 점진적인 경험이다(롬 8:29; 갈 4:19; 빌 3:21;

요일 3:2을 참조하라). '점점 더 된다는 것'은 바울이 여기서 사용한 헬라어 동사 시제를 보여주고 있다. 그리스도의 모습으로 변화되는 것은 계속적인 과정이다. '그의 영광을 더욱 반영한다'(NLT)는 헬라어 구인 '영광으로 영광에'에 대한 의역이다(한글개역성경은 문자적으로 번역하고 있다-편집자 주). 이와 같이 바울은 성령께서 우리의 삶에 역사하시기 때문에 우리는 한 걸음 한 걸음 완벽한 하나님 방식의 삶에 가까워진다고 말하고 있다. 그 변화는 성령께서 우리가 하나님의 뜻에 순종해야 하는 삶의 더욱 많은 부분을 지적하실 때 조금씩 일어난다. 그러면 우리는 하나님께 자원하여 순종할 수 있게 된다. 성령께서는, 하나님의 말씀을 가르치고, 성경을 읽고, 기도하고, 성숙한 신자들이 놀라운 하나님의 의의 길로 신자들을 지혜롭게 인도하는 것을 통해서 역사하신다.

    하나님께서는 자신의 시간 계획대로 역사하신다. 성령께서는 서두르지 않는 과정을 통해 우리의 삶과 마음을 변화시키신다. 따라서 만약 당신이 바라는 영적인 성숙이 보이지 않더라도, 결코 포기하지 말라. 성령께서는 당신의 때와 방법대로 역사하신다.

고린도후서 4장

4:1-18 사단은 어두움을, 하나님은 빛을 주신다

¹이러하므로 우리가 이 직분을 받아 긍휼하심을 입은 대로 낙심하지 아니하고 ²이에 숨은 부끄러움의 일을 버리고 궤휼 가운데 행하지 아니하며 하나님의 말씀을 혼잡케 아니하고 오직 진리를 나타냄으로 하나님 앞에서 각 사람의 양심에 대하여 스스로 천거하노라 ³만일 우리 복음이 가리웠으면 망하는 자들에게 가리운 것이라 ⁴그 중에 이 세상 신이 믿지 아니하는 자들의 마음을 혼미케 하여 그리스도의 영광의 복음의 광채가 비취지 못하게 함이니 그리스도는 하나님의 형상이니라 ⁵우리가 우리를 전파하는 것이 아니라 오직 그리스도 예수의 주 되신 것과 또 예수를 위하여 우리가 너희의 종된 것을 전파함이라 ⁶어두운 데서 빛이 비취리라 하시던 그 하나님께서 예수 그리스도의 얼굴에 있는 하나님의 영광을 아는 빛을 우리 마음에 비취셨느니라 ⁷우리가 이 보배를 질그릇에 가졌으니 이는 능력의 심히 큰 것이 하나님께 있고 우리에게 있지 아니함을 알게 하려 함이라 ⁸우리가 사방으로 우겨쌈을 당하여도 싸이지 아니하며 답답한 일을 당하여도 낙심하지 아니하며 ⁹핍박을 받아도 버린 바 되지 아니하며 거꾸러뜨림을 당하여도 망하지 아니하고 ¹⁰우리가 항상 예수 죽인 것을 몸에 짊어짐은 예수의 생명도 우리 몸에 나타나게 하려 함이라 ¹¹우리 산 자가 항상 예수를 위하여 죽음에 넘기움은 예수의 생명이 또한 우리 죽을 육체에 나타나게 하려 함이니라 ¹²그런즉 사망은 우리 안에서 역사하고 생명은 너희 안에서 하느니라 ¹³기록한 바 내가 믿는 고로 말하였다 한 것같이 우리가 같은 믿음의 마음을 가졌으니 우리도 믿는 고로 또한 말하노라 ¹⁴주 예수를 다시 살리신 이가 예수와 함께 우리도 다시 살리사 너희와 함께 그 앞에 서게 하실 줄을 아노니 ¹⁵모든 것을 너희를 위하여 하는 것은 은혜가 많은 사람의 감사함으로 말미암아 더하여 넘쳐서 하나님께 영광을 돌리게 하려 함이라 ¹⁶그러므로 우리가 낙심하지 아니하노니 겉 사람은 후패하나 우리의 속은 날로 새롭도다 ¹⁷우리의 잠시 받는 환난의 경한 것이 지극히 크고 영원한 영광의 중한 것을 우리에게 이루게 함이니 ¹⁸우리의 돌아보는 것은 보이는 것이 아니요 보이지 않는 것이니 보이는 것은 잠깐이요 보이지 않는 것은 영원함이니라

바울은 고린도에서 공격을 당하고 있었다. 그의 권위와 정직성이 의문시되고 있었다. 표리부동하다는 비난이 교회 안에 퍼지고 있었다. 바울은 교회의 반대에 직면하고 있었다.

바울은 이러한 반대를 어떻게 다루었는가? 매번 바울은 자신의 능력에 대한 비난들을 빗나가게 했다. 그는 단순하게 자신을 변호하려고 하지 않았다. 그는 반대자들에게 자신에게 부족한 부분들과 자신이 견뎌왔던 시련의 목록들까지 제시하고 있다. 바울이 왜 이렇게 했을까? 바울은 이 목록이 고린도 교인들의 관심을 중요한 것, 즉 하나님의 영광스러운 구원 계획에 집중시킬 것이라는 것을 알았기 때문이다. 하나님께서는 바울에게 복된 소식을 유대인과 이방인에게 차별 없이 전하도록 명하셨다. 바울은 그들을 섬기도록 파송을 받았다. 바울의 사도적 권위는 예수님에 의해서 자비롭게 주어졌다. 바울은 고린도인들이 자기가 받은 권위가 하나님께서 주신 것이라는 사실을 인식하기를 소망하고 있었다. 자신의 능력과 업적과 자격들을 열거하고 자기 자신을 변호하면, 고린도 교인들에게 자신과 다른 전도자들을 똑같은 방법으로 평가하라고 촉구하는 것이 되어버린다. 따라서 바울은 이런 식의 비난에 대해서, 모든 전도자들을 하나님의 말씀의 진리에 조명을 받아 평가하도록 격려함으로써 반응한 것이다.

교회 안에서 일어나는 갈등을 처리하는 한 방법은, 교회가 하나님께서 모든 신자들을 그리스도를 위하여 동역하도록 부르셨다는 진리로 다시 돌아가도록 계속해서 이끄는 것이다. 교회 안에는 불일치와 다양성이 있을 것이다. 개성들이 충돌하기도 할 것이다. 사람들 간의 의견 차이도 있을 것이다. 그러나 결국 신자들은 자신들이 모인 근본적인 목적, 즉 그리스도의 왕국을 확장시키는 일에 다시금 헌신해야 한다.

4:1 이러하므로 우리가 이 직분을 받아 긍휼하심을 입은 대로 낙심하지 아니하고

바울은 앞 장에서 장중한 언어와 설득력 있는 유비들로 그리스도의 일꾼이 된다는 것이 무슨 뜻인지를 가슴에 와닿게 표현했었다. 이 장에서는 현실로 내려온다. 이 모든 것이 매일의 삶에는 무슨 의미가 있는가? 어떻게 하나님의 구원 계획이 무언가를 변화시키는가?

우선, 하나님의 구원 계획은 낙심하지 않도록 용기를 준다. 이 구(句)에 해당하는 헬라어는 낙심하지 않게 되는 것부터 겁쟁이처럼 행동하지 않는 것까지를 뜻할 수 있다. 다시 말해서, 하나님의 영광스런 계획을 통해, 바울은 하나님 안에서 큰 확신을 갖고 자신의 매일 매일의 삶에 직면할 수 있는 소망과 용기를 얻은 것이다(3:4, 12; 5:6-8을 참조하라).

바울은 재차 자신이 자기 능력에 의지하여 확신하고 있지 않음을 강조했다(1:12; 3:4-6, 12을 참조하라). 오히려 바울은 오직 하나님의 긍휼로 인해 복음의 일꾼이 되었다. 회심 이전에, 바울은 신자들을 감옥으로 잡아넣고, 이제 갓 싹트고 있는 교회를 파괴하겠다고 맹세하고는, 신자들을 추적하여 잡아들이던 사람이었다. 그리스도인에 대한 분노와 증오에도 불구하고 하나님께서는 바울에게 긍휼을 보여주셨다(엡 2:4; 딛 3:5). 비록 바울이 자칭 예수님의 대적자라고 했지만, 하나님께서는 그를 인내하셨다. 그리스도께서 직접 다메섹으로 향하는 길 위에서 바울을 세우시고, 영원한 죽음에 이르는 길에서 그를 구하셨다. 또한 그리스도께서는 그에게 복음 전하는 사명을 부여하셨다(행 9:1-19). 바울은 결코 이런 것을 받을 자격이 없었으며, 바울도 그 사실을 알고 있었다(딤전 1:12-16을 참조하라). 오직 하나님의 인자하심 때문에 그는 섬기는 자가 될 수 있었다.

4:2 이에 숨은 부끄러움의 일을 버리고

앞에서, 바울은 자신의 반대자들을 "돈을 벌기 위해서 말씀을 전하는 사람들"(hucksters, NLT)이라고 말했었다(2:17). 이 구절은 바울의 전도 방식과 고린도에 왔던 몇몇 순회 전도자들의 방법을 대조하고 있다. 이 순회 전도자들은 말씀을 전하여 재정적인 도움을 요청할 수 있는 무대를 찾았다. 이들은 바울의 여행 계획들(1:23-24)과 정직성(1:12), 자격들(3:1-3)에 대한 공격을 주도해온 사람들일 가능성 높다. (1:12과 12:16과 마찬가지로) 이 구절은, 바울이 어떻게든 고린도 교인들을 속이려고 했다는 반대자들의 비난

(accusation)에 답하고 있다.

고린도후서에서 바울은, 가르칠 때 어떤 미덥지 않은 기교를 사용하지 않았다고 단호하게 말하고 있다. 바울과 그를 따르는 전도자들은 숨은 부끄러운 일을 거부했다. 이 표현은 본질적으로 부끄러운 일이기 때문에, 비밀리에 가리는 방법이나 동기나 행동을 가리킨다. 이것은 고린도를 방문했던 몇몇 전도자들이 탐욕스러운 동기들을 가지고 있었다는 것을 암시하고 있다. 바울은 이들이 고린도 교회를 파괴하고 혼란스럽게 하는 것을 보면서 그들의 숨은 동기를 알아차릴 수 있었다.

궤휼 가운데 행하지 아니하며 하나님의 말씀을 혼잡케 아니하고

이들 전도자들의 순수하지 못한 동기들을 드러내는 징후 가운데 하나는 그들이 하나님의 말씀을 다루는 방식이었다. 복음의 진리를 똑바로 제시하기보다는 청중들의 마음을 사로잡기 위해서 속임수를 사용했다. 그렇게 함으로서, 그들은 하나님의 말씀을 곡해하고 있었다.

'계략' (trick, NLT)으로 번역된 헬라어 구(句)는(같은 헬라어 구가 사용된 11:3을 참조하라) 문자적으로 "어떤 것을 가능하게 하는 길로 걷는 것"을 의미한다. 다시 말하면, 거짓 교사들은 자기들이 원하는 것을 얻기 위해서는 무슨 일이든 했을 것이다. 그들은 자신들의 유익을 위하여 **하나님의 말씀까지도 혼잡케 했다**. '혼잡하다'로 번역된 헬라어 단어는 일반적으로 더 많은 이익을 내기 위해 재화를 변경하는 것을 표현할 때 사용했다. 1세기의 상인들 중에는 술을 묽게 하거나 저울의 정확도를 바꾸어 손님들을 속이는 사람들이 종종 있었다. 에베소서 4:14에서 바울은 거짓 교사들을 사람들을 속이기 위해 주사위에 납을 박아(loaded the dice) 속이는 도박꾼들에 관해서 쓰고 있다. 고린도를 방문했던 거짓 교사들은 자신들의 이기적인 목적을 채우기 위해 하나님의 말씀을 희석시키거나 곡해하고 있었다.

오직 진리를 나타냄으로 하나님 앞에서 각 사람의 양심에 대하여 스스로 천거하노라

바울은 고린도 교인들에게 말씀을 전할 때, 이와 같은 기만하고 교활한 방법을 쓰지 않았다. 그는 세상의 교묘하고, 속이는 방식을 신뢰하지 않고 (5:7을 참조하라) 믿음을 따라 '걸었다.' 다시 말해서, 바울은 항상 자신의 사역 배후에는 영적인 실체가 있음을 상기했던 것이다. 바울은 하나님의 진리의 말씀을 전하면서 자신이 **하나님 앞에서** 전하고 있다는 사실을 되새겼다. 바울은 하나님의 현존 앞에 서 있었다. 모든 비밀을 다 아는 유일한 분이신 주 하나님은, 바울의 마음을 들여다보시고 그의 동기를 간파하실 수 있다. 하나님께서 언제나 그를 감찰하시기 때문에, 바울은 올바른 이유로 말씀을 전하기 위해 조심했다. 바울은 어떤 부끄러운 행동이나 동기 때문에 자신이 사역자로서 부적격자가 되지 않기 위해서, 의식적으로 하나님께서 자신의 동기를 감찰하시도록 내어맡겼다. 바울은 고린도 교인들에게 자신의 전 삶을 공개했으며, 정직하게 **진리**를 말했다. 그는 아무 것도 숨기지 않았다.

자기 설교와 동기가 고린도 교인들에게 의문시되었기 때문에, 바울은 그들에게 자신이 그들 가운데 있을 때 속인 적이 있었는지를 평가하도록 간청했다. 만약에 그들이 바울을 공평하게 판단한다면, 그는 자기가 받은 온갖 비난에 대해서 혐의가 없다는 판단을 받을 것이라고 확신했다.

곡해하는 자들(twisters)

바울은 하나님의 말씀을 곡해하고 있는 사람들을 비난했다. 설교자들과 교사들과 예수 그리스도에 대해 말하고 있는 어느 누구라도 자신들이 하나님의 현존 앞에 서 있음을 기억해야 한다. 즉 하나님께서 모든 말을 다 듣고 계신다는 사실을 기억해야 한다. 많은 기독교 지도자들과 사역자들이 청중들을 자극하기 위해 성경을 곡해하고 있다. 또한 자신의 관점을 개진하기 위해 성경의 문맥을 무시하는 사람들도 있다. 사람들에게 그리스도에 관하여 말할 때, 청중들을 기쁘게 하려고 메시지를 왜곡하지 않도록 주의하라. 하나님의 진리의 말씀만을 선포하라.

4:3-4 만일 우리 복음이 가리웠으면 망하는 자들에게 가리운 것이라

바울은 자신의 메시지가 모호하고 불분명하다는 비난을 처리하고 있다. 그는 편지 첫 부분에서 이 비난에 반대하여 자신을 변호한 적이 있다(1:12; 3:12-18). 여기서 바울은, 모세의 직분은 예수님과 예수님의 더욱 위대한 메시지를 위해 백성들을 준비시키기 위하여 하나님의 계획의 일부분을 감추었던 반면에(3:7-18), 자신이 전하는 복음은 하나님의 구원 계획을 있는 그대로 제시한 것이라고 설명했었다.

비록 바울이 전한 메시지가 구원의 분명한 제시였지만(실체가 드러난 복음-역자 주), 그는 몇몇 사람에게는 복음이 **가리워져** 있거나 모호하다는 것을 인정했다. 바울은 두 유형의 사람들, 즉 영생을 받을 사람들과 **망하는** 사람들이 있다고 설명한다. 바울은 이미 자신의 메시지의 향기가 죽어가고 있는 사람들에게는 죽음의 냄새가 될 것이라고(2:15) 설명했었다. 즉 이 구절은 그들의 이해가 모호해질 것이라고 말하고 있는 것이다(4:3). 복음은 그들을 혼란스럽게 하고 당황하게 할 것이다. 고린도전서에서 바울은 하나님의 지혜가 이 세상의 지혜로운 자들에게는 얼마나 어리석은지를 설명했다(고전 1:18). 지금 여기서 동일한 개념을 표현하고 있는 것이다. 완고하게 그리스도를 믿기를 거절하고, 자신의 능력과 지혜만을 신뢰하는 자들은 결코 복음의 진리를 이해하지 못할 것이다.

그 중에 이 세상 신이 믿지 아니하는 자들의 마음을 혼미케 하여 그리스도의 영광의 복음의 광채가 비취지 못하게 함이니 그리스도는 하나님의 형상이니라

사단이 불신자들을 혼미케 하는 방법에 대한 바울의 묘사는 다메섹 도상에서의 그의 회심 경험을 상기시킨다. 비록 바울은 육체적으로는 완전하게 잘 볼 수 있는 사람이었지만, 영적인 진리에는 어두운 사람이었다. 고지식하고 열정적으로 바울은 가능한 모든 방법으로 그리스도인들을 멸하기로 맹세하고, 그들을 박해했다. 자기도 모르는 사이에, 바울은 사단의 도구노릇을 한 것이다. 그러나, 한 장엄한 순간에, 그리스도는 사단의 속임수를 깨뜨리시고, 바울에게 진리를 보여주셨다. 그리스도의 영광스러운 환상이 마침내 바울의 눈을 열어서 진리를 보게 한 것이다. 분명히 바울은 육체적으로는 한동안 앞을 보지 못했을 것이다(행 9:1-18).

왜 모든 사람이 복음의 진리를 이해할 수 없을까? 바울은 자신의 경험을 토대로 이 질문에 대답했다. 그것은 **이 세상 신이 믿지 아니하는 자들의 마음을 혼미케 하여**-즉, 한때 그들을 어둡게 하여-**그리스도의 영광의 복음의 광채가 비취지 못하게** 하였기 때문이다.

'이 세상의 신'은 큰 속이는 자, 사단의 칭호다. 이 현 세상은 사단의 손아귀에 있다. 그러나 예수님의 삶과 죽음으로 사단에 대한 전면전이 시작되었다. 신자들의 공동체인 교회는, 예수께서 승리자로 다시 오심으로 사단은 결국 옥에 갇히고, 예수께서 영원히 다스리실 때를 기다리고 있다(살후 1:7-10). 그러나 한동안은 사단이 계속해서 신자들을 죄로 옭아매려고 할 것이다(딤전 3:7). 그리스도인의 피난처와 방어는 승리자 예수님 안에 있다. 예수께서 신자들을 악한 자에게서 지키실 것이다(살후 3:3). 신자들은 하나님의 말씀을 읽고 하나님의 보호하심을 간구함으로써 예수님의 보호를 확신할 수 있다(엡 6:17-18). 그렇게 되면 그들은 영적 원수들의 기만과 공격으로부터 안전함을 느낄 수 있을 것이다.

신자들은 불신자들처럼 사단에 의해서 혼미케 되지 않고, 예수님이 하나님의 정확한 가시적 발현, 즉 **하나님의 형상**이심을 인식하고 있다(골 1:15을 참조하라). 하나님 아버지는 영이시기에 보이지 않으신다(딤전 6:16). 그러나 하나님의 아들은 하나님의 가시적 발현(visible expression)이시다. 예수님은 성부의 반영만이 아니라, 하나님으로서 우리에게 하나님을 계시하신다(요 1:18; 14:9; 히 1:1-2). 그리스도의 영광은 하나님의 영광을 나타내고 있다. 예수님은 하나님의 본질의 복제가 아니라 참 화신(embodiment)이시다. 그는 "하나님의 영광의 광채시요 그 본체의 형상"이시다(히 1:3). 예수님을 아는 것은 곧 하나님을 아는 것이다(요 10:30; 빌 2:6을 참조하라).

 **혼미케 됨**

복음은 믿기를 거부하는 사람들을 제외하고는 모든 사람에게 열리고 계시되었다. 사단은 '이 세대의 신'이다. 사단의 역사는 속이는 것이며, 그는 그리스도를 믿지 않는 자들을 혼미케 한다(11:14-15을 참조하라). 돈과 권력과 쾌락의 유혹은 사람들이 그리스도의 복음의 빛에는 혼미케 한다. 그리스도를 거부하고 오히려 자신의 일을 더 좋아하는 사람들은 자기도 모르게 사단을 자신들의 신으로 만들고 있는 것이다. 당신은 사단이 혼미케 만든 사람을 알고 있는가? 그리스도의 빛이 그들의 어두운 마음에 깊이 스며들도록 기도하라.

4:5 우리가 우리를 전파하는 것이 아니라 오직 그리스도 예수의 주 되신 것과 또 예수를 위하여 우리가 너희의 종 된 것을 전파함이라

바울 설교의 초점은 자기 자신이 아니라 그리스도였다. 고린도전서에서 바울은 이미 자신은 자기의 심오한 생각이나 혹은 특별히 유창한 말로 복음을 제시하려고 하지 않았다는 것을 고린도 신자들에게 상기시킨 적이 있다. 오히려 바울은 예수 그리스도와 그의 십자가의 죽으심을 전했다. 바울은 복음의 핵심적인 진리들-그리스도께서 십자가 위에서 죽으심으로 그를 믿는 모든 자는 구원을 받는다(고전 2:1-2)-에 충실했다. 이 구절은 바울의 메시지의 또 다른 중심적인 측면을 강조하고 있다. 즉, 예수님은 모든 신자들의 주인(Master), 혹은 주(Lord)시라는 것이다.

자신의 권위가 공격을 받고 있기 때문에, 바울은 자신이 하나님께서 임명하신 지도자요 교사라고(그가 딤전 2:1에서 했던 것처럼) 쓰고 싶었을지도 모른다. 하지만 바울은 오히려 자신과 자신을 따르는 복음 전도자들은 고린도 교인들의 종이라는 사실을 강조했다. 바울은 여러 차례 신약성경의 서신들에서 자신은 그리스도의 종 혹은 심지어 노예라고 썼으며(11:23; 롬 1:1; 갈 1:10), 모든 신자들을 하나님의 노예로 부르기까지 했다(롬 6:22). 여기서 바울은 자기가 섬기고 있는 사람들-여기서는 고린도 교인들-의 종이라고 강조하고 있다. 고린도후서에서 시종일관 바울은 자신은 그들의 믿음 위에 독단적으로 권위를 행사하려고 하지 않았다고 반복해서 말하고 있다(1:24). 반대로, 바울은 단지 그들에게 복음의 진리를 충성스럽게 전하는 그리스도께서 임명하신 사자(messenger)로서 섬기고 있었다.

종의 마음

비록 고린도 교인들이 자신을 몹시 실망시켰음에도 불구하고 바울은 기꺼이 고린도 교회를 섬겼다. 사람들을 섬기려면 시간과 개인적인 욕구를 희생해야 한다. 그리스도를 따르는 사람이 된다는 것은 사람들이 우리의 기대에 부응하지 못할 때까지도 그들을 섬기는 것을 의미한다. 당신 자신의 관록을 높이기보다는 다른 사람들을 섬기며 그들이 성장하도록 도와라. 그들의 필요와 관심을 발견하라. 당신 자신의 이익보다는 그들의 이익을 더욱 중요하게 여기라.

4:6 어두운 데서 빛이 비취리라 하시던 그 하나님께서 예수 그리스도의 얼굴에 있는 하나님의 영광을 아는 빛을 우리 마음에 비취셨느니라

바울은 4:4에서 소개했던 빛과 어두움에 대한 이미지로 돌아왔다. 그 이미지는 선과 악, 즉 하나님과 사단 사이의 명백한 차이를 상징한다. 구약성경의 시편 기자들과 선지자들은 빈번하게 빛의 이미지를 사용하여 하나님의 말씀과 자기 백성에 대한 하나님의 구원을 묘사하고 있다(시 119:105; 사 9:2; 42:16; 단 2:22을 참조하라).

이 구절은 이 빛과 어두움의 이미지가 창조 이야기에서 직접 나왔음을 분명히 보여준다(창 1:2-5). 하나님께서 "어두운 데서 빛이 비취라"고 명하심으로 어둠의 혼돈에 질서를 가져오셨듯이, 진리의 빛으로 악의 혼돈을 꿰뚫고 계셨다. 그리스도의 빛은 선의 왜곡인 거짓과 악을 있는 그대로 드러낸다(엡 5:13-14). 예수님을 믿는 사람들은 빛의 자녀들이 된다. 그래서 그들은 그 빛이 자신들의 모든 행동을 판단하게 한다(엡 5:8; 살전 5:5을 참조하라).

이 구절은 그 빛이 예수 그리스도의 얼굴에 있는 하나님의 영광의 빛이라는 것을 강조하고 있다. 그리스도의 빛은 신자들의 이해를 밝게 한다. 자신의 마음이 사단의 음흉한 속임수로 덮이도록 내버려두는 사람들만이 그 메시지가 모호하다고 생각한다. 하나님께서는 신자들의 마음을 비추셔서 그들이 예수님의 얼굴에서 하나님의 영광을 본다는 것을 확실히 알도록 하신다. 이것은 하나님의 영광을 오직 옛 언약, 즉 모세의 얼굴에서만 찾는 사람들은 사단에게 속고 있다는 것을 함축하고 있다(3:15-17과 비교해 보라).

의심으로 괴로움을 당하고 있다면, 성령께 당신의 마음을 비춰달라고 구하라. 하나님의 말씀을 읽고, 당신의 의구심을 하나님께 맡기라.

4:7 우리가 이 보배를 질그릇에 가졌으니 이는 능력의 심히 큰 것이 하나님께 있고 우리에게 있지 아니함을 알게 하려 함이라

사람들은 보물을 금고(deposit box)나 금고실(vaults)에 넣어둔다. 그러나 하나님께서는 당신의 영광스런 보배-사람들을 죄에서 자유케 하시는 메시지-를 깨지기 쉽고, 값싸고, 평범한 질그릇에 두신다. 바울 시대에, 질그릇은 용도가 다양했다. 값싸게 만든 이 그릇들은 음식에서부터 연료까지 모든 것을 담았다. 그것들은 환기창이나, 부뚜막 근처나, 시장 등 어디서나 볼 수 있었다. 만약 깨지면-쉽게 깨진다-버려질 것이다.

 질그릇
바울 시대에는 깨지기 쉬운 질그릇들이 흔했다. 그래서 그것들은 구원의 메시지라는 값진 보화와 대조되는 인간 사자(使者)들의 연약성을 예로 설명하기 위한 적절한 은유가 된다. 복음의 빛은 사단도 빼앗아 갈 수 없는 보화다. 질그릇은 새고, 깨지고, 전혀 시선을 끌지 못한다. 단지 용도에 따라 사용될 뿐이다. 그 평범한 모양새가 내용물의 가치를 떨어뜨리지는 않는다. 종종 우리는 자신의 불완전함 때문에 낙담하곤 한다. 부적합하다고 느끼면서, 자신은 쓸모 없다고 생각한다. 그러나 이 구절은 우리의 불완전한 인간성이 하나님의 거룩한 목적에 장애물이 되지 않는다고 가르친다. 사람의 약점과 흠과 결함과 틈 때문에 오히려 모든 것에 충족하신 하나님의 임재가 새어 나올 수 있게 된다. 당신 자신의 모습 중에서 달라지고 싶은 것은 무엇인지 나열하여 보라. 당신 삶의 어떤 영역에서 부적절하다고 느끼는가? 하나님께서 당신을 '이끄신' 방법에 대해 감사할 수 있는가? (불완전한-편집자 주) 많은 사람들이 당신 안에서 그리스도를 볼 것이며, 그분께 이끌릴 것이다. 왜냐하면 그들은 완전하지 않은 사람과 더욱 쉽게 관계를 갖기 때문이다.

바울은 자신과 또한 자신을 따르는 전도자들의 삶을 이 값싼 질그릇과 비교했다. 대조적으로 하나님께서 자기들에게 맡기신 자유의 메시지는 엄청나게 가치 있는 보화였다. 그것은 연약한 전도자들의 육신보다 훨씬 더 오래 지속될 영원한 보화였다. 왜 하나님께서 이렇게 하셨을까? 그것은 하나님께서는 약한 자에게 능력을 주셔서 강한 자들 꺾기를 기뻐하시기 때문이다. 주님께서는 궁핍한 사람들의 기도에 응답하시고, 교만한 자를 꺾으시기를 기뻐하신다(눅 1:51-55; 렘 20:13을 참조하라). **이 능력이 심히 큰 것이 사람에게 있지 아니하고 하나님께 있음을** 분명히 하기 위해서(고전 2:3-4), 하나님께서는 약한 자와 힘없는 자들을 통해 일하신다. 실제로, 하나님께서는 내주하시는 성령의 능력을 나타내기 위해서 고린도 사람들 가운데서 약한 자들과 무능한 자들을 선택하셨다. 오늘날, 교회는 너무나 약하여 밀려드는 사회의 부도덕의 물결에 버티지 못할 것처럼 보인다. 하나님께서 연약함을 통하여 일하시는 것을 기뻐하신다는 사실은 바울이 가진 것과 같은 용기를 불러일으킨다(4:1을 참조하라). 약함과 무능함은 하나님 안에 있는 새 소망의 기초가 되어야 한다. 주께서는 해방시키시고 구출하시고 구원하시기를 기뻐하신다. 주께서는 의식적으로 기억하여 주님의 자비로우신 행사를 찬양하는 사람들을 사랑하신다. 그리스도인에게 무능함은 결코 한계가 아니라, 하나님께서 힘과 권능으로 역사하실 기회다.

하나님께서는 예수 그리스도 안에 있는 최고의 값진 구원의 메시지를 깨어지기 쉽고 오류에 빠지기 쉬운 인간('질그릇')에게 맡기셨다. 그러나 바울의 초점은 깨어지기 쉬운 용기가 아니라, 너무나 귀중한 내용물, 즉 자기 백성 가운데 거하시는 하나님의 강력한 임재였다. 하나님은 당신의 백성이 비록 연약하지만, 복된 소식을 전하는 데 사용하시며 또 그 사역을 할 수 있도록 능력을 주신다. 능력이 하나님께 속하였다는 사실을 알게 되면, 신자들은 교만하지 않게 되며, 날마다 자신들의 능력의 원천이 되신 하나님과 교제할 수 있게 될 것이다. 신자들에게는 사람들이 자신의 삶을 통하여 하나님을 볼 수 있도록 해야 할 책임이 있다.

4:8-9 우리가 사방으로 우겨쌈을 당하여도 싸이지 아니하며 답답한 일을 당하여도 낙심하지 아니하며 핍박을 받아도 버린 바 되지 아니하며 거꾸러뜨림을 당하여도 망하지 아니하고

그러나 바울은 자신의 자격을 대적자들의 자격과 비교할 만큼 옹졸하지는 않았다. 지혜롭게도, 그는 자신을 자랑하지 않았다. 그 대신 자기가 당한 고난들을 나열했다(바울이 여기서 언급하고 있는 경험의 목록에 대하여는 11:23-33을 참조하라). 그는 **우겨쌈**과 **답답함**을 당한 것을 거리낌없이 인정했다. 가르치는 자들은 거의, 청중에게 존경심을 잃을 지도 모른다는 생각 때문에 혼란을 겪고 있다는 사실을 인정하지 않는다. 바울은 움츠러들지 않고 자신의 연약함을 인정했다. 때때로, 그는 사역이 주는 압박감 때문에 에워싸이며 갇힌 듯한 느낌을 받기도 했다. 그는 정말로 어느 길로 가야 하고, 어디로 가야 하며, 또 무엇을 해야 하는지를 모를 때도 종종 있었다(행 16:6-10; 22:10을 참조하라). 그런데 거기에 '그러나'가 있다. "그러나 하나님"이 계신 것이다. 주께서는 바울을 무능한 채로 내버려두시지 않으셨다. 하나님께서는 책임감 때문에 **우겨싸여** 있고 완전히 절망하고 있던 바울을 건져내셨다.

그 다음에 나오는 두 개의 항목들은 외부에서 온 반대를 말한다. 즉, 바울은 **핍박**을 받았으며 **거꾸러뜨림**을 당하였다. 바울을 가장 심하게 반대한 자들은 유대인들이었다. 유대인들은 바울을 헐뜯기 위해서 다른 도시들에까지 쫓아와서 핍박했다(행 14:19을 참조하라). 바울이 '핍박을 받아도'에 사용한 단어는 '먹이를 찾아내다'란 뜻이다. 바울은 자신을 '쫓기고 있는 자'로 묘사한 것이다. 그러나 하나님께서는 결코 그를 **버리지** 아니하셨다. 하나님께서는 바울이 원수들에게 잡아 먹히도록 버려두지 않으시고 항상 구원해 주셨다. 바울은 거꾸러뜨림을 당하였다. 이것은 아마도 루스드라 시민들이 그를 도시 밖으로 끌어내 돌을 던지고, 죽도록 방치했던 때를 암시하는 것 같다. 그러나 주님께서는 피가 나고 상처가 난 바울이 살 수 있게 하셨다. 즉 다시 일어나서 계속 예수님의 이름을 전하게 하셨다(행 14:19-20).

거꾸러졌으나 끊어지지 않음(down but not out)

바울은 우리가 아마도 줄 끝에 매달려 있다고 생각할지도 모르지만 우리는 결코 소망의 끝에 있지 않다는 사실을 상기시킨다. 우리의 썩을 육체는 죄와 고통에 영향을 받기 쉽지만 하나님께서는 결코 우리를 포기하시지 않으신다. 그리스도께서 죽음을 이기셨기 때문에 우리에게는 영생이 있다. 우리의 모든 위험과 수치와 고난들은 그리스도께서 우리 안에서 그리고 우리를 통하여 자신의 능력과 현존을 드러내시는 기회가 된다. 우리는 자신에게 물어야 한다. "나도 바울이 당했던 고통과 반대를 이겨낼 수 있을까?" 미국식 성공 증후군(The American success syndrome)은 효과적인 사역의 가장 큰 적이다. 이 세상의 관점으로 보면, 바울은 결코 성공한 사람이 아니다. 바울처럼 우리도 하나님께 권능을 구하면서 우리의 직분을 감당해야만 한다. 반대와 중상모략 또는 낙담이 당신의 승리를 빼앗아가려고 위협할 때, 그 어떤 것도 하나님께서 당신을 통하여 이루신 것을 파괴할 수 없음을 기억하라.

4:10-12 우리가 항상 예수 죽인 것을 몸에 짊어짐은 예수의 생명도 우리 몸에 나타나게 하려 함이라 우리 산 자가 항상 예수를 위하여 죽음에 넘기움은 예수의 생명이 또한 우리 죽을 육체에 나타나게 하려 함이니라

오늘날의 많은 신자들과 같이, 고린도에 있는 그리스도인들은 유창한 말과 기교와 능력에 감동을 받았다. 비록 고린도 교인들이 유창하게 말하고 강력한 기적들을 보여주는 사람들 가운데서 하나님의 역사를 찾고 있었지만, 바울은 고난과 고뇌와 실패에 대한 그들의 생각들을 전환시키려고 애썼다. 고통스러울 정도로 우리의 약함이 분명하게 드러나는 바로 그 때가 하나님께서 놀라운 방법으로 역사하실 때였다.

바울은 성공적으로 자신이 사역한 것들을 나열할 수도 있었을 것이다. 예를 들면, 바울은 지중해 지역에 교회를 열두 개 이상 세웠다(4:8-9). 그 대신에 바울은 자신의 강조점을 다시 언급하기 위해서 자신의 연약함에 초점을 맞추었다. 즉, 하나님께서는 자신의 탁월한 영광을 드러내시기 위하여 단지 질그릇과 같이 깨어지기 쉬운 사람들에게 영광스러운 구원의 메시지를 맡기셨다(4:7)는 것을 강조하고 싶었던 것이다.

예수님이 바울의 모범이셨다. 예수께서는 하늘의 모든 영광-모든 능력과 권세-을 가진 분이셨음에도 불구하고, 굴욕과 모욕과 결국엔 죽음까지 당하기 위하여 그것들을 모두 포기하셨다(빌 2:5-11을 참조하라). 바울은 예수님을 위한 자신의 고난이 예수께서 지상에서 당한 고난과 관련된다고 보았다. 물론 예수님의 고난은 본질적으로 그 성격이 다르다. 예수님은 믿는 자들을 죄에서 구원하시기 위하여 십자가에 죽으셨다(5:16-21; 롬 3:21-26; 8:2; 고전 1:18-31; 갈 1:4; 골 1:23-24). 예수님만이 완전한 삶을 사셨기 때문에 그분의 죽으심만이 죄인들을 구원할 수 있다. 그러나 예수께서는 제자들에게 그들에게도 고난과 고통이 있을 것이라고 경고하셨다: "사람들이 나를 핍박하였은즉 너희도 핍박할 터이요"(요 15:20-21을 참조하라). 예수님을 따르는 자들의 고난은 단지 예수님 자신의 고난의 연장에 불과할 것이다.

바울은 특별히 예수님의 이름을 위하여 고난 받도록 그분에 의해서 부름을 받았다(행 9:15-16). 바울은 자신이 당한 많은 고난들을 그리스도의 사도로서 자신의 권위에 대한 상징(badge)이나 증거로 생각했다(갈 4:12-15; 빌 1:29-30; 4:14-15; 살전 1:6; 3:1-15; 딤후 1:8, 11-12). 그래서 바울은 순회 전도자로서, 고난과 **예수님의 죽음 안에서** 상징화된 모욕을 짊어졌다. 바울은 예수님의 죽음이 이전의 이기적이고 사악한 삶의 방식들에 대한 신자들의 죽음을 상징한다고 생각했다(롬 6:11; 갈 2:20). 그래서 항상 **예수를 위하여 죽음에 넘기우고 있는** 바울은 **[그리스도]의 생명이 또한 [자신의] 죽을 육체에 나타나게 하려고** 이것을 행했다. 바울과 그와 함께한 많은 사람들은(도표를 보라) 보다 더 그 진리를 전하기 위해 고난과 굶주림을 견디었다.

고난을 위해 부름받음

바울은 결코 고난을 두려워하지 않았다. 그것은 하나님께서 지배하고 계시며, 자신의 고난이 다른 사람들이 더욱 용기있게 복음을 전할 수 있게 하는 데 도움이 되며, 고난을 통하여 자신은 자기처럼 고난을 당하신 그리스도를 드러내고 있다는 사실을 알았기 때문이다.

전파자	관계구절	고난에 대한 말씀들
예수님	마 5:10-12	핍박을 받는 사람들은 '복있는 자'로 불린다.
예수님	마 10:23	인자가 다시 오면 모든 고통이 끝날 것이다.
예수님	요 15:20	예수께서 핍박을 받으셨으니 우리도 핍박을 받을 것이다.
사도들	행 5:41	우리는 그리스도를 위한 고난이 가치있다고 생각하기 때문에 기뻐할 수 있다.
예수님	행 9:16	바울은 예수님의 이름을 위하여 고난을 받기 위해 부름을 받았다.
바울	롬 8:17	자녀와 후사로서 우리는 예수님의 고난도 받아야 한다.
바울	고후 1:3-7	하나님께서 고난 중에 위로하신다.
바울	고후 7-12장	바울은 다른 사람들의 구원을 위해서 고난을 당했다.
바울	고후 6:4-5, 9-10	바울은 고난을 당하나 여전히 기뻐했다.
바울	빌 1:20-21	우리의 고난이 하나님을 영화롭게 할 수 있다.
바울	빌 1:29	그리스도의 이름을 위한 고난은 특권이다.
바울	딤후 1:12	우리는 고난을 부끄러워해서는 안 된다. 그리스도를 의지하라.
바울	딤후 2:10	바울은 다른 신자들의 유익을 위해 고난받았다.
바울	딤후 3:11	하나님께서는 지금 혹은 영원토록 우리를 고통에서 건지실 것이다.

바울	딤후 4:5	우리는 곤고함을 견디도록 부름을 받았다.
히브리서 기자	히 10:32-34	우리에겐 하나님의 기업이 있다는 것을 알기에 고통에 직면할 수 있다.
야고보	약 1:2	우리는 시험을 만났을 때 온전히 기뻐할 수 있다.
베드로	벧전 1:6-7	고난은 우리의 믿음을 단련시킨다.
베드로	벧전 2:21	그리스도께서 고난을 당하셨기 때문에 우리도 고난을 당한다.
베드로	벧전 3:13-14	의를 위해 고난받았기에 복이 있다.
베드로	벧전 4:1,13,16	고난을 당하나 기뻐하는 것은 그리스도를 위해 고난을 받았기 때문이다.
예수님	계 2:10	우리는 죽도록 충성해야 한다. 생명의 면류관이 우리를 기다리고 있기 때문이다.

그런즉 사망은 우리 안에서 역사하고 생명은 너희 안에서 하느니라

예수님의 삶과 죽음에 대한 바울의 비유에서 놀라운 부분은, 예수님의 십자가의 죽음으로 끝나지 않는다는 것이다. 사망은 최종적인 단어가 아니다. 예수께서는 삼일 후에 살아나셨다. 예수께서는 죄와 사망을 이기신 위대한 **승리자**로서 죽은 자들 가운데서 부활하셨다. 비록 예루살렘에 있는 사람들은 대부분 십자가에서 죽어가고 있는 비참하고 연약한 한 사람만을 보았을 뿐이지만, 예수님을 따르는 자들은 부활하셔서 영광스럽게 될 주님을 보았다(눅 23-24장).

바울은 **사망과 대면하며**(NLT) 살았다. 세상의 압력은 그를 초조하게 했다. 고린도에 있는 바울의 적대자들은 바울의 연약함을 그의 최후 몰락과 그를 고소하듯이 바라보는 근거로 삼았다. 유대인들과 권력자들이 예수님의 죽음을 그분의 제거로 생각한 것처럼, 바울의 반대자들은 그의 실패와 연약함과 사망이 바울을 침묵시킬 것이라고 생각했다. 그러나 바울은 지상에 있는 어떤 생명보다도 더 위대한 것이 자신을 통하여 역사하고 있다는 것을 알았다. 그의 고난들과 죽음이 결코 생명을 주는 복음의 끝을 의미하지는 않을 것이다. 사실, 하나님께서는 바울의 고난이 예수님을 믿는 사람들에게 **영생**이 되도록 역사하고 계셨다. 이 구절은, 고린도 교인들이 현재 부끄러워하고 있는 바울의 고난을 통해 처음부터 그들에게 영생의 말씀이 들어왔다는 사실을 상기시키고 있다. 바울은 유대인들을 영원한 구원에 이르게 하는 말씀인 복음을 전하기 위해서 유대인들이 주는 모욕을 담대하게 견딘 것이다(행 18:6).

4:13-14 기록한 바 내가 믿는고로 말하였다 한 것같이 우리가 같은 믿음의 마음을 가졌으니 우리도 믿는고로 또한 말하노라

이 구절에서 바울은 자신을 시편 116편 기자와 동일시하였다. 시편 기자와 같이 바울은 '죽음의 공포'를 경험했다. "사망이 [바울의] 숨통 주위를 그의 손들로 두르고 있었다"(시 116:3; NLT). 고난의 한 가운데에서 죽음에 직면한 시편 기자와 같이 바울은 하나님께 울부짖었다(시 116:4). 시편 기자는 하나님께서 자신의 기도에 응답하시리라 믿었다(1:11을 시 116:1과 비교해 보라). 사실, 그의 기도는 그의 유일한 변호 수단이었다. 이 때문에 시편 기자는 호흡하는 동안은 기도하기로 맹세했다(시 116:2). 그의 기도들은 단순히 하나님께 대한 믿음의 표현만이 아니었다. 그는 기도를 통해서 하나님께서 자신을 위하여 행하셨던 다른 것들을 이야기하면서 하나님께 감사와 찬양을 드리기로 약속했다(시 116:4, 17-18을 참조하라).

이 시편에서 믿음에 대한 놀라운 표현을 본 바울은 그것을 모방하려고 했다. 시편 기자는 자신의 상황 때문에 어쩔 수 없이 믿으려고 하지 않았다. 죽음조차 그를 두렵게 하지 못했다. 이는 바울이 죽음보다 강하신 하나님을 견고하게 신뢰하였기 때문이다. 바울은, 믿음이 하나님께서 값없이 주시는 구원의 선물을 받는 방법이라는 것을 알았다(롬 3:24-25). 에베소서에서 그는 "너희가 그 은혜를 인하여 믿음으로 말미암아 구원을 얻었나니 이것이 너희에게서 난 것이 아니요 하나님의 선물이라"(엡 2:8)고 쓰고 있다. 믿음까지도 하나님의 선물이다. 믿음은 영원한 구원을 받는 방법일 뿐만 아니라 신자들의 삶의 방법이기도 하다. 그리스도인들은 믿음으로 행하도록 부름을 받았다(5:7; 갈 2:19-20). 신자들은 이 세상의 고난을 넘어서서 하나님과 그분의 영원한 영광을 바라보아야 한다. 그렇게 할 때 신자들은 소망을 얻을 것이다.

주 예수를 다시 살리신 이가 예수와 함께 우리도 다시 살리사 너희와 함께 그 앞에 서게 하실 줄을 아노니

비록 바울이 이 세상에서 그리스도의 죽음과 고난들을 경험하고 있었지만(4:10-12), 그는 자신의 소망을 주 예수를 다시 살리신 하나님께 두었다. 바울이 고난 중에도 절망하지 않은 것은 예수께서 다시 돌아오실 것을 알았기 때문이다. 그때가 오면 하나님께서 예수와 함께 자신들을 살리실 것이기에, 바울과 고린도 성도들은 주의 면전에서 구원의 주를 찬미할 것이다. 그래서 바울은, 고린도 교인들에게 그들의 믿음이 성숙되기를 기대하고 있으며, 그들이 자신을 자랑스럽게 여기기를 소망하고 있다고 이미 말하기도 했다(1:13-14).

그리스도를 믿는 믿음 때문에, 바울은 예수님을 죽음에서 일으키신 것과 같은 위대한 능력을 경험할 수 있었다(빌 3:10). 이러한 진리는 고난을 견디면서 복음을 전하는 일을 지속할 수 있도록 바울에게 동기를 부여해 주었다. 바울은 고린도전서에서 이 사실을 설명한 적이 있다. 고린도 성도들은 부활의 교리와 씨름하고 있었다. 그래서 바울은 길게, 많은 양을 할애하여 왜 부활이 기독교 믿음의 중심인지를 설명하였다. 그리스도께서 다시 살아나셨다는 사실은 중요했다. 그것이 사실이 아니라면 그들의 믿음은 완전히 헛것이 되기 때문이었다.

그렇게 되면 그리스도께서는 하나님 앞에서 그들을 위해 중재하지 못하실 것이다. 또한 예수님은 단지 선한 삶의 본을 보여주신 인간에 불과할 것이다. 만약 부활이 사실이 아니라면, 복음전도자들이 그리스도를 위해서 고난을 견딜 이유가 없어진다(고전 15:30-34).

바울은 늘 하나님 나라의 영광에 자신의 시각을 고정시켰기에 부끄러워할 이유가 전혀 없었다(롬 1:16; 히 12:2을 참조하라). 오히려 그는 담대하게 그리고 확신있게 복음을 전할 수 있었고, 사람들에게 하나님께서 자신을 위해 하신 일을 말할 수 있었다(4:1).

4:15-16 모든 것을 너희를 위하여 하는 것은 은혜가 많은 사람의 감사함으로 말미암아 더하여 넘쳐서 하나님께 영광을 돌리게 하려함이라

이 서신은 계속해서 바울의 종의 역할을 고린도 교인들에게 상기시키고 있다. 바울은 고린도 교인들을 섬기도록 예수께서 보낸 사람이다(4:1, 5; 고전 3:5을 참조하라). 그가 견딘 모든 고난과 환난들은 고린도 교인들의 유익을 위해서였다. 즉 그들을 위한 것들이었다(1:6을 참조하라). 바울은 고린도 교인들을 두 가지 이유에서 섬기기를 원했기 때문에 고린도를 두 번 방문할 계획을 세웠다(1:15). 바울은 대가없이 그들을 섬기기 위하여 그들 가운데서 사역할 때 재정적인 후원을 거절했다(11:8). 종으로서 바울은 고린도 교인들의 믿음을 통제하지 않으려고 조심했으며, 그 대신 그들의 믿음이 성숙해지도록 도왔다. 바울은 분명히 마지막 고린도 여행에서 모욕을 받기도 했지만, 그는 그 모욕을 무시하고 고린도 교인들의 유익을 위하여 그 범죄자를 용서했다(2:10). 고린도후서 초두에서 바울은, 자신이 최근에 소아시에서 고난을 당한 것은 모두 고린도 교인들을 위한 것이었다고 주장하기까지 했다(1:5-7).

이 구절은, 바울이 견딘 모든 것과 바울이 말한 모든 것과 바울이 행한 모든 것은 고린도 교인들을 유익하게 했다는 것을 설명하고 있다. 많은 사람들이 하나님의 **은혜**-즉 하나님의 구원의 선물-에 대하여 듣고 받아들이면 받아들일수록, 더욱 많은 사람이 하나님을 찬양하며 감사하면서 하나님 앞에서 벌어지는 웅장한 경배에 참여할 수 있을 것이다(4:14). **감사**는 하나님을 향하여 흘러 넘치는 것으로 시작할 것이다. 이것은 고린도 그리스도인들에게 유익될 것이었다. 왜냐하면 기도를 통하여 그들도 복음을 전파하는 바울의 사역에 참여하였기 때문이다(1:11을 참조하라). 결국 하나님께서 이 모든 것을 통하여 영광을 받으실 것이다. 모든 찬양과 **영광**은 오직 그 분의 것이 될 것이다. 그분은 믿는 모든 자에게 유익을 주기 위하여 자신의 독생자를 내어주신 분이기 때문이다.

앞을 바라보라

바울은 복된 소식을 전하면서 환난과 고통을 당했다. 그러나 그는 언젠가 자기가 당하는 고난은 끝날 것이며, 하나님께서 주시는 안식과 상을 얻게 될 것이라는 사실을 알고 있었다. 우리가 극심한 고난을 만날 때 우리의 궁극적인 목표보다는 고통에 집중하기 쉽다. 운동선수가 어려움을 무시하고 결승점에만 집중하듯이, 우리도 우리의 믿음의 상과 영원한 기쁨에 집중해야만 한다. 이 세상에서 우리 삶에 어떤 일이 일어나든지, 모든 고통이 끝나고 모든 슬픔이 사라지는 그날에 우리가 누릴 영생의 확신이 우리에게 있다(사 35:10).

그러므로 우리가 낙심하지 아니하노니 겉 사람은 후패하나 우리의 속은 날로 새롭도다

바울과 그의 동료들은 자신들이 전하는 말씀의 배후에는 위대한 능력이 있음을 알았기 때문에 **낙심하지 않았을** 것이다(3:16-18).

이 구절은 겉 사람과 속 사람을 대조하고 있다. 사람들은 대부분 자동적으로 이 구절을 물질적인 육적인 몸과 내적인 영혼 사이를 구분한 것으로 읽는다. 그러나 이것은 서구적인 사고다. 문맥을 통해서 볼 때, 바울은 영원과 임시(temporary)를 대조하고 있는 것이 분명하다.

바울은 단순히 자신의 육신적 몸이 어떻게 쇠약해지기 시작하는지를 말하고 있는 것이 아니다. 오히려, 그는 어떻게 이 세상의 모든 것들-부와 영향력과 능력-이 쇠락해가는지를 말하고 있었다. 이것들은 첫 장소에서는 임시적이기 때문에 이렇게 될 것이라고 예상할 수 있다. 곤란한 일들에 둘러싸여 있었고 적대자들은 그를 공격하고 있었다. 그 모든 것들 한 가운데서, 바울은 자신의 내적인 영혼-영원한 생명을 누릴 자신의 일부분-이 날로 새로워지는 것을 보았다(사 40:31; 골 3:10). 바울이 사역할 때 겪었던 곤고함들은 실재적이었으며 영향력이 있었다. 그러나 바울은 복음을 전하기 위해서 자신이 많은 것을 포기하고 있는 것에 대해서 불평하거나 힘들어하지 않았다. 오히려 그리스도를 위하여 견디는 모든 고난과 곤고함과 어

고린도후서 4:17-18 **135**

려움이 자신을 영적으로 새롭게 만들어 주고 있음을 알았다. 이러한 일은 매일 매일 고난을 겪을 때마다 일어났다. 바울은 모든 어려움을 믿음이 성숙할 기회로 보았던 것이다.

끝까지 강하게

용기를 잃고 포기하기는 쉽다. 우리는 모두 인간 관계나 일에서, 연장을 놔두고 달아나 버리고 싶게 만드는 문제들을 만나고 있다. 바울은 핍박이 몰려 올 때, 포기하기보다는 성령께서 내주하셔서 강건하게 하시도록 자신을 맡겼다(엡 3:16). 피곤과 고통과 비난 때문에 당신의 일을 집어치우지 말라. 당신의 헌신을 새롭게 하여 그리스도를 섬기라. 오늘의 극심한 고통 때문에 영원한 상을 포기하지 말라. 당신의 바로 그 연약함 때문에 매 순간 그리스도의 부활의 능력이 당신을 강건하게 할 것이다.

4:17-18 우리의 잠시 받는 환난의 경한 것이 지극히 크고 영원한 영광의 중한 것을 우리에게 이루게 함이니 우리의 돌아보는 것은 보이는 것이 아니요 보이지 않는 것이니 보이는 것은 잠깐이요 보이지 않는 것은 영원함이니라

오늘날 사회는 끊임없이 변하고 있다. 앞으로도 변할 것이기에 사람들은 자기 일터에서 변화보다 앞서 나가려고 애쓰면서 인생을 보낸다.

　이 구절은 신자들이 발을 디딜 수 있고 그들이 안전하다고 알고 있는 영원한 것이 무엇인지를 강조하고 있다. 어떤 변화가 일어나더라도 그것은 늘 거기에 있을 것이다. 그것은 바로 모든 신자들을 그들의 사랑하는 창조자와 함께할 영원을 준비시키는 복음의 말씀이다.

　바울은 삶에서 영원한 것은 아무 것도 없다는 것을 알았다. 바울은 자기가 견딘 환난이 하나님 앞에서 아주 길게 누릴 것에 비하면 지극히 가벼운 고난이라는 것을 알았다. 그래서 그는 이 세상의 어려움은 영원한 영광의 중한 것에 비하면 가벼운 짐일 뿐이라고 결론을 내렸다. 수만, 수억, 수조 년의 기간은 제한된 시간과는 비교할 수조차 없는 것이다.

　실제로 중요한 것-영원하고 영구적인 것-은 볼 수 있거나 만질 수 있거나 측정할 수 없다. 사람은 오직 믿음의 눈으로만 보이지 않는 것을 볼 수 있다. 오직 믿음의 눈으로만 자신들의 행위의 영원한 의미를 하나님의 도우심으로 이해할 수 있다. 신자들의 소망은 이 세상에 있지 않다. 그리스도인의 소망은 이 세상에 쌓을 수 있는 권력과 부에 있지 않다. 도리어 그리스도인의 소망은 당장은 볼 수 없는 분(롬 8:24; 히 11:)이신 그리스도 안에 있다. 그럼에도 불구하고 각 사람의 삶을 향한 예수 그리스도의 중요성은 충분히 실재한다(성도들이 믿을 수 있을 만큼은-편집자 주). 그것이 바로 바울이 고린도 교인들에게 보이는 것으로가 아니라 믿음으로 살도록 권면하는 이유다(5:7). 고린도 교인들은 보이는 것은 잠깐이기 때문에 이 세상에 대해서는 눈을 감고 모든 권능을 소유하신 전능하신 분께 시선을 두었다. 그들은 영구적이고 영원한 것에 맡긴 것이며, 결코 퇴락하지 않을 하늘의 보화 안에서 예측할 수 없는 삶의 변화에 맞설 것이다(눅 12:33).

 **시련이 주는 기회들**

고난이 우리의 믿음을 떨어뜨리거나 자신에 대해 환멸감을 느끼게 해서는 안 된다. 우리는 우리의 고난에는 목적이 있음을 인식해야 한다. 어려움과 인간의 한계에는 몇가지 유익이 있다.

- 우리를 위한 그리스도의 고난을 상기시킨다.
- 우리가 교만하지 않게 한다.
- 다른 사람들에게 우리의 믿음을 증거한다.
- 하나님께서 자신의 능력을 나타내실 기회가 된다.
- 영원한 상을 가져다 준다.

당신의 고난을 기회로 여기라!

우리가 심각한 질병이나 박해나 고통을 당하고 있을 때, 우리의 궁극적인 소망은 이 세상의 삶이 전부가 아니며 죽음 이후의 삶이 있다는 것을 깨닫는 것이다. 우리가 죄와 고통이 없는 곳에서 하나님과 영원히 살 것임을 알면, 우리가 이 세상에서 만나는 고통을 극복하며 사는 데 도움이 될 것이다.

고린도후서
5:1-6:2

5:1-10　연약한 육의 몸

¹만일 땅에 있는 우리의 장막집이 무너지면 하나님께서 지으신 집 곧 손으로 지은 것이 아니요 하늘에 있는 영원한 집이 우리에게 있는 줄 아나니 ²과연 우리가 여기 있어 탄식하며 하늘로부터 오는 우리 처소로 덧입기를 간절히 사모하노니 ³이렇게 입음은 벗은 자들로 발견되지 않으려 함이라 ⁴이 장막에 있는 우리가 짐 진 것같이 탄식하는 것은 벗고자 함이 아니요 오직 덧입고자 함이니 죽을 것이 생명에게 삼킨 바 되게 하려 함이라 ⁵곧 이것을 우리에게 이루게 하시고 보증으로 성령을 우리에게 주신 이는 하나님이시니라 ⁶이러므로 우리가 항상 담대하여 몸에 거할 때에는 주와 따로 거하는 줄 아노니 ⁷이는 우리가 믿음으로 행하고 보는 것으로 하지 아니함이로라 ⁸우리가 담대하여 원하는 바는 차라리 몸을 떠나 주와 함께 거하는 그것이라 ⁹그런즉 우리는 거하든지 떠나든지 주를 기쁘시게 하는 자 되기를 힘쓰노라 ¹⁰이는 우리가 다 반드시 그리스도의 심판대 앞에 드러나 각각 선악 간에 그 몸으로 행한 것을 따라 받으려 함이라

바울은 1세기 기독교 복음 전도자로서 모욕과 조롱을 당했다. 그는 복음을 위하여 성난 폭도들과 지방 관리들과 오만한 철학자들과 상대했다. 근심과 기도 속에서 숱한 밤을 지새웠고, 훈련과 성경 연구를 위해 오랜 시간을 투자했다. 그에게는 갈채를 보내는 무리도, 보상도, 인정도 없었다.

그가 이러한 삶을 살았던 이유는 무엇인가? 그는 고린도 교인들에게 보낸 서신에서 이 질문에 답하고 있다. 그는 자신의 모든 고난을 영원성의 차원에서 바라보았다. 다음 세상에서 영원한 행복과 기쁨을 누리게 될 것을 알았던 것이다. 이러한 확신에 찬 소망으로 인해 바울은 듣기를 원하는 사람이면 누구에게라도 끝까지 진리를 전할 수 있었던 것이다.

5:1 만일 땅에 있는 우리의 장막 집이 무너지면 하나님께서 지으신 집 곧 손으로 지은 것이 아니요 하늘에 있는 영원한 집이 우리에게 있는 줄 아나니

자신이 그토록 엄청난 역경과 숱한 고난을 견딜 수 있는 비결이 무엇인지 (4:8-10을 참조하라) 궁금해하는 고린도 교인들의 의중을 파악한 바울은, 하늘의 영광스러운 몸으로 부활하리라는 자신의 소망을 소개하고 있다.

고린도 교인들은 부활과, 기독교 세계관에서 부활이 지닌 역할을 이해하는 데 어려움을 겪었다. 헬라인들은 육체의 부활을 믿지 않았다(아덴의 헬라 철학자들이 육신의 부활에 대한 바울의 설교에 냉소를 보냈던 점을 주목하라; 행 17:32을 참조하라). 헬라인들은 대부분 영혼불멸을 믿었다. 그들은 영혼-인간의 본질-이 근본적으로 악한 육신의 감옥에 갇혀 있다고 여겼고, 육신이 죽은 즉시 영혼이 그 감옥에서 해방된다고 생각했다. 고린도 교회에 유입된 강한 헬라적 영향으로 인해 교인들 중에는 육체의 부활이 없다고 가르치는 무리들이 있었다(고전 15:12, 35을 참조하라). 바울은 이러한 상황에 대처하기 위해 그들에게 부활의 교리를 철저하게 가르쳤다(고전 15:12-57). 그는 부활 교리의 중요성을 역설하고, 성도의 부활을 부정하는 행위는 예수님의 부활을 부정하는 것이며, 나아가 기독교 신앙을 부인하는 행위라는 점을 명확히 했다(고전 15:12-34). 바울은 "그리스도께서 다시 사신 것이 없으면 너희의 믿음도 헛되고"(고전 15:17)라고 단정적인 표현도 서슴없이 사용했다. 자신이 전하는 메시지가 허망하고 무의미했다면, 바울이 자신의 생명의 위협을 무릅쓰지는 않았을 것이다(고전 15:30).

바울은 고린도후서에서도 자신이 복음을 위하여 받는 고난에 대해 논하면서 부활의 주제를 거론하고 있다. 하나님이 주시는 영원한 몸을 입게 될 것이라는 소망이 확고했기에 그는 현재 고난이 영원토록 누리게 될 하늘의 영광과 비교할 때 아무 것도 아니라고 생각하게 되었다(4:17-18을 참조하라). 그는 자신의 육체를 해체하기 쉽게 고안된 임시 구조물인 장막에 비유한다(벧후 1:13-15을 참조하라). 장막의 이미지가 육체가 영혼을 감싸고 있다는 암시를 줄 가능성도 있지만, 이 구절의 핵심은 육체의 일시적 성격과 신령한 몸의 영구적 성격을 대조하는 데 있다. 바울이 신약에 기록된 자신의 서신들에서, 유한한 육체는 불멸하는 영혼의 옷이라는 개념을 인정한 적이 한번도 없다. 오히려 그는 영혼이 인간 생명의 원천이라는 유대적 개념을 일관성 있게 견지했다. 영혼과 육체는 분리할 수 없는 본질이다. 바울은 이렇게 인식하고 있었기 때문에 '우리 몸의 구속'(롬 8:23)을 말할 수 있었던 것이다. 성도의 영혼뿐 아니라 육체도 죄의 비극적인 결과에서 구속을 받게 되는 것이다.

이 땅의 장막이 무너지면-육신의 죽음을 지칭하는 표현-성도들은 영원한 몸인 하늘의 영원한 집에 거하게 될 것이다. 여기서 대조점은 분명하다. 이 땅에서 우리의 몸은 일시적이고 허술한 장막과 같은 반면에, 우리가 덧입게 될 영원한 몸은 영구적인 건물이라는 것이다. 마찬가지로, 이 세상에서 당하는 고난은 일시적이지만 하늘의 영광과 기쁨은 영원하다(4:17-18을 비교하라).

이 땅의 육신을 입고 사는 성도들은 영원한 하늘의 몸을 덧입기 위해 탄식하고 있다(신령한 몸의 성격을 알고자 한다면, 5:2-3과 다음 구절에 대한 주석을 참조하라; 롬 8:22-23도 참조하라). 이러한 신령한 몸이 우리의 육신의 몸과 연관이 있기는 하겠지만(롬 8:23) 본질적으로는 완전히 다른 차원의 몸이 될 것이다. 썩지 않고 영광스러운 영원한 상태로 변할 것이다(고전 15:42-44의 바울의 논의를 참조하라). 우리가 예수 그리스도와 함께 영원히 새로운 상태로 함께 있을 수 있는 완전한 몸으로 변하는 것이다.

5:2 과연 우리가 여기 있어 탄식하며 하늘로부터 오는 우리 처소로 덧입기를 간절히 사모하노니

바울은 이 세상에서 온갖 고난을 겪었지만(1:8; 4:8, 16-17) 절망하지 않았다. '탄식하다'(groan)에 해당하는 헬라어는 폭행을 당한 후 고통스러울 때 '신음하다'는 의미나, 무엇인가를 갈망하여 큰 한숨을 내쉴 때 사용하는 '그리워 한숨 쉬다'란 의미다. 바울은 두 경우를 모두 염두에 두었을 것이다. 즉 시련 속에서 신음하고 있지만, 그 고난으로 인해 하늘 나라에 대한 사모함이 더욱 강렬해진 것이다. 로마서 8:21-23은 죄로 인해 모든 피조물이 썩어짐에 종노릇하며 탄식하고 있다고 기록하고 있으며, 성도들 역시 함께 탄식하고 있다고 말하고 있다. 로마서 8:21-23에서 사용한 이미지는 여기서 사용하고 있는 이미지와 너무나 유사하다. 이 '탄식'은 우리로 구원을 얻게 하는 소망이며, 우리가 예수 그리스도와 영원한 생명으로 부활하리라는 소망이다(롬 8:24-25).

바울이 하늘로부터 오는 우리 처소로 덧입기를 사모한다고 한 표현은 부활한 몸을 받기를 바라는 바울의 간절함을 가리키는 것이다. 이 이미지는 그리스도인들의 육신이 영원한 천상의 몸으로 변할 것이라는 영광스러운 진리를 표현하고 있다.

5:3 이렇게 입음은 벗은 자들로 발견되지 않으려 함이라

고린도 교인들은 죽음이 육체의 감옥에서 영혼을 해방시킨다는 헬라 사상의 영향을 받았을 가능성이 있다. 헬라인들은 종종 죽음을 영혼의 옷을 벗기는 것으로 표현하기도 했다. 그들은 영혼이 옷을 벗는 이 때가 오기를 고대했다. 일부 고린도 교인들이 이 사상의 영향을 받아 육체의 부활을 부인하였을 가능성이 있다(고전 15:12). 이 절은 영혼이 육신을 버리고 벌거벗은 상태에 있게 될 것이라는 사상을 명백히 반박하고 있다. 오히려 성도들의 육신은 완전한 천상의 몸으로 덧입게 될 것이다.

5:4 이 장막에 있는 우리가 짐 진 것 같이 탄식하는 것은 벗고자 함이 아니요 오직 덧입고자 함이니 죽을 것이 생명에게 삼킨 바 되게 하려 함이라

이 절은 신령한 몸에 대한 이 이미지의 목록에 또 다른 이미지를 추가하고 있다. 바울은 영원한 건물과 겉옷에 대한 심상 외에 동물이 먹이를 삼키는 심상을 사용해 그것을 묘사하고 있다. 영원하고 영속적인 것-생명 자체-이 일시적이고 썩어지는 것-죽을 것-을 삼키게 된다는 것이다. 바울이 여러 가지 이미지를 동원하여 강조한다는 사실은, 그가 얼마나 간절하게 고린도 교인들이 육체의 부활을 이해하기를 바라고 있는지를 보여주고 있다. 그것은 헬라인들이 일반적으로 생각하듯이 육신을 벗어버리는 문제가 아니라 영원하고 완전한 몸을 입게 되는-다시 말해, '덧입게 되는'(2절을 참조하라)-문제인 것이다.

바울은 이미 고린도 교인들에게 그들의 부활할 몸에 대해서 상세하게 기술한 적이 있다(고전 15:46-58). 이 구절은 그 주제에 대한 첫 서신 내용의 설명일 가능성이 있다(이 구절을 고전 15:50-55과 비교하라). 그는 육의 몸과 신령한 몸의 차이를 설명하기 위해 여러 가지 이미지를 사용했다. 육의 몸과 신령한 몸의 차이를 동물의 육체와 물고기의 육체의 차이에 비유했다(고전 15:39-40). 부활로 일어날 변화를 설명하기 위해 바울은 지상의 몸을 땅에 뿌린 씨에 비유하기도 했다. 작은 씨앗이 살아 있는 아름다운 식물로 자라기 위해서는 '죽어야' 한다. 마찬가지로, 육의 몸이 영광스러운 부활의 몸을 낳기 위해서는 연약함과 썩음 속에 뿌려져야 하고 심지어 죽어야만 한다(고전 15:42-44).

바울은 이러한 유비와 이미지를 사용하여 고린도 교인들에게 부활의 의미를 강조하고자 노력했다. 영원한 몸으로 '옷입는다' 거나 '덧입는다' 는 것은 그리스도인들이 죽을 때 자신들의 고유한 성격이나 독특한 특성들을 상실하지 않을 것임을 암시한다. 예수의 부활하신 몸에서 알 수 있듯이, 성도들은 어느 정도는 육의 몸의 특성을 간직한 몸으로 부활하게 될 것이다. 몸이 구속함을 입게 되는 것이다(롬 8:24). 그리스도의 구원하시는 역사를 통해, 그들의 부활한 몸은 상상할 수 없을 정도로 완전해질 것이다.

그리스도인들의 부활한 몸에 대한 상세한 정보는 없지만, 성경은 아픈 것이나 고통이 없는 완전한 상태가 될 것이라고 말하고 있다(빌 3:21; 계 21:4). 이 사실을 안다면, 그리스도인들이 이 땅에서 사는 삶의 방식에 영향을 받을 것이다. 성도들이 마지막 날에 변한다 하더라도 세상에서 발달한 인격은 그대로 유지될 것이다. 고린도 교인들은 죽으면 모든 것이 끝장날 것처럼 어리석은 생활을 하기 시작했다: "내일 죽을 터이니 먹고 마시자"

(고전 15:32). 그러나 바울은 이 세상에서 행한 일이 중요하다는 사실을 그들에게 각인시켜 주고자 노력했다. 육체의 부활이 확실하기 때문에 "죄를 짓지 말라"고 경계하고 "악한 동무들은 선한 행실을 더럽힌다"고 지적했다(고전 15:33-34). 바울의 권면은 오늘날에도 적용된다. 이 세상에서 선한 행실을 쌓기 위해 진력하라. 이 세상에서 행하는 당신의 모든 행위가 하나도 남김없이 영원한 결과로 연결되기 때문이다.

소망

자신의 죽을 몸이 영원한 생명에 삼키운 바 되리라는 바울의 소망(5:4)은 우리 모두가 바라는 보편적인 소망이다. 전도서 기자는 하나님이 "사람에게 영원을 사모하는 마음을 주셨"(전 3:11)다고 말하고 있다. 인간에겐 선천적으로 초월 의식과 하나님의 영원한 임재 속에서만 경험하는 궁극적 실재를 향한 갈망이 있다. 이러한 영적인 갈망은 세상의 모든 종교와 제례의식에 표현되어 있으며, (적어도 은밀하게라도) 누구나 소유하고 있는 감정이다. 일상에서 경험하는 사건들 중 이 보편적 영적 추구에 대한 하나님의 해결책을 목격할 수 있는 기회를 제공하는 사건은 무엇인가? 아기의 출생, 부모의 죽음, 무산된 꿈과 같은 모든 사건이, 그리스도 안에서 당신이 소유하는 소망을 전할 수 있는 출발점으로 사용될 수 있다. 복음을 전하라!

5:5 곧 이것을 우리에게 이루게 하시고 보증으로 성령을 우리에게 주신 이는 하나님이시니라

신령한 몸에 대한 바울의 간절한 바람은 절망적인 소망이 아니었다. 하나님은 오래 전에 성도들이 자기 아들을 통해 영원한 영광을 유업으로 받을 수 있도록 결정해 놓으셨다. 이 구절은 여호와 하나님이 자기 아들의 대속적 죽음을 통해 성도들을 의롭게 할 뿐 아니라 신령한 몸으로 그들을 영화롭게 하시기로 작정하셨다는 4:17의 사상을 이어받고 있다(하나님이 성도들을 그리스도의 형상대로 만들어 가시는 내용에 대한 바울의 설명에 대해서는 8:28-30을 참조하라).

자기 아들을 믿는 자들을 구원하시는 하나님의 놀라운 계획에는 성령이 포함된다. 하나님은 오순절에 성령을 보내셔서 성도들에게 권능을 주시고 하나님의 증인이 되게 하셨다(행 2장). 예수께서는 이러한 일이 일어날 것이라고 약속하셨다. 즉 성령이 오셔서 진리를 생각나게 하시리라고 하셨다(요 14:26; 행 1:5-8). 바울은 성부 하나님과 누리게 될 영원한 운명의 증거로 자신(롬 15:18-19; 고전 12:13)과 고린도 교인들의 삶 속에서(고전 2:12; 3:16; 6:19; 12:7, 13) 역사하시는 성령을 보았다. 성령은 보증으로 주신 것이다. '보증'에 해당하는 헬라어는 '보증금'(1:22을 참조하라)이나 계약금 지급을 의미하는 상업 용어인 **아라본**(*arrabon*)이다. 다시 말해서, 성령은 언젠가는 잔금을 완전히 지불하겠다는 하나님의 보증금인 셈이다. 바울은 고린도 교인들의 삶 속에서 이미 시작된 구원의 과정을 성령의 도우심으로 완전히 성취하시려 그리스도께서 오시는 영광스러운 날을 그리고 있다(4:16을 참조하라; 또한 롬 8:23; 엡 1:13-14을 참조하라). 예수께서는 자신의 죽음을 통해 성도들을 구원하실 뿐 아니라 하늘의 영광으로 그들을 입히심으로써, 그들이 하나님의 존전에서 구원을 누릴 수 있도록 하실 것이다(롬 8:30; 9:23). 성도들 안에 내주하시는 성령은, 하나님께서 부활의 날에 그들에게 영원한 몸을 주실 것을 확증하시는 보증이시다(1:22). 그리스도인들은 현재 자기들 안에 영생을 소유하고 있는 것이다!

이미 시작되었다

성령은 미래의 일에 대한 하나님의 '보증'이시다. 감기 기운이 있으면 항생제가 필요하다. 항생제가 약효를 내게 되면 감기가 낫기 시작한다는 것을 느낄 수 있다. 한 겨울에 따뜻한 지방으로 여행을 가면 매우 효과가 좋다. 태양 빛으로 겨울 추위가 눈 녹듯 사라진다. 성령의 사역을 생각해 보라. 성령의 역사로 성도들은 그리스도의 임재 속에서 치유 과정이 완벽하게 완성될 것이라고 확신할 수 있다. 성령이 당신에게 성경을 기억나게 하고, 죄를 깨닫게 하고, 이기적인 행위를 삼가고, 사랑하게 하실 때마다, 그분이 현존하신다는 증거를 소유하는 것이다. 변화의 과정을 시작하신 성령님이 당신 안에 계신다. 질병과 고통 혹은 신체적 장애가 있더라도, 당신의 몸과 영혼을 완전히 새롭게 하시는 하나님의 역사가 진행되고 있음을 확신하고, 하나님을 신뢰하라.

5:6-7 이러므로 우리가 항상 담대하여 몸에 거할 때에는 주와 따로 거하는 줄을 아노니

바울은 그리스도와 영원히 살게 되리라는 확신이 있었기 때문에 죽음을 두려워하지 않았다. 자신이 당하는 온갖 고통과 시련에 맞서서 낙심하지 않았다(4:8-9, 17). 이 세상에 있는 동안 육안으로 주 예수님을 만날 수 없었지만, 하나님과 그분의 구원 계획에 대한 신뢰를 버리지 않았다. 언젠가는 예수께서 자기를 믿는 모든 성도들을 모으셔서 영원한 집으로 데리고 갈 날이 온다고 확신하고 있었다. 그러한 확신 속에서 바울은 담대하게 복음을 전했다(3:12).

물론 미지의 세계에 직면하면 불안할 수 있고, 사랑하는 자들과 헤어지면 깊은 상심에 빠질 수도 있다. 그러나 그리스도인들은 예수님을 믿기에, 그리스도와 영생을 누릴 바울의 소망과 확신을 공유할 수 있다.

이는 우리가 믿음으로 행하고 보는 것으로 하지 아니함이로라

눈을 감고 다니면 위험하다. 벽에 부딪히거나 물체에 걸려 넘어지는 등 끊임없이 위험에 처할 것이다. 바울은 그리스도인들이 이 세상의 생활 방식을 좇아 사는 것이 어리석다고 말한다. 그리스도인들은 영원 속에서 어떤 삶을 살게 될지를 결정해주는 중요한 영적 실체가 존재한다고 믿는다. 인생의 기초를 보이는 것-이 세상의 실체-에 두는 것은 참으로 어리석다. 이 세상은 없어지지만 하나님의 말씀의 진리는 결코 없어지지 않을 것이다(마 24:35; 벧후 3:10).

그리스도인들은 이 세상의 현실에 기초하여 삶을 설계하는 것이 아니라 영원성의 관점에서 자신의 모든 행위를 평가해야 한다. 이것을 위해서는 믿음이 필요하다. 믿음의 출발점은 하나님의 성품을 신뢰하는 것이다. 하나님을 자신이 밝히신 그대로 믿는 것이 믿음이다. 믿음의 종점은 하나님의 약속을 신뢰하는 것이다. 하나님께서 이루시겠다고 약속하신 것을 그대로 이루시리라고 신뢰하는 것이다. 비록 그 약속이 현실 가운데 아직 실현되고 있지 않다고 하더라도, 하나님께서 자신의 언약을 이루실 것을 믿을 때 그리스도인들의 믿음의 진정성이 입증된다(요 20:24-31을 참조하라). 하나님은 영생과 축복과 보상을 약속하셨다. 믿음이란 이러한 약속들이 보이는 세상의 실체들처럼 실제적이라고 믿는 것이다. 믿음으로 그리스도인들은 하나님을 경외하는 삶을 살 수 있고 하나님께 영광을 돌리는 결정을 할 수 있다. 이는 이러한 결정들이 보이지 않는 영적인 실체에 근거를 둘 수 있기 때문이다. 이처럼 보이지 않는 실체를 확신하는 성도는 핍박이나 훼방, 유혹에도 불구하고 이 믿음을 견고히 지킬 수 있다(히 11:6; 벧전 1:8-9을 참조하라).

5:8 우리가 담대하여 원하는 바는 차라리 몸을 떠나 주와 함께 거하는 그것이라

이 절은 몸을 떠나는 것이 주와 함께 거하는 것을 의미한다고 분명하게 못 박고 있다. 바울은 빌립보 교인들에게 보내는 서신에서도 이 세상을 떠나는 것이 '그리스도와 함께 있는' 것을 의미한다고 기록하고 있다(빌 1:23). 이러한 구절들은 성도들의 정확한 사후 상태를 두고 벌어진 많은 논쟁의 주제가 되었다. 신학자들은 이 상태를 몸에 거하는 것(5:6)과 주와 함께 있는 것 사이의 '중간 상태'라고 부른다. 바울이 예수께서 재림하시는 날 몸의 부활이 있으리라고 기록하였고(고전 15:51-54) 또한 성도들이 죽는 즉시 예수님과 함께 있으리라고 언급한 적이 있기 때문에, 신자의 이 중간 상태를 설명하기 위한 많은 이론들이 제시되었다. 최근 몇 년 동안 육체가 분리된 상태라고 주장하는 모든 이론들이 심각한 비판을 받았다. 많은 주석가들은 이러한 이론이 성경보다는 개인의 영혼에 대한 철학 사상에 근거한 측면이 강하다고 지적해왔다. 이러한 혼란이 생긴 것은 그것에 대해 성경이 거의 설명하지 않기 때문이다.

'중간 상태'에 대한 주요 이론에는 네 가지가 있다:

1. 영혼이 잠잔다는 이론-이 이론은 제칠일 안식일 예수 재림교와 여호와 증인이 주장하는 교리다. 그들은 영혼이 부활할 때까지 무의식이나 망

각 상태에서 안식한다고 믿는다. 그들은 이 이론의 근거를 죽음을 '잠잔다'고 표현한 구절에서 발견한다(행 7:6; 13:36; 고전 15:6; 살전 4:13-15을 참조하라. 이 표현은 요 11:11의 예수님의 말씀에도 찾아 볼 수 있다). 어떤 이들은 이 이론을 수정하여 성도들이 '그리스도와 함께' 있지만 의식 상태로 있지 않다고 주장하기도 한다. 그러나 성경은 성도가 죽은 즉시 주와 함께 있을 것이라고 가르친다. 이 가르침은 예수께서 십자가상에서 강도에게 하신 말씀인 누가복음 23:43, "내가 진실로 네게 이르노니 오늘 네가 나와 함께 낙원에 있으리라 하시니라"는 말씀과 "아버지여 내 영혼을 아버지 손에 부탁하나이다"라는 마지막 기도에서 찾아 볼 수 있다. 최초의 기독교 순교자인 스데반은 죽기 직전에 "주 예수여 내 영혼을 받으시옵소서"라는 말을 남겼다.

2. 연옥설 – 이 이론은 로마 가톨릭의 교리로서 사람이 죄 가운데서 그리스도를 부인하는 상태에서 죽으면 영원한 형벌을 받으러 지옥으로 가고, 완전한 은총 속에서 죽으면 바로 천국으로 간다고 주장한다. 영적으로 완전하지 못한 사람은 죄를 씻고 정결해지기 위해 연옥으로 간다. 로마 가톨릭측이 이 이론을 정당화시키기 위해 "누구든지 공력이 불타면 해를 받으리니 그러나 자기는 구원을 얻되 불 가운데서 얻은 것 같으리라"는 고린도전서 3:15을 사용하기는 했지만, 대체로 성경 자체보다는 신학자들과 교회 회의를 통해 발전되었다.

3. 즉각적 부활설 – 이 이론은 사람이 죽는 즉시 육신의 몸에서 분리되어 부활의 몸으로 체질이 바뀌거나 변한다고 주장한다. 이 이론을 주장하는 사람들은 고린도전서 15장과 데살로니가전서 4장에서 바울이 그리스도의 재림 때 육체가 부활한다고 믿었고, 성도들이 살아 있는 동안에 그것을 목격할 것을 확신했다고 가르친다. 바울은 죽음 직전까지 가는 고통과 그리스도 재림 이전에 자신이 죽을 수도 있다는 사실을 깨달은 후, 그 사이에 죽은 자들이 어떤 상태가 될 것인지 설명한 적이 있다. 성도들이 이미 부활하였지만 그리스도의 재림과 함께 '나타나거나' 혹은 영화롭게 될 것이라는 주장을 강조하기 위해 로마서 8:19과 골로새서 3:4이 사용되고 있다.

4. 불완전한 부활설-이 견해는 신약의 바울 서신서가 가장 일반적으로 수용하는 견해다. 사후에 성도가 있을 수 있는 의식적이고 개인적인 상태가 존재한다. 성도가 죽으면 복락의 장소로 가서 그것을 누린다. 그 성도는 죽음과 완전한 몸의 부활 사이의 시간 간격을 감지할 수 없을 것이다. 걱정이나 불안으로 이 상태가 손상되는 일도 없을 것이다. 벌거벗은 상태를 싫어한다는 바울의 가르침(5:3-4) 때문에, 대부분의 사람들은 이 상태가 육체와 분리된 상태가 아니라고 믿는다. 그러나 육체는 분명히 완전하고 최종적 형태로 존재하지 않을 것이다. 예수님과 마찬가지로(요 5:25-29) 바울도 미래에 부활이 구체적인 사건으로 발생할 것이라고 지적하기 때문이다(빌 3:20-21; 살전 4:16-17). 우리가 죽게 되면 육체의 상태가 다른 표현이나 조건으로 바뀔 것이다. 그 후, 예수의 재림과 함께 부활의 몸으로 변하거나 재조직될 것이다.

결론적으로 말해서 그리스도인들은 성경이 정확히 말하고 있는 내용만 확정할 수 있다: (1) 성도가 죽게 되면 예수와 함께 거하게 될 것이다(빌 1:23도 보라). 성도들은 림보 상태(지옥과 천국 사이에 있으며 기독교가 생기기 전에 살았던 착한 사람이나, 세례를 받지 않은 어린이, 이교도, 백치의 영혼이 사는 것이라고 가톨릭에서 주장함-편집자 주)에서 유리하지 않고 개인적으로 구세주와 만나게 될 것이다. (2) 예수께서 영광 가운데 재림하시는 날 모든 성도들이 완전하고 영원토록 변하지 않을 신령한 몸을 입게 될 것이다(고전 15:51-54; 살전 4:16-18을 참조하라). 성도는 몸을 가진 상태로 영생을 누리게 될 것이다. 우리는 예수께서 부활하신 후 나타나셨을 때 지니시던 부활하신 몸에서 그 예를 볼 수 있다. (3) 이 세상에서 성도들에게 임하신 성령은 성도들이 영원한 영광으로 부활할 것을 보장하실 뿐만 아니라 성도들의 영혼 속에서 그 변화를 시작하신다(4:16; 5:5을 참조하라). 이 구절이 다른 구절들과 함께 많은 논쟁을 불러일으키기는 했지만 바울이 강조하는 핵심은 아주 명확하다. 최종 목적지-예수와 함께 거하는 영원한 집-에 도달하리라는 소망으로 인해 확신을 잃지 않고 인생의 고난에 맞서서 용기를 가지라는 것이다. 그리스도인들은 박해의 고통 속에서

신음하더라도 결코 절망하지 말아야 한다. 그 고난이 일시적일 뿐 아니라 완전하고 영원한 집으로 인도해 주는 역할을 하기 때문에 성도들은 해산하는 여인처럼 그 고난과 고통을 즐겁게 견딜 수 있다.

5:9-10 그런즉 우리는 거하든지 떠나든지 주를 기쁘시게 하는 자 되기를 힘쓰노라

아직 진리를 모르는 불신자들과 달리(4:4을 참조하라), 성도들은 의심의 그림자를 넘어 자신들이 죽은 후 어디로 가는지 알고 있다. 예수와 함께할 수 있는 곳으로 가는 것이다. 그리스도를 믿는 자들에게 죽음은 그분과 함께 누리게 될 영생의 전주곡에 불과하다. 죽고 나서 예수님과 함께 있게 된다는 사실을 아는 사람은, 우리의 주님이시며 구세주이신 예수 그리스도를 항상 기쁘시게 해 드리려고 노력할 것이다. 우리는 이 땅에서 그리스도를 위하여 살 듯이 천국에서도 그분을 위하여 살게 될 것이다. 성령께서 현재 우리 가운데 진행하시는 변화가 완전히 완성되어 우리는 예수님처럼 될 것이다(롬 8:29-30). 이 소망으로 인해 견고한 확신을 가지고 신실한 섬김의 삶을 살도록 하라.

이는 우리가 다 반드시 그리스도의 심판대 앞에 드러나 각각 선악간에 그 몸으로 행한 것을 따라 받으려 함이라

영생은 하나님의 은혜에 근거하여 값없이 받는 선물이지만(엡 2:8-9), 그리스도인의 삶에 대해서는 그리스도께 심판을 받게 된다. 구원은 결코 행위로 얻는 것이 아니며(롬 4:4-5) 그리스도 앞에서 받을 이 심판이 성도의 영원한 운명을 결정하는 요인도 아니다. 그러나 그리스도께서는 이 심판을 통해 지상에서 성도들이 살았던 삶의 결과를 평가하고 보상하실 것이다. 하나님의 은혜로운 구원의 선물이 그리스도께 믿음의 순종을 해야 하는 의무를 면제시켜 주지는 않는다. 모든 그리스도인들이 이 육신의 몸으로 어떻게 살았는지 직고해야 한다(행 10:42; 롬 14:10-12; 고전 3:10-15을 참조하라).

어떤 그리스도인들은 그리스도 안에서 누리는 자신들의 자유가 방종을 허용한다고 착각하기도 하지만(고전 6:12을 보라), 바울은 고린도전서 6:20에서 하나님께서 값을 주고 그들을 구속하셨기 때문에 몸으로 하나님께 영광을 돌려야 한다고 이미 경고한 바 있다.

 **가장 큰 시험**

바울에 의하면 모든 그리스도인들이 그리스도의 심판대 앞에 서게 된다. 성도들은 장차 각자 품었던 모든 생각과 말과 행위에 대해 평가를 받을 것이다. 학교는 학생들에게 성취도를 평가하는 시험에 대비하라고 가르친다. 고용주들은 정규적인 실적 평가를 통해 고용인들에게 근로 의욕을 고취시킨다. 의사들은 환자들에게 연례 신체 검진을 상기시킨다. 평가란 삶의 한 부분이다. 영원한 구원이 개인의 도덕적 성취에 좌우되지는 않지만, 성도들은 보상을 받기 위해 자신들의 재능 활용도, 신실성, 사랑의 행위(혹은 사랑의 부족)에 대해 설명하도록 요청받을 것이다. 여러분이 오늘 주님 면전에서 그분이 주시는 성적표를 받는다면, 도덕적 순결도에서 몇 점을 받으리라고 생각하는가? 재정 분야의 청기기적 성실도와 가르침, 겸손에서는 몇 점을 받겠는가? 사랑과 믿음의 인내는 몇 점이겠는가? 미래에 받을 이 시험을 현재 경건하게 살기 위한 자극제로 활용하라.

바울은 고린도에서 복음을 전한다는 이유로 갈리오의 재판정(베마, *bema*)으로 끌려간 적이 있었다(실제로 오늘날까지 고린도에는 폐허가 된 석조 건물이 남아 있다. 그것은 베마로 알려져 있다). 성도들은 심판대에 앉아 계신 그리스도를 대면하게 될 것이다(행 18:12-13). 예수님의 비유에 등장하는 주인이 종들의 업적을 평가하였듯이(마 25:14-29) 그리스도께서 모든 성도들이 자신을 위하여 행한 일을 회계하실 날이 올 것이다. 그리스도께서 우리를 위하여 자기 생명을 내어 주셨듯이, 그리스도인의 봉사도 그리스도를 향한 사랑이 동기가 되어야 한다(13:14; 고전 16:22; 엡 6:24). 또한 하나님을 경외하는 마음이 동기가 되어야 한다(이것에 대해서 더 알고자 한다면, 5:11을 참조하라).

고린도후서에서 바울은, 자신이 말하는 내용을 예수께서 듣고 계시고 판단하시기 때문에, 그들 가운데 있을 때 자신의 말과 행동을 얼마나 조심하였는지 고린도 교인들에게 여러 번 말하고 있다(1:14; 2:10, 17; 3:18; 4:2, 14). 이 구절에서는 고린도 교인들에게 그들의 말과 행위가 심판을 받을 것이라고 경고하고 있다. 그들은 그들이 육체 가운데 있을 동안 행하였던 선과 악에 대해 상응하는 상벌을 받을 것이다. 이것은 우리가 하나님의 관점에서 우리의 행한 모든 행위를 평가해야 함을 모든 그리스도인들에게 상기시키는 각성제가 된다. 우리는 그리스도인으로서 예수를 만나뵙게 된다는 사실 앞에서 기쁨과 동시에 거룩한 두려움을 가져야 한다. 그것은 마침내 우리의 구주와 함께 있게 된다는 기쁨과 예수께서 우리의 행동에 대해 책임을 물으시리라는 두려움을 말한다.

선을 행하기를 망각하지 말라

우리가 예수 그리스도 안에서 믿음으로 구원을 받았지만 믿음은 변화된 삶을 낳아야 하고 이웃에게 선을 행하고자 하는 자발성으로 연결되어야 한다.

예수님이 말씀하신 부분	마 5:14-16; 6:1; 16:27; 요 3:21
바울이 지적한 부분	고후 9:8; 엡 2:10; 살후 2:16-17; 딤전 6:17-19; 딤후 3:16-17; 딛 3:14
히브리서 기자가 지적한 부분	히 13:16
야고보가 지적한 부분	약 1:22; 2:14-26; 3:13
베드로가 지적한 부분	벧전 1:17; 2:12
요한이 지적한 부분	요일 2:6; 계 14:13

고린도후서
5:1-6:2

5:11-6:2 하나님과 화목함

¹¹우리가 주의 두려우심을 알므로 사람을 권하노니 우리가 하나님 앞에 알리워졌고 또 너희의 양심에도 알리워졌기를 바라노라 ¹²우리가 다시 너희에게 자천하는 것이 아니요 오직 우리를 인하여 자랑할 기회를 너희에게 주어 마음으로 하지 않고 외모로 자랑하는 자들을 대하게 하려 하는 것이라 ¹³우리가 만일 미쳤어도 하나님을 위한 것이요 만일 정신이 온전하여도 너희를 위한 것이니 ¹⁴그리스도의 사랑이 우리를 강권하시는도다 우리가 생각건대 한 사람이 모든 사람을 대신하여 죽었은즉 모든 사람이 죽은 것이라 ¹⁵저가 모든 사람을 대신하여 죽으심은 산 자들로 하여금 다시는 저희 자신을 위하여 살지 않고 오직 저희를 대신하여 죽었다가 다시 사신 자를 위하여 살게 하려 함이니라 ¹⁶그러므로 우리가 이제부터는 아무 사람도 육체대로 알지 아니하노라 비록 우리가 그리스도도 육체대로 알았으나 이제부터는 이같이 알지 아니하노라 ¹⁷그런즉 누구든지 그리스도 안에 있으면 새로운 피조물이라 이전 것은 지나갔으니 보라 새 것이 되었도다 ¹⁸모든 것이 하나님께로 났나니 저가 그리스도로 말미암아 우리를 자기와 화목하게 하시고 또 우리에게 화목하게 하는 직책을 주셨으니 ¹⁹이는 하나님께서 그리스도 안에 계시사 세상을 자기와 화목하게 하시며 저희의 죄를 저희에게 돌리지 아니하시고 화목하게 하는 말씀을 우리에게 부탁하셨느니라 ²⁰이러므로 우리가 그리스도를 대신하여 사신이 되어 하나님이 우리로 너희를 권면하시는 것같이 그리스도를 대신하여 간구하노니 너희는 하나님과 화목하라 ²¹하나님이 죄를 알지도 못하신 자로 우리를 대신하여 죄를 삼으신 것은 우리로 하여금 저의 안에서 하나님의 의가 되게 하려 하심이니라 ¹우리가 하나님과 함께 일하는 자로서 너희를 권하노니 하나님의 은혜를 헛되이 받지 말라 ²가라사대 내가 은혜 베풀 때에 너를 듣고 구원의 날에 너를 도왔다 하셨으니 보라 지금은 은혜 받을 만한 때요 보라 지금은 구원의 날이로다

분쟁을 해결하기 위해서는 무엇보다 먼저 상대방에게 용서를 구해야 하

지만, 아무도 그 첫 단계를 먼저 시작하려고 하지 않는다. 부부간 갈등이든, 형제 자매간 갈등이든, 자신에게 잘못이 있음을 인정하려 하지 않기 때문에 화해를 위한 첫 번째 단계가 실행되기 어려운 것이다.

　이 단락은 하나님께서 인간과 화목하시기 위한 첫 단계를 취하셨다-사실 아주 큰 걸음을 먼저 내디디셨다-고 지적하고 있다. 이것은 하나님께 어떤 식으로든 책임이 있다거나 잘못이 있다는 의미는 절대로 아니다. 에덴 동산에서 아담과 하와가 반역한 이후로 인간은 하나님의 길을 저버리고 그분이 마땅히 받으셔야 하는 경배 드리기를 거부한 채 계속해서 하나님께 반역을 일삼았다. 그러나 하나님은 그들에게 숨쉴 공기로부터 작물에 필요한 비에 이르기까지 생명 유지에 필요한 모든 것을 제공해 주셨다(마 5:45). 성부 하나님은 자기의 독생자를 통해 반역하는 백성들에게까지 구원의 손길을 펴셨다. 그리스도의 죽음으로 하나님은 우리의 채무를 변제하시고 죄를 용서하셨다(골 2:13). 그분은 또한 성령을 우리 심령에 거하게 하셔서 성령의 완전한 길을 따라 살 수 있도록 해주셨다(갈 5:16-18). 하나님은 예수님을 통해 화목의 첫 단계를 밟으시고 모든 사람들에게 구원의 선물을 값없이 주셨다. 누구든지 와서 값없이 주시는 선물을 받을 수 있다(엡 2:8-9; 계 22:17). 하나님의 값없이 주신 선물을 이용하라. 얼마나 심오한 진리이며 놀라운 소식인가!

5:11-12 우리가 주의 두려우심을 알므로 사람을 권하노니 우리가 하나님 앞에 알리워졌고 또 너희의 양심에도 알리워졌기를 바라노라

바울은 모든 인간이 그리스도의 심판대 앞에 설 것이라는 점을 고린도 교인들에게 상기시킨 후 이 엄중한 사실에 비추어 자신의 동기와 행위를 살펴보았다고 설명하고 있다. 그는 하나님이 자신의 동기를 살피신다는 것을 알았다. 그리고 그 사실을 자신에게 상기시켰다. 그의 인생은 하나님 앞에 펼쳐져 있는 책과 같았다. 하나님이 이미 알고 계시기 때문에 자신이 **신실하다는** 것을 입증할 필요가 없었다. 바울은 고린도 교인들도 자신의 행위가 하나님을 향한 건강한 경외감의 발로-탐욕이나 그 외 죄악된 동기가 아니라-임을 이해하기를 바랐다.

바울은 하나님을 두려워했다. 바울이 사용한 '두려움'에 해당하는 헬라어는 포보스(phobos)라는 단어로, 영어 단어 'phobia'의 어원이다. 포보스는 공포감에서 외경심에 이르기까지 두려움과 관련된 모든 것에 사용될 수 있다. 독립심, 용기, 자립 정신이 필수 덕목으로 강조되는 시대에 사는 현대인들이 무엇인가를 두려워해야 하는 이유가 무엇인지 이해하기란 쉽지 않을 것이다. 설교자들은 두려움을 하나님을 섬기는 동기 정도로 대충 해석하여 넘어가고, 그리스도인들에게 사랑의 동기를 더 강조하는 경향이 있다(5:14을 참조하라). 그러나 많은 사람들은 두려움이 근본적으로 나쁜 것이 아니라는 사실을 망각한다. 두려움은 사람들이 낙하산 없이 비행기에서 뛰어내리지 않도록 지켜준다. 두려움은 자연 법칙에 대한 건강한 경외심으로부터 한 국가의 법에 대한 존중심까지 모든 것을 망라한다. 성경은 하나님을 두려워하지 않는 자들은 심판을 피할 수 없을 것이라고 말한다(시 36:1-12; 55:19-23). 그러나 하나님에 대한 두려움은 우리에게 지혜를 주고 악을 피하도록 도와준다(잠 15:33; 16:6). 따라서, 하나님에 대한 두려움은 하나님의 완전한 속성과 위대한 권능에 대해 마땅히 가져야 할 경외감의 표현이라고 할 수 있다. 악과 반역의 길을 떠나지 않는 자들에게 하나님을 명상하는 일은 공포심을 유발할 것이다. 그들의 길은 하나님의 정죄를 받았고 그들의 길은 사망으로 인도되는 길이다(2:14-16을 참조하라). 반면에 성도들이 하나님을 묵상하면, 그분의 위대하심 앞에서 두려움과 놀라움에 젖어 경외하는 마음으로 충만할 것이다.

주님에 대한 거룩한 두려움을 가지는 것은 성도들이 공포에 떤다는 의미는 아니다. 오히려 하나님의 완전하심과 그가 모든 사람의 행위를 심판할 것을 아는 성도는 선행을 행하고 하나님을 기쁘시게 하는 일에 전력 투구하게 된다(잠 8:13). 여호와를 두려워하는 것은 성도들이 인생의 온갖 염려와 걱정에서 자유하도록 해준다. 전능하신 하나님이 '우리를 위하심'을 알게 되면(롬 8:31) 세상의 모든 권세-사람들, 정부, 자연의 횡포-를 두려워하지 않게 된다(잠 3:25-26). 하나님께서 자기 백성을 돌보시기 때문이다. 하나님에 대한 두려움이 결국 인생의 부침 속에서 범상치 않은 용기를 발휘하도록 고취시킨다는 것은 아이러니다.

우리가 다시 너희에게 자천하는 것이 아니요 오직 우리를 인하여 자랑할 기회를 너희에게 주어 마음으로 하지 않고 외모로 자랑하는 자들을 대하게 하려는 것이라

이 편지에서 바울은 고린도 교인들에게 자신을 자랑하지 않으려고 극도로 조심했다. 그는 여러번 자신을 그러한 자랑을 하지 않는다고 명확히 표현했다(3:1; 10:18을 참조하라). 바울은 자기를 자랑하다가 자기의 영성과 업적을 자랑스럽게 떠벌리는 거짓 설교자들처럼 행할 수 있는 덫에 쉽사리 빠지게 되리라는 것을 알았다.

고린도의 바울 비판자들은 이 세상에서 출세하는 일에 관심이 많았다(2:17을 참조하라). 그들은 돈과 명성을 얻기 위해 복음을 전했다. 그들은 외적인 것, 즉 유창한 화술(11:5-6; 고전 2:1), 공식적인 천거서(3:1), 인상적인 자기 표현(10:10-11을 참조하라)을 자랑으로 삼았다. 반대로 바울과 그의 동역자들은 영원에 대한 관심과 최후의 심판자이신 하나님을 기쁘시게 해 드릴 목적으로 복음을 전했다. 고린도 교인들은 이러한 인상적이고 화려한 쇼에 매료되고 그들의 놀라운 웅변술에 현혹되었다. 자신들도 모르는 사이에 그들은 하나님의 시각을 발견하고자 분투하던 노력을 포기하고 말았다.

고린도 교인들처럼 과장되고 화려한 쇼에 현혹당하지 말라. 오히려 하나님의 말씀으로 설교자나 선생을 판단하라. 그들의 인격과 성실성을 면밀히 살피라. 설교자가 그리스도보다 자신에 대해 관심이 더 많다면 그 사람과 그의 메시지를 피하라.

5:13 우리가 만일 미쳤어도 하나님을 위한 것이요 만일 정신이 온전하여도 너희를 위한 것이니

여기서 사용된 미쳤다는 바울의 표현이 정확히 어떤 의미인지는 확실하지 않다. 혹자는 바울이 '미쳤다'에 해당하는 헬라 단어로 **엑스타시스**(*ekstasis*, 영어 단어 'ecstasy'의 어원)를 사용하기 때문에 환상과 그 외 다른 황홀한 영적 체험을 말하는 것이라고 주장한다. 고린도 교인들이 황홀한 영적 은사-방언의 은사-에 너무나 깊이 빠져 더 중요한 문제들인 사랑과 그리스도 안에서 서로 세우는 일을 태만히 했다는 것은 고린도전서에서 분명히 지적한 적이 있다(고전 13:1-14:5을 참조하라). 이 절에서 바울은 자신이 황홀한 체험을 했다면, 그것은 자신의 개인적인 교화를 목적으로 한다고-남들에게 내보이기 위한 목적이 아니라- 말하고 있다.

어떤 이들은 '미쳤다'는 헬라어가 단순히 바울이 '미쳤다'는 의미일 뿐이라고 주장하기도 한다. 마가가 이러한 의미로 이 단어를 사용하여 예수의 가족들이 그가 '미쳤다'고 생각하는 내용을 기술한 적이 있다(막 3:21을 참조하라). 고린도 교인들은 바울이 정신적으로 문제가 있다고 생각하기 시작했을 것이다. 그는 온갖 시련과 역경과 고통을 즐겁게 받았고 심지어 그 목록까지 작성했다(4:7-9을 참조하라). 후에 베스도는 바울의 사그러들지 않는 복음의 열정을 보고는 그에게 미쳤다고 말하기도 했다(행 26:22-24을 참조하라). 바울은 고린도전서에서 이미 복음과 복음 전도자가 이 세상의 지혜로운 자들에게는 어리석게 보일 것이라고 고린도 교인들에게 경고한 바 있다(고전 2:7-16). 이것이 바울이 표명하고자 한 생각이라면, 그는 하나님과 복음에 대한 열정 때문에 자신이 바보처럼 행하고 있다고 말하고 있는 것이다.

바울이 의도한 의미가 명확히 표현되지 않았다 하더라도, 그 핵심은 아주 분명하다. 바울은 이기심이나 권력욕 때문에 사역하지 않았다는 것이다. 그가 하는 모든 일-미치든지 혹은 정신이 온전하든지 상관없이-은 오로지 하나님과 고린도 교인들의 영적인 유익을 위한 것이었다.

5:14 그리스도의 사랑이 우리를 강권하시는도다 우리가 생각건대 한 사람이 모든 사람을 대신하여 죽었은즉 모든 사람이 죽은 것이라

바울과 그의 동역자들이 행한 모든 일을 하나님을 영화롭게 하는 데 목적이 있었다. 하나님에 대한 경외감이 그들의 동기로 작용하였고(5:11을 참조하라), 그리스도의 사랑이 그들의 행동을 지배했다. '강권하다'에 해당하는 헬라어는 '단단히 붙잡다'는 의미다. 다시 말해서 그리스도에 대한 사랑이 일정한 행동의 경로로 걸어가도록 그들을 제한했다는 말이다. 그들은 예수께서 위대한 사랑으로 그들을 위해 자기 생명을 포기하셨음을 알았다. 그분은 자신의 유익을 따라 행동하지 않으셨고, 자신이 이미 소유하셨던 하늘의 영광에 이기적으로 집착하지 않으셨다(빌 2:6). 오히려 예수께서는 십자가에서 기꺼이 죽는 길을 선택하셨다.

예수님-하나님의 완전한 아들-은 십자가에서 모든 죄인들에게 내린 저주를 짊어지셨기 때문에 모든 사람을 위해 죽으신 것이다. 그래서 그리스도께서 십자가에서 죽으실 때, 하나님은 모든 죄인들이 자신들의 죄와 함께 십자가에서 죽음을 당했다고 여기셨다(요 3:16-17; 롬 5:8). 그래서 이 진리를 받아들이고 예수를 믿는 자들이 하나님께 지은 죄를 용서를 받을 수 있는 것이다.

5:15 저가 모든 사람을 대신하여 죽으심은 산 자들로 하여금 다시는 저희 자신을 위하여 살지 않고 오직 저희를 대신하여 죽었다가 다시 사신 자를 위하여 살게 하려 함이니라

그리스도께서 최종적 제사, 즉 모든 사람을 위하여 기꺼이 죽으셨기 때문에 예수님을 믿는 자들은 그리스도를 위해 살기 위해 이기적인 옛 방식들을 기꺼이 포기할 수 있어야 한다(롬 6:6-14; 갈 2:20; 골 2:20). 바울과 같이 우리도 더 이상 우리 자신을 위해 살지 말아야 한다. 우리 자신에 대해서는 죽고 그리스도를 위해 살아야 한다(롬 6:22). 그는 지금 살아 계시며 우리를 위하여 하나님께 중재하고 계신다.

 **문화 저항적 기독교**

그리스도의 죽음을 생각하면, 그리스도인들에게는 이기적으로 살 권리가 없다고 바울은 주장한다(5:14). 이러한 성경의 사상은 오늘날의 문

화를 정면으로 부정한다. 20세기 중반의 대중 잡지 제목은 일반적으로 라이프, 룩, 타임과 같은 이름을 달고 있었다. 새 천년이 다가오면서 잡지 제목들-피플, 우리, 자아-은 더욱 더 자기 중심적으로 변질되어가는 사회를 반영해 주었다. 당신이 그리스도를 닮아가는 생활 방식을 반영한 내용을 담은 새로운 잡지의 새로운 제목과 포맷을 제출하기 위해 연구해왔다고 상상해 보라. 잡지의 제목을 어떻게 짓겠는가? 이 잡지에 실을 특징적인 기사는 무엇으로 정하겠는가? 편집장이라면 어떠한 생활방식을 이슈로 다루겠는가? 어떤 방법을 사용하여 사회의 가치와 대항하라고 그리스도인들을 격려하겠는가?

5:16-17 그러므로 우리가 이제부터는 아무도 육체대로 알지 아니하노라 비록 우리가 그리스도도 육체대로 알았으나 이제부터는 이같이 알지 아니하노라

한때 바울은 예수님을 육체대로(세상적 관점으로) 평가한 적이 있었다. 헬라어로 '육체를 따라' 는 문자적으로 '인간적 기준에 의해' 라는 의미다. 바울은 학식 높은 유대인으로서 메시아를 대망했다. 그러나 당시의 유대인들은 로마의 통치에서 자신들을 해방시켜 줄 강력한 정치적 메시아를 고대하고 있었다. 그러나 예수님은 죽임을 당하셨고, 그것도 로마에서 가장 잔혹한 사형법인 십자가형을 받으셨다. 신명기 21:23이 "나무에 달린 자는 하나님께 저주를 받았음이니라"고 기록하고 있기 때문에, 유대인들은 십자가에서 죽는 것은 하나님의 거부의 증거라고 여겼다. 인간의 기준에 따르면, 예수님은 경배를 받으실만한 분이 아니라 범죄자처럼 죽임을 당한 하찮은 인간에 불과했다.

다메섹으로 가는 도중에 부활하신 그리스도를 만난 바울에게 근본적인 사고의 변화가 일어났다(행 9:1-15). 그는 율법 선생들과 명망 높은 가말리엘 문하에서 배우고 훈련받았지만 진리로 인도함을 받지 못했다. 세상의 지혜로는 세상을 구원하시는 구세주를 만날 수 없었다(하나님께서 구원 계획에 인간적인 지혜를 허락하지 않으신 이유에 대해 바울이 설명한 내용을 참고하려면, 고전 2:1-16을 참조하라).

예수님과의 이 인격적인 만남만이 예수께서 십자가에서 성취하신 일에 비추어 자신의 생애를 재평가해야 할 필요성을 바울에게 설득할 수 있었다. 예수께서는 남을 위하여 자신의 생명을 포기하셨다. 여기는 유대인들뿐 아니라 이방인들도 포함된다(베드로가 이 사실을 발견하는 장면에 대해서는 행 10:34-44을 참조하라). 바울은 바리새인으로서 믿지 않는 이방인들과의 접촉을 제한하는 유대법과 유대적 전통을 엄격하게 고수하던 사람이었다(이방인의 집에 들어갈 때 베드로가 보인 반응에 대해서는 행 10:12-16, 28-29을 참조하라). 그러나 그리스도께서 이루신 일 앞에서 그는 그러한 유대인의 양심을 포기하고 이방인들을 예수 그리스도를 믿는 신앙으로 인도하는 일에 투신했다(롬 11:13; 15:16). 그는 모든 사람-유대인이나 이방인 모두-이 하나님 앞에서 전적으로 무가치한 존재라고 인식했다(롬 3:19). 이 사실을 인정하고 회개하며 예수님을 자신들의 주와 그리스도로 믿는 사람은 유대인이든 이방인이든 막론하고 기독교 공동체에 속할 수 있었다(엡 3:6). 바울은 더 이상 외적인 기준-특정한 민족적, 혈통적 기원-을 의지하지 않았다. 이제는 그리스도의 관점에서 사람들을 재평가하게 된 것이다.

그런즉 누구든지 그리스도 안에 있으면 새로운 피조물이라 이전 것은 지나갔으니 보라 새 것이 되었도다

그리스도인들은 완전히 새롭게 창조된 사람들이다. 성령께서 그들에게 새로운 생명을 주시기 때문에 이제는 이전과 완전히 다른 존재가 된다. 그리스도인들은 개혁이나 부흥이나 재교육을 받은 존재가 아니라, 그리스도와 근원적으로 연합되어 살아가는(골 2:6-7) 재창조된 존재(새로운 피조물)다. 회심한 성도들은 단순히 마음을 고치는 수준이 아니라 새 주인 아래서 전혀 새로운 인생을 시작하는 것이다.

예수님은 각 그리스도인들을 재창조하시는 데 그치지 않고 그들을 완전히 새로운 질서 속으로 통합시키는 일을 하신다. 그리스도께서 십자가상에서 이루신 일을 통해 형성되기 시작한 이 새 피조물 속에는 믿음의 공동체와 모든 창조 세계가 포함된다(롬 8:20-21; 엡 1:9-10을 참조하라). 온 세상이 이렇게 재창조되리라는 것은 이사야 선지자가 예언하였던 내용이다(사 65:17을 참조하라). 완전히 새로운 이 피조물이 갖는 중요한 측면은 사람들이 자신의 창조주와 화목하고 다른 사람들과도 화목하게 된다는 것이다. 유대인과 이방인의 구별이 철폐된다. 오직 새로운 피조물이 있을 뿐이다(갈 6:15을 참조하라). **이전 것은 완전히 다 사라졌다.** 죄와 사망의 옛 질서가 사라졌다. 이기적이고 죄악된 인간 본성은 치명타를 입었다(갈 5:16-21, 24을 참조하라). 그리스도 안에 있는 자들에게는 옛 사고 방식과 묵은 차별이 다 폐지된다. 그 자리에 새로운 것이 시작된다. 바울은 이 새로운 질서의 도래에 관심을 집중시키기 위해 '보라'라는 단어로 그 사실을 선포한다.

새 생명

바울은 그리스도 안에서 완전히 새로운 피조물에 대해 선언했다. 이 구절은 지나칠 정도로 자주 개인주의적으로 다루어져 주요 핵심이 희석되는 부작용을 낳았다. 많은 사람들이 이 구절을 "누구든지 그리스도 안에 있으면 그 사람은 새로운 피조물이다"라고 설교한다. 이것이 틀린 것은 아니지만 바울이 말하고자 하는 바는 그 이상이다. 성도들은 내면적으로 변했을 뿐 아니라(그리스도 안에서 신비한 새 피조물이 되었을 뿐 아니라) 창조적인 에너지의 완전히 새로운 체계가 그리스도와 더불어 시작된 것이다. 새로운 언약, 새로운 전망, 새로운 몸, 새로운 교회가 존재하게 된 것이다. 모든 피조물이 새로워지고 있다.

그러므로 정신을 차리고 주목하라. 낡고 오래된 방식들이 새로운 것으로 교체되고 있다. 이 변화는 새로운 것이 다시 등장하면 그대로 사라져 버리는 피상적인 변화가 아니다. 그리스도의 권위 아래 있는 모든 피조물의 완전히 새로운 질서. 그것은 모든 사람들과 모든 피조물을 완전히 새로운 방식의 시각으로 볼 것을 요구한다. 당신의 삶에도 이 새로운 시각이 적용되고 있는가?

5:18 모든 것이 하나님께로 났나니 저가 그리스도로 말미암아 우리를 자기와 화목하게 하시고 또 우리에게 화목하게 하는 직책을 주셨으니

이 새로운 피조물은 인간적인 노력과 전혀 무관하다. 하나님이 직접 그 일을 시작하셨기 때문이다. 하나님만이 인간들이 자신에게 나아오는 것을 허용하실 수 있다. 하나님만이 자기 자신의 의로운 요구를 만족시키실 수 있다. 하나님만이 구원을 베푸실 수 있다. 하나님은 구원을 시작하시고 완성하시는 분이시다(히 12:2을 참조하라). 하나님은 우리의 죄과를 도말하시고(엡 2:13-18도 참조하라) 우리를 의롭게 하심으로써 자기 백성된 우리를 자기에게 나아오게 하셨다-다시 말해서 **우리와 화목하셨다**. 성도들이 그리스도를 의지할 때 더 이상 하나님의 원수가 되지 않는다. 그리스도께서 십자가 위에서 이루신 자기 희생적 사역을 통해 하나님은 성도들을 자기 가족의 일원으로 삼으신다. 예수께서는 우리를 대신하여 죽으심으로 우리가 하나님과 사귐을 누리도록 하셨다(고전 15:3).

성도된 우리가 하나님과 화목하였기 때문에, 사람들이 하나님의 값없이 주시는 선물을 받아들이고 화목하게 되도록 권면할 수 있는 권리가 우리에게 있다. 이것을 **화목하게 하는 직책**이라고 부른다. 바울은 그리스도를 통하여 하나님과 화목함을 경험하였기 때문에 그 소식을 전파하는 일을 평생의 소명으로 삼았다: "곧 우리가 원수되었을 때에 그 아들의 죽으심으로 말미암아 하나님으로 더불어 화목되었은즉 화목된 자로서는 더욱 그의 살으심을 인하여 구원을 얻을 것이니라"(롬 5:10). 오늘날 교회는 그 복음을 전해야 할 빚을 세상에 지고 있다.

5:19 이는 하나님께서 그리스도 안에 계시사 세상을 자기와 화목하게 하시며 저희의 죄를 저희에게 돌리지 아니하시고 화목하게 하는 말씀을 우리에게 부탁하셨느니라

연이어서 이 절은 '화목하게 하는 직책'의 내용을 요약하고 있다. 하나님께서는 바울과 다른 기독교 복음 전도자들에게 하나님께서 그리스도를 통하여 죄인을 구원하신다는 놀라운 소식을 맡기셨다. 바울은 자신이 전해준 메시지의 핵심을 고린도 교인들이 망각하기라도 한 것처럼 반복해서 강조하고 있다. **저희의 죄를 저희에게 돌리지 아니하심으로**(사람들의 죄를 그들에게 불리하도록 더 이상 계산하지 않음으로써) 그리스도께서는 세상을 하나님과 화목하도록 하셨다. 바울은 '돌리다'(계산하다)의 헬라어를 헬라인들이 채무자에게 빚을 계산할 때 흔히 쓰는 단어를 사용했다. 그러므로 하나님은 더 이상 사람들의 빚을 계산하고 계시지 않으시고, 오히려 그들에게 더 많은 것, 즉 보배로운 구원의 선물을 베풀어 주시는 분인 것이다.

'죄'(파라프토마타, *paraptomata*)에 해당하는 헬라어는 문자적으로 '벗어나다'(fall beside), 다시 말해서 '실책'(failing)을 의미한다. 바울은 하나님의 길에서 이탈한 것은 무엇이나 이 단어로 표현했다. 그러나 하나님은 그리스도의 십자가상의 죽음을 통해 타락한 모든 사람들-유대인과 이방인 모두-을 되찾고 계신다(롬 5:10; 엡 2:14-17). 우리가 하나님과 원수 되었지만 그리스도께서 우리에게 찾아오셔서 우리를 파멸에서 구원하신다. 그는 우리가 깨끗한 마음으로 하나님께 나아갈 수 있도록 정결하게 씻어주시기까지 하신다(골 1:21-22).

5:20-21 이러므로 우리가 그리스도를 대신하여 사신이 되어 하나님이 우리로 너희를 권면하시는 것같이 그리스도를 대신하여 간구하노니 너희는 하나님과 화목하라

사신(대사)은 다른 국가로 파견되는 한 나라의 공식적 대표다. 1세기의 사신은 왕의 칙서를 가지고 다른 나라로 갔던, 나이가 지극한 고위 관리였다. 칙서의 내용은 단순한 축하 인사일 수도 있고 공식적인 항의 표명일 수도 있었다. 바울은 자신과 자신의 동역자들을 세상에 파견된 그리스도의 대표, 즉 그리스도의 사신이라고 표현했다(5:19).

바울은 하나님의 대변인이었다. 그가 선언하는 메시지는 사실상 세상에 대한 하나님의 권면이었다. 바울은 복음을 선포하는 이 권위를 하나님께 직접 받았다. 하나님은 바울이 특별히 유능한 연설가거나 합당한 신임장을 가졌기 때문에 이 권위를 주신 것이 아니었다. 하나님은 단순히 자신의 간곡한 메시지를 전달할 목적으로 바울을 선택하셨다. 바울이 하나님의 메시지에서 이탈하면 하나님의 사신이라는 이 권위를 상실하였을 것이다

(고전 12:3을 참조하라).

그리스도를 대신하여 전해야 하는 바울의 메시지는 무엇인가? 그것은 하나님과 화목하라는 내용이었다. 바울은 이 명령을 수동형으로 표현한다. 그는 사람들에게 스스로 화목하라고 명령하고 있지 않다. 그들에게는 그럴 능력이 없다. 바울은 그들이 하나님과 화목해질수 있고, 하나님의 값없이 주시는 화목의 선물을 받아야 한다고 말하고 있다. 바울은 이 말씀을 마지못해 선언하지 않았다. 그는 자신의 말에 귀기울이는 모든 사람에게 하나님의 값없이 주시는 구원의 선물을 받으라고 간청했다. 심지어 강권하고 호소했다. 참으로 긴박한 사안이었다. 그것은 그들의 영원한 운명을 바꾸는 것이었기 때문이다.

하나님이 죄를 알지도 못하신 자로 우리를 대신하여 죄를 삼으신 것은

예수께서는 완전히 무죄하셨지만 하나님은 죄를 알지도 못하신 그분을 우리를 대신하여 죄를 삼으셨다. 바울이 이 구절에서 의도한 바가 무엇인지 추측하는 견해가 세 가지 있다: (1) 예수께서 십자가 위에서 죽으실 때 죄인이 되셨다. 이 견해는 당연히 사실과 거리가 멀다. 예수께서는 율법을 어기신 적이 전혀 없었다. 무죄한 희생제물(히 7:26)이 되신 동시에 죄인일 수는 없는 것이다. 그분이 우리의 죄악의 결과인 죽음을 자기 몸으로 당하신 것은 '우리를 대신한 것'이었다. (2) 어떤 이들은 이 구절이 유대교의 제사 제도와 관련이 있다고 생각한다. 하나님께서는 완전하시고 무흠하신 예수님(고전 5:7)을 모든 인류를 위하여 드리는 속죄제물로 삼으셨다는 것이다(롬 3:25; 히 13:11-14을 참조하라). 바울이 그리스도가 우리를 위한 속죄제였다고 가르치기는 하지만 '죄'에 해당하는 헬라어, **하마르티아**(*hamartia*) 역시 속죄제의 의미로 사용될 수 있기 때문에, "속죄제를 알지도 못하신 자로 속죄제를 삼으신 것은(속죄제를 드린 적이 없는 그가 속죄제물이 되었다)"이라고 바울이 말했다면 혼란스러웠을 것이다. (3) 가장 가능성이 높은 해석은, 갈라디아서 3:13에 언급된 대로 그리스도께서 우리의 죄의 결과와 형벌을 지셨다고 보는 것이다:

"그리스도께서 우리를 위하여 저주를 받은 바 되사 율법의 저주에서 우리를 속량하셨으니 기록된 바 나무에 달린 자마다 저주 아래 있는 자라 하였음이라"

다시 말해서, 하나님은 완전히 결백하시고 완전하신 예수님을 죄와 동일하게 만드셔서 그분이 그 죄를 다 짊어지시도록 하신 것이다.

이 세상에서 자신이 완전하다고 주장할 수 있는 자는 전혀 없다. 죄는 생활의 일부다. 많은 사람들은 다른 사람들의 부정직, 자기 중심적 태도, 이기심을 일상적으로 접할 수 있다고 생각한다. 세상이 그렇지 않다면 오히려 더 놀랄 것이다. 이러한 이유에서 예수님 시대의 많은 사람들이 예수님의 삶을 보고 놀라움을 표시한 것이다. 그들은 예수님에게서 책잡을 만한 것을 전혀 찾지 못했다(눅 23:4-22의 빌라도의 말과 눅 23:41-48의 백부장의 말과 마 3:17; 17:5의 하나님의 증언을 참조하라). 예수님을 가장 가까이 모시며 따랐던 제자들은 그분의 행위에서 전혀 악을 발견하지 못했다(벧전 2:22의 베드로의 증언과 요일 3:5의 요한의 증언을 참조하라). 바울은 죄를 알지도 못한다는 이 표현에 개인적인 방식으로 '알다'는 의미의 헬라어를 사용하고 있다. 그렇다면 바울은 여기서 예수님이 죄를 범하는 것이 무엇인지 전혀 모르셨다는 것을 강조한다고 할 수 있다. 그는 항상 하나님의 길만을 따라갔던 것이다.

우리로 하여금 저의 안에서 하나님의 의가 되게 하려 하심이니라

예수께서는 성도들을 위하여 그들의 죄의 결과를 감당하셨다. 완전하고 결백하신 예수께서 죄의 형벌-사망-을 받으셨기 때문에 자기를 믿는 자들에게 자기의 의를 주실 수 있다. 사람들이 그리스도를 믿을 때 그들의 죄와 예수님의 의를 상호 교환한다. 예수께서 십자가에 못박히실 때 성도들의 죄가 그분에게 놓여졌다. 성도들이 회심할 때 그분의 의가 그들에게로 전가된다. 이것이 그리스도께서 죄를 대속하셨다는 의미다.

5:21에 기록되어 있는 사실이 없다면 기독교는 완전히 부질없는 기대,

'그렇게 되었으면'의 종교로 전락할 것이다. 여기서 바울은 성도들이 각기 '사망에서 생명으로'(요 5:24) 옮기게 되는 영원한 거래를 명확히 밝히고 있다. 우리를 향한 하나님의 사랑에 우리가 얼마나 감사해야 하겠는가.

6:1-2 우리가 하나님과 함께 일하는 자로서 너희를 권하노니 하나님의 은혜를 헛되이 받지 말라

자신과 자신의 동역자들이 고린도 교인들에게 하나님의 은혜를 헛되이 받지 말라고 권한 것은 무슨 뜻인가? '은혜'는 하나님의 분에 넘치는 호의다. 사람들은 예수를 믿음으로써 도저히 받을 수 없을 만큼 과분한 하나님의 선물을 받게 된다. 믿을 수 있는 능력조차 하나님이 주시는 선물이다(엡 2:8). 하나님은 인간이 자기와 화해할 수 있는 길을 예비해 놓으셨다. 그들이 할 일은 오직 이 좋은 소식의 선언에 반응하는 것 밖에 없다.

그렇다면 어떻게 인간이 하나님의 은혜를 '헛되이' 받을 수 있단 말인가? 주석가들은 이 절을 여러 가지 방법으로 설명해왔다. 하나님의 은혜를 무시하지 말라는 불신자를 향한 호소에서부터(히 2:2-4을 참조하라) 명목상의 그리스도인들에게 믿음 안에서 성장하라고 권하는 촉구(마 13:18-23을 참조하라)라고 보는 시각에 이르기까지 다양하다. 그러나 바울이 고린도 교인들에게 하나님의 은혜를 진지하게 받아들이고, 복음의 요구에 부응하는 삶을 살라고 촉구한다는 설명이 가장 가능성 있는 해석이다.

고린도전서에서 바울은 자기가 직접 닦은 확실한 터인 예수 그리스도의 복음의 진리 위에 짚과 그루터기로 세우지 말라고 고린도 교인들에게 경고한 바 있었다. 바울은 그들의 업적이 불의 시험을 받을 것이라고 경고하기도 했다. 공력이 불타 버린 사람은 구원을 받겠지만 큰 손실을 입을 것이다(고전 3:10-15을 참조하라).

이 편지에서 바울은 자신이 예수님 앞에 서야 할 것을 알기 때문에, 어떤 식으로 자신의 모든 행위에 대해 신중하게 평가하고 있는지 이미 언급한 바 있다(5:10을 참조하라). 이 편지의 말미에서 바울은 고린도 교인들에게 그들의 신앙이 순수한지 스스로 시험해 볼 것을 권면하고(13:5-6) 동시에 범죄하지 말 것을 당부한다(13:2-3, 7). 그러므로 이 구절에서 바울이 이미 예수님을 영접한 고린도 교인들에게 믿음에 대한 자신들의 고백에 맞는 삶을 살라고 간곡히 권고하고 있다는 해석이 가장 가능성이 높다(5:14을 참조하라).

바울은 어떻게 자신이 고린도 교인들의 종으로 섬겼는지(4:5), 그리고 자신이 한 모든 행위가 어떻게 해서 그들을 위한 일이었는지(1:6-7, 15; 2:10; 5:13) 조심스럽게 기술했다. 여기서 그는 그리스도의 사신이라는 권위에 기초하여 고린도 교인들을 가르치기 시작했다(5:14-21을 참조하라). 바울은 여전히 신중하다. 이전 편지에서처럼 명령조로 하지 않고(고전 7:10; 14:37) '권하고 있다'. '권하다'는 헬라어는 1세기에 고위층 인물이 명령을 할 수도 있지만 외교적으로 정중하게 요청할 때 사용하던 단어였다. 이 점을 감안한다면, 이 구절에서 바울은 자신의 사도적 권위를 행사하기 시작했다고 할 수 있다. 그리스도의 사신으로서 그에게는 진리를 믿는 자들을 인도해야 할 의무가 있었다.

가라사대 내가 은혜 베풀 때에 너를 듣고 구원의 날에 너를 도왔다 하셨으니 보라 지금은 은혜 받을 만한 때요 보라 지금은 구원의 날이로다

이사야 선지자는 하나님의 은혜의 때-하나님이 직접 정하신 때-를 예언했다. 그때에는 하나님이 자기 백성을 구원하실 것이다. 즉 그들을 속박에서 자유하게 하시고 고국으로 돌아와서 자신들의 재산을 되찾을 길을 열어 놓으실 것이다(사 49:8-12, 23-26을 참조하라). 하나님은 자신이 이스라엘의 구세주요 구속자임을 만방이 알도록 이 모든 역사를 행하실 것이다(사 49:26). 오래 전에 이사야의 메시지를 들은 히브리인들은, 이것을 하나님이 바벨론 포로 상태에서 이스라엘을 되돌아오게 하신다는 예언으로 이해하였을 것이다. 이 일은 실제로 성취되었다(에스라 1장을 참조하라). 그러나 바울은 이사야의 예언이 자기 시대에도 성취되고 있다고 이해했다. 하나님은 예수님을 지상에 보내셨다. 그때는 하나님의 은혜의 때였다. 더구나 예수께서 자기를 믿는 모든 사람들을 구원하시기 위해 십자가에서 죽으셨다(요 3:16-17). 그때는 **구원의 날**이었다. 그래서 이사야와 같이 하나님의 사자인 바울은 이사야의 메시지를 훨씬 더 긴박감을 가지고 반복하여 전했다. 바울은 이사야가 고대하였던 일이 이미 성취되었다고 선언한 것이다.

하나님은 모든 사람들에게 구원을 베푸신다. 많은 사람들이 더 좋은 때가 올 것이라고 생각하면서 하나님의 구원을 받아들이고자 하는 결단을 미룬다. 그러나 그들은 자신들에게 주어진 기회를 완전히 놓칠 수 있다. 하나님의 용서를 받기에 지금처럼 적당한 시간은 존재하지 않는다. 지금-즉 오늘-이 하나님께서 위대한 구원의 계획을 계시하신 날이다.

소중한 순간들

바울의 말을 빌리면 지금은 하나님의 은혜의 때다. 지금은 구원의 날이다. 바울은 '지금 그리스도인'이라고 부를 만하다. 바울에게 오늘은 하나님이 가장 중요하게 여기시는 시간이다. 고전적인 연재 만화에, 두 아이가 기억하고 기대하며 산다는 의미가 무엇인지 논쟁을 벌이는 장면이 있다. 어린 소녀는 마침내 이렇게 말한다. "어제는 과거이고 내일은 미래야. 우리에게는 항상 오늘만 있어. 오늘은 선물이야. 그래서 오늘을 '현재'(the present; 선물의 뜻도 됨)라고 부르는 거야". 하나님의 자비와 임재하심은 매순간 요청된다. 미래의 가능성을 어깨 너머로 슬쩍 훔쳐보고 넘겨다 볼 이유가 있다 하더라도 오늘의 주님은 우리가 후회 없이 인생 찬가를 부르라고 요청하신다. 당신을 과거의 인질로 붙들어 두는 후회는 무엇인가? 오늘 하나님께 순종하는 데 필요한 에너지를 어떤 꿈에 소비하고 있는가? 오늘을 두 번 다시는 되돌아오지 않는 거룩한 순간으로 하나님께 드리기 위해 지금 무엇을 할 수 있는가? 무엇을 할 것인지 확인했다면, 그 행동이 예배가 되게 하라.

고린도후서
6:3-7:1

6:3-13 고난을 인내하며 견디는 바울

³우리가 이 직책이 훼방을 받지 않게 하려고 무엇에든지 아무에게도 거리끼지 않게 하고 ⁴오직 모든 일에 하나님의 일꾼으로 자천하여 많이 견디는 것과 환난과 궁핍과 곤난과 ⁵매 맞음과 갇힘과 요란한 것과 수고로움과 자지 못함과 먹지 못함과 ⁶깨끗함과 지식과 오래 참음과 자비함과 성령의 감화와 거짓이 없는 사랑과 ⁷진리의 말씀과 하나님의 능력 안에 있어 의의 병기로 좌우하고 ⁸영광과 욕됨으로 말미암으며 악한 이름과 아름다운 이름으로 말미암으며 속이는 자 같으나 참되고 ⁹무명한 자 같으나 유명한 자요 죽은 자 같으나 보라 우리가 살고 징계를 받는 자 같으나 죽임을 당하지 아니하고 ¹⁰근심하는 자 같으나 항상 기뻐하고 가난한 자 같으나 많은 사람을 부요하게 하고 아무 것도 없는 자 같으나 모든 것을 가진 자로다 ¹¹고린도인들이여 너희를 향하여 우리의 입이 열리고 우리의 마음이 넓었으니 ¹²너희가 우리 안에서 좁아진 것이 아니라 오직 너희 심정에서 좁아진 것이니라 ¹³내가 자녀에게 말하듯 하노니 보답하는 양으로 너희도 마음을 넓히라

"기쁠 때나 슬플 때나 부유할 때나 가난할 때나 건강할 때나 병들었을 때나 죽음이 우리를 갈라놓을 때까지 사랑하고 아끼겠습니다." 이것은 결혼식에서 두 남녀가 결혼 서약을 맹세하는 내용이다. 이 서약서는 서로를 사랑하기로 약속하는 여러 가지 상황을 나열하고 있다. 바울은 이와 유사한 내용을 고린도 교인들에게 말하고 있다. 바울은 그리스도와 복음 증거라는 자신의 거룩한 소명에 충실하기 위해 자신이 견뎌온 온갖 상황을 열거하고 있다. 예수님을 위해서 갖은 역경-매 맞음과 갇힘과 자지 못함과 모욕-을 기꺼이 받아들였음을 증거하고 있다. 그는 그리스도께 온 마음을 다해 헌신하였다. 그가 당한 고난으로 증명된 이 놀라운 헌신은 그의 사도적 권위의 증거였다. 바울은 성공과 업적의 목록을 내놓는 대신 그리스도

를 위해 자신이 견뎌온 고통스러운 상황을 제시하고 있다.

6:3-5 우리가 이 직책이 훼방을 받지 않게 하려고 무엇에든지 아무에게도 거리끼지 않게 하고

바울은 불신자들과 신자들이 자기 삶을 주시하고 있음을 알았다. 하나님께서는 바울에게 복음의 메시지를 위탁하셨다. 바울은 하나님의 방식으로 자신의 삶을 헌신해야 했다. 그가 정직하고 깨끗한 양심으로 살고자 세심하게 주의를 기울인 이유가 바로 여기에 있었다(1:12을 참조하라). 그릇된 행위-혹은 옳지 않다고 생각하는 모든 것-는 무엇이든 복음의 메시지를 산만하게 만들 가능성이 있었다(4:2; 고전 1:17). 그러한 잘못으로 인해 바울의 직책이 훼방을 받을 수도 있었다. 바울은 자신의 행동으로 인해 하나님과 복음을 가로막는 불상사가 단 하나라도 생기지 않기를 바랐다. 그는 하나님의 영광스러운 구원 계획이 멸시당하는 것을 가장 두려워했다. 그리스도인이라면 이러한 관심을 갖는 것이 마땅하다. 하나님의 자녀로서 그리스도인들은 하나님께 속한 자처럼 살아야 한다.

오직 모든 일에 하나님의 일꾼으로 자천하여 많이 견디는 것과 환난과 궁핍과 곤난과

바울은 상상할 수 있는 모든 방법을 동원하여 열심히 하나님을 섬겼다. 자신이 그리스도의 신실한 종임을 입증하였다. 그러나 고린도 교인들은 바울의 자격과 나아가 사도적 권위까지 의심하기 시작했다(12:11을 참조하라). 이에 대해 바울은 자신이 하나님을 섬겨 온 다양한 상황을 열거하고 있다. 바울이 열거한 이 목록은 4:8-10과 유사한 고통스러운 상황들을 포함하고 있다. 이러한 고난은 설교자라면 대부분 자신의 청중들에게 들려주기를 회피할 만한 내용이다.

고통스러운 상황과 괴로운 고난은 인내를 배울 수 있는 기회가 된다(1:6의 바울의 설명을 참조하라). 이 구절은 바울이 변함없는 인내와 참음으로 온갖 환난에 대처하였음을 나타내고 있다. '환난'이라는 단어는 모든 종류의 역경을 가리키는 일반적인 용어다. 그리스도께서는 바울을 복음 전도자로 부르실 때 그가 큰 고난을 당할 것이라고 미리 경고하셨다(행 9:15-6을 참조하라). 바울의 사역이 중대한 국면에 직면할 때마다 성령께서는 복음을 전하는 마을과 도시와 촌락에서 그가 온갖 **궁핍**을 당할 것이라고 경고하셨다. 그러나 바울은 이러한 고난을 두려워하지 않았고 심지어 자신의 목숨까지도 연연해 하지 않았다. 그의 관심은 오직 자신의 사명에 집중되어 있었다. 그는 하나님께서 자신에게 주신 사명-복음 선포-을 성취하기를 원했다(행 20:23-24을 참조하라). 그는 자신을 그리스도의 사랑에서 끊을 것이 아무 것도 없음을 알았다. 환난이나 박해나 굶주림이나 벌거벗음도 그리스도의 사랑에서 끊을 수 없다고 확신하였다(롬 8:37-39을 참조하라). 바울은 믿음과 흔들림 없는 용기로 모든 곤란에 직면하였다. 이 세상에서는 고난을 당하지만 인생의 경주를 끝마치면 놀라운 구세주 예수님과 함께 있을 것을 알았기 때문이다(4:17-8).

매 맞음과 갇힘과 요란한 것과

바울은 예수를 위해 자신이 견딘 고난을 일반적인 용어로 기술한 후 하나님을 섬긴 구체적인 상황을 거론하기 시작한다. 11장은 이 어려움 가운데 일부를 훨씬 더 상세하게 기술하고 있다.

그리스도를 전하기 위해 바울은 **매를 맞았다**. 11:23-25에서 바울은 유대인들에게 사십에 하나 감한 매를 다섯 번 맞았다고 술회하고 있다. 그는 또한 복음을 전하다가 세 도시에서 당국에 의해 3번 태장을 맞은 적도 있었다. 누가는 사도행전에서 바울과 실라가 빌립보에서 이러한 벌을 받았다고 기록하고 있다(행 16:23).

바울은 빌립보에서 감옥에 **갇히기도 했다**(행 16:23). 바울은 거의 모든 도시에서, 분노한 유대인들이 선동한 성난 폭도들(요란한 것)과 맞닥뜨렸다. 비시디아 안디옥에서 유대인들은 그 도시의 고위층을 선동하여 바울을 추방하였다(행 13:49-52). 이고니온 사람들은 바울을 돌로 쳐 죽일 음모를 모의하였다(행 14:5-6). 루스드라에서는 성난 폭도들이 바울을 돌로 쳤지만 그는 기적적으로 살아나 다음 도시로 가서 복음을 전했다(행 14:19). 빌립보에서는 폭도들이 바울과 실라를 붙잡아 감옥에 투옥시켰다(행 16:19-24). 데살로니가에서는 바울을 노리는 군중이 야손의 집을 에워쌌다 (행 17:5). 에베소에서는 분이 가득한 은장색이 바울 일행을 붙잡아가기도 했다(행 19:23-41). 고린도에서도 고린도의 유대인들이 사역 중인 바울을 붙잡아서 총독 앞으로 끌고 가기도 했다(행 18:12-17). 바울은 복음을 전하는 곳마다 분노한 폭도들을 만났다. 그는 반대에 부딪혔지만 예수께서 그러한 어려운 상황을 통해 자신을 만나주시기를 기대하였다(1:3-7을 참조하라).

갇혔지만 매이지 않는 사람

감옥에 투옥되면 많은 사람들이 원한을 쌓거나 자포자기하겠지만, 바울은 감옥에 구금된 상황 역시 그리스도의 복음을 전하는 또 다른 기회로 여겼다. 바울은 현재의 환경이 생각한 것만큼 중요하지 않다는 것을 깨달았다. 부정적인 상황을 긍정적인 기회로 바꾸어 궁정 수비대의 로마 군인들에게 복음을 전하였고, 박해를 두려워하는 그리스도인들을 격려하였다. 우리가 바울처럼 감옥에 갇혀 있는 상태는 아니지만, 낙담하기 쉬운 많은 일들을-해결 안된 상태에서 기다려야 하는 시기, 재정적 부담, 가족간의 갈등, 교회 내부의 문제, 실직-만나게 된다. 그러한 상황에서 우리의 반응은 우리가 무엇을 믿는지를 반영할 것이다. 바울처럼 극한 상황에서도 믿음을 증명할 수 있는 방법들을 찾아보라. 상황과 관계없이 당신의 신앙이 더욱 견고해질 것이다.

수고로움과 자지 못함과 먹지 못함과

바울은 외부의 박해로 인해 겪은 고난을 열거한 후 복음을 위하여 자발적으로 받은 고난을 언급한다. 바울은 그리스도를 위하여 받는 온갖 반대를 억지로 견디지 않은 것은 물론이고, 복음 전파를 지속할 수 있도록 개인적인 희생도 마다하지 않았다.

바울은 복음을 전해 준 사람들, 특별히 고린도 교인들에게 부담을 주지 않으려고 기진할 때까지 **수고하였다**(11:9을 참조하라). 데살로니가에서 그는 밤낮을 가리지 않고 일했다. 아마 이 때문에 바울은 자지 못한 적도 있었을 것이다(살전 2:9; 3:8). 그가 육체적 노동을 위해 밤을 지새운 적도 있었겠지만, 교회를 위해 기도하면서 밤을 지새우기도 했을 것이다(11:28을 참조하라; 바울의 기도에 대해서는 롬 1:10; 엡 1:16; 빌 1:4을 참조하라). 게다가 바울은 먹지 못한 때도 있었다. 자신이 목양하는 형제들에게 경제적 부담을 주지 않기 위해 먹지도 않았을지 모른다(11:7-10을 참조하라).

6:6-7 깨끗함과 지식과 오래 참음과 자비함과 성령의 감화와 거짓이 없는 사랑과

그리스도를 위하여 자신이 겪었던 고통스러운 상황의 목록 중에서 바울은 효과적인 복음 사역의 다섯 가지 특성을 열거하고 있다.

첫째, 그와 그의 동역자들은 **깨끗하게** 행하였다. 깨끗하다(순결하다)는 어떠한 오점도 없다는 것을 의미한다. 바울의 행동(딤전 5:22)과 생각(빌 4:8)은 순결했다. 바울은 고린도를 방문하였던 많은 설교자들의 말씀을 오염시켰던 설교자의 거짓된 동기-탐욕과 이기심-를 염두에 두었을 수 있다(이러한 순회 설교자들에 대해서는 4:2의 설명을 참조하라).

둘째, 그와 그의 동역자들은 **지식**이 있었다. 이것은 정보가 많다는 의미가 아니라, 복음의 메시지를 명확하게 이해했다는 의미이다. 그리스도는 바울에게 구원의 신비를 계시해 주셨다(엡 3:6). 바울은 복음을 이해하고 그 복음을 확실하게 전달해야 함을 알았다(1:12).

셋째, 그들은 **오래 참았다.** 바울은 이러한 온갖 어려운 상황을 통해 인내를 배웠다. 그러나 궁극적으로 그가 인내할 수 있었던 것은 성령께서 힘을 주셨기 때문이다. 갈라디아서에서 바울은 "성령의 열매는 사랑과 희락과 화평과 오래 참음과 자비와 양선과 충성과 온유와 절제니"(갈 5:22-23)라고 분명하게 진술하였다. **성령께서는** 바울이 모든 수고를 할 수 있도록 능력을 부여하셨다. 바울의 성격적 특성도 그 자신의 노력에 의한 것이 아니라 그 안에 내주하시는 성령의 열매였다.

넷째, 그들은 **자비함**으로 사람들을 대하였다. 성령의 권능으로 바울은 자신의 욕구를 만족시키지 않고 이웃의 필요를 돌아보는 법을 배웠다. 하나님께서 자신을 위해 어떠한 일을 행하셨는지 깨달은 바울은, 사람들에게 자신이 받은 자비를 동일하게 표현하기 위해 진력하였다.

마지막으로, 그들에게는 **거짓이 없는 사랑**이 있었다. 예수께서 십자가에서 죽으심으로 고린도 교인들에게 보여주신 자기 희생적 사랑(롬 5:5을 참조하라)을 바울은 자신의 사역을 통해 그대로 실현하고자 애를 썼다.

진리의 말씀과

바울이 복음을 선포하면서 온갖 반대를 만났지만 진리의 말씀을 선포하는 일을 포기하지 않았다. 순회 설교자들이 거짓 복음으로 고린도 교인들을 기만하고 있었지만(4:2; 11:4을 참조하라), 하나님의 능력이 드러날 수 있도록 진리를 전하는 일을 그만두려고 하지 않았다(고전 2:1-4을 참조하라).

하나님의 능력 안에 있어 의의 병기로 좌우하고(우리는 공격하고, 우리 자신을 보호하기 위한 무기인 의를 가지고 있다, NLT).

로마 군인은 왼손으로는 긴 방패를 잡고 오른손으로는 창으로 무장하였다. 헬라어 원문을 문자적으로 보면, 바울은 "우리는 오른손과 왼손에 의의 무기를 갖고 있다"라고 쓰고 있다. 그러므로 NLT 성경 번역자들은 바울의 독자들이 알고 있었으리라고 생각하는 내용-오른손의 무기는 공격용이고 왼손의 무기는 방어용이라는 사실-을 확실하게 표현한 것이다. 로마 군인들은 두 무기-왼손에 방패와 오른손에 창-를 갖추지 않으면 전투에 임할 수 없었다.

에베소서 6:10-18은 의 외에 다른 영적인 무기들을 열거하고 있다. 그것은 복음, 하나님의 말씀의 진리, 믿음으로 구성된다. 사단에 대적하기 위하여 그리스도인들은 하나님의 말씀의 진리와 복음에 몰두할 뿐 아니라 믿음을 행동으로 나타내야 한다. 하나님께서 그리스도를 믿는 믿음을 통해 그리스도인들에게 주신 의는 삶의 행위로 증명되어야 한다. 그럴 때 그리스도인들은 사단의 공격을 견딜 수 있다.

 **산 증거**
바울은 자신의 삶으로 복음의 메시지를 증거하였다고 말한다. 바울은 자신의 행동이 예수 그리스도에 대해 무엇을 말하는지 항상 경계를 늦추지 않았다. 당신이 그리스도인이라면 하나님의 사역자다. 하루를 살아가는 중에 비그리스도인들이 당신을 지켜보고 있다. 당신의 태만하고 무절제한 행동으로 인해 사람들이 그리스도를 거부하는 구실을 주지 않도록 경계하라.

6:8-10 영광과 욕됨으로 말미암으며 악한 이름과 아름다운 이름으로 말미암으며

목회자가 할 일은 복음의 진리로 사람들을 도전하는 것이다. 그러나 간혹 목회자가 인기에 영합함으로써 이 책임을 소홀히 하기도 한다. 고린도를 방문한 순회 설교자들이 바로 그러한 부류였다. 그들은 고린도 사람들이 듣고 싶어하는 내용을 들려 주었다. 그들의 관심은 경력을 쌓고 돈과 천거서를 얻는 데 있었다(3:1; 4:2을 참조하라). 그들 가운데는 진리에서 완전히 떠나 다른 복음을 전하는 이들도 있었다(11:4). 심지어 그들은 고린도 교회에 영향력을 행사하기 위해 바울의 권위를 공격하기도 했다(바울에게 가해진 구체적인 공격에 대해서는 10:10-11을 참조하라).

> 그리스도인은 가장 자유로운 만유의 주인이며 누구에게도 종속당하지 않는 존재다 그리스도인은 가장 충실한 종이며 모든 사람에게 종속된 존재다. 마틴 루터

바울은 청중들의 반응보다는 자신이 섬기고 있는 분이 누구신지에, 즉 하나님께 관심을 집중하였다(6:4). 그는 자신이 영광을 받든지, 멸시당하든지, 비방을 받든지, 칭송을 받든지 연연해 하지 않고 오직 하나님만을 섬기고자 하였다. 어떤 아부의 말이나 모욕도 복음을 전하고자 하는 바울의 열심을 방해할 수 없었다.

속이는 자 같으나 참되고 무명한 자 같으나 유명한 자요

이 구절은 바울 사역에 대한 하나님의 평가와 대적자들의 평가가 상반됨

을 드러내고 있다. 바울에게는 하나님의 평가가 가장 중요하였다. 그의 눈은 현재의 일시적인 상태가 아니라 영원성에 고정되어 있었다(5:1-10을 참조하라).

역설적이게도, 바울과 그의 동역자들이 **진실하였지만(정직하였지만) 속이는 자(사기꾼)**라는 비난을 면치 못했다. 그들은 하나님의 거룩한 복음의 메시지를 전하기 위해 일체의 기만적인 방법을 포기하였다(4:2을 참조하라). 그들은 기교나 인위적인 계략을 사용하지 않았다.

바울은 완전한 정직성과 하나님의 직접적인 능력을 통해 진리를 선포하였다(고전 2:4을 참조하라).

바울의 설교 내용과 행위가 많은 사람들에게 **익히 알려져 있었지만** 이 세상의 권세자들과 지혜자들은 그를 **무명한 자로** 취급하였다. 그들은 바울의 메시지를 어리석은 것이라고 생각했다(행 17:18-21, 32-33; 고전 2:6-10). 그들은 바울이 외치는 말씀에 철저하게 무관심하였다(행 18:14-17에서 바울을 자기 앞에 끌고 온 고린도 유대인들에 대한 갈리오의 반응을 참조하라).

죽은 자 같으나 보라 우리가 살고

고린도후서는 바울이 소아시아(현재의 터키; 1:8을 참조하라)에서 죽을 뻔한 일을 설명하는 것으로 시작하였다. 어떤 주석가들은 바울이 에베소에서 발생한 폭동과 관련하여 감옥에 갇히고 사형을 당할 뻔한 사건을 암시하는 것이라고 주장한다(행 19:21-41을 참조하라). 그러나 그 지경까지 갔다 하더라도 그는 **여전히** 살아 있었다. 돌에 맞은 바울은 기적적으로 일어나 복음을 전하러 다음 도시로 갔다(이 내용에 대해서는 행 14:19-20을 참조하라). 이것이 루스드라에서 죽을 뻔한 사건을 가리키는지 혹은 소아시아의 경험을 암시하는지는 확실하지 않지만, 이 절이 실제로 발생한 사건에 대한 요약이라는 점은 확실하다. 바울은 죽을 뻔한 극도의 고난을 당했지만 살아서 복음을 전하고 있었던 것이다.

징계를 받는 자 같으나(삶의 매 순간마다 매를 맞았지만, NLT) 죽임을 당하지 아니하고

이 번역은 앞 문장과 동일한 요지를 반복하고 있다. 바울은 복음을 전한다는 이유로 매와 채찍을 많이 맞았기 때문에 이 표현도 그러한 경우에 속할 것이다(6:5; 11:23-24을 참조하라). 1세기에는 사람들이 관청에 끌려가서 태형을 받다가 죽는 일이 빈번했다. 유대인들은 살점을 뜯어 내는 금속 조각이 달린 채찍을 사용했다. 로마 관청은 범법자들을 매로 때렸다. 두 형벌 모두 사람을 죽일 정도로 가혹하였다.

타협 불가!

예수님을 만남으로써 우리의 인생이 얼마나 달라지는가! 그분은 세상이 어떻게 생각하더라도 자기 백성을 돌아 보시는 분이다. 그리스도인은 여론과 여론의 압력에 굴복할 필요가 없다. 바울은 백성들의 칭송을 받든 정죄를 받든, 하나님을 향한 변함없는 충성심을 견지하였다. 그는 대부분 고난 속에서 적극성과 기쁨과 자족함을 버리지 않았다. 환경이나 사람들의 기대가 당신을 지배하게 하지 말라. 하나님께 진실하고 견고히 서라.

헬라어로 보면 또 다른 의미를 접할 수 있다. '징계를 받는다'(매를 맞는다)에 사용된 헬라어는 신약 기자들이 하나님의 징벌을 표현할 때 흔히 쓰던 단어다(고전 11:32을 참조하라). 그러므로 바울은 자신이 받는 수많은 고난이, 자신을 비난하는 고린도인들의 주장대로, 하나님께서 자신의 사역을 기뻐하지 않으시는 증거가 아니라고 주장하고 있을 가능성이 있다. 오히려 바울의 고난은 그의 사도적 권위의 증거이며, 그리스도께서는 복음을 위해 고난을 받도록 자신을 부르셨다는 것이다(1:5-7; 행 9:16을 참조하라).

근심하는 자 같으나 항상 기뻐하고

바울의 사역은 고난 외에도 정신적인 고뇌를 수반하였다. 바울은 다른 교회들은 물론이고 고린도 교회의 영적인 복지를 두고 고민하고 고뇌하였다. 밤낮으로 기도하며 이 교회들과 회중을 주님께 의탁하였다(롬 10:1; 빌 1:9; 살전 3:10; 살후 1:11을 참조하라). 그와 그의 동역자들은 교회로 인해 가슴에 통증이 올 정도로 근심하였지만, 자신들의 영적인 투쟁이 결실을 맺으리라고 확신하였기 때문에 기쁨으로 충만하였다. 예수께서는 이미 사단과 악한 세력에 대해 승리하셨기 때문이다(골 2:5). 바울이 전하는 예수를 믿는 자들은 누구든지 그리스도께서 재림하시는 영광의 날에 기뻐 뛰며 그와 함께하게 될 것이다(고린도 교인들을 향한 바울의 소망에 대해서는 1:14을 참조하라).

가난한 자 같으나 많은 사람을 부요하게 하고 아무 것도 없는 자 같으나 모든 것을 가진 자로다

바울은 세상적인 부를 소유하지는 않았다. 그는 고린도 교인들에게 부담을 주지 않고 복음을 전하기 위하여 장기간 장막 짓는 일을 해왔다(행 18:1-5을 참조하라). 심지어 복음의 전파를 위해 자지 못하고 먹지 못하는 경우도 있었다(11:27). **가난**은 지중해 전역의 이방인들에게 복음을 전하기 위해 바울이 감수하던 고난 중 하나였다. 가난함 가운데 바울은 하나님이 자신에게 주신 것에 대해 자족하는 법을 배웠다(빌 4:12). 바울은 영원히 사라지지 않을 하나님의 나라에 자신의 부를 쌓은 사람이었다(마 6:19-21).

베푸는 자의 비밀

바울은 비록 자신은 가난하지만 많은 이들을 부요케 할 수 있는 자라고 기록한다. 오늘날의 그리스도인들도 동일한 특권을 지니고 있다. 사람들에게 하나님의 진리를 가르침으로써 받을 수 있는 보상은 측정할 수 없다. 우리의 수입이 미미한 수준에 불과하더라도, 형제의 영적인 발전을 위해 투자함으로써 누리는 만족은 유가 증권보다 가치있다. 현재 당신은 스승(mentor)으로서 누구에게 시간을 투자하고 있는가? 하나님은 당신의 개인적인 성장 영역 중 어떤 부분을 촉진시키셨는가? 그들의 개인적인 이름을 아뢰면서 하나님께 기도하라. 그들이 하나님 나라에서 얼마나 부유한 자인지 깨달을 수 있도록 하나님께 도움을 요청하는 기도를 드리라.

6:11-13 고린도인들이여 너희를 향하여 우리의 입이 열리고 우리의 마음이 넓었으니

바울은 고린도 교인들에게 자신을 그대로 표현하였다. 그의 투명한 정직성은 이 서신의 여러 곳에서 언급되고 있다(1:12-13, 23-24; 2:17; 4:1-2; 5:11).

바울을 혹평하는 고린도 사람들은 바울에 대해 일종의 사기성을 문제 삼았다. 바울은 자신의 약함과 고난을 고린도 교인들에게 알려줌으로써 자신의 정직성이 증명되기를 바랐다. 자신을 비판하는 사람들에게 자신이 실패한 목록을 일일이 열거할 사람이 누가 있겠는가(4:8-10에서 바울이 열거한 내용을 참조하라)? 어떤 설교자가 자신의 감정적인 혼란과 고통을 자인하겠는가? 그러나 바울은 자신을 극도로 혹평하는 자들이 고린도에 거주하고 있었지만 이처럼 자신을 인정하는 편지를 썼다. 그는 하나님뿐 아니라 고린도 교인들에게도 자신의 삶과 사역을 완전히 공개하였다(5:11을 참조하라). 그렇게 함으로써 그들의 검토와 비판에 자신을 내맡겼다. 그러나 자신의 최종적인 판결자는 하나님이심을 알고 있었다(5:9-10; 고전 4:5을 참조하라).

너희가 우리 안에서 좁아진 것이 아니라 오직 너희 심정에서 좁아진 것이니라 내가 자녀에게 말하듯 하노니 보답하는 양으로 너희도 마음을 넓히라

바울은 고린도 교인들을 향한 자신의 진정한 감정을 표현하였다. 즉 그와 그의 동역자들은 그들에게서 사랑을 거둔 것이 아니라(너희가 우리 안에서 좁아진 것이 아니라)는 것이다. 그러나 고린도 교인들은 바울에게 냉담하게 반응하였다. 그들은 바울의 설교(11:6; 고전 2:1-4), 편지(1:13), 그들과 있을 때 처신한 행동(10:9-10)을 비판하였다. 바울이 실라와 디모데와 더불어 고린도 교회를 개척하였음에도 그들은 교회의 개척자를 거부하고 있었던 것이다(1:14을 참조하라).

바울이 이 서신에서 설명하고 있듯이 고린도 교인들을 나무라는 가혹한 말은 모두 그들에 대한 깊은 사랑에서 기인한 것이었다(7:8-13을 참조하라). 그는 그들이 믿음 안에서 성장하기를 원했다. 이 편지를 통해 자신의 신실성-자신의 삶을 완전히 공개함으로써 고린도 교인들에게 검증을 받고자 하는 태도-을 드러냄으로써 그들도 자신에게 **마음을 열어 주기(넓혀 주기)**를 기대했다.

바울은 교회의 터를 놓은 장본인이기 때문에 고린도 교인들에 대해서는 부성애적 사랑을 느꼈다. 그는 성도들의 영적인 복지에 대해 고뇌하며 수많은 시간을 투자하였고(11:28), 그들을 위한 노력을 아끼지 않았다. 그러나 고린도 교인들은 반항적인 젊은이들처럼 바울의 애정에 냉담하게 반응하였다. 바울이 그들을 징계하고 명령할 수도 있었지만 단순한 호소 차원에서 그들을 설득하려고 하였다. 그들에게 자신의 삶의 방식을 고칠 수 있는 기회를 주고 싶었던 것이다(바울의 태도에 대해서는 2:1-4; 13:5을 참조하라).

거두지 말라

바울은 고린도 교인들이 자신에 대한 사랑을 거둔 것을 지적하였다. 그들은 바울을 의심하고 오해함으로써 그와의 관계가 파괴되도록 방치하였다. 그들은 그를 인정하지 않고 인색하고 냉담했다. 가족간의 관계처럼 친밀한 관계에서는 애정을 거두어들이는 행위가 상대방을 통제하기 위한 도구로 사용될 수 있다. 그러한 유형의 사람들은 사랑과 애정을 자기가 원하는 대로 상대방을 유도하거나 혹은 그에 응하지 않는 이들을 벌하는 수단으로 이용한다. 사람들이 당신을 실망시킨다 하더라도 마음과 생각이 열려 있도록 하라. 사랑을 무기로 오용하지 말라.

고린도후서
6:3-7:1

6:14-7:1 불신자들과의 분리

¹⁴너희는 믿지 않는 자와 멍에를 같이 하지 말라 의와 불법이 어찌 함께하며 빛과 어두움이 어찌 사귀며 ¹⁵그리스도와 벨리알이 어찌 조화되며 믿는 자와 믿지 않는 자가 어찌 상관하며 ¹⁶하나님의 성전과 우상이 어찌 일치가 되리요 우리는 살아 계신 하나님의 성전이라 이와 같이 하나님께서 가라사대 내가 저희 가운데 거하며 두루 행하여 나는 저희 하나님이 되고 저희는 나의 백성이 되리라 하셨느니라 ¹⁷그러므로 주께서 말씀하시기를 너희는 저희 중에서 나와서 따로 있고 부정한 것을 만지지 말라 내가 너희를 영접하여 ¹⁸너희에게 아버지가 되고 너희는 내게 자녀가 되리라 전능하신 주의 말씀이니라 하셨느니라 ¹그런즉 사랑하는 자들아 이 약속을 가진 우리가 하나님을 두려워하는 가운데서 거룩함을 온전히 이루어 육과 영의 온갖 더러운 것에서 자신을 깨끗케 하자

상담가는 적대적인 관계를 설명할 때 삼각형을 사용한다. 가령, 어머니와 놀랍도록 친밀한 관계를 유지하고 있는 딸이 있다고 생각해 보자. 그러나 딸이 어머니가 싫어하는 여자 친구와 사귀면 그 관계는 쉽게 손상을 입는다. 이 친구에 대한 혐오감은 딸과 어머니의 관계에 불가피하게 영향을 미친다. 가족의 화목은 어머니가 그 친구에 대해 마음을 바꾸든지 딸이 친구와 관계를 청산할 때까지 회복되지 않을 것이다. 이러한 일은 세 사람 모두 삼각 관계로 얽혀 있기 때문에 발생한다. 각 관계-어머니의 딸과 친구의 관계나 딸의 어머니와 친구의 관계-는 상호 연관되어 있다.

이 단락은 이와 동일한 유형의 현상을 기술하고 있는 것으로 보인다. 고린도 교인들이 하나님과 화목하기를 원한다면(5:20), 그들은 자신을 불신자들과 구분해야 했다(6:14). 그것은 그렇게 단순한 문제였다. 다른 신을 섬기는 사람들과 계속 교제한다면 참되시고 한 분이신 그 분과의 관계가 파

괴된다.

많은 이들이 6:14-7:1의 거룩에 대한 논의가 전후 단락과 어떤 식으로 연관되는지 의문을 제기해 왔다. 바울이 고린도 교인들에게 한 마음을 '활짝 열라'는 권면은 6:14절에서 갑자기 중단되었다가 7:2에서 다시 시작된다. 어떻게 고린도 교인들과 불신자들의 관계(6:14)가 바울과 고린도 교인들의 관계(6:14)에 파괴적으로 작용했을까?

학자들은 오랫동안 이 단락의 출처에 대해 논쟁해왔다. 이 구절이 후대의 편집자가 삽입했을 가능성이 있다고 주장하는 이들도 일부 있지만, 고린도후서가 이 단락이 없는 상태로 존재했다고 입증할 수 있는 사본상의 증거가 전혀 존재하지 않는다. 필사본이 없다는 이 증거는 또한 다른 우세한 이론-즉 이 단락이 바울이 고린도 교인들에게 보내는 별개의 다른 서신일 가능성 있다고 주장하는 이론-역시 배제시킨다(서론을 참조하라).

6:14-7:1의 독특한 헬라 문학 양식은 바울이 초기의 기독교 설교, 심지어 유대적인 설교를 인용하고 있을 가능성이 아주 높음을 시사한다. 그는 이미 고린도 교인들이 하나님과 화목하라는 권유를 한 적이 있고(5:20-21; 6:1-2), 하나님의 사신인 자신에게 마음을 열라고 호소하였다(6:11-12). 이 짧은 설교 인용문을 통해 바울은 하나님과 화목한다는 의미가 무엇인지 고린도 교인들에게 상기시키고 있다. 그들이 하나님의 사신인 자신에 대해 마음을 열려면(6:13), 불신자들의 사악함으로부터 자신을 구분해야 했다. 그들의 이방인 이웃들은 그들이 하나님의 말씀과 하나님의 길을 거부하도록 미혹시킬 뿐이기 때문이다.

6:14-15 너희는 믿지 않는 자와 멍에를 같이 하지 말라

고린도 교인들에게 자기에 대해 마음을 완전히 열라고 간절히 권면한 바울은 불신자와 멍에를 같이 하지 말라고 권면한다. 그는 불신자와의 관계가 하나님에 대한 헌신과 성실성이나 기준을 약화시킬 수 있으므로 그러한 관계를 형성하지 말라고 촉구한다.

빛과 어두움

성경의 여러 곳에서 하나님의 영역과 악의 영역을 빛과 어두움의 차이에 비유하여 대조시키고 있다.

어둠	빛	참고 구절
절망의 상태	소망의 시작	사 9:2
빛을 인식할 수 없음	세상을 밝게 할 수 있음	요 1:4-5, 9
사단의 세력	하나님의 권능	행 26:18
악한 행위	선한 행위	롬 13:12-14
타고난 마음 상태	예수 그리스도를 앎으로 하나님이 우리의 마음에 빛을 비추어 주심	고후 4:6
헛되고 열매 없는 노력	선하고 바르고 참된 모든 것의 원천	엡 5:8-11
영적인 악의 세력	하나님의 전신 갑주	엡 6:12-13
벗어날 수 없는 노예 상태	아들의 나라, 구속, 용서	골 1:12-14
하나님의 존전에 거할 수 없음	하나님의 임재, 하나님과의 교제, 죄씻음	요일 1:5, 7
사라짐	영원히 지속됨	요일 2:8-11

바울은 일찍이 불신자와 사귀지 않는다는 의미가 불신자와 격리한다는 뜻이 아니라고 설명한 바 있다(고전 5:9-10을 참조하라). 심지어 고린도 교인들은 불신 배우자들과의 관계를 그대로 지속하는 경우도 있었다(고전 7:12-13). 성도들은 이웃에게 증거하기 위해 증거의 대상이 되는 사람들의 관습을 어느 정도 수용해야 했다: "여러 사람에게 여러 모양이 된 것은 아무쪼록 몇몇 사람들을 구원코자 함이니"(고전 9:22).

그렇다면 "믿지 않는 자와 멍에를 같이 하지" 않다는 것은 무슨 의미인가? '멍에를 함께 매다'의 헬라어는 1세기에 짐승에게 마구를 채우는 행위를 가리켜 사용하는 표현이었다. 소와 노새처럼 힘이 다른 짐승을 한 멍에에 매는 것은 하나님의 법에 위배되는 일이었다. 쟁기질이 고르게 되지 않거나 짐승 위에 실은 물건이 떨어질 수 있었기 때문이다(신 22:10을 참조하라). 마찬가지로 신자와 불신자 역시 다른 범주에 속하는 존재다. 불신자와의 협력은 파멸을 초래할 수도 있다.

고린도전서에서 바울은 신자간의 분쟁을 세상의 재판장에게 의뢰하는 일을 금지하고 있다(6:1-6). 그는 성적인 문란, 특별히 헬라 신전에서 행해지는 매춘을 금하였다(6:12-20을 참조하라). 그는 심지어 자신의 계모와 성적인 관계를 지속하는 교인을 내쫓지 않는 데 대해 경악을 금치 못했다(5:1-13). 나아가 이방 신들을 섬기는 축제에 참여하지 말 것을 명하였다(10:6-22을 참조하라). 이러한 특정 문제들, 특별히 이방신들을 섬기는 문제는 어떤 것이든 믿지 않는 자와 멍에를 함께 하는 것이었다. 확실히 고린도 교인들은 불신 이웃들의 부도덕한 습관들과 자신들을 분리시키느라 어려운 시기를 지내고 있었다. 바울은 고린도 교인들에게 신앙이나 기독교적 도덕성을 해칠 수 있는 일체의 상황을 피하라고 충고하였다. 이 절은 모든 동역자 관계와 동맹 관계에 적용되지만 특별히 결혼 관계가 이 가르침에 해당된다.

결혼의 멍에

바울은 "믿지 않는 자와 멍에를 같이 하지 말라"고 말한다. 이 충고는 특별히 결혼 관계에 적용이 된다. 바울은 새롭게 신앙을 가진 자들이 불신 배우자들과 이혼하기를 바라지는 않았지만(고전 7:12-13을 참조하라), 결혼하지 않은 신자들이 믿지 않는 자들과 결혼하기를 바라지 않았던 것은 분명하다. 불신자와 결혼하면 인생의 가장 중요한 문제-하나님에 대한 헌신과 순종-에 있어서 일치점을 찾을 수 없게 된다. 결혼이란 두 사람이 하나되는 것이기 때문에 신앙이 문제가 되면 연합을 깨지 않기 위해 신앙을 타협할 가능성이 있다. 많은 이들이 이 문제를 가볍게 생각하지만 나중에 가서야 후회한다. 영적으로 연합할 수 있는 대상과 결혼해야 하는 궁극적인 중요성을 열정이나 감정 때문에 눈감아 버리지 않도록 하라.

의와 불법이 어찌 함께하며 빛과 어두움이 어찌 사귀며

이 두 가지 수사학적 질문은 신자와 불신자의 윤리적인 차이점을 강조하고 있다. 첫 번째 질문은 예수님을 통해 하나님의 의를 받은 그리스도인들이 여기 지상에서 의로운 삶을 살아야 한다고 강조한다. 이와는 대조적으로 불신자들은 하나님의 법에 주의하지 않으며 불법의 제물이 된다. 확실히 그들에게는 공통점이 전혀 없다.

두 번째 질문은 그리스도인들이 진리에 헌신한 존재라는 점을 강조한다. 성경에서 '빛'은 이 세상의 어두움을 관통하기 때문에 하나님의 진리와 복음을 지칭하는 경우가 자주 있다(4:4, 5; 고전 4:5을 참조하라). 요한은 예수님을 세상의 빛으로 불렀다. 이 표현은 예수께서 스스로 자신을 가리켜 사용하신 용어다(요 1:4-7; 3:19-21을 참조하라). 요한도 하나님의 구원을 기술하는 데 빛의 이미지를 사용하고 있다(요 1:5; 3:9; 8:12). 대조적으로 '어둠'은 거짓과 사기가 진리로 통하고, 악이 선으로 인정받고, 선이 악하다고 오해받는 혼돈을 의미한다(롬 1:25-26을 참조하라). 확실히 빛과 어둠은 어떠한 사귐도 할 수 없다.

그리스도와 벨리알이 어찌 조화되며 믿는 자와 믿지 않는 자가 어찌 상관하며

바울은 신자와 불신자의 종교적 차이점들을 강조하는 수사학적 질문을 두 가지 더 제기한다.

세 번째 수사학적 질문은 그리스도와 마귀(벨리알)라는 극단적인 차이를 대조시킨다. 벨리알(beliar)이라는 헬라어는 '마귀'(the Devil)로 번역된다. 1세기의 유대 문학에서는 '사단'을 가리키기 위해 이 단어를 흔하게 사용했지만, 신약성경에서는 이 절에서 유일하게 사용되고 있다. 이 헬라어는 '무가치함'이나 '무법 상태'를 의미하는 히브리어에서 파생했다. 신자들은 예수 그리스도와 친밀한 관계를 맺고 있기 때문에(5:20-21) 마귀에 속하는 것과는 어떠한 교제도 할 수 없다. 그러나 불신자들은 사단에게 기만당하고 속임을 당하고 있다(4:3-4). 그들의 동기와 행위는 자기 자신의 이기성에 기초하며 하나님을 향한 심오한 경외심에 뿌리를 두지 않는다

(롬 2:8).

네 번째 수사학적 질문은 신자와 불신자가 절대로 진정한 동역자가 될 (NLT, 한글개역성경은 '상관하다'로 번역함-편집자 주) 수 없음을 반복하여 지적하고 있다. 헬라어에서 '동역자'(NLT)에 해당하는 단어는 부동산과 같은 자산을 공동으로 소유한다는 의미다. 그러므로 바울은 이러한 통찰력 있는 질문들을 통해 고린도 교인들에게 성격상 기독교의 도덕과 타협할 수도 있는 관계를 맺지 않도록 조심하라고 충고하고 있는 것으로 보인다.

동업자

사업상 불신자와 동업하는 그리스도인에 대해 바울은 무엇이라고 하겠는가? 고린도전서 7:12-13에서 바울이 결혼에 대해 말하고 있는 내용 중 많은 부분이 동일하게 적용될 것이다. 이미 동업 관계에 있다면 그것을 파기하지는 말아야 한다. 그러나 새로운 동업 관계를 맺게 될 경우 매우 신중해야 할 것이다.

불신자와 동업할 경우 우리의 근거 자체가 다르기 때문에 재앙을 자초하게 된다. 한 사람은 하나님을 섬기는 반면 다른 한 사람은 하나님의 권위를 인정하지 않는다. 하나님을 섬기는 사람은 자신의 가치를 타협하고 싶은 불가피한 유혹에 부딪히게 된다. 그러한 일이 생기면 영적인 재앙이 초래된다.

동업에 대한 기본적이고 중요한 지침이 있다. 동업자 관계를 형성하기 전에 다음과 같이 질문해 보라.

- 나의 동기는 무엇인가?
- 이 동업이 최선의 선택인가? 그렇지 않다면 내 문제를 빨리 해결하기 위한 시도에 불과한가?
- 하나님의 인도하심을 구했거나 다른 이들에게 그러한 기도를 부탁했는가?
- 동업자와 내가 공동 목표를 향해 노력하고 있는가?
- 하나님이 원하시는 바를 하기 위해서 금전적인 이윤을 덜 얻는 쪽으로 결정할 수 있는 마음의 준비가 되어 있는가?

6:16-18 하나님의 성전과 우상이 어찌 일치가 되리요 우리는 살아 계신 하나님의 성전이라

바울은 앞서 고린도 교인들에게 보낸 서신에서 고린도에 있는 성도들의 공동체를 가리키는 데 하나님의 성전이라는 이미지를 사용했다(고전 3:16). 바울은 또한 개별적인 신자들을 지칭할 때 '살아계신 하나님의 성전'이라는 이미지를 사용했다(고전 6:18-20). 그러나 바울은 이 구절에서는 복수형을 사용하고 있다.

그러므로 바울의 다섯 번째 수사학적 질문에서는 성도 개인이 아니라 믿음의 공동체를 하나님의 성전이라고 지칭하고 있는 것이다. 이 영광스러운 성전의 건축용 벽돌인 각 개인은 하나님께 구별된 거룩한 삶을 살아 드려야 한다. 여기에는 혼합적인 충성이 허용될 수 있는 여지가 전혀 없다. 참되신 하나님과 그 외의 신이라고 불리는 것들간에 타협이나 일치란 결코 있을 수 없는 것이다.

바울은 이 짧은 수사학적 질문 다섯 개를 통해 그리스도인들이 계속해서 우상이나 우상 숭배와 관련되는 것이 얼마나 부조리한 것인지를 강조하고 있다.

살아 있는 교회

바울은 선지자 이사야의 글을 인용해 교회가 살아계신 하나님의 교회임을 단언한다. 고린도는 수많은 이교 신들의 신전이 즐비한 곳이었으므로, 이 편지를 받는 수신자들은 사도가 의도한 대비를 시각화해서 마음에 그릴 수 있었을 것이다. 그리스도를 따르는 무리들은 예배 의식을 거행하는 건물이나 장소를 통해 정체성이 확인되는 존재가 아니다. 그들은 하나님의 성령이 거주하시는 사람들로서 정체성이 확인된다. 예배 장소로 정체성을 확인하기는 쉽다.

그러나 교회는 성도들이 찾아가는 장소가 아니라 신자들 자신이 교회다. 하나님은 스테인드 글라스로 치장한 장소에서 자기 백성들을 기다리시는 분이 아니다. 그분은 항상 그들과 함께 계신다. 이것은 경각심을 갖게 하는 동시에 위로를 주는 생각이다. 당신의 행위는 당신이 상징하고 있는 하나님을 어떻게 반영하고 있는가? 하나님이 당신 안에 거하신다는 것을 앎으로 당신의 신앙을 확신 있게 드러낼 수 있는 담대한 마음을 얻었는가?

이와 같이 하나님께서 가라사대 내가 저희 가운데 두루 행하여 나는 저희 하나님이 되고 저희는 나의 백성이 되리라 하셨느니라

몇몇 구약성경은 고린도 교회가 어떻게 해서 하나님이 오래 전에 주신 약속의 성취인지 예증하고 있다. 하나님은 이스라엘을 애굽의 노예 상태에서 건져 내시고 그들을 자기의 거룩한 백성으로 삼으셨다. 그는 자신의 영광스러운 현존이 내밀한 성소에 머물 수 있도록 성막을 건축하라고 명하셨다. 이러한 의미에서 보면 하나님은 그들과 함께 사셨다고 할 수 있다-심지어 그들 가운데 거니셨다(NIV, 두루 행하셨다)고 할 수 있다. 그 분은 멀리서 이스라엘 백성들을 지켜 보는 하나님이 아니셨다. 이스라엘은 자기 백성이었으므로 그분은 그들과 긴밀한 관계를 형성하고 계셨다(레 26:11-12을 참조하라).

선지자 에스겔 역시 하나님께서 자기 백성과 영원히 사실 때에 대해서 예언하였다(겔 37:26-28). 바울은 이 구절을 인용함으로써 에스겔의 예언이 고린도 교회에서 성취되고 있음을 말하고 있다. 다윗의 자손이며 하나님 자신의 아들되신 예수께서 사단을 패배시키신 것이다. 그는 하늘 나라의 왕으로 통치를 시작하셨다. 고린도 교인들은 이러한 영적 왕국의 일부였다. 인간의 형체로 오신 하나님이신 예수님은 문자 그대로 하나님이 어떤 분이신지 백성들에게 나타내셨다(마 1:23; 요 1:14). 실제적으로 하나님이 자기 백성들 가운데 사셨던 것이다. 예수께서 부활하시고 승천하신 후 하나님은 오순절에 예루살렘에 모인 성도들에게 자신의 거룩한 영을 보내셨다. 그날 이후 지금까지 각 성도들은 자신의 영 안에 살아 계시는 하나님을 소유하고 있다(롬 8:9; 고전 6:19; 딤후 1:14).

그러므로 주께서 말씀하시기를 너희는 저희 중에서 나와서 따로 있고 부정한 것을 만지지 말라 내가 너희를 영접하여 너희에게 아버지가 되고 너희는 내게 자녀가 되리라 전능하신 주의 말씀이니라 하셨느니라

고린도 교인들에게 처음으로 부정적인 명령을 한 후-믿지 않는 자와 멍에를 메지 말라-바울은 곧 긍정적인 명령으로 진행하고 있다. 불신자들과 동업하지 말고(상관하지 말고), **부정하거나 죄악된** 일체의 것에서 자신을 멀리하라는 것이다.

바울은 자신이 말하고자 하는 요점을 강조하기 위해 여러 구약의 인용문을 짜깁기하고 있다. 그는 "너희는 떠날지어다 떠날지어다 거기서 나오고 부정한 것을 만지지 말지어다"라는 이사야 52:11을 의미만 대략적으로 전달하는 식으로 인용하고 있다. 원래 이 구절은 바벨론 유수 상태에 있는 이스라엘 백성들에게 바벨론에서 나와서 이교 예배 의식과 관련있는 모든 물건을 버리라는 명령이다. 이 절에서 바울은 그리스도인들에게 주위의 이방 민족들의 부도덕성으로부터 자신들을 구분하라는 명령으로 이 구절을 해석하고 있다.

바울은 계속 고린도 교인들을 바벨론 유수에서 귀환한 이스라엘 백성과 비교하고 있다. "내가 너희를 영접하여"라는 구절은 하나님이 이스라엘의 모든 포로들을 모으시리라는 에스겔의 예언을 바울이 각색한 것이다(겔 20:34을 참조하라). 마지막으로 바울은 다윗의 아들의 아버지가 될 것이라는 하나님의 약속도 신자들을 지칭하는 것으로 변경하고 있다(삼하 7:14을 참조하라. 저자가 이 구절을 예수님에 대한 예언으로 해석한 히 1:5도 참조하라). 그리스도인들은 하나님의 자녀가 될 것이다(이사야가 하나님이 자신의 모든 자녀들을 함께 모으실 때를 예언하고 있는 43:6을 참조하라). 그리스도의 죽으심을 통해 신자들은 하나님의 사랑의 가족에 속하게 된 것이다(갈 4:1-7을 참조하라).

분리

세상으로부터 분리된다는 것은 우리가 죄인들과 거리를 유지한다는 것 이상을 내포한다. 그것은 하나님을 지속적으로 가까이 한다는 의미다(7:1-2을 참조하라). 그것은 죄로 이끄는 쾌락을 금하는 데 만족하지 않고 우리의 시간과 돈을 사용하는 방법으로까지 확대된다. 우리 자신을 모든 죄의 영향력에서 완전히 분리할 수 있는 길은 결코 존재하지 않는다. 그런데도 포기하거나 굴복하지 않고 주변의 죄에 저항해야 한다. 하나님께서 당신에게 원하시는 것이 무엇인지 알았다면 죄악된 행위들을 깨끗이 버려라.

7:1 그런즉 사랑하는 자들아 이 약속을 가진 우리가 육과 영의 온갖 더러운 것에서 자신을 깨끗케 하자

하나님께서 이 약속, 즉 자기 백성과 함께 사시며(6:16), 그들을 자기 백성으로 영접하시며(6:17), 그들에 대해 사랑하는 아비처럼 행하시겠다(6:18)고 하셨기 때문에, 그리스도인들은 더럽게 할 가능성이 있는 모든 것에서 자신을 깨끗케 해야 한다. 고린도전서에서 바울은 우상에게 제물로 바친 음식을 먹는 것이 어떻게 양심을 부정하게 할 수 있는지 기술하기 위해 '더럽히다'라는 단어를 사용하였다. 바울은 고린도 교인들이 여전히 이교 축제에 참여하고 있는 현상에 대해 많이 염려했다. 바울은 고린도 교인들에게 그러한 축제에 참여하는 행위가 잘못된 것일 수 있으며 하나님의 진노를 살 수 있다고 설명하였다(고전 10:14-22을 참조하라). 이러한 축제들을 삼감으로써 고린도 교인들은 자신들의 생활에서 악을 씻어내기 시작하였다-혹은 문자적으로 '정결하게 되거나' '불필요한 부분을 제거하게 되는 것이다'. 고린도 교인들은 이교적인 것은 모두 버려야 한다. 그들은 과거와 단절하고 하나님께만 자신들을 드려야 했다.

우리가 하나님을 두려워하는 가운데서 거룩함을 온전히 이루어

"거룩함을 온전히 이룬다"는 구절은 무슨 의미인가? 바울이 완전주의를 옹호하고 있는가? 고린도 교인들이 이 세상에서 완전한 존재가 되기를 기대하고 있는 것인가? "거룩함을 온전히 이룬다"는 말은 문자적으로 "거룩을 완전케 한다"는 의미다. 헬라어 단어는 '성숙해지다' 혹은 '완전해지다'는 의미를 내포하고 있다. 그렇다면 바울은 고린도 교인들이 이 세상에서 무흠한 존재가 될 수 있다고 주장하는 것이 아니다. 그는 고린도 교인들의 믿음이 성숙해지도록 노력하라고 재촉하고 있는 것이다. 하나님께서는 그들에게 필요한 모든 자원을 제공해 주셨고, 그리스도의 영은 그리스도를 닮아갈 수 있도록 그들에게 능력을 주실 것이다(롬 8:2을 참조하라).

바울은 빌립보 교인들에게 보내는 서신에서 자신이 완전하다는 것을 분명히 부인하고 있다(빌 3:12). 그러나 불완전하다는 것이, 바울이 자기 자신의 영적인 행보에 대해 무관심하기 위한 핑계가 될 수는 없었다. 오히려 그는 자신의 불완전성이 그리스도를 닮기 위해 끊임없는 노력을 경주해야 할 이유라고 인식하였다(빌 3:13-15). 바울은 자기 안에 거하시는 성령만이 영적인 성숙을 추구할 수 있는 능력을 주신다는 사실을 알았다(롬 8:2). 성도들은 그리스도께서 재림하시는 날 완전에 이를 수 있을 것이다. 그때까지는 성령과 협력하며 믿음을 성숙시켜 나가라는 명령을 받았다(유 1:24-25).

바울은 고린도 교인들이 하나님을 두려워하는 가운데 거룩을 추구하라고 권면한다. '두려움'이란 하나님을 향한 존경이나 경외감을 유지한다는 의미다. 그는 전능하신 창조주시다.

대통령이나 스포츠 영웅들에게 존경심을 보이듯이 만왕의 왕께는 그들과 비교할 수 없는 존경심을 드려야 마땅하다. 하나님을 순수하게 높이고 사랑한다는 것은 그분께 순종해야 한다는 것을 뜻한다(요 14:15을 참조하라). 그러므로 하나님의 명령에 순종하고 영적인 성숙을 추구하는 것은 하나님께 외경감을 표현하는 최선의 방법이다(두려움이 동기로 작용하는 것에 대해서 더 알고자 한다면, 5:11의 주석을 참조하라).

완전주의

우리가 어떻게 완전할 수 있는가? 이 세상에서 우리가 흠이 없는 존재가 된다는 것은 확실히 불가능하지만, 우리 안에 그리스도의 영이 내주하시기 때문에 그리스도처럼 되기를 열망할 수는 있다. 우리는 세상의 죄악된 가치관에서 자신을 구분해야 한다. 우리 자신의 욕망보다는 하나님의 뜻에 헌신하고 그 분의 사랑과 자비를 세상에 전해야 한다. 그리스도와 같은 인격과 거룩한 삶을 단번에 성취할 수 없지만 성숙과 온전함을 향해 자라가야 한다. 우리가 자녀의 발달 단계에 따라 행동 발달이 있기를 기대하듯이, 하나님께서도 우리의 영적 발달 정도에 따라 다른 행동을 기대하신다. 하나님이 우리를 사랑하시듯 우리도 형제들을 완전히 사랑하자.

고린도후서 7:2-16

7:2-16 고린도 교회의 회개를 기뻐하는 바울

²마음으로 우리를 영접하라 우리가 아무에게도 불의를 하지 않고 아무에게도 해롭게 하지 않고 아무에게도 속여 빼앗은 일이 없노라 ³내가 정죄하려고 이 말을 하는 것이 아니라 이전에 말하였거니와 너희로 우리 마음에 있어 함께 죽고 함께 살게 하고자 함이라 ⁴내가 너희를 향하여 하는 말이 담대한 것도 많고 너희를 위하여 자랑하는 것도 많으니 내가 우리의 모든 환난 가운데서도 위로가 가득하고 기쁨이 넘치는도다 ⁵우리가 마게도냐에 이르렀을 때에도 우리 육체가 편치 못하고 사방으로 환난을 당하여 밖으로는 다툼이요 안으로는 두려움이라 ⁶그러나 비천한 자들을 위로하시는 하나님이 디도의 옴으로 우리를 위로하셨으니 ⁷저의 온 것뿐 아니요 오직 저가 너희에게 받은 그 위로로 위로하고 너희의 사모함과 애통함과 나를 위하여 열심 있는 것을 우리에게 고함으로 나로 더욱 기쁘게 하였느니라 ⁸그러므로 내가 편지로 너희를 근심하게 한 것을 후회하였으나 지금은 후회하지 아니함은 그 편지가 너희로 잠시만 근심하게 한 줄을 앎이라 ⁹내가 지금 기뻐함은 너희로 근심하게 한 까닭이 아니요 도리어 너희가 근심함으로 회개함에 이른 까닭이라 너희가 하나님의 뜻대로 근심하게 된 것은 우리에게서 아무 해도 받지 않게 하려 함이라 ¹⁰하나님의 뜻대로 하는 근심은 후회할 것이 없는 구원에 이르게 하는 회개를 이루는 것이요 세상 근심은 사망을 이루는 것이니라 ¹¹보라 하나님의 뜻대로 하게 한 이 근심이 너희로 얼마나 간절하게 하며 얼마나 변명하게 하며 얼마나 분하게 하며 얼마나 두렵게 하며 얼마나 사모하게 하며 얼마나 열심있게 하며 얼마나 벌하게 하였는가, 너희가 저 일에 대하여 일절 너희 자신의 깨끗함을 나타내었느니라 ¹²그런즉 내가 너희에게 쓴 것은 그 불의 행한 자를 위한 것도 아니요 그 불의 당한 자를 위한 것도 아니요 오직 우리를 위한 너희의 간절함이 하나님 앞에서 너희에게 나타나게 하려 함이로라 ¹³이로 인하여 우리가 위로를 받았고 우리의 받은 위로 위에 디도의 기쁨으로 우리가 더욱 많이 기뻐함은 그의 마음이 너희 무리를 인하여 안심함을 얻었음이니라 ¹⁴내가 그에게 너희를 위하여 자랑한 것이 있더라도 부끄럽지 아니하니 우리가 너희에게 이른 말이 다 참된 것 같이 디도 앞에서 우리의 자랑한 것도 참되게 되었도다 ¹⁵저가 너희 모든 사람들이

두려워하고 떪으로 자기를 영접하여 순종한 것을 생각하고 너희를 향하여 그의 심정이 더욱 깊었으니 ¹⁶내가 너희를 인하여 범사에 담대한 고로 기뻐하노라

가족들이 한 자리에 모이면 대개 애정 어린 인사를 주고 받고 큰 소리로 즐겁게 웃으며 포옹과 키스를 주고 받는 장면을 보게 된다. 진수 성찬과 늦은 밤까지 이어지는 대화는 가까운 친구들이나 가족 모임의 흥분과 기쁨을 나타낸다. 이러한 모임은 기쁨으로 넘치며, 그때 누군가가 좋은 소식-아기의 탄생, 승진, 약혼이나 졸업-이라도 전해준다면 그 기쁨은 배가 될 것이다.

이 단락은 바울이 디도를 만난 내용을 기술하고 있다. 바울이 마게도냐에서 강한 반대에 부딪혔지만(7:5) 디도가 도착함으로 큰 기쁨과 용기를 얻는다. 디도는 고린도에서 좋은 소식을 가져왔다. 그것은 성도들이 믿음 안에서 자라고 있다는 것과, 교인들이 그동안 고질적으로 안고 있던 문제 중 일부와 정면으로 맞서고 있다는 내용이었다. 자신이 고린도에 세운 교회가 성숙하고 있으며, 복음의 진보를 위해 노력하고 있다는 소식은 바울이 바랄 수 있는 가장 최고의 소식이었다. 그의 기쁨-그리고 하나님을 향한 찬양-은 그칠 줄을 몰랐다.

바울이 최근의 여행 계획에 대한 이야기를 몇 장이 지나(마게도냐 여행을 마지막으로 언급한 내용을 보려면 2:13을 참조하라) 이 부분(7:5)에서 다시 재개한다는 사실은, 그 중간의 단락(2:14-7:4)에 대해 많은 논의를 불러 일으켰다. 어떤 이들은 2:14-7:4이 후대의 편집자가 추가했거나 바울이 보낸 다른 편지를 2:13 다음에 어색하게 삽입하였으리라고 주장하는 이들도 있지만, 그러한 이론을 증명할 수 있는 사본상의 증거가 전혀 존재하지 않는다. 틀림없이 바울은 자신의 권위와 사역에 대한 비난이 고린도에 떠돌고 있음을 염려하여 고린도 교인들에게 자신의 사역을 설명하고 변호하는 이 부분의 내용(2:14-7:4)을 보냈을 것이다. 그는 고린도 교인들에게 하나님과 화목할 뿐 아니라 하나님의 사신인 자신과 화목해야 한다(6:13과 7:2을 참조하라)고 호소하는 것으로 이 확대된 변호를 마무리하고 있다. 그러므

로 이 부분(7:3)은 자신의 가장 최근 여행(2:13에서 시작된 설명)에 대해 다시 설명을 시작할 수 있는 논리적 설득력이 강한 곳이다. 고린도 교인들이 바울과 화해하려고 조치를 취하였다는 소식을 디도가 알려 주었기 때문이다. 디도를 만나는 기쁨 외에도 이루 말할 수 없는 기쁜 소식이 디도 편으로 전달되었다. 바울은 자신이 마지막으로 방문했을 때 일어났던 고통스러운 사건에 대해 고린도 교인들이 뉘우치고 자신이 다시 방문해 주기를 간절히 바란다는 소식을 듣게 된 것이다(7:7을 참조하라). 이것은 디도와 바울의 재회였을 뿐 아니라 바울과 고린도 교인들의 영적인 재회였다. 그러므로 바울이 마음으로 그를 '영접하라'(7:2)고 고린도 교인들에게 권면한 후 이 만남에 대해서 기술한 것은 적절한 방법이라고 볼 수 있다.

7:2-4 마음으로 우리를 영접하라

이 구절은 "너희도 마음을 넓히라"(6:3)는 고린도 교인들에 대한 바울의 호소를 반복하고 있다. 여기서는 바울과 그의 동역자들을 위한 마음의 공간을 만들라(NRSV, 한글개역성경은 '마음으로 우리를 영접하라'로 번역함-편집자 주)는 표현을 사용하고 있다. 이 권유는 그리스도께 대한 충성을 변질시킬 수 있는 불신자들과의 관계를 삼가라는 바울의 권유(6:14-7:1을 참조하라)와 논리적으로 연결되는 호소다. 악과 관계될 수 있는 가능성을 단절시킴으로써 바울과 하나님에 대한 바울의 메시지를 받아들일 수 있는 마음의 공간을 효과적으로 마련할 수 있는(마음으로 영접할 수 있는) 것이다.

우리가 아무에게도 불의를 하지 않고 아무에게도 해롭게 하지 않고 아무에게도 속여 빼앗은 일이 없노라

이 호소는 세 개의 부정문으로 연결되어 있다. 바울은 이 구절에서 자신을 향한 고린도 교인들의 반복되는 비난에 반응하고 있었을 가능성이 가장 높다. 고린도 교인 중에 바울과 그 일행 때문에 불의를 당하거나 해롭게 되었거나 속임을 당한 적이 있는 사람이 단 한 명도 없었다. 세 단어 모두 금전 거래에서 사기와 착취를 당할 때 일반적으로 사용되던 헬라어를 번역한 것이다. 바울의 비판자들은 예루살렘 교회를 위해 헌금을 모금한 일을 두고 바울을 비난했을 가능성이 있다(8:1-7을 참조하라). 이 서신의 마지막 부분에서는 이러한 비난-다시 말해 금전적으로 신자들을 이용했다는 비난-에 대해 강하게 변호하고 있다(12:13, 17-18).

열린 마음

바울은 고린도 교인들이 자신을 위한 "마음의 공간을 만들라"(NRSV, 마음으로 영접하라)고 호소하였다. 그는 예수 그리스도의 교회를 이루는 자들이 서로를 얼마나 필요로 하는지 알았다. 바울 시대에 교제가 필수적이었다면, 시간이 돈보다 더 소중하다고 하는 오늘날은 한층 더 중요할 것이다. 타인의 필요를 충족시키는 것은 물론이고 개인적인 필요와 가족의 필요를 돌아보는 것만으로도 하루가 빠듯하다. 그러나 우리의 시간은 물론이고 에너지를 빼앗아가는 그 활동들이 이 절에서 기술하고 있는 공동체만큼 중요한 일은 아니다. 바울이 강조하는 공동체의 의미가 '커피와 도넛을 나누는' 교제를 가리키지 않는다. 우리에게는 헌신과 사랑의 줄로 결속된 삶에서 우러나오는 책임성(accountability)이 중요하다. 소그룹 성경 공부모임에 속해 있지 않다면 첫발을 내디디라. 그 다음에 차나 후식, 식사를 초대하는 그리스도인들이 있다면 그 기회를 적극적으로 받아 들이라.

내가 정죄하려고 이 말을 하는 것이 아니라 이전에 말하였거니와 너희로 우리 마음에 있어 함께 죽고 함께 살고자 함이라

바울은 자신의 사역을 변호하기 위해 많은 양을 할애하고 있다(앞 절과 1:23-23; 3:1-6; 4:1-2, 8-10; 5:6-10; 6:3-13을 참조하라). 나아가 그는 고린도 교인들이 자기에게 마음의 문을 열라고 호소하였다(6:13; 7:2). 고린도 교회의 교인 중에 이것을 엄한 꾸지람으로 해석한 이들도 있었을 것이다. 어떤 이들은 바울이 자신들을 버리고 진정한 그리스도인으로 인정하지 않는다고 생각하기도 했을 것이다. 여기서 바울은 그것이 자신의 의도가 아님을 고린도 교인들에게 확신시켜 주고 있다.

이와 대조적으로 바울은 고린도 교인들과 자신이 죽음조차 갈라놓을 수 없을 정도로 긴밀한 관계에 있다고 여기고 있다. 그리스도 안에서 그는 고린도 교인들을 위해 살 것이며 심지어 그들을 위해 죽을 수도 있었다.

내가 너희를 위하여 하는 말이 담대한 것도 많고 너희를 위하여 자랑하는 것도 많으니 내가 우리의 모든 환난 가운데서도 위로가 가득하고 기쁨이 넘치는도다

사랑이 넘치는 아버지처럼 바울은 디도에게 고린도 교인들을 자랑하였고 예수님 앞에서 그들에 대해 자랑할 수 있기를 소망하였다(1:14; 7:14을 참조하라). 바울은 그들에 대해 대단한 자부심이 있었고 그 바람은 디도의 최근 보고로 확인되었다(7:14을 참조하라). 더욱이 최근에 많은 환난을 겪었지만, 고린도 교인들이 믿음 안에서 성장한다는 소식을 듣고 그는 큰 위로와 기쁨을 얻었다(그의 시련과 하나님의 위로에 대한 바울의 설명은 1:3-11을 참조하라).

7:5-7 우리가 마게도냐에 이르렀을 때에도 우리 육체가 편치 못하고 사방으로 환난을 당하여 밖으로는 다툼이요 안으로는 두려움이라

여기서 바울은 마게도냐에서 디도를 찾기 위해 드로아에서 다소 손에 땀을 쥐게 하는 복음증거의 기회를 포기하였다는 2:13의 남은 이야기를 재개하고 있다. 그는 디도가 고린도를 방문하여 고린도 교인들이 믿음 안에서 얼마나 성장하였는지 전해줄 것으로 알았다. 자녀에 대한 소식을 간절히 기다리는 아버지처럼 고린도 교인들의 근황이 어떠한지 알고 싶어 서둘렀던 것이다.

그러나 드로아를 떠난 바울은 소아시아(현재의 터키, 1:8-11을 참조하라)에서 당했던 환난을 이번에도 피하지 못했다. 가는 곳마다 사방으로 다툼과 역경을 만났고 환난이 계속되었다. 바울이 마게도냐를 처음 방문했을 때 큰 소동이 일어났던 것처럼 이번에도 그랬던 것으로 보인다. 1차 방문 때 데살로니가에서 온 일단의 유대인 무리들이 그의 가르침을 반대하며 마게도냐 곳곳을 따라 다녔다(행 17:13을 참조하라). 이 여행에서 바울을 고통스럽게 하였던 자들은 데살로니가에서 바울을 저지하기로 결심한 반대자였을 것이다. 데살로니가에 보내는 바울의 편지는 데살로니가 교회가 많은 박해를 견디고 있음을 알려준다(살전 1:6-8; 살후 1:4을 참조하라).

바울은 또한 두려움에 사로잡혔다. 그는 이미 디도와 고린도 교인들의 안녕에 대해 염려한다는 사실을 고린도 교인들에게 말한 바 있다(2:13을 참조하라). 아마 바울의 두려움은 자신이 세운 교회들의 영적인 성장에 대한 깊은 근심 때문일 가능성이 높다(살전 3:1-5을 참조하라). 그는 이 부분을 두고 많은 시간 하나님께 의탁하는 기도를 드렸다(살전 3:10을 참조하라). 그가 자지 못하고 쉬지 못했다고 한 것은 이 때문일 수도 있다. 실제로 그는 교회들의 영적인 운명을 근심하느라고 날마다 짐을 지고 있다고 고린도 교인들에게 말한 바 있다(11:28을 참조하라).

그러나 비천한 자들을 위로하시는 하나님이 디도의 옴으로 우리를 위로하셨으니 저의 온 것뿐 아니요 오직 저가 너희에게 받은 그 위로로 위로하고

앞 절에서 바울은 고린도 교인들로 인해 크게 기뻐하였다고 했다. 그는 고린도 교인들이 자기에게 어떻게 기쁨을 줄 수 있었는지 설명하기 위하여 디도와의 만남을 기술하기 시작했다(7:4을 참조하라). 바울이 마게도냐에서 여전히 어려움을 겪고 있었지만, 하나님께서는 **디도가 적절한 시기에 오게 하심으로써 그를 위로하셨다**. 이것은 편지의 서두에서 기술하였던 것과 동일한 위로일 수 있다(1:3-4을 참조하라). 그리스도 안에서 동역자 된 형제를 만난다는 사실만으로 바울에게 **기쁨**이 되었을 것이다. 바울은 또한 디도가 가져 온 소식 역시 그에게 큰 기쁨이 되었음을 분명히 밝히고 있다.

디도는 어려운 임무를 띠고 보냄을 받았다. 그것은 고린도 교인들에게 몇 가지 잘못을 시정하라고 엄하게 훈계하는 바울의 서신을 전달하는 일이었다. 아무도 고린도 교인들이 어떤 반응을 보일지 예측할 수 없었다. 특별히 그들의 전체 문제에 대해 크게 염려한 바울이 그랬다(2:13을 참조하라). 디도는 고린도 교인들이 자신은 물론 자신이 가지고 간 유쾌하지 못한 (바울의) 편지를 받아들였다는 소식을 가져왔다. 그는 바울의 사자로서 환영을 받았을 것이다.

게다가 고린도 교인들은 디도를 위로해 주었다. 그래서 디도도 바울을 위로할 수 있었던 것이다. 이 구절은 1장에서처럼 바울과 고린도 교인들간의 상호 관계를 강조한다. 앞에서 바울은 고린도 교인들의 기도가 자신의 사역에 어떤 도움을 주었는지 언급한 적이 있다(1:11). 그는 그들의 기도를 통해 하나님이 자기에게 위로를 주셨으므로 또 다시 그들을 위로할 수 있었다(1:6-7). 그러나 이 구절은 고린도 교인들이 바울을 위로한 내용을 기술한다. 만남에 대한 이러한 기술 내용은 몸으로서의 교회가 믿음 안에서 서로를 세우기 위해 어떻게 기능하는지 실제적인 실례를 제공해 주고 있다. 그것은 바울이 이전 편지에서 고린도 교인들에게 권면하던 부분이었다(고전 12:24-26; 14:12).

너희의 사모함과 애통함과 나를 위하여 열심있는 것을 우리에게 고함으로 나로 더욱 기쁘게 하였느니라

디도의 보고에 의하면 고린도 교인들은 그 사건에 대해 진심으로 뉘우치고, 바울에 대한 그들의 헌신을 재확신시키고, 그에 대한 그들의 사모함을 알기를 원하였다. 그들은 또한 바울이 다시 방문해 주기를 고대한다고 하였다. 그러한 편지는 어떤 지도자라도 큰 힘이 될 것이다. 바울과 고린도 교인들간의 관계가 삐걱거리던 시기가 지나고, 교회는 회중 가운데 발생한 문제들 중 일부를 해결하고 있었다. 그들은 바울의 다음 방문을 수용할 준비가 되어 있었다.

7:8-9 그러므로 내가 편지로 너희를 근심하게 한 것을 후회하였으나 지금은 후회하지 아니함은 그 편지가 너희로 잠시만 근심하게 한 줄을 앎이라

바울이 고린도 교인들에게 보낸 이전 편지는 그들을 훈계하고 책망하는 내용이었기 때문에 울면서 쓴 편지였다(이 편지에 대한 논의는 2:1-4을 참조하라). 일반적으로 이 부분과 2:4에서 바울이 표현하고 있는 깊은 슬픔이 고린도전서에 전체적으로 반영된 적이 없기 때문에, 바울이 여기서 암시하는 편지는 고린도전서가 아니라는 데 일반적으로 동의한다.

바울은 단순히 이 편지와 관련된 주변 환경(7:12의 '그 불의 행한 자')을 가리키고 있다. 2:5-11은 그 상황에 대해 보다 상세하게 기술하고 있다. 바울이 고린도에 마지막으로 들렀을 때, 그를 공개적으로 비난한 사람들이 있었다(2:5을 참조하라). 어떤 이들은 고린도 교인이 저지른 죄가 교회 내의 근친 상간이었다고 확신하기도 하지만(고전 5:1-5에 기술된 것처럼), 고린도후서가 대부분 성적인 순수성에 대해 훈계하기보다는 바울의 사도적 권위를 옹호하는 데 할애하고 있기 때문에(3:1-4; 5:17-18; 6:1-11; 13:3도 참조하라), 이러한 해석은 받아들여지지 않고 있다. 그러므로 이 절에 언급된 편지는 아마 소실되었을 것이다.

바울은 확실히 이 '엄한 충고의 편지'를 고린도 교인들과 '고통스러운 만남'을 한 직후에 써 보낸 것 같다. 이 편지에서 그는 계속해서 잘못을 저지르고 있는 지체들, 특별히 바울의 권위에 공개적으로 저항하던 자(2:1-4; 7:8; 13:1-4을 참조하라)를 고린도 교회가 훈육할 것을 권면하였다. 처음에 바울은 그러한 편지를 보낸 데 대해 후회하였다. 그는 그 편지의 어조와 내용이 고린도 교인들에게 고통스러울 것을 알았기에 깊이 근심하며 그 편지를 썼다. 그러나 그들이 여전히 자신의 방문을 손꼽아 기다리며 자신에 대한 충성을 재확인한다는 디도의 보고를 듣고 생각이 달라졌다. 편지가 바라던 효과를 거둔 것이다. 가혹한 내용이기는 했지만, 그것은 고린도 교인들의 마음을 변화시켰고 하나님이 원하시는 회개를 이끌어냈다.

유쾌한 꾸중

고린도 교인들은 바울이 보낸 이전 편지로 인해 슬퍼하였다. 그러나 바울은 그 편지를 쓴 것에 대해 후회하지 않았다고 즉각적으로 반응을 보인다. 반항적인 자녀를 훈육하는 자애로운 아버지처럼 이 사려깊은 목회자는 사랑으로 변덕스러운 회중을 대면한다. 바울이 처방한 쓴 약은 소기의 성과를 거두었다. 성경은 깊은 관계 형성을 통해 치료에 따르는 불가피한 고통을 최소화할 수 있도록 강인한 사랑을 표현하라고 충고한다. "친구의 통책은 충성에서 말미암은 것이나 원수의 자주 입맞춤은 거짓에서 난 것"(잠 27:6)이다. 주님 앞에 고요히 앉아 있는 중에 당신의 책망이 필요한 자가 있으면 지적해 주시도록 구하라. 사랑 가운데 진리를 말하기 위해 그 사람에게 쓸 내용이나 말할 바를 연습해 보라.

내가 지금 기뻐함은 너희로 근심하게 한 까닭이 아니요 도리어 너희가 근심함으로 회개함에 이른 까닭이라 너희가 하나님의 뜻대로 근심하게 된 것은 우리에게서 아무 해도 받지 않게 하려 함이라

바울은 바로 이어 자신이 기뻐하는 이유를 설명한다. 그는 자신을 비판하는 사람들이 자신의 말을 왜곡하지 않기를 바랐다. 바울은 고린도 교인들이 슬퍼한다는 사실로 기쁜 것이 아니라는 것이다. 정반대로 그는 그들이 근심하기를 결코 바라지 않았다. 그러나 그들이 회개에 이르기 위해서는 근심하게 할 필요가 있음을 알았다.

바울이 의도한 회개는 단순히 고통스러운 상황에 대한 고민이나 그러한 일이 일어난 데 대한 유감 수준이 아니었다. 경건한 회개는 개인이 죄악에서 돌이켜 하나님의 길로 나아가는 전인적인 차원의 재방향 설정을 의미한다. 그것은 '방향 전환'인 것이다. 한 개인이 자신의 방향을 바꿀 수밖에 없도록 만드는 슬픔-우리의 생각을 마비시키거나 분개하도록 만드는 '슬픔'이 아니라-을 하나님께서 원하시는 것이다. 마게도냐에서 바울을 고통스럽게 하였던 '두려움' 가운데는 자신의 최근 서신(7:5)에 대한 고린도 교인들의 반응도 분명히 들어 있었을 것이다. 징계를 받은 교인이 슬픔에 압도당할까 염려했을 뿐만 아니라(2:6-7을 참조하라), 그 편지에 대한 고린도 교인들의 근심으로 인해 더 많은 분쟁을 초래하지 않을까 걱정하였다. 그러나 그 훈계의 편지는 아무런 해를 낳지 않았다. 바울이 징계 수위를 지혜롭게 조절함으로써 교회가 해를 입지 않았다. 즉 문자적으로 말해서 "어떤 손실도 경험하지 않았다."

 **비판을 받을 때**
바울은 고린도 교인들이 제시한 징계에 대해 올바로 반응할 것을 강조하였다. 비판과 책망을 침착하고 감사하는 마음으로 받아들이기란 쉬운 일이 아니다. 일단 자신을 방어하고 반격을 가하는 것이 훨씬 자연스럽다. 우리는 비판을 받을 이유가 없다고 여기며 자기 연민을 가지기 쉽다. 화를 내고 분개하기도 한다. 그러나 성숙한 그리스도인은 건설적인 비판을 감사하는 마음으로 받아들이며 진지하게 반성하고 그로 인해 성장해야 한다.

7:10-11 하나님의 뜻대로 하는 근심은 후회할 것이 없는 구원에 이르게 하는 회개를 이루는 것이요 세상 근심은 사망을 이루는 것이니라

많은 사람들이 죄의 결과나 죄를 짓게 된 사실만 후회한다. 헬라어 원문에서 '회개함이 없는 후회'는 문자적으로 '세상의 슬픔'을 의미한다. 사람들이 자신이 저지른 일에 대한 후회를 인생을 변화시키는 행위로 변경시키지 못할 때 그것은 무익한 후회가 되고 만다. 그것은 자기 연민을 낳을 뿐이다. 그러나 경건한 후회는 실제적이며 행위 지향적이다. 한 개인이 자신이 범한 잘못을 깨달았다면 잘못을 후회하는 것으로 그치지 말고 하나님께로 돌아가야 한다. 하나님만이 그들의 길을 돌이킬 힘을 주실 수 있다. 하나님 외에는 죄로 인해 종노릇하고 마비되게 만드는 길에서 인간을 구원할 이가 없다. 오직 하나님만이 죄에서 돌이켜 구원을 구하도록 도우실 수 있다(NLT, 후회할 것이 없는 구원에 이르게 하는 회개를 이루실 수 있다).

베드로와 유다의 이야기를 비교해 보라. 두 사람 모두 예수님의 죽음과 관련된 사건을 그릇된 방식으로 처리했다. 유다는 입맞춤으로 예수님을 뻔뻔스럽게 배반했다(막 14:43-46). 베드로는 예수님을 세 번이나 모른다고 부인했다(요 18:15-27). 두 사람 모두 자신들이 범한 죄 때문에 슬픔에 압도당했다(마 26:75; 27:3). 베드로는 마음이 산란하여 정신을 잃을 지경이었지만 자신의 실수를 인정하고 행동을 고치며 예수님께 삶을 재헌신할 수 있는 용기와 겸손함이 있었다(요 21:15-19). 그러나 대조적으로 유다는 양심의 가책이 자신의 영혼을 잠식하도록 방치하였다. 결국 죄책감에 압도당해 자살하고 말았다. 유다는 자신의 죄로부터 교훈을 배우지 못했고 회개하지도 못했던 것이다. 자기 죄를 그리스도께 자복하고 용서하심을 구하지 않았다. 그는 너무나 교만하여 구원해 주시도록 부르짖지 않았고 완고하게 죽음의 길을 선택했다.

보라 하나님의 뜻대로 하게 한 이 근심이 너희로 얼마나 간절하게 하며 얼마나 변명하게 하며 얼마나 분하게 하며 얼마나 두렵게 하며 얼마나 사모하게 하며 얼마나 열심있게 하며 얼마나 벌하게 하였는가 너희가 저 일에 대하여 일절 너희 자신의 깨끗함을 나타내었느니라

디도가 고린도에서 가져온 기쁜 소식은, 고린도 사람들이 그가 쓴 책망의 편지에 바르게-간절함과 자신들을 깨끗케 하고자 하는 사모함으로-반응하였다는 증거였다. 모든 면에서 고린도 교인들은 자신들의 무흠함을 증명하였다. 그들은 완벽하게 *깨끗하였다*. 바울의 마지막 방문 때 발생하였던 불미스러운 사건에 대해 용서를 받은 것이다(13:1-2을 참조하라).

디도는 바울의 편지에 대한 고린도 교인들의 반응을 차근 차근 설명해 주었고, 바울은 여기서 그 내용들을 단계별로 나열하며 각 사람을 인정해 주고 있다. 그 편지는 그들 가운데 일어나고 있던 일에 대해 의도한대로 적절한 분노 혹은 불쾌감을 유도해 내는 데 성공하였다. 또한 *두렵게* 하였다. 고린도 교인들은 하나님의 거룩한 심판이나 바울의 징계가 두려웠을 것이다. 바울과 손상된 관계를 회복하기를 간절히 *사모하고 열심*이 있었기 때문에, 그들은 그 사건의 장본인을 벌하기 위해 즉각적인 조치를 취하였다(2:5-11을 참조하라). 그들은 공동체를 깨끗하게 하고자 하는 열심이 지나친 나머지 가혹한 조치를 내렸을 수도 있다. 그래서 바울은 그에게 사랑을 표현하고 사단이 그를 유혹할 기회를 주지 않도록 믿음의 공동체로 다시 맞아들이라고 충고하였다(2:5-11을 참조하라). 바울은 고린도 교인들의 처분이 지나치게 가혹한 것에 대해서는 어떠한 책망도 하지 않는다. 오히려 그는 그들을 힘껏 칭찬한다. 잘못을 바로 잡고 행동을 수정하고자 하는 그들의 열정은 바로 그들을 거룩한 백성으로 빚어주는 경건한 슬픔이었기 때문이다.

징계의 원리

죄에 직면하기도 어려운 일이지만 그 죄를 제거하기란 훨씬 더 어렵다. 바울은 특별히 곤란한 상황을 해결한 고린도 교인들을 칭찬한다(2:5-11을 참조하라). 당신은 죄를 지적받으면 자기를 방어하는 경향이 있지 않는가? 자존심 때문에 자신의 죄를 인정하지 않는 어리석은 사람이 되지 말라. 성장을 향한 도구로 그 책망을 받아들이고, 지적된 문제들을 고치기 위해 모든 노력을 다하라.

7:12-13 그런즉 내가 너희에게 쓴 것은 그 불의 행한 자를 위한 것도 아니요 그 불의 당한 자를 위한 것도 아니요 오직 우리를 위한 너희의 간절함이 하나님 앞에서 너희에게 나타나게 하려 함이로라

바울은 눈물로 썼던 앞서 보낸 편지의 의도를 설명한 적이 있다(2:4). 그는 고린도 교인들이 자기 교회 설립자(바울)에게 진정으로 얼마나 독실해야 하는지 깨닫게 하기 위해 그 편지를 썼다. 바울의 주된 목적은 자신과 고린도 교인들의 악화되어 가는 관계를 회복하는 것이었다. 앞 절에 의하면 그 편지는 소기의 효과를 거두었다.

고린도 교인들이 불의를 행한 자의 신분을 알고 있었음에도, 자신의 편지가 남부 그리스에 위치한 모든 교회에 회람될 가능성이 높았기 때문에, 바울은 깊이 배려하여 그의 이름을 언급하지 않고 있다. 고린도 교인들에게 이 사람을 그리스도인의 교제 속에 다시 받아들이라고 지시하고 있기 때문에, 그의 이름이 불필요하게 업신여김을 받지 않게 하고자 한 것이다.

이 사람의 익명성으로 인해 수세기 동안 학자들은 논쟁을 해왔다. 전통적으로 학자들은 고린도전서 5:1-5에서 바울이 지적한 근친 상간죄를 범한 사람과 이 사람을 동일시했다. 그러나 고린도후서에서 성적인 부도덕성을 언급하지 않기 때문에 이 주장은 가능성이 약하다. 오히려 주석가들은 대부분 바울이 지난 번에 방문했을 때 바울의 사도적 권위에 도전한 사람이라는 데 동의한다(13:1-2을 참조하라). 바울은 본 서신에서 자신의 사역을 설명하고 변호하는 데 상당한 시간을 할애하고 있다(1:12-24; 3:1-6; 4:5-18; 5:11-21; 6:3-13; 10:1-18; 13:1-4을 참조하라). 그러므로 대부분의 주석가들은 그 불의 행한 자가 바울이 지난 번에 고린도를 방문했을 때 그의 권위에 도전한 사람이라는 결론을 도출하였다.

그 사람이 누구이며 어떤 불의를 행했는지보다 바울에게 중요한 일은 고린도에서 복음운동이 더욱 활발해지는 것이었다. 바울은 그들의 관계가 사소한 것이 아님을 고린도 교인들에게 상기시키고 있다. 그가 행하는 모든 일이 어떤 면에서는 그들을 유익하게 하기 위한 것이다. 반대로 그들의 기도와 행위가 복음을 전하는 사명을 위해 노력하는 바울에게 위로가 되었다(1:6-7, 11; 7:4을 참조하라). 그들 각자가 행한 모든 일이 하나님 앞에서-실제로 하나님의 현존 속에서-이루어졌기 때문에 그들은 대단히 상호 의존적이었다(2:10, 17; 3:4; 4:14). 그들은 모두 하나님의 가정의 일원이었다.

고린도후서에 나타난 징계의 원리

때로 징계가 필요하지만 신중하게 이루어져야 한다. 어떤 징계나 권면이나 꾸지람이든, 사람들을 해치기보다는 돕기 위한 것이어야 한다.

방법	참고 구절
굳세고 담대하라	7:9; 10:2
선하다고 생각한 모든 것을 확인하라	7:4
정확하고 정직하라	7:14; 8:21
사실을 알라	11:22-27
징계 후에 적절한 조치를 취하라	7:13; 12:14
마음을 굳게 하였다면 온유하라	7:15; 13:11-13
자신의 생각이 아닌 그리스도의 복음을 반영하는 표현을 쓰라	10:3; 10:12-13; 12:19
모든 방법이 실패했을 경우에만 징계하라	3:2

이로 인하여 우리가 위로를 받았고 우리의 받은 위로 위에 디도의 기쁨으로 우리가 더욱 많이 기뻐함은 그의 마음이 너희 무리를 인하여 안심함을 얻었음이니라

바울의 훈계 편지에 대해 고린도 교인들이 올바로 반응함으로써 바울은 위로를 받았다. 그는 또한 디도가 고린도 교인들로 인해 안심함을 얻은 사실 때문에 격려를 받았다. 고린도 교회가 혼란의 와중에 있었지만, 디도는 고린도 교인들에게 유쾌하지 못한 소식을 전달해야 하는 일을 감당하였다. 아무도-바울조차도-고린도 교인들이 어떻게 반응할지 예측할 수 없었다. 그러나 디도는 의외의 반응을 겪고는 놀란 동시에 기쁨을 얻었다. 고린도 교인들이 그를 환대하고 그의 메시지를 수용한 것이다.

7:14-16 내가 그에게 너희를 위하여 자랑한 것이 있더라도 부끄럽지 아니하니 우리가 너희에게 이른 말이 다 참된 것 같이 디도 앞에서 우리의 자랑한 것도 참되게 되었도다

바울이 이 편지에서 자신의 업적을 드러내지 않으려고 했지만(3:1; 5:12; 10:12, 18), 고린도 교인들을 통해 하나님께서 성취하신 결과에 대해서는 주저없이 자랑했다(1:12; 6:4; 10:8, 13-17; 11:3). 여기서 그는 예수님 앞에서 고린도 교인들을 자랑할 날이 오기를 고대한 것처럼(1:14을 참조하라) 고린도 교인들을 자랑하고 있다(마게도냐인들에게 그들을 자랑한 것은 9:2-3을 참조하라). 고린도 교인들이 바울에게 수많은 고통과 근심을 안겨 주었지만(2:4; 8:16; 11:28을 참조하라) 그는 여전히 자기의 영적 자녀들을 자랑스러워하고(NLT, 한글개역성경은 '자랑하고'로 번역함-편집자 주) 있다. 그들의 약점과 실패는 감추고 그들의 장점을 칭찬하고 있다(고린도 교인들을 어떻게 칭찬했는지 알려면 8:7과 고전 14:12을 참조하라).

저가 너희 모든 사람들이 두려워하고 떪으로 자기를 영접하여 순종한 것을 생각하고 너희를 향하여 그의 심정이 더욱 깊었으니 내가 너희를 인하여 범사에 담대한 고로 기뻐하노라

여기서 바울은 고린도 교인들을 존중하는 디도의 태도와 헌신을 강조하기 위해 상당 부분을 할애하고 있다. 바울은 예루살렘 교회를 위하여 헌금을 거두기 위해 다시 그들에게 디도를 보낼 것이기 때문에(8:16-18) 그들과 디도의 관계를 강조하고 있는 것이다.

동시에 바울은 디도를 환대하고 바울의 공식적인 대리인으로 그에게 순종한 것을 두고 고린도 교인들을 칭찬하고 있다. 고린도 교인들은 또한 디도가 지닌 임무의 심각성 때문에 **두려워하고 떪**으로 그를 환영하였다.

고린도후서
8장

8:1-24 하나님을 영화롭게 해 드리는 후한 연보

¹형제들아 하나님께서 마게도냐 교회들에게 주신 은혜를 우리가 너희에게 알게 하노니 ²환난의 많은 시련 가운데서 저희 넘치는 기쁨과 극한 가난이 저희로 풍성한 연보를 넘치도록 하게 하였느니라 ³내가 증거하노니 저희가 힘대로 할 뿐 아니라 힘에 지나도록 자원하여 ⁴이 은혜와 성도 섬기는 일에 참여함에 대하여 우리에게 간절히 구하니 ⁵우리의 바라던 것뿐 아니라 저희가 먼저 자신을 주께 드리고 또 하나님 뜻을 좇아 우리에게 주었도다 ⁶이러므로 우리가 디도를 권하여 너희 가운데서 시작하였은즉 이 은혜를 그대로 성취케 하라 하였노라 ⁷오직 너희는 믿음과 말과 지식과 모든 간절함과 우리를 사랑하는 이 모든 일에 풍성한 것같이 이 은혜에도 풍성하게 할지니라 ⁸내가 명령으로 하는 말이 아니요 오직 다른 이들의 간절함을 가지고 너희의 사랑의 진실함을 증명코자 함이로라 ⁹우리 주 예수 그리스도의 은혜를 너희가 알거니와 부요하신 자로서 너희를 위하여 가난하게 되심은 그의 가난함을 인하여 너희로 부요케 하려 하심이니라 ¹⁰이 일에 내가 뜻만 보이노니 이것은 너희에게 유익함이라 너희가 일 년 전에 행하기를 먼저 시작할 뿐 아니라 원하기도 하였은즉 ¹¹이제는 행하기를 성취할지니 마음에 원하던 것과 같이 성취하되 있는 대로 하라 ¹²할 마음만 있으면 있는 대로 받으실 터이요 없는 것을 받지 아니하시리라 ¹³이는 다른 사람들은 평안하게 하고 너희는 곤고하게 하려는 것이 아니요 평균케 하려 함이니 ¹⁴이제 너희의 유여한 것으로 저희 부족한 것을 보충함은 후에 저희 유여한 것으로 너희 부족한 것을 보충하여 평균하게 하려 함이라 ¹⁵기록한 것같이 많이 거둔 자도 남지 아니하였고 적게 거둔 자도 모자라지 아니하였느니라 ¹⁶너희를 위하여 같은 간절함을 디도의 마음에도 주시는 하나님께 감사하노니 ¹⁷저가 권함을 받고 더욱 간절함으로 자원하여 너희에게 나아갔고 ¹⁸또 저와 함께 한 형제를 보내었으니 이 사람은 복음으로서 모든 교회에서 칭찬을 받는 자요 ¹⁹이뿐 아니라 저는 동일한 주의 영광과 우리의 원을 나타내기 위하여 여러 교회의 택함을 입어 우리의 맡은 은혜의 일로 우리와 동행하는 자라 ²⁰이것을 조심함은 우리가 맡은 이 거액의 연보로 인하여 아무도 우리를 훼방하지 못하게 하려 함이니 ²¹이는 우리가 주 앞에서만 아니라 사람 앞에서도 선한 일에

조심하려 함이라 ²²또 저희와 함께 우리의 한 형제를 보내었노니 우리가 여러 가지 일에 그 간절한 것을 여러 번 시험하였거니와 이제 저가 너희를 크게 믿으므로 더욱 간절하니라 ²³디도로 말하면 나의 동무요 너희를 위한 나의 동역자요 우리 형제들로 말하면 여러 교회의 사자들이요 그리스도의 영광이니라 ²⁴그러므로 너희는 여러 교회 앞에서 너희의 사랑과 너희를 대한 우리 자랑의 증거를 저희에게 보이라

우편함의 편지, 라디오의 마라톤 프로, 심지어 거리의 노숙자들까지 거의 모든 곳에서 도와 달라는 호소를 듣고 본다. 그러한 호소들은 때로 양심을 건드리기도 하고, 때로는 단순히 귀찮기만 할 때도 있다.

다음 두 장(8장과 9장)은 선교 헌금에 대한 치밀한 권면을 담고 있다. 이 두 장은 성경에서 오늘날 우리에게 청기기직이 무엇인지 가르쳐 주는 가장 훌륭한 부분이다.

고린도 교인들 가운데 바울의 권위를 문제 삼는 사람들도 있었음에도 불구하고 바울은 예루살렘의 가난한 형제들을 위한 구제 헌금을 담대하게 요청하고 있다. 고린도후서를 기록하기 약 1년 전에 고린도 교회는 예루살렘의 가난한 그리스도인들을 돕기 위해 연보를 모으기 시작했다(8:10을 참조하라). 고린도전서에는 그 용도를 위해 매주 헌금을 저축해 두라고 지시하는 내용이 기록되어 있다(고전 16:1-4을 참조하라). 그러나 그 일은 난항을 겪고 있었다(8:10-11을 참조하라). 탐욕스러운 순회 설교자(2:17)들이 바울이 선교 헌금을 명목으로 회중에게 무리하게 돈을 갈취하려 한다고 참소하였던 것 같다. 바울은 자기 자신의 사역을 감당하기 위해 고린도 교인들로부터 전혀 돈을 받지 않았음에도 불구하고 그들은 이런 터무니없는 주장을 하였던 것이다(7:2; 11:7-9; 12:14-17). 그는 고린도에 있을 때 장막 만드는 일로 생계를 꾸렸다(행 18:1-4). 도리어 이 순회 설교자들이 그 돈을 사용하려는 흑심을 품고 있었을 것이다(2:17). 어떤 경우이든, 고린도후서의 목적 중 하나는 고린도 교인들이 1년 전에 시작한 연보를 마무리하라고 격려하는 것이었다(8:10-11; 9:1-3). 바울은 이 연보 계획을 주도하기 위해 디도를 공식적인 대리인 자격으로 파송하였다(8:16-17). 바울이 연보의

필요성과 고린도 교인들이 헌금을 모금할 수 있는 방법을 제시하는 기술은 재정적 지원을 요청하는 훌륭한 방법의 한 예가 될 수 있다.

바울은 고린도 교인들에게 자신의 사역에 대해 철저하게 다 설명한 후에 비로소 헌금을 요청하고 있다. 그는 자신의 정직성과 성실성을 변호하였다(1:12-14). 또한 하나님이 주신 소명과 이방인들을 향한 메시지에 대해 설명하였다(3:7-18; 5:11-21을 참조하라). 그리고 그리스도께 진정으로 헌신하였기에 견뎌야 했던 고난과 역경을 기술하였다(4:7-9; 6:3-9).

바울은 고린도 교인들에게 헌금에 있어서 참된 관용의 귀감이 될만한 마게도냐 교회를 설명한 후에 그들을 본받으라고 권면한다(8:1-5을 참조하라). 마게도냐 교인들은 가난한 중에 헌금하였다. 그들의 헌금은 그리스도에 대한 헌신에서 비롯된 것이었으며, 바울에게 헌금할 수 있는 기회를 달라고 자청하여 이루어졌다.

바울은 헌금에 대한 권면과 더불어 그 헌금이 잘못 사용되지 않을 것을 보장하기 위해 마련한 사전 조치에 대해서도 자세히 설명하고 있다. 교회의 두 대표가 고린도까지 디도와 동행함으로써 그 헌금을 받을 대상에게 분명히 전달되는지 여부를 살피게 했다. 이 대표들은 또한 바울과 함께 예루살렘까지 가서 그 헌금이 전달되는지 보게 될 것이다(8:16-24을 참조하라).

바울이 로마인들에게 예루살렘에 헌금이 전달되었다는 편지를 쓴 것으로 보아 그의 헌금 모금의 노력은 분명히 성공적이었을 것이다. 그는 그 연보가 기독교적 사랑의 표현일 뿐 아니라, 이방인들에게 구원의 복음을 전해 주기 위해 박해를 감수한 유대인 그리스도인들을 향한 감사의 표현이라고 설명하였다(롬 15:25-27을 참조하라). 결국 바울은 구체적인 헌금 액수보다는 교회의 연합-유대인들이 이방인들을 교회 안으로 받아들이는 문제-에 관심이 더 많았다(바울이 그 헌금을 전달하면서 이방인들의 믿음을 옹호하는 행 17:1-26을 참조하라).

8:1 형제들아 하나님께서 마게도냐 교회들에게 주신 은혜를 우리가 너희에게 알게 하노니

고린도 교인들에 대한 바울의 훌륭한 전략에 주목해야 한다. 바울은 예루살렘의 가난한 그리스도인들을 위한 헌금 모금을 고린도 교인들에게 요청할 계획이 있었지만, 먼저 타의 모범이 되는 관대함의 한 실례로 마게도냐 교인들의 헌금을 제시하고 있다.

바울은 먼저 헌금을 하고자 하는 마음과 능력을 주신 **하나님께** 영광을 돌리고 있다. 인간에게는 본성적으로 돈을 모으고자 하는 성향이 있다. 큰 부를 축적하고자 할 때는 일반적으로 자신의 미래에 대한 안전을 보장하기 위해서라고 구실을 댄다(눅 12:18-21을 참조하라). 그리스도인들은 자신들의 모든 필요를 하나님께 완전히 의탁할 때 하나님이 자신들에게 주신 것을 자유롭게 나눌 수 있으며(마 10:8을 참조하라), 또한 마땅히 그래야 한다(마 6:28-34을 참조하라). 물질적인 소유만 하나님께서 주신 선물이 아니라 베풀고자 하는 자발성 역시 하나님께서 주시는 선물이다. 하나님께서 값없이 주시는 은혜-우리가 받을 자격이 없는 은혜-로 인해 우리는 우리의 시간과 돈과 재능을 이웃에게 후하게 나눌 수 있는 동기를 갖게 된다.

바울은 마게도냐에서 편지를 쓰면서(2:13; 7:5), 이 마게도냐의 교회들이 하나님께 후하게 바친다는 소식이 고린도 성도들에게 도전이 되어 후한 연보로 이어지기를 기대하였다. 마게도냐는 현재의 그리스 북부에 위치한 로마의 속주였다. 반면 고린도는 당시 아가야라고 불리는 그리스 남부 지방의 수도였다. 오늘날의 그리스 전 지역은 기원전 338년에 마케돈(macedon)의 필립에 의해 통일되었지만, 로마의 지배하에서는 이 두 지방은 서로 경쟁 관계가 되었다. 바울은 마게도냐 그리스도인들을 칭찬받을 수 있는 연보의 한 예로 사용함으로써 의도적으로 고린도 교인들의 경쟁심을 유발시키고 있다(8:8). 그는 누구에게도 지지 않으려는 그들의 근성을 간파하고 있었기 때문에(8:7을 참조하라; 또한 고전 14:12을 참조하라) 연보에 있어서도 다른 사람들에게 뒤지지 말라고 격려하였다.

8:2 환난의 많은 시련 가운데서 저희 넘치는 기쁨과 극한 가난이 저희로 풍성한 연보를 넘치도록 하게 하였느니라.

바울은 2차 전도 여행 때 마게도냐 교회들을 세웠다. 빌립보에서 바울과 실라는 매질과 옷이 벗겨지는 수모를 당했다(행 16:22-24을 참조하라). 데살로니가에서는 폭도들이 바울과 실라를 찾아 온 성을 다 뒤지고 다녔다. 다행히 그들은 바울 일행을 찾지 못했다. 대신에 그들은 데살로니가의 신실한 성도인 야손을 읍장들 앞으로 끌고 갔다(행 17:5-7을 참조하라). 바울로 인해 성 내에서 무리를 선동하여 요란하게 한 데살로니가의 유대인들은 바울의 입을 막기 위해 베뢰아까지 쫓아갔다(행 17:13-15). 예수께서 바울 일행을 마게도냐로 부르셨는데도 복음을 전파할 때마다 반대를 경험했던 것이다(행 16:6-10을 참조하라).

바울이 데살로니가와 빌립보에 보내는 서신을 보면 이 박해가 그의 첫 번째 방문 후에도 진정되지 않았던 것으로 보인다. 동족들로부터 환난의 많은 시련을 받았음에도 불구하고, 마게도냐 교인들은 신앙이 성장했고 모든 상황에서 예수를 닮기 위해 노력했다(빌 1:29-30; 살전 1:6; 2:1-2, 14을 참조하라). 그들의 인내는 그리스 전역의 그리스도인들에게 귀감이 되었다(살전 1:7). 바울은 큰 환란 속에서도 믿음의 인내를 지키는 그들을 자랑했다(살후 1:4).

여기서 바울이 고린도 교인들에게 마게도냐 교인들을 언급한 것은 바울이 그들을 자랑한 여러 경우 가운데 단지 하나일 뿐이다. 그는 로마의 그리스도인들에게도 그들의 풍성한 마음을 자랑했다(롬 15:26을 참조하라). 바울이 3차 전도 여행 때 마게도냐를 방문했을 때에도 박해의 수위는 낮아지지 않았다. 그가 이 편지에서 마게도냐 지역을 여행하는 동안 온갖 고난으로 고통당했음을 밝히고 있기 때문이다(7:5을 참조하라).

마게도냐 교인들은 큰 환난과 극한 가난을 겪고 있었는데도 연보에 인색하지 않았다. 그들은 구원의 복음을 소유했고(살전 1:6을 참조하라) 하나님을 믿었기 때문에(빌 1:25-26을 참조하라) 넘치는 기쁨으로 충만했다. 그 기쁨으로 인해 그들은 **풍성한 연보를 넘치도록** 할 수 있었다. 그들은 예루살렘 그리스도인들에게 보내는 헌금을 영원한 구원을 주신 하나님께 대한 감사의 작은 증거로 여겼다. 예수께서는 "너희가 거저 받았으니 거저 주어라"고 말씀하셨다(마 10:8; 막 12:41-44에서 가난한 과부의 예도 참조하라). 이제 고린도 교인들이 하려는 일이 바로 이것이었다.

바울은 마게도냐 교인들의 관용의 부(NRSV, 한글개역성경은 '풍성한 연보'로 번역함-편집자 주)가 넘쳐 흐른다고 말한다. '후함', '관대함'의 헬라어(아플로테토스, *aplotetos*)는 신실성, 전심, 단순성을 뜻하기도 한다. 마게도냐 교인들은 후하게 연보함으로써 물질만 나누는 데서 그치지 않고 그들의 마음이 부요해지는 복도 누렸다.

돕는 즐거움

바울은 3차 전도 여행 때 예루살렘의 가난한 성도들을 위해 연보를 모금했다. 마게도냐의 교회-빌립보, 데살로니가, 베뢰아 들은 가난한 중에도 헌금에 동참했고(8:1), 바울이 기대한 것 이상으로 헌금을 많이 했다. 이것은 자신을 희생하며 한 연보였다. 자신들도 가난했지만 돕는 일에 자발적으로 참여했던 것이다. 연보의 핵심은 액수가 아니라 이유와 과정이다. 하나님은 억지로 바치는 연보를 기뻐하지 않으신다. 그분은 자기 백성들이 이 교회들처럼 되기를 원하신다. 그 일이 단순히 선하고 옳은 일일 뿐만 아니라 그리스도를 향한 헌신, 형제 그리스도인들을 위한 사랑, 곤궁에 처해 있는 이들을 도와주는 즐거움이 있기 때문이다. 당신의 헌금은 마게도냐 교회들의 기준에 비추어 볼 때, 어느 정도쯤 되는 것 같은가?

8:3-4 내가 증거하노니 저희가 힘대로 할 뿐 아니라 힘에 지나도록 자원하여 이 은혜와 성도 섬기는 일에 참여함에 대하여 우리에게 간절히 구하니

바울은 계속해서 헌금에 참여하는 마게도냐 교인들의 태도를 칭찬하고 있다. 마게도냐 성도들은 자신들이 어느 정도 연보할 수 있는지 계산한 후 그보다 많이 하려고 노력했을 것이다. 그들의 연보는 바울이 기대한 액수를 초과했다. 사실상, 바울은 예루살렘 그리스도인들을 위해 연보를 거두는 일을 꺼렸다. 오히려 마게도냐 교인들이 먼저 바울에게 연보를 거두어 가라고 간절히 구했다. 바울은 그리스도인들의 후한 연보를 기술하기 위해 세 가지 핵심적인 헬라어를 사용하고 있다. 첫째, 그것은 그리스도인의 특권이다. 여기서 '특권'으로 번역된 헬라어(NIV 성경은 "이 은혜와 성도 섬기는 일에 참여함에 대하여 우리에게 간절히 구하니"라는 부분을 "성도에 대한 이 봉사에 참여할 수 있는 특권을 우리에게 간절히 구했다"로 번역하고 있음-역자 주)는 '은혜'로 흔히 번역되던 **카리스**(*charis*)다(8:1을 참조하라. 한글개역성경은 '은혜'로 직역하고 있다-편집자 주). 자신의 재물을 나눌 수 있는 기회는 전적으로 하나님의 선물이다. 둘째, 그것은 그리스도인의 삶의 **나눔**(sharing)이다. 여기서 사용되는 헬라어는 흔히 '교제'로 번역되는 **코이노니아**(*koinonia*)다. 고린도 교인들이 바울을 위해 기도함으로써 그의 사역에 동참했듯이(1:11; 몬 1:6도 참조하라), 마게도냐 성도들은 베풂으로써 다른 성도들과 구원의 큰 기쁨을 '나눌 수' 있다고 생각했다. 본질적으로 이것은 '교제'다. 즉 그리스도인들이 자신들의 구세주인 예수님을 위하여 열심을 서로 공유하는 것이다. 마지막으로, 바울은 마게도냐 성도들의 연보를 섬기는 일로 기술하고 있다. 여기서 사용한 헬라어는 영어 단어 '집사'(deacon)의 어원인 **디아코니아스**(*diakonias*)다. 연보를 하는 행위는 남들을 섬기는 한 방식인 것이다.

 **자신이 속한 영역을 넘어서**

하나님의 나라는 사람들을 돕고자 하는 성도들의 관심과 열심을 통해 확장된다. 이 구절(8:1-2)은 자기가 속한 친구 집단과 자기가 살고 있는 곳 밖에 있는 사람들을 돕는 일에 참여한 몇 교회에 대해 말하고 있다. 교회나 기독교 기관들을 이용해 현재 살고 있는 도시 밖의 사역과 연결될 수 있는 방법을 모색해 보라. 다른 그리스도인들과 함께 하나님의 일을 재정적으로 지원함으로써 기독교의 연합을 강화시키고 하나님의 나라가 확대되도록 도울 수 있다. 당신의 베푸는 삶을 다시 평가해 보라. 최소한만 하고 있는가, 아니면 할 수 있는 한 최선을 다하고 있는가?

8:5 우리의 바라던 것뿐 아니라 저희가 먼저 자신을 주께 드리고 또 하나님의 뜻을 좇아 우리에게 주었도다

마게도냐 성도들의 헌금은 바울이나 다른 사람들의 칭찬을 받고자 하는 마음에서 시작된 것이 아니었다. 그들의 관대함은 근본적으로 주 예수님을 섬기고자 하는 소원에서 비롯되었다. 그들은 먼저 자신들을 하나님께 헌신하고, 어디든지 인도하시는 대로 좇아가려는 바람을 표현했다. 그들의 넉넉함과 자비는 자기 자신을 위한 것이 아니었다. 그들은 사람들의 칭찬을 구하지 않았다. 자신의 성취감 때문도 아니었다. 그 재물이 하나님의 것임을 알았기에 연보에 참여한 것이다. 자신들이 가진 모든 소유-그들의 영혼까지도-가 하나님의 것임을 알았기에 할 수 있는 모든 방법으로 예수님과 그의 나라를 섬기는 일에 헌신하였던 것이다.

자신을 드리기

바울은 마게도냐 그리스도인들이 관대할 수 있었던 것은 "저희가 먼저 자신을 주께 드렸기"(8:5) 때문임을 알고 있었다. 바울이 인상적으로 보았던 점은, 그들의 헌금 액수가 아니라 자신과 자신의 소유를 자발적으로 주께 드리고자 하는 태도였다. 그리스 북부의 가난한 성도들은 자신들이 누구에게 속했는지(그리하여 그들의 모든 소유가 누구의 것인지)를 알았다. 주님께 자신의 인생을 드린 자들은 능력 이상으로 줄 수 있다. 성도의 재물과 소유는 자기들의 것이 아니다. 그들은 단지 진정한 주인을 대신하여 관리하는 사람일 뿐이다. 이것이 '청지기직'이 의미하는 바다. 희생 제사를 드리듯, 상징적으로 고린도후서 8장을 펴고 지갑과 시계, 개인의 일정을 윗 부분에 놓으라. 시간과 돈과 헌신을 주님께 드리는 기도를 잠시 드리라. 오늘 이 세 영역에서 그분이 무엇을 원하시는지 귀기울여 들으라.

8:6 이러므로 우리가 디도를 권하여 너희 가운데서 시작하였은즉 이 은혜를 그대로 성취케 하라 하였노라

이 구절은 바울이 마게도냐 교인들이 어떻게 예루살렘 성도들을 위해 연보했는지를 소개한 이유를 보여주고 있다. 그는 디도를 고린도로 다시 보내어 이 은혜를 그대로 성취케 하는 일-다시 말해서 연보 모금이 완성되도록 하는 일-을 권면하고자 했다.

그 이전 방문 때(혹은 디도가 '징계의 편지'를 전달하기 얼마 전에 한 방문 때), 디도는 고린도 교인들에게 매주 모일 때마다 예루살렘 교회를 위하여 연보를 계속하라고 권면했었다(8:6을 참조하라). 바울은 앞서 보낸 편지에서 자신이 말한 대로 실행하라고 지시한 적이 있었다(고전 16:1-4을 참조하라). 바울과 그의 권위에 대해 교회 내에서 떠돌던 비판에 비추어 볼 때, 고린도 교인들의 연보 모금 노력은 상당히 그 열기가 식었으리라고 추측할 수 있다(이 편지 전체에 나타나는 자신에 대한 바울의 변호에 대해서는 7:2; 11:7-9; 12:14-17을 참조하라).

8:7 오직 너희는 믿음과 말과 지식과 모든 간절함과 우리를 사랑하는 이 모든 일에 풍성한 것 같이 이 은혜에도 풍성하게 할지니라

바울은 고린도 교인들의 경쟁 심리에 다시 한번 호소하고 있다. 그들이 이 모든 일에(너무나 여러 가지 방법으로) 풍성하려고 애써 왔기 때문에, 하나님께서는 그들의 간절함에 영적인 은사들을 풍성하게 주심으로 보상하셨다(고전 1:4을 참조하라).

고린도 교인들이 영적인 은사를 크게 갈망한다는 것을 안 바울은 그러한 은사들과 연보 드리는 것을 함께 제시하고 있다. 바울은 고린도 교인들이 다른 사람들의 복지를 돌아보는 이 은혜에도 풍성하기를(이 은혜로운 베푸는 사역에도 뛰어나기를) 원했다. 그들이 사람들에게 베푸는 일에 열심이었다면, 교회 내 분쟁의 원인이었던 영적인 은사에 에너지를 집중시키지 않을 수도 있었을 것이다(고전 3:3을 참조하라).

베푸는 사역

바울은 고린도 교인들이 베푸는 은사에 뛰어나라고 격려했다(8:7). 돈에 대한 청지기직이 제자도의 다른 분야에 비해 그 평가가 달라지는 경우가 너무나 잦다. 그리스도인들은 대부분 믿음, 지식, 혹은 사랑에 있어서는 일정 수준에서 성장이 멈추기를 바라지 않을 것이다. 하지만 많은 이들이 베풂에 있어서는 그 정도를 고정시키고 평생 그 정도면 충분하다고 생각한다. 참된 제자도는 모든 자원을 성숙하게 활용하는 일에 지속적으로 성장하여, 베푸는 삶도 확대되어야 한다. 하나님께서는 그러한 소원을 주실 수 있고, 베풀 수 있는 능력도 자라게 하실 수 있다. 성장의 기회를 포기하지 말라.

8:8 내가 명령으로 하는 말이 아니요 오직 다른 이들의 간절함을 가지고 너희의 사랑의 진실함을 증명코자 함이로라

베푸는 행위는 기독교적 사랑의 자연스러운 반응이다. 바울은 고린도 교인들에게 주라고 강요하지 않았다. 그는 다른 이들의 간절함을 가지고(과 비교함으로써, NIV) 그리스도를 향한 그들의 사랑의 진실함을 증명하라고 격려했다. 누군가를 사랑한다면 그 사람을 도와 주고 싶은 마음이 들기 마련이다. 시간과 관심과 가진 것을 쏟아 그 사람이 풍성해지기를 원하게 될 것이다. 돕기를 거부한다면 당신의 사랑은 말과는 달리 진실한 사랑이 아닌 것이다.

8:9 우리 주 예수 그리스도의 은혜를 너희가 알거니와 부요하신 자로서 너희를 위하여 가난하게 되심은 그의 가난함을 인하여 너희로 부요케 하려 하심이니라

부유한 고린도 교회는 많은 액수의 연보를 약속했지만 그 약속을 전혀 실행하지 않았다. 바울은 그들이 약속한 바를 실행하지 않을까 염려하여 힘에 지나게 연보한 실례를 두 가지 제시하고 있다. 이 장의 초반부와 앞 절에서(8:1-5, 8) 바울은 첫 모델로 자기 힘에 지나칠 정도로 열심히 헌금에 참여한 마게도냐 그리스도인들을 소개하였다. 그리고 나서 이 절에서 고린도 교인들에게 또 하나의 모델을 제시하고 있다. 그 모델은 바로 예수님이시다. 마게도냐 교인들이 큰 액수로 후하게 연보한 적이 있었지만, 그들의 희생은 자신을 주신 예수님의 희생에 비할 수 없었다. 예수님은 그리스도인들의 최종적인 모델이시다.

예수께서는 하나님으로서 자기 권리를 기꺼이 포기하시고 인간이 되심으로 고린도 교인들을 위하여 가난하게 되셨다. 하나님이시고 모든 특권과 권세와 하나님의 지혜를 소유하셨지만, 하나님의 아들은 그 모든 것을 포기하셨다. 그분은 자원하여 나사렛 예수라는 인간이 되셨다. 주님께서는 너무나 많은 것을 버리심으로 인간이 되시고 가난하게 되셨다. 그는 하늘의 왕이셨지만 천한 인간의 종이 되시기까지 자신을 낮추셨다. 심지어 자신을 십자가의 죽음-그 당시로서는 가장 잔인하고 굴욕적인 죽음-에 내어주시기까지 하셨다. 그러나 그렇게 하심으로써 자신을 믿는 모든 사람들을 부요케 하셨다. 그리스도인들은 그분의 자기 희생을 통해 구원을 받았을 뿐 아니라 심지어 하나님의 가족으로까지 받아들여졌다(5:8, 18). 가족이 되었다는 것은 하늘의 영광스럽고 영원한 유업을 가지게 되었다는 것을 뜻한다(4:18; 5:1).

8:10-11 이 일에 내가 뜻만 보이노니 이것은 너희에게 유익함이라 너희가 일년 전에 행하기를 먼저 시작할 뿐 아니라 원하기도 하였은즉 이제는 행하기를 성취할지니 마음에 원하던 것과 같이 성취하되 있는 대로 하라

바울은 고린도 교인들에게 명령하지 않으려고 조심했다(8:8). 그는 충고만 했다.

이 구절도 고린도 교인들의 경쟁심에 호소하고 있다(8:1-2, 6-8도 참조하라). 그들은 두 가지 면에서 먼저 시작했다! 그들이 예루살렘 그리스도인들을 위한 구제 헌금을 모금하기 시작했고, 그 헌금에 실제적으로 기여한 것도 그들이 처음이었다. 이 부분에서 바울은 고린도 교인들에게 이제는 **행하기를 성취**하고 헌신한 대로 이행하여 처음의 자발적인 열심과 그 일의 **성취**가 조화를 이루도록 하라고 권면하고 있다(9:5도 참조하라). 그는 고린도 교인들에게 계획한 대로 행하고, 있는 대로 하라고 도전하고 있다(8:12).

다음 절에서 헌금의 4가지 원리가 나타난다:

1. 즐거운 마음으로 드리는 자발성이 헌금의 액수보다 중요하다(8:12; 9:5).
2. 작정한 것을 이행해야 한다(9:5도 참조하라).
3. 도움이 필요한 사람들에게 베풀기를 원한다면 당신이 도움이 필요할 때 도와 줄 것이다(8:14).
4. 당신이 드리는 행위는 그것으로 인해 무엇인가를 얻기 위해서가 아니라 그리스도의 사랑에 대한 반응으로써 드려야 한다(8:9; 9:13).

어떻게 베푸느냐는 그리스도에 대한 당신의 헌신을 반영한다. 베풀겠다는 결단을 성급하게 하지 말라. 재정 상태를 평가하라. 그러면 약속한 대로 드릴 수 있을 것이다.

 **후반전**

전반전을 치룬 선수대기실의 코치처럼 바울은 고린도 교인들에게 그들이 시작한 일을 완성하라고 요청한다(8:11). 그들은 자신들을 스스로 승자로 인정하고 있었지만 게임은 아직 종료되지 않았다. 시작할 때의 흥분은 최종 마무리로 연결되어야 한다. 자신의 이미지를 개선시킨다고 생각할 때는 쉽사리 약속을 한다. 스포트라이트가 끝나고 맹세의 대가가 매일 복잡하게 얽혀든다고 생각될 때, 열정은 사그라들어 간다. 자신이 약속한 것을 망각함으로써 명예가 실추되기 쉽다. 최근에 "너를 위해 기도할께"라고 말한 대상이 누구인가? 그러한 약속을 한 적이 있는가? 그 말이 영적으로 성숙하고 사려깊은 말로 들리지만 진정으로 그럴 의사가 있었는가? 기독교 기관이나 소속 교회에 물질적인 지원 약속을 해 놓고 아직 지키지 못하고 있는 부분은 없는가? 하나님께서 그 약속을 지킬 수 있도록 힘을 주실 것이다.

8:12 할 마음만 있으면 있는 대로 받으실 터이요 없는 것을 받지 아니하시리라

바울은 고린도 교인들이 헌금할 총 액수에 대해서는 그다지 관심을 갖지 않았지만, 베풀려고 하는 열심이 있기(할 마음이 있기)를 원했다. 그는 마게도냐 교인들의 연보에 대해 소개하면서 그들이 드린 액수가 아니라 그들이 드린 태도를 고린도 교인들에게 강조했다. 그들은 그리스도를 향한 헌신의 마음으로 큰 즐거움을 가지고 연보에 동참했다(8:2-3, 5). 바울은 자신이 목표로 한 모금 액수를 달성하는 것보다는 고린도 교인들의 태도에 더 많은 관심이 있었다.

고린도 교인들의 재물은 하나님이 주신 선물이지만(고전 4:7) 바울은 없는 것이 아니라 있는 것으로 베풀라고 권면하고 있다. 희생적인 베풂은 책임감이 있어야 한다.

8:13-14 이는 다른 사람들은 평안하게 하고 너희는 곤고하게 하려는 것이 아니요 평균케 하려 함이니 이제 너희의 유여한 것으로 저희 부족한 것을 보충함은 후에 저희 유여한 것으로 너희 부족한 것을 보충하여 평균하게 하려 함이라

바울은 고린도 교인들이 후하게 헌금하기를 원했지만 그들에게 딸린 사람들(가령, 가족)이 곤고하게 될 정도로 베풀기를 원치 않았다. 힘에 넘치도록 베풀라. 그러나 당신의 재정 지원이 필요한 가족이나 친지들을 곤고하게 할 정도로 베풀지는 말라.

예루살렘 그리스도인들은 잠시 궁핍한 상황을 만났다. 이 헌금 모금이 시작되기 10여년 전에 안디옥의 성도들은 예루살렘 교회를 적은 힘이나마 돕기 위해 바울과 바나바를 파송했다. 팔레스틴 지방은 심한 기근으로 고통을 당하고 있었고, 예루살렘의 그리스도인들은 크게 어려운 처지에 처해 있었다(행 11:27-30을 참조하라). 예루살렘 성도들은 사회적으로 버림 받은 국외자의 신분이었기 때문에(여생을 고국에서 마감하기 위해 성전이 있는 예루살렘으로 모인 디아스포라들이었기 때문에-편집자 주) 극한 가난에 계속 시달렸을 가능성이 아주 높다. 처음부터 유대인들(당시는 바울 자신이 주도적인 인물이었다)은 유대 그리스도인들에 대해 강도 높은 박해 작전을 감행했다(행 5:17-18; 7:54-60; 8:1-3을 참조하라). 초기 그리스도인들은 투옥이나 더 가혹한 운명을 피하기 위해 예루살렘에서 달아나야 했다. 그러한 박해로 인해 자연히 그리스도인들의 생업은 중단되고 피폐해질 수밖에 없었다. 예루살렘 내부나 주변 지역의 그리스도인들이 생계를 유지할 수 있는 방법은 제한적일 수밖에 없었을 것이다. 10년이 흘렀다 해도 별 차이가 없었을 것이다.

바울은 예루살렘 그리스도인들의 가난을 이방인 신자들을 위한 기회로 인식했다. 예루살렘 교회-복음이 시작되던 초창기에 로마 세계 전역에 복음 전도자를 보냄으로써 희생한 교회-에 후하게 베풀므로써 그들의 신앙의 순수성에 대한 의심을 해결할 수 있다고 생각한 것이다(이 헌금에 대한 바울의 설명은 롬 15:25-27을 참조하라). 바울은 그들의 후한 연보를 통해 이방인들을 교회로 받아들이기를 꺼리는 일부 유대인 그리스도인의 망설임이 사라지기를 기대했다(이방인들을 대상으로 한 사역에 대한 바울의 변론에 대해서는, 행 21:15-25을 참조하라).

결과적으로, 헌금을 주고 받는 행위는 교회 전체를 연결시키는 역할을 한다. 각기 상대방을 의지하게 될 것이다. 이방인들이 구원의 놀라운 소식에 대해 유대 그리스도인들에게 의지했다면, 유대인들은 재정적 지원 면에서 이방인들에게 의존한 것이다. 각자의 필요가 상대편의 소유로 보충이 된다면 전 교회가 세워지게 되는 것이다. 바울은 평균의 원리, 혹은 공평한 분배의 원리에 호소하고 있다. 각 교회는 다른 교회들의 필요가 발생하는 대로 공급해야 한다. 교회는 하나님이 자신들에게 주신 자원으로 다른 교회들을 도와야 한다. 부유한 교회가 있다면 상대방의 필요를 채워 줄 수 있을 것이다. 상황이 역전될 경우 이전에 가난했던 교회가 그 은혜를 갚아 줄 수도 있다.

결과적으로 교회의 지체들은 상호 의존하게 될 것이다. 그러나 더욱 중요한 것은 그들이 그리스도께 의존하게 된다는 것이다(그리스도의 몸으로서 교회를 인식한 바울의 논의는 고전 12:12-26을 참조하라).

오늘날 교회는 '공정한 분배'의 원리를 다시 고려하여 가난한 교회들을 돕는 일에 자발적으로 나서야 한다. 많은 도시 교회들이 만성적인 재정 적자로 고통을 당하고 있다. 세계의 대부분의 목회자들이 북미의 최저 생계비 수준으로 생활하고 있다. 부유한 교회들이 이들을 도와야 한다.

8:15 기록한 것 같이 많이 거둔 자도 남지 아니하였고 적게 거둔 자도 모자라지 아니하였느니라

바울은 모든 사람들의 필요가 어떻게 충족되는지 예를 들어 설명하기 위해 출애굽기 16:18을 인용하고 있다. 이스라엘은 광야에서 백성들을 모두 먹일 만큼 양식을 충분히 구할 수가 없었다. 그래서 하나님께서는 만나라는 양식을 하늘에서 내려주셨다. 이 가늘고 하얀 알갱이가 아침마다 지면에 깔려 있었다. 하나님께서는 이스라엘 백성들에게 하루에 필요한 양만 모으라고 말씀하셨다. 어떤 이들은 남들보다 많은 양을 모았지만 그 누구도 모자라지 않게 넉넉히 먹을 수 있었다. 욕심을 부려 다음 날을 위해 만나를 비축해 둔 사람들도 있었다. 그들은 자신들의 필요를 하나님께 의탁하지 않은 사람들이었다. 그들의 믿음이 부족하여 만나에 벌레가 생기고 냄새가 나는 보응을 받았다(출 16:19을 참조하라).

베풂의 원리

당신이 베풀기로 작정한 액수가 어느 정도인가? 바울은 고린도 교인들에게 아래와 같은 몇가지 원리를 제시하고 있다:

- 각자 자신이 약속을 이행해야 한다(8:10-11; 9:3).
- 자기의 능력 한도 내에서 베풀어야 한다(8:12; 9:6).
- 각자 액수를 결정해야 한다(9:7).
- 하나님이 각자에게 주신 소유의 비율에 따라 드려야 한다(9:10).
  하나님은 형제들에게 베푸는 삶을 살게 하기 위해 제물을 주셨다.

하나님께서 1세기 그리스도인들의 필요를 채워 주신 방식이 동일하지는 않았지만 바울은 그 속에서 동일한 원리가 적용되고 있음을 보았다. 하나님께서는 모든 사람에게 그들의 필요를 공급하시는 분이시다. 사람마다 빈부의 차이가 있지만 모든 사람들의 필요가 결국 충족될 것이다. 많이 가진 자들도 있지만 사람들의 모든 필요가 충족되는 것이다. 하나님께서는 부유한 자들이 여분의 부를 공유함으로써 궁핍한 자들이 풍족해질 수 있기를 원하신다. 그것은 정확히 평균의 문제에 국한된 것이 아니라 오히려 공평이나 정의의 문제였다.

8:16-17 너희를 위하여 같은 간절함을 디도의 마음에도 주시는 하나님께 감사하노니 저가 권함을 받고 더욱 간절함으로 자원하여 너희에게 나아갔고

8장의 나머지 부분은 성격상 디도와 두 익명의 '형제'를 위해 쓴 추천서라고 할 수 있다. 디도는 공식적으로 바울의 대리인으로서 갔고, 다른 '형제들'은 예루살렘 연보를 책임진 교회의 대표였다(8:18, 22을 참조하라).

바울은 먼저 디도를 고린도 교회에 추천하고 있다. 그는 이미 디도가 처음으로 고린도를 방문한 후에 얼마나 용기를 얻었는지 강조한 바 있다(7:13-15을 참조하라). 고린도 교인들은 디도를 환영했고, 그가 전한 메시지를 존중했으며, 그의 필요를 채워주기도 했다(7:7, 15을 참조하라). 바울이 그에게 다시 한번 고린도를 방문하라고 부탁하자, 디도는 바울의 요구를 기꺼이 수용했고 자신이 더욱 간절함으로 자원하여 나아갔다. 그도 바울과 동일한 열정을 소유하고 있었던 것이다. 바울과 마찬가지로 디도 역시 고린도 교인들이 베푸는 일에 풍성하기를 원했다(8:7을 참조하라). 바울은 디도의 간절한 태도에 대해 하나님께 감사했다. 고린도 교회의 연보 모금 노력을 진척시키기 위한 디도의 열정은 베풀 수 있는 능력과 마찬가지로 하나님께서 주신 선물이었다(8:1을 참조하라).

8:18-19 또 저와 함께 한 형제를 보내었으니 이 사람은 복음으로서 모든 교회에서 칭찬을 받는 자요 이뿐 아니라 저는 동일한 주의 영광과 우리의 원을 나타내기 위하여 여러 교회의 택함을 입어 우리의 맡은 은혜의 일로 우리와 동행하는 자라

바울은 예루살렘 연보 모금의 진실성을 유지하기 위해 몇 단계의 조치를 취하고 있다. 그 헌금이 목적한 수혜자들에게 확실히 전달되었음을 보증하기 위해 교회들이 한 형제를 선출했다. 바울은 그 일로 불필요한 오해, 특별히 이미 고린도 교회에 유포되고 있던 것과 같은 오해가 일절 일어나지 않기를 바랐다(12:16-18에서 바울의 변호를 참조하라).

이 형제가 누구인가? 옛날의 주석가들은 '복음으로서'('복음에 대한 봉사로서', NIV)라는 구절을 들어 이 사람이 복음서를 기록한 사람일 것이라고 판단하고 그 형제가 누가(Luke)일 것이라고 주장했다. 그러나 최근에는 바울이 '복음'에 해당하는 헬라어를 복음서를 지칭하는데 사용한 적이 없다는 점에 한결같이 동의하고 있다. 어떤 이들은 아볼로나 바나바가 이 익명의 형제일 가능성이 있다고 주장하기도 한다. 그러나 이 두 사람 모두 고린도 교인들이 알고 있는 사람들이었을 것이고, 따라서 굳이 소개할 필요가 없었을 것이다. 주석가들은 대부분 이 형제가 마게도냐 교회의 대표라고 주장한다. 그렇다면 베뢰아의 소바더나 데살로니가 출신의 아리스다고와 세군도일 가능성이 있다(행 20:4-5을 참조하라). 일부 주석가들은 바울이 후에 마게도냐인들과 동행했다고 언급한 사실이 이 형제가 마게도냐인이 아님을 의미하는 것이라고 주장한다. 그러므로 이 학자들은 두기고와 드로비모일 가능성이 있다고 주장한다(행 21:29을 참조하라).

어떤 경우이든, 이 형제들은 예루살렘 교회를 위해 모금한 연보가 제대로 전달될 수 있도록 교회의 대표 직책을 맡았을 것이다. 바울은 예루살렘 그리스도인들을 위한 이 선물이 잘못 전달되었다는 비난을 자신이 받기를 원하지 않았다. 그것은 자신의 전체 목적이 실패하는 것을 의미했기 때문이다. 그 연보는 초대 교회들간의 분열이 아니라 일치를 도모하기 위한 것이었기 때문이다(이에 대해서는 롬 15:25-27의 바울의 설명을 참조하라).

8:20-21 이것을 조심함은 우리가 맡은 이 거액의 연보로 인하여 아무도 우리를 훼방하지 못하게 하려 함이니 이는 우리가 주 앞에서만 아니라 사람 앞에서도 선한 일에 조심하려 함이라

바울은 그 연보와 관련하여 자신이 어떤 의심도 받지 않기를 바랐다. 그래서 모든 것을 살피시는 주 앞에서 뿐 아니라 사건의 현상을 보는 사람들 앞에서도 자신의 행동이 명예롭다고 인정받기 위해 조심했다(NLT. 잠 3:4을 참조하라). 그가 고린도에서 첫 사역을 시작했을 때 고린도 교인들의 재정적인 지원을 일체 거절한 이유가 바로 이것이었다(고전 9:12을 참조하라). 그는 자신이 돈 때문에 설교한다는 오해를 받고 싶지 않았던 것이다(고전 9:19을 참조하라).

사람들의 불필요한 오해를 사지 않기를 바라는 바울의 관심사는 예루살렘 교회를 위한 연보 모금에도 그대로 나타났다. 이 일을 고린도 교인들에게 처음으로 지시했을 때(고전 16:1-4을 참조하라), 바울은 고린도 교회의 지도자들에게 매주 연보를 하라고 조언했다. 자신은 그 연보를 모금하는 일에 전혀 관여하고 싶지 않았다. 또한 고린도 교인들은 그 연보를 예루살렘 교회에 전달하기 위해 교회 자체에서 대표를 선출해야 했다. 바울은 의심을 받지 않기 위해 그 돈을 전달하는 일도 맡으려 하지 않았던 것이다. 그러나 고린도전서를 기록한 후 바울은 마음이 바뀌었다. 그는 자신도 예루살렘에 가야 한다는 성령의 명령하심을 듣고 확신이 생긴 것이다(그의 행동에 대한 그 이후의 설명은 행 20:22-24; 21:11-14을 참조하라).

훼방(혐의)을 받지 않고 연보 모금을 무사히 마치기 위해서 바울은 자신이 직접 그 돈을 모금하는 일은 계속 삼갔다. 대신 그는 고린도 교인들이 존경하고 신뢰하는 인물인 디도를 보냈다. 연보 전달이 무사히 이루어지도록 연보한 교회들에서 선출한 대표 두 사람이 디도와 동행하였다.

공명정대함

바울은 그리스도인들이 공개적으로 살아 계신 하나님에 대한 충성을 선언할 때 자동적으로 그들의 행위가 그분을 반영한다는 점을 알고 있었다. 비그리스도인들이 신자들을 비판할만한 이유를 발견하면 그들은 그리스도에 대해서도 비판적이 된다. 이러한 이유에서 바울은 예루살렘 교회를 위한 연보 모금의 진실성을 유지하기 위해 모든 안전 조치를 취하고 있다. 교회 밖의 사람들은 성도들이 헌금을 사용하는 방식을 회의적인 시각으로 바라볼 수 있다. 지명도가 높은 목회자들의 돈과 관련된 스캔들이 터질 때마다, 믿지 않는 세상 사람들은 일부 그리스도인들이 동원하는 비윤리적 방법에 대해 경악을 금하지 못했다. 하나님의 자원을 잘못 관리하는 길을 피할 방도가 있다. 당신이 속한 교회나 기관은 부정 행위를 막을 수 있는 견제와 균형 체계를 갖추고 있는가? 당신의 목회 현장에서 재고해야 할 회계상의 습관은 없는가? 그리스도인들은 돈 문제에 있어서 가능한 가장 엄격한 기준을 적용해야 한다.

8:22 또 저희와 함께 우리의 한 형제를 보내었노니 우리가 여러 가지 일에 그 간절한 것을 여러 번 시험하였거니와 이제 저가 너희를 크게 믿은고로 더욱 간절하니라

바울은 이 절에서 세 번째 형제를 추천한다. 이 형제 역시 익명으로 소개되고 있다. 그는 위에서(8:18에 대한 주석에서) 언급한 사람들 가운데 한 명일 가능성이 있다. 바울이 이 형제의 이름을 언급하지는 않지만, 그가 여러모로 자신을 증명한 사람이라는 것은 분명히 밝히고 있다. '증명하다'에 해당하는 헬라어는 '시험하다'란 의미다(NIV 참조). 그리스도에 대한 그 사람의 열심은 여러 번 시험을 받았고 또 통과했다. 더구나 그는 바울과 디도를 통해 고린도 교인들에 대해 전모를 들었으며, 바울이 그들에 대해 가지고 있던 동일한 확신(크게 믿음으로, 한글개역성경)을 소유하고 있었다(7:13-16을 참조하라).

8:23 디도로 말하면 나의 동무요 너희를 위한 나의 동역자요 우리 형제들로 말하면 여러 교회의 사자들이요 그리스도의 영광이니라

이 장의 마지막 두 절은 바울이 디도와 그와 동행하는 두 형제를 추천하는 내용을 요약하고 있다. 바울이 디도서 1:4에서 디도를 믿음 안에서 자기의 아들이라고 불렀지만, 여기서는 복음을 전하는 일에 동무요 동역자라고 부르고 있다. 이를 통해 바울은 고린도 교인들에게 디도의 권위를 강조하고 있다. 디도는 예루살렘 그리스도인들을 위한 구제 헌금을 모금하기 위해 고린도 교회에 파견한 바울의 대리인이었다(8:6).

바울은 디도와 동행했던 여러 교회의 두 사자 역시 고린도 교인들에게 추천하고 있다(대표들의 전체적인 명단은 행 20:4에 있다). '사자'에 해당하는 헬라어는 아포스톨로이(*apostoloi*)며, 문자적으로는 사도(apostles)다. 복음서에서 이 헬라어는 12제자들에 국한하여 사용하고 있다. 그러나 이 편지에서 바울은 특수한 임무를 위탁받은 교회의 대표들에게 이 단어를 사용하고 있다(고전 9:5의 바나바; 갈 1:19의 야고보). 아포스톨로스는 문자적으로 '보냄을 받은 자'란 뜻이다.

8:24 그러므로 너희는 여러 교회 앞에서 너희의 사랑과 너희를 대한 우리 자랑의 증거를 저희에게 보이라

바울은 고린도 교인들이 이전에 디도를 영접했듯이(7:7, 13을 참조하라), 이 형제 그리스도인들에 대한 그리스도인의 사랑을 나타내라고 권면하고 있다. 그들은 디도가 그들을 처음으로 방문했을 때 그들에 대한 바울의 자랑이 사실이라는 것을 보여주었다(7:14을 참조하라). 이제 바울은 디도와 동행하는 교회의 두 대표에게 그 사실을 다시 한번 입증하라고 권고하고 있다. 이 형제들은 여러 교회들을 대표하는 형제들이었다. 그러므로 고린도 교인들은 이 대표들이 다른 교회에 그들의 선행을 자랑할 수 있도록 행동하라는 것이었다. 바울이 이 대표들과 그들이 고린도 교회에 파송되는 임무를 설명하고 추천하는 일에 많은 시간을 투자했다는 사실은 고린도 교인들이 그들을 어떻게 대할지 바울이 어느 정도 염려하고 있었음을 암시해준다. 바울의 지난 번 방문은 특별히 고통스러웠다(2:1-4을 참조하라). 디도가 그에게 힘이 되는 소식을 전해 주었다 하더라도(7:6-7) 바울에게는 여전히 그 방문에 대한 기억이 남아있었을 것이다.

어쨌든 바울은 고린도 교인들이 자신의 다음 방문을 준비하도록 하고 있다. 다음 방문은 일반적인 방문은 아닐 것이다. 디도는 바울의 질책이 담긴 편지를 전달함으로써 이미 그 길을 열어 놓았다. 그러나 디도는 바울이 보낸 다른 편지(고린도후서)를 소지하고 두 명의 교회 대표와 함께 다시 고린도를 방문하여, 모든 일에 질서가 잡히도록 조치할 것이다. 추후로 바울은 마게도냐 교회 대표들을 더 데리고 고린도를 방문할 것이다(9:4을 참조하라). 지난 번 방문 때 발생했던 일이 다시 일어난다면(13:1-3을 참조하라), 바울은 많은 교회들로부터 온 공정한 증인들을 동반할 예정이었다. 그들이 전체적인 상황에 대한 바울의 처신이 신실했음을 증명하게 될 것이다.

산 증거

고린도 교인들은 사도 바울을 대신하여 자신들을 방문하는 형제들에게 사랑의 증거를 보이라는 훈계를 들었다(8:24). 그들은 사랑이 많은 교회라고 칭찬을 받았지만 행동으로 입증되지 않으면 사랑이 아니다. 사탕은 맛이 있어야 가치가 있듯이 공언된 사랑은 그것을 행함으로써 증명이 된다. 날마다 실제적으로 행동할 때 우리의 사랑은 입증된다. 하루가 끝나기 전에 사랑을 표현할 수 있는 다섯 가지 방법을 적어 보라. 그것은 전화를 걸거나 편지를 보내는 일일 수도 있고, 누군가를 용서하거나 꽃다발을 보내 주는 일일 수도 있다. 혹은 연로한 교우에게 음식을 만들어 주거나, 가족들과 시간을 보내기 위해 사무실에 서류 가방을 두고 오는 일일 수도 있다.

고린도후서 9장

9:1-15 즐겨 내시는 자를 기뻐하시는 하나님

¹성도를 섬기는 일에 대하여 내가 너희에게 쓸 필요가 없나니 ²이는 내가 너희의 원함을 앎이라 내가 너희를 위하여 마게도냐인들에게 아가야에서는 일 년 전부터 예비하였다 자랑하였는데 과연 너희 열심이 퍽 많은 사람들을 격동시켰느니라 ³그런데 이 형제들을 보낸 것은 이 일에 너희를 위한 우리의 자랑이 헛되지 않고 내 말한 것 같이 준비하게 하려 함이라 ⁴혹 마게도냐인들이 나와 함께 가서 너희의 준비치 아니한 것을 보면 너희는 고사하고 우리가 이 믿던 것에 부끄러움을 당할까 두려워하노라 ⁵이러므로 내가 이 형제들로 먼저 너희에게 가서 너희의 전에 약속한 연보를 미리 준비케 하도록 권면하는 것이 필요한 줄 생각하였노니 이렇게 준비하여야 참 연보답고 억지가 아니니라 ⁶이것이 곧 적게 심는 자는 적게 거두고 많이 심는 자는 많이 거둔다 하는 말이로다 ⁷각각 그 마음에 정한대로 할 것이요 인색함으로나 억지로 하지 말지니 하나님은 즐겨 내는 자를 사랑하시느니라 ⁸하나님이 능히 모든 은혜를 너희에게 넘치게 하시나니 이는 너희로 모든 일에 항상 모든 것이 넉넉하여 모든 착한 일을 넘치게 하게 하려 하심이라 ⁹기록한 바 저가 흩어 가난한 자들에게 주었으니 그의 의가 영원토록 있느니라 함과 같으니라 ¹⁰심는 자에게 씨와 먹을 양식을 주시는 이가 너희 심을 것을 주사 풍성하게 하시고 너희 의의 열매를 더하게 하시리니 ¹¹너희가 모든 일에 부요하여 너그럽게 연보를 함은 저희로 우리로 말미암아 하나님께 감사하게 하는 것이라 ¹²이 봉사의 직무가 성도들의 부족한 것만 보충할 뿐 아니라 사람들의 하나님께 드리는 많은 감사를 인하여 넘치느니라 ¹³이 직무로 증거를 삼아 너희의 그리스도의 복음을 진실히 믿고 복종하는 것과 저희와 모든 사람을 섬기는 너희의 후한 연보를 인하여 하나님께 영광을 돌리고 ¹⁴또 저희가 너희를 위하여 간구하며 하나님의 너희에게 주신 지극한 은혜를 인하여 너희를 사모하느니라 ¹⁵말할 수 없는 그의 은사를 인하여 하나님께 감사하노라

이 단락은 예루살렘 선교 헌금에 대한 고린도 교인들의 초기 열정과, 하

나님께서 다른 성도들을 돕는 데 자신들을 사용하실 수 있다는 사실에 기뻐했던 일을 상기시키고 있다. 그들의 열심은 전염성이 있었다. 마게도냐인들은 고린도 교인들의 열심을 전해 듣고 선교 헌금 마련에 열정적으로 반응하였다. 바울이 그 연보의 마무리 모금 작업을 준비하고 있을 무렵 고린도 교인들의 열정은 사그라들고 말았다. 연보 모금은 교착 상태에 빠졌다. 바울은 자신이 고린도 교인들을 방문했을 때 그들이 마지 못해 연보에 참가하지 않을까 염려했다. 그들이 하나님의 일에 동참할 수 있는 특권이 얼마나 엄청난 것인지 망각해 버리지 않았나 우려했다. 하나님께서는 즐겨내는 자를 사랑하시며 열정적인 팀 사역자를 기뻐하신다(9:7). 그분은 이기적이고 인색하게 내는 자들이 없어도 자기 일을 이루어 가시는 분이시다.

9:1-2 성도를 섬기는 일에 대하여 내가 너희에게 쓸 필요가 없나니 이는 내가 너희의 원함을 앎이라 내가 너희를 위하여 마게도냐인들에게 아가야에서는 일년 전부터 예비하였다 자랑하였는데 과연 너희 열심히 퍽 많은 사람들을 격동시켰느니라

바울은 연보 모금과 그 연보로 인해 예루살렘 성도들이 어떤 유익을 받을 것인지 설명할 목적으로 디도와 교회 대표들을 고린도에 보낸 것은 아니었다(8:16-24). 일년 전까지만 해도 그들은 이 섬기는 일을 처음으로 시작한 장본인이었다(8:10을 참조하라). 실제로 바울은 고린도 교인들의 원함(돕기를 바라는 열렬한 마음)에 대해 마게도냐 교인들에게 자랑한 적도 있었다. 마게도냐 교인들이 그렇게 후하게 헌금할 수 있었던 것도 고린도 교인들의 열정적인 모금 운동에 격동을 받았기 때문이다(그들의 연보에 대해서는 8:1-5에 기록된 바울의 설명을 참조하라).

그들의 열정이 마게도냐 교인들의 연보 참여를 자극하였다고 설명함으로써 바울은 연보에 대한 고린도 교인들의 첫 열정의 불씨를 되살리려고 했다. 바울은 인간의 행위에 대해 순진하지 않았다. 마라톤의 시작과 끝은 그 중간의 달리기보다 훨씬 스릴이 있다. 완주하기 위해서는 굽히지 않는 결심과 인내력이 필요하다. 물집이 생기고 근육이 욱신거리고 기진할 지경이 되어도 달려야 한다.

바울은 또한 인내하기 위해서는 공동체가 필요하다는 것을 알았다. 동료들이 달리고 있는 자기 팀 선수들을 응원하듯이, 바울은 고린도 교인들을 격려하기 위해 디도와 다른 두 형제를 파송한 것이다. 고린도 교회가 추진하던 연보 모금 노력은 바울의 권위를 비판함으로써 교회 내에 자신들의 힘을 구축해 나가려던 탐욕스러운 순회 설교자들로 인해 소강 상태에 빠져 있었다(2:17; 12:14-18을 참조하라). 고린도 교인들이 연보 모금을 열정적으로 주도한다는 소식에 마게도냐인들이 자극을 받았듯이, 바울은 마게도냐 교인들이 극심한 가난 속에 힘에 지나도록 연보했다는 소식(8:2-3을 참조하라)을 듣고 고린도 교인들도 '격동되어' 그 일을 재개하기를 바랐다. 바울은 이 일을 확실히 매듭짓기 위해 디도와 두 형제를 보내어 그 모금 노력을 감독하도록 하고 있다.

바울이 9:1에서 연보 문제를 다시 거론하기 때문에, 어떤 이들은 9:1-15이 디도를 아가야 지방(고린도를 수도로 하는 그리스 남부 지방; 9:2을 참조하라) 교회들에게 추천하는 별개의 편지였을 것이라고 주장한다. 이 이론에 의하면 앞 단락(8:1-24)은 고린도 교회 앞으로 보낸 디도에 대한 추천서가 된다. 이 학자들은 9장이 8장의 많은 부분을 반복한다는 점이 이 이론을 지지하는 증거라고 믿는다. 그러나 이 이론을 입증할 수 있는 필사본이 전혀 발견되지 않았다. 게다가 이 이론은 8장과 9장이 서로 논리적으로 맞지 않는다는 그럴듯한 판단에 근거하고 있다. 이 장들을 면밀히 검토해 보면 두 장의 상호 의존성이 드러난다. 바울은 고린도 교인들이 디도에게 그리스도의 사랑을 보여줌으로써 그들에 대한 자기의 자랑이 틀리지 않았음을 증명하라고 막 당부를 하였다(8:24을 참조하라). 9:1-5에서 바울은 고린도 교인들에게 자신이 자랑했던 바로 그 내용, 즉 작년에 그들이 보인 구제 헌금에 대한 열정을 말해 주고 있는 것이다. 나아가 바울은 그들이 작년에 약속한 헌금 모금(8:11)을 마무리함으로써 당혹스러운 상황을 피할 수 있다고 설명하고 있다. 그러므로 9장은 아가야에 보낸 별개의 편지라기보다는 아가야에 속한 교회들과 더불어 고린도 교회가 연보를 해야 하는 이유와 방법에 대한 부연 설명이라고 보는 것이 더 타당하다.

9:3 그런데 이 형제들을 보낸 것은 이 일에 너희를 위한 우리의 자랑이 헛되지 않고 내 말한 것같이 준비하게 하려 함이라

바울은 고린도 교인들에 대한 자기의 자랑이 헛되지 않기를-헬라어로는 문자적으로 '텅비지' 않기를-원했다. 그래서 다른 두 대표들(형제들)과 함께 디도를 보내기로 결정했다. 바울은 몇 달 후에 그 연보를 가지고 예루살렘으로 갈 계획이었다(행 20:1-5, 22-24; 24:17을 참조하라). 그러므로 그가 고린도에 가면 연보 모금이 최종적으로 마무리되어 있도록 준비하라는 것이었다(9:4). 디도가 맡은 일은 바울이 이미 지시한 대로(고전 16:1-4을 참조하라) 고린도 교인들이 부지런히 그 돈을 마련하도록 격려하는 것이었다. 한편 디도와 동행한 두 대표는 연보가 제대로 모금되는지 확인하는 일을 맡았다. 고린도 교회에 잠입한 거짓 교사들과는 대조적으로 오해의 소지가 있는 어떠한 방법도 사용하지 않기 위해서였다(2:17). 또한 존경과 신망을 받는 교회의 대표들이 전 과정을 증명할 것이다(8:20을 참조하라).

9:4 혹 마게도냐인들이 나와 함께 가서 너희의 준비치 아니한 것을 보면 너희는 고사하고 우리가 이 믿던 일에 부끄러움을 당할까 두려워하노라

바울은 마게도냐 교회들의 대표들과 디도에 이어 고린도 교회를 방문할 계획이 있었다. 마게도냐 교회 대표들의 방문은 고린도 교인들에게 우호적인 압력을 행사하는 효과가 있을 것이다. 그 대표들이 자기 교회와 고린도 교회를 비교하게 되리라는 것은 누구나 추측할 수 있는 사실이다. 바울은 고린도 교인들이 처음부터(약 1년 전에) 그 연보 모금에 얼마나 열정적으로 노력했는지 마게도냐 교인들에게 자랑한 적이 있다. 그러나 그 이후로 상황이 많이 달라졌다. 바울은 이번 방문 때 고린도 교인들이 자신의 사도적 권위에 도전할 경우를 대비하여 사전 조치를 취하고 있는 것이다

(13:1-4을 참조하라). 즉, 이 마게도냐 그리스도인들은, 혹시 있을지도 모르는 저항을 바울이 어떻게 처리하는지를 증언하는 역할을 할 것이다. 바울은 자신이 방문할 것이라고 고린도 교인들에게 경고를 많이 하고 있다. 이 구절에서 바울은 고린도 교인들이 자신의 방문에 대비하지 않을 경우 자신이 얼마나 부끄러움을 당하게 될지를 능숙하게 경고하고 있다. 표면적으로는 예루살렘 연보 계획에 대해 거론하고 있지만, 자신의 다른 관심사들에 대해 고린도 교인들을 경고하고 있다는 인상이 강하다. 바울은 마게도냐 교인들이 고린도 교회의 영적 무질서를 목격하지 않기를 바라고 있었다. 얼마나 부끄러운 일이겠는가. 이 편지의 말미는 그 점을 더욱 강하게 언급하고 있다. 바울은 말미에서 고린도 교인들에게 하나님 앞에서 자신들의 마음을 살펴 스스로 준비하라고 엄중히 경고하고 있다.

그가 다음에 방문하게 되면, 그들의 다툼을 조사하고 범죄한 자들에 대해서는 징계도 감수하겠다고 한다(13:1-5을 참조하라). 또한 그들이 자신의 사도적 권위를 의심하고 있다면 하나님께서 주시는 사도직의 증거를 확실하게 제시하겠다고 한다(13:3-4을 참조하라).

물론 바울은 많은 교회들의 대표들과 함께 함으로써 자신을 비판하는 자들이 침묵하게 되기를 바라고 있었다. 그는 디도 편에 전달된 이 편지(고린도후서)가 고린도 교인들에게 자신들이 믿는 대로 사는 삶으로 변화되는 기회가 되기를 원했다. 그러나 인간의 본성을 아는 바울이었기 때문에, 연보를 마련하는 일뿐만 아니라 그들을 영적으로 성숙시키는 면에 있어서도 디도를 보내어 필요한 사전 조치들을 취한 것이다. 바울은 고린도 교인들에게 영적인 자극을 주기 위해서 여기서 부끄러움을 당할까 두려워한다고 표현한 것이다.

9:5 이러므로 내가 이 형제들로 먼저 너희에게 가서 너희의 전에 약속한 연보를 미리 준비케 하도록 권면하는 것이 필요한 줄 생각하였노니 이렇게 준비하여야 참 연보답고 억지가 아니니라

바울이 그 연보를 전에 약속한 연보(아끼지 않는 선물)라고 표현한 것으로 보아 고린도 교인들이 1년 전에 큰 액수의 연보를 약속했음이 확실하다. 바울은 더 많은 돈을 요구하는 것이 아니었다. 단순히 그들이 이미 약속한 연보 모금 계획을 마무리하라고 상기시킬 뿐이었다(8:10-12을 참조하라).

그러나 바울은 이 약속한 액수의 연보가 압력이나 단시일 내에 급하게 모금되기를 원치 않았다. 그럴 경우 그의 고린도 교회 방문은 연보 마련에 혈안이 된 행동에 지나지 않을 것이기 때문이다. 그러나 바울은 그 연보가 강제적인 방법이 아니라 자발적인 방법으로 이루어지기를 바랐다(몬 1:8-9을 참조하라). 바울이 '억지'라는 단어에 사용한 헬라어는 일종의 속임수나 갈취를 암시한다. 단시일 내에 연보를 모금하면 부정적인 방법이 동원될 수 있다. 바울은 자신들이 하나님께 드리고 있다는 점을 고린도 교인들이 기억하기를 바랐다. 이렇게 되기 위해서는 사전 계획이 필요하다. 디도와 다른 두 형제가 바울보다 먼저 가서 그 연보를 미리 준비케 하도록 권면하는 임무를 맡았다. 적절히 준비하면 사람들도 즐겨 낼 수 있게 하는 데 도움이 된다.

사전 준비

바울은 자신이 고린도를 방문하기 전에 형제 중 몇 명을 먼저 보내어 예루살렘 교회를 위한 연보를 준비하도록 했다(9:5). 단지 알려진 곤경에 대한 자연스런 반응으로 보일 수 있는 경우가 대단히 많다. 하지만 조직, 준비, 실행은 하나님의 뜻이라는 기차가 지나가는 필수적인 코스다. 빌리 그래함이 한 도시에서 십자군 대회를 개최하는 데 동의하면, 그가 속한 기관은 미리 팀을 보내어 필요한 사람들과 접촉하고, 시설물 계약을 협상하고, 지원자들을 훈련하는데 수개월을 보낸다. 단 며칠의 복음 전도 대회를 위해서 말이다. 십자군 대회에 참석만 하는 사람들에게는 모든 것이 큰 노력없이 이루어지는 것으로 보인다. 그러나 사전에 숨은 노력이 있기 때문에 그래함의 십자군 대회는 사람들을 그리스도께로 인도하는 목표를 꾸준히 이룰 수 있었던 것이다.

9:6 이것이 곧 적게 심는 자는 적게 거두고 많이 심는 자는 많이 거둔다 하는 말이로다

이 당시의 사람들은 농사 원리에 아주 익숙했다. 심고 잡초를 제거하고 추수하는 일은 일상적으로 흔히 하던 일이었다. 들에 뿌릴 씨앗도 남기지 않고 곡식을 다 써 버리는 것이 어리석은 짓이라는 것은 누구나 알았을 것이다. 씨를 들에 뿌리는 일은 위험할 수도 있다. 새가 먹어 치우면 어떻게 되겠는가? 토질이 나빠져서 곡식을 제대로 수확하지 못하면 어찌 하겠는가? 혹시 있을지도 모르는 재난에 대비하기 위해 씨앗을 그대로 보관하는 것이 더 현명할 수도 있다. 그러나 적게 뿌린 농부는 적게 추수할 수밖에 없다는 것이 일반적인 원리다. 씨를 뿌리는 위험을 감수하지 않으면 다음 추수 때에는 거둘 것이 전혀 없을 것이다.

이 농경 시대의 지혜는 기독교적 자선 행위에 대한 심오한 진리를 담고 있다(유사한 격언에 대해서는 잠 11:24-26; 22:8-9을 참조하라). 적게 뿌린 어리석은 농부와 같은 사람-장차 재정적으로 안정케 하실 하나님을 신뢰하는 자-은 하나님의 풍성한 축복을 누리지 못할 것이다. 많이 뿌린 자들은 기대를 훨씬 초월하는 영원한 추수를 보장받게 될 것이다.

기금 모금 프로젝트의 필요성

기금 모금이라는 주제가 회피하거나 우리를 당혹스럽게 하는 주제가 되어서는 안 된다. 오히려 모든 기금 모금 노력은 치밀한 계획과 그에 따른 책임 있는 실행이 보장되어야 한다.

고지	8:4
명확한 목표	8:4
각오와 자발성	9:7
헌신	8:5
지도력	8:7
열정	8:7-8, 11
지속성	8:2-12
정직성과 성실성	8:21
책임성	9:3

9:7 각각 그 마음에 정한 대로 할 것이요 인색함으로나 억지로 하지 말지니 하나님은 즐겨 내는 자를 사랑하시느니라

고린도 성도들은 각기 하나님이 자신에게 얼마를 원하시는지 결정해야 했다. 그 결정이 충동적인 것이 아니라 신중한 검토 과정을 통과한 것이어야 했다. 자신들의 능력을 평가하고 그것을 기준으로 계획해야 했다. 이것은 의도적이고 계획적인 연보여야 했다. 바울은 이미 주일마다 헌금을 따로 떼어놓으라고 말한 적이 있다(고전 16:1-4). 이것은 바울이 디도를 미리 앞서 보낸 이유 중 하나다. 그는 일년 전에 그들이 하나님께 약속한 액수를 한 명도 빠짐없이 지킬 수 있도록 주일에 모일 때마다 연보를 거두는 일을 해 줄 사람이 필요했다. 그들이 이미 연보를 약속했지만 그때까지 바치지 않고 있었던 것이다.

바울은 고린도 교인들이 연보하도록 강요하기 위해 비상 수단이나 압력을 사용하고 싶지 않았다. 헌금을 간청하는 당사자가 자신이었지만 고린도 교인들에게 충분한 시간을 주어 하나님이 얼마나 원하시는지 생각하고 기도할 수 있도록 배려했다. 바울은 아무도 인색함으로나 억지로 하지 않기를 바랐다. 하나님께서는 돈의 액수가 아니라 사람의 동기를 평가하시는 분이심을 알았기 때문이다. 그분은 사람을 보시지 선물을 보지 않으신다. 하나님이 해 주신 일에 대한 진실한 감사의 마음으로 내는 자인 즐겨 내는 자를 하나님은 소중히 여기신다. 하나님께서는 그러한 선물에 대해 측정할 수 없을 정도로 보상해 주신다(9:11).

태도

베푸는 태도가 베푼 액수보다 중요하다(9:7). 베풀 돈이 적다고 해서 부끄러워할 필요는 없다. 하나님은 우리가 현재 가지고 있는 자원으로 어떻게 베푸는지 살피시는 분이시다(막 12:41-44에서 가난한 과부의 헌금을 칭찬하신 예수님을 참조하라). 그 기준에 따르면 마게도냐 교인들의 연보를 따라갈 사람이 없다(8:3). 하나님 자신도 즐겨 내시는 분이다. 그분이 우리를 위해 행하신 모든 일을 생각해 보라. 자신의 형상대로 창조된 우리가 즐거워하는 마음으로 힘에 넘치게 드릴 때 그분은 기뻐하신다. 헌금을 드리는 일이 즐겁지 않다면, 그것은 하나님께 감사하지 않는 당신의 내면 상태를 반영하는 것일 수도 있다.

9:8 하나님이 능히 모든 은혜를 너희에게 넘치게 하시나니 이는 너희로 모든 일에 항상 모든 것이 넉넉하여 모든 착한 일을 넘치게 하게 하려 하심이라

베푸는 데 있어서 사람들이 극복해야 하는 가장 큰 장애는 염려다. 내년에 정년 퇴임하면 쓸 돈이 충분하지 않을 텐데 어떻게 하나? 긴급 상황이 발생하면 어떻게 될까? 실직하게 된다면? 이 절은 하나님께서 그들의 **모든 필요를** 채워 주실 수 있는 분이심을 고린도 교인들에게 재확신시키고 있다. 그분은 전능하신 분이다. 그는 세상의 **모든** 것을 소유하신 분이다. 더욱이 그분은 하나님께 받은 것을 다시 바치는 자들에게 복주시는 분이다.

바울은 이 절에서 '모든'이란 글자를 강조하고 있다. 하나님께 받은 소유를 다시 드리는 자들은 부족함이 전혀 없을 것이다. 하나님은 베푸는 자들에게 **은혜를** 쏟아 부어주실 것이다. 여러 가지 상황 속에서 필요한 모든 것을 공급받게 될 것이다. 구약에서 하나님은 이 일로 자신을 '시험해 보라'고 까지 이스라엘에게 권유하셨다. 그들이 모든 필요한 십일조를 하나님께 드리면 하나님께서는 "하늘 문을 열고 너희에게 복을 쌓을 곳이 없도록 붓지 아니하나 보라"고 약속하셨다(말 3:10, 하지만 문맥상 이 구절은 약속이 아니고, 도리어 약속을 신뢰하지 못해 십일조를 드리지 않는 이스라엘을 향한 하나님의 책망이다-편집자 주).

하나님이 놀랍도록 복을 주시는 목적은 항상 자기 백성들이 모든 착한 일을 할 수 있게 준비시키는 데 있다. 그렇다고 그리스도인의 베풂이 준 자가 받아간다는 식의 하나님과 맺은 계약이라는 뜻은 아니다. 오히려 이는 그리스도인이 선한 일을 하기에 필요한 모든 것을 공급하시겠다는 뜻이다. 그러므로 결과적으로 그리스도인의 선행은 하나님께 찬양과 영광을 돌려 드리게 되는 것이다(히 13:16의 생활 적용 주석의 표를 참조하라).

9:9 기록한 바 저가 흩어 가난한 자들에게 주었으니 그의 의가 영원토록 있느니라 함과 같으니라

농부가 풍성한 곡식을 추수하기 위해서는 땅에 씨를 뿌려야 하듯이, 그리스도인들도 하나님의 복을 거두기 위해서는 **가난한** 자들에게 자신들의 소유를 뿌려야 한다. 바울은 하나님의 복이 언제나 재물의 증가로 연결되지 않는다는 것을 이미 명백하게 밝혔다. 물질적이고 영적인 하나님의 모든 선물에는 그리스도인이 선한 일을 하도록 돕기 위한 목적이 있다(9:8). 시편 112:9에서 인용한 이 인용문이 이 진리를 입증하고 있다. 이 시편에서는 시편 기자는 의인이 물질적인 복을 받을 것에 대해 말했지만(시 112:3), 바울은 가난한 자들에게 후히 베풀므로써 얻을 영적인 유익을 강조하기 위해 인용하고 있다. 재정적인 면에서 하나님의 복을 받은 자들은 가지지 못한 자들을 후하게 도와 주어야 한다. 이러한 선행은 결코 사라지지 않고 **영원토록 있을 것이다**(결코 망각되지 않을 것이다). 그의 사랑을 받은 형제도 그 은혜를 오랫동안 기억하겠지만, 더욱 중요한 것은 하나님께서 그 사람의 선행을 결코 잊지 않으신다는 점이다.

9:10 심는 자에게 씨와 먹을 양식을 주시는 이가 너희 심을 것을 주사 풍성하게 하시고 너희 의의 열매를 더하게 하시리니

하나님은 씨와 먹을 양식을 모두 **공급하시는** 분이다. 날마다 가족을 부양할 수 있는 자원과 투자할 여분의 자원까지 공급하시는 분이다. 하나님이 그리스도인들에게 주시는 자원은 축적하거나, 어리석게 탕진하거나, 없애 버리라고 주신 것이 아니다. 하나님은 자기 백성들에게 각자 사용하고 하나님의 일에 다시 투자하라고 선물을 주신다. 그리스도인들은 이 선물을 낭비하지 말고 더 선한 열매를 맺기 위해 가꿀 필요가 있다(9:8).

하나님은 단순히 더 많은 자원을 주시는 것으로 그치지 않으시고 더 많은 씨를 공급해 주신다. 그분은 당신이 뿌린 것에 복을 주신다. 촉촉한 비로 뿌린 씨를 적셔 주시고, 뿌려진 씨앗이 튼튼하고 알찬 식물로 성장하는 데 필요한 모든 것을 공급하신다. 그 씨는 작지만 자라기에 적합한 조건만

갖춰진다면 크게 성장할 잠재력을 갖고 있다(마 13:1-9, 18-23, 31-32에서 씨에 대한 예수님의 비유를 참조하라).

마찬가지로, 하나님은 베풂에 대한 성도들의 미약한 노력에 복을 주시고 풍성하게 추수하게 하신다. 이것은 개인의 부와 재물의 추수가 아니다. 그것은 당신의 의의 열매다. 하나님께서는 보잘 것 없는 선행까지도 취하셔서, 그것으로 많은 사람들이 복을 받을 수 있도록 풍성하게 하실 것이다. 우리는 다만 베풀기만 하면 된다.

9:11-12 너희가 모든 일에 부요하여 너그럽게 연보를 함은 저희로 우리로 말미암아 하나님께 감사하게 하는 것이라 이 봉사의 직무가 성도들의 부족한 것만 보충할 뿐 아니라 사람들의 하나님께 드리는 많은 감사를 인하여 넘쳤느니라

곤궁한 형제들에게 후하게 베풀면 두 가지 좋은 일이 생긴다. 첫째, 그들이 낸 연보를 통해 하나님께서는 형제들의 필요(여기서는 특별히 예루살렘 그리스도인들의 필요)를 충족시키신다. 둘째, 이 너그러운 연보를 받게 된 형제들이 하나님께 감사를 드리며 그 기쁨을 표현하게 될 것이다. 이러한 선물을 받은 기쁨으로 인해 하나님께 진정한 찬양을 드리게 될 것이다. 그들은 무엇보다도 연보를 드린 사람들의 마음을 여신 분이 바로 하나님이시라는 것을 알 것이기 때문이다.

그러므로 바울은 베푸는 행위가 재물을 늘리기 위한 하나의 전략이 아닌, 인간의 모든 필요를 채워주시는 하나님께 찬양과 영광을 돌려 드리는 또 다른 방편으로 인식했다. 그리스도인들은 개인적인 보상을 받을 목적으로 베풀어서는 안 된다. 하나님의 역사를 보기 위하여 가난한 자들에게 너그럽게 베풀어야 한다.

인색한 그리스도인?

바울은 자신의 독자들이 모든 면에서 후한 사람들이 되기를 원했다. 예루살렘 형제들을 돕기 위해 희생적으로 베푸는 일에 동참하라고 설득하면서, 바울은 하나님이 모든 선한 것의 원천이 되심을 상기시켰다(9:10). 성도들은 우리 주님의 삶의 모범을 본받아 베푸는 자들로 부름을 받았다. 인색한 그리스도인은 지구상에서 멸종된 종(種)이어야 한다. 넉넉함이란 개인의 마음에서 이기심이 사라졌으며, 예수님처럼 섬기는 종의 마음으로 충만해 있다는 것을 입증해 주는 증거다. 그래서 너그럽게 베풂으로써 하나님이 찬양을 받으실 수 있다. 하나님이 도구로 쓰시고자 하는 이들이 후하게 베풀 때, 하나님이 은밀히 추진하시던 작전이 외부로 드러나고 갈채를 받을 수 있는 것이다. 당신의 생활 속에서 후한 베풂의 행위가 드러나는 것을 이웃이 목격하고 있는가?

9:13 이 직무로 증거를 삼아 너희의 그리스도의 복음을 진실히 믿고 복종하는 것과 저희와 모든 사람을 섬기는 너희의 후한 연보를 인하여 하나님께 영광을 돌리고

바울은 그리스도인의 베풂을 통한 일반적인 유익(9:11-12을 참조하라) 이외에도 예루살렘 연보 모금으로 추가적인 유익이 있기를 기대했다. 즉, 이러한 이방인 그리스도인들의 도움을 통해 유대인 그리스도인들과 이방인 그리스도인들이 그리스도의 교제 속에서 하나되기를 바란 것이다.

가난한 자들에 대한 관심

가난한 자들에 대한 관심과 돌봄은 참된 기독교 영성에 필수다.

가난한 자들을 이용해서는 안 된다	출 22:25-27
이자를 받거나 돈을 받고 음식을 팔지 말라	레 25:35-37
매 삼년째 되는 해에는 십일조를 가난한 이웃에게 주라	신 14:28-29
가난한 자들에게 후히 주라	신 15:11; 마 6:2-4
예수께서 가난한 자들에 대한 특별한 관심을 표명하셨다	눅 4:18-19; 6:20-21
바울은 가난한 자들에 대한 깊은 관심을 가졌다	갈 2:10

성경은 그리스도인들이 가난한 자들을 돌아보아야 한다고 가르친다. 당신은 이 가르침을 어떻게 실행하고 있는가?

가난한 자들을 먹이라
- 식량 구호 기관을 후원하라
- 공동체 프로그램에 자원봉사하라
- 소속 교회가 가난한 자들을 돕는 프로젝트를 개발하는 일에 동참하라
- 가난한 자들을 돕는 사역 기관들에 여분의 십일조를 보내라

가난한 자들을 위한 정의가 보장되도록 하라
- 과부, 고아, 이방인, 압제당하는 자들을 도우라
- 극빈층을 위한 주택, 교육, 취업 사업을 지원하는 기관을 도우라

가난한 자들의 입장을 지지하라
- 압제에 대항하라
- 단 한 사람을 위해서라도 변호하라
- 기독교 선교 기관에 편지를 써서 그들이 가난한 자들의 대의를 위해 싸우라고 격려하라

초기 교회사에서 처음 몇십 년 동안 유대 그리스도인들은 이방인들의 신앙의 진실성에 대해 심각한 의심을 버리지 못했다. 베드로 사도조차 하나님께서는 이방인 백부장 고넬료에게 복음을 전하기 위해 유대인의 결례를 어기기 원하신다는 사실에 충격을 받았다(행 10:1-33을 참조하라). 그러나 그는 그 말씀에 순종했다. 고넬료와 그의 온 집안이 그리스도에 대한 믿음을 갖게 되었을 뿐 아니라 성령도 받았다(행 10:34-46). 이방인들이 복음을 받아들였다는 사실에 대해 예루살렘의 일부 그리스도인들은 반기지 않았다(행 11:3을 참조하라). 베드로가 자신이 한 행동을 변호한 뒤에야 예루살렘 성도들은 구원이 이방인들에게까지 확대되었음을 인정했다(행 11:18). 그러나 불행하게도 이것으로 논쟁이 일단락된 것은 아니었다. 후에 유대 출신의 어떤 유대 신자들은 이방인 성도들에게 구원을 받기 위해 할례를 받아야 한다고 주장했다(행 15:1을 참조하라). 심지어 베드로도 유대인들의 평가가 두려워 무언 중에 그들에게 동조하는 위선을 범하기도 했

다(갈 2:11-13을 참조하라). 이러한 문제로 대두된 논쟁은 예루살렘 회의에서 해결되었다. 거기서 초대 교회의 지도자들은 구원이 율법을 통해서가 아니라 오직 예수님에 대한 믿음을 통해서 얻을 수 있다는 결론을 내렸다(행 15:6-19; 갈 3:6-7, 13-14; 엡 2:8을 참조하라). 그 문제가 결정되기는 했지만 계속 문제의 소지는 남아 있었다. 유대 율법주의자들은 갈라디아의 이방인 성도들을 잘못된 길로 인도했다(갈 3:1-5). 그리고 베드로가 고넬료와 만난 지 수십 년이 지난 후에도 이방인들의 신앙의 순수성을 의심하는 유대 성도들이 예루살렘에 있었다.

바울은 가난한 예루살렘 성도들을 위한 이방인 성도들의 헌금을, 그들이 그리스도의 복음에 순종하고 있는 구체적인 증거로 보았다. 예루살렘 회의의 결정 사항 중 하나는, 이방인 그리스도인들이 가난한 자들을 돌아보아야 한다는 규정이었다(갈 2:10을 참조하라). 예루살렘 교회의 가난한 자들을 위한 이방인들의 후한 선교 헌금은, 그들이 이 결정 사항에 순종하고 있음을 증명해 줄 수 있었다. 하지만 바울은 예루살렘 연보 모금이 이방인들의 개종 의식이라고 본 적이 한번도 없었다. 그는 예수께 대한 믿음으로만 구원을 받을 수 있다는 사실을 항상 분명히 했다(갈 3:26). 그러나 하나님께 물질을 돌려 드리는 행위는 그 사람의 믿음이 진정하다는 것을 증명하는 많은 증거 중의 하나가 될 수 있었다(약 2:14-18도 참조하라).

9:14 또 저희가 너희를 위하여 간구하며 하나님의 너희에게 주신 지극한 은혜를 인하여 너희를 사모하느니라

예루살렘 성도들을 위한 연보 모금은 고린도 교인들의 믿음의 진정성을 입증할 뿐 아니라, 믿음의 공동체간의 결속력을 높이는 역할도 해 주리라고 기대할 수 있다. 유대 그리스도인들은 그들의 재정 후원을 하나님의 놀라우신 은혜가 고린도 교인들의 삶 속에서 역사하시는 증거로 받아들일 것이다. 어떤 이방인이-갈라디아인이든, 헬라인이든-예루살렘의 유대인들에게 관대하게 베풀 필요가 있겠는가? 많은 유대인들이 로마 제국의 시민조차 아니었다. 그들은 로마 제국 내의 영향력도 없는 가난한 소수민 집단에 불과했다. 그들의 삶 가운데 역사하시는 하나님의 은혜만이 그들에게 베풀어야 할 동기를 불러일으킬 수 있었다(8:8-9을 참조하라).

1세기의 유대인 그리스도인들 중에는 이방인들을 믿음의 공동체로 인정하는 데 어려움을 겪는 이들이 여전히 있었다. 이 사랑의 연보가 이러한 유대인들이 고린도 교인들을 위해 처음으로 기도하게 되는 계기로 작용할 수도 있는 일이었다. 바울에 대한 고린도 교인들의 기도가 복음을 나누는 동역자가 되는 계기가 되었듯이(1:11), 유대 그리스도인들의 이러한 기도가 이방인 그리스도인들과 동역자가 되는 기회가 될 수 있는 것이다. 예루살렘 연보 모금을 통해 예수께서 유대인들과 이방인들이 한 몸, 즉 교회(갈 3:28을 참조하라)를 이루도록 연합시키는 역사를 시작하실 것이다. 그들 모두 예수님의 몸의 지체였다. 각기 상대방에게 의존하고 있는 것이다. 이방인들은 예수님의 놀라운 복음의 소식을 전해 준 데 대해 유대인들에게 빚을 지고 있었고, 유대인들은 재정 지원 면에서 이방인들에게 빚을 지고 있었다(이 헌금에 대해서는 롬 15:26-27의 바울의 설명을 참조하라). 이것을 통해 믿음의 전 공동체-유대인 그리스도인들과 이방인 그리스도인-가 사랑 안에서 세워져 갈 것이다.

9:15 말할 수 없는 그의 은사를 인하여 하나님께 감사하노라

바울은 하나님을 향한 억제할 수 없는 찬양으로 연보에 대한 자신의 호소를 마무리한다. 이 모든 것의 원천-베풀 수 있는 능력, 베풀고 싶은 마음, 유대인 그리스도인들과 이방인 그리스도인들 간의 화해-은 오직 하나님께로부터만 나온다. 하나님께서 궁극적인 시혜자시다.

이 절은 시혜자에서부터 수혜자에 이르기까지 전 과정이 말할 수 없는 하나님의 은사라고 말하고 있는 것 같다. 그러나 여기서 예수님의 의의 선물이라는 의미로 일반적으로 사용되던 '은사'에 해당하는 헬라어를 사용하기 때문에(롬 5:15을 참조하라), 분명히 바울은 예수님의 구원의 선물에 대해 하나님께 감사하고 있었을 것이다. 하나님이 예수님을 믿는 자들을 값없이 구원하신다는 것은 참으로 '말할 수 없는 은사'인 것이다. 하나님의 특별한 구원의 선물은 형제들에게 힘에 지나도록 베풀 수 있는 동기로 작용했을 것이다. 하나님께서 얼마나 많은 것을 주셨는지 묵상해 보라. 그리고 하나님께서 당신에게 베푸신 관용에 비추어 당신의 관용을 평가해 보라.

 **감사하는 마음**

감사하는 마음은 모든 것에 대해 올바른 시각을 갖도록 한다. 하나님께서는 봉사, 위로, 표현에 필요한 것을 공급하시는 분이시다.

감사하는 사람은 진심 어린 마음으로 예배할 수 있다. 감사는 하나님의 평강으로 우리의 마음을 열어주고 사랑할 수 있는 능력을 공급해 준다.

더 많은 감사를 드리기 위해 자신이 가진 모든 소유의 목록을 작성해 보라(물질적인 소유뿐 아니라, 당신이 맺고 있는 관계, 추억, 능력, 가족도 그 목록에 포함시키라). 감사의 기도를 드리는 데 그 목록을 활용하라. 예배드리기 전에 멈추어 서서 감사의 이유들을 묵상해 보라. 하나님의 선하심을 찬양하라.

고린도후서 10장

10:1-18 신뢰받지 못한 바울의 권위

¹너희를 대하여 대면하면 겸비하고 떠나 있으면 담대한 나 바울은 이제 그리스도의 온유와 관용으로 친히 너희를 권하고 ²또한 우리를 육체대로 행하는 자로 여기는 자들을 대하여 내가 담대히 대하려는 것같이 너희와 함께 있을 때에 나로 하여금 이 담대한 태도로 대하지 않게 하기를 구하노라 ³우리가 육체에 있어 행하나 육체대로 싸우지 아니하노니 ⁴우리의 싸우는 병기는 육체에 속한 것이 아니요 오직 하나님 앞에서 견고한 진을 파하는 강력이라 ⁵모든 이론을 파하며 하나님 아는 것을 대적하여 높아진 것을 다 파하고 모든 생각을 사로잡아 그리스도에게 복종케 하니 ⁶너희의 복종이 온전히 될 때에 모든 복종치 않는 것을 벌하려고 예비하는 중에 있노라 ⁷너희는 외모만 보는도다 만일 사람이 자기가 그리스도에게 속한 줄을 믿을진대 자기가 그리스도에게 속한 것같이 우리도 그러한 줄을 자기 속으로 다시 생각할 것이라 ⁸주께서 주신 권세는 너희를 파하려고 하신 것이 아니요 세우려고 하신 것이니 내가 이에 대하여 지나치게 자랑하여도 부끄럽지 아니하리라 ⁹이는 내가 편지들로 너희를 놀라게 하려는 것같이 생각지 않게 함이니 ¹⁰저희 말이 그 편지들은 중하고 힘이 있으나 그 몸으로 대할 때는 약하고 말이 시원치 않다 하니 ¹¹이런 사람은 우리가 떠나 있을 때에 편지들로 말하는 자가 어떠한 자이면 함께 있을 때에 행하는 자도 그와 같은 자인 줄 알라 ¹²우리가 어떤 자기를 칭찬하는 자로 더불어 감히 짝하며 비교할 수 없노라 그러나 저희가 자기로서 자기를 헤아리고 자기로서 자기를 비교하니 지혜가 없도다 ¹³그러나 우리는 분량 밖의 자랑을 하지 않고 오직 하나님이 우리에게 분량으로 나눠 주신 그 분량의 한계를 따라 하노니 곧 너희에게까지 이른 것이라 ¹⁴우리가 너희에게 미치지 못할 자로서 스스로 지나쳐 나아간 것이 아니요 그리스도의 복음으로 너희에게까지 이른 것이라 ¹⁵우리는 남의 수고를 가지고 분량 밖에 자랑하는 것이 아니라 오직 너희 믿음이 더할수록 우리의 한계를 따라 너희 가운데서 더욱 위대하여지기를 바라노라 ¹⁶이는 남의 한계 안에 예비한 것으로 자랑하지 아니하고 너희 지경을 넘어 복음을 전하려 함이라 ¹⁷자랑하는 자는 주 안에서 자랑할지니라 ¹⁸옳다 인정함을 받는 자는 자기를 칭찬하는 자가 아니요 오직 주께서 칭찬하시는 자니라

"너희의 복종이 온전히 될 때에 모든 복종치 않는 것을 벌하려고 예비하는 중에 있노라"(고후 10:6)

"이런 사람은 우리가 떠나 있을 때에 편지들로 말하는 자가 어떠한 자이면 함께 있을 때에 행하는 자도 그와 같은 자인 줄 알라"(고후 10:11).

고린도후서의 마지막 넉 장에 나타난 바울의 메시지는 명확하다. 바울이 방문하기 전에 고린도 교인들이 반성하고 새롭게 하라는 것이었다(10:6, 11; 13:2, 10). 10장은 확실히 고린도후서의 어조를 근본적으로 바꾸고 있다. 회유조에서 강경조로 바꾼 것이다. 첫 아홉 장에서 바울은 고린도 교인들이 자신의 최근 명령에 순종한 것을 두고 칭찬하는 등 조심스러운 입장을 취했다(2:5-11; 7:2-15). 그러나 마지막 넉 장은 통렬한 어조로 그들에게 태도를 고치라고 경고하고 있다(10:6, 11; 13:2, 5). 편지의 전반부는 외교적인 용어를 사용한 반면에(3:1; 5:12을 참조하라) 후반부는 뼈아픈 야유를 담고 있다(11:7-8, 19).

이 갑작스러운 어조 변화 때문에 일부 주석가들은 고린도후서의 마지막 넉 장이 실제로 7:8에서 말한 '엄한 훈계의 편지'라고 주장하기도 한다(서론을 참조하라). 이 이론이 설득력이 있기는 하지만 어조 차이를 설명할 수 있는 다른 방법들도 있다. 첫째, 바울은 어떤 사람을 비판하기 전에 칭찬을 먼저 해주는 전통적인 전략을 구사하였으리라고 생각할 수 있다. 고린도후서에서 바울은 먼저 고린도 교인들이 자신의 최근 지시에 순종한 것을 칭찬함으로써 다른 부분에서의 태도 변화를 유도하고 있는 것이다. 그의 칭찬은 그가 말하고자 하는 엄한 내용을 수용할 수 있도록 그들을 달래는 역할을 한다. 가령, 다음 방문 때 자신의 권위에 대항한 자들을 징계하겠다는 사실을 말하기 위한(고후 13:1-3을 참조하라) 사전 준비인 셈이다. 이러한 어조 변화를 설명하는 또 하나의 방법이 있다. 고린도후서 9장까지 쓰고 난 후 10장을 쓰기 전까지 긴 공백기가 있었다고 가정하는 것이다. 이 공백기간 동안 바울은 고린도 교회에서 일어나고 있는 불행한 소식을 전해 듣고 한층 가혹한 어조로 그 문제들을 다루게 되었다는 것이다.

어떤 경우이든, 고린도후서의 첫 아홉 장이 바울과 고린도 교인들간의 불편한 관계를 암시하는 조심스럽고 신중한 어조를 담고 있다는 점은 확실하다. 바울은 자신이 말하고 있는 내용의 의도를 설명하고(3:1-2; 5:12-14; 7:3-4), 자신의 최근 여행 계획에 대해 변호하고(1:17), 고린도 교인들의 관심을 요구해야 했다(6:11-12; 7:2). 바울과 고린도 교인들은 어느 정도까지는 화해를 하였지만(7:7, 12-16을 참조하라) 여전히 해결되지 못한 문제들이 남아 있었다. 바울이 10장에서 어조를 변경한 이유가 정확히 무엇이었든지 간에, 고린도 교회에는 바울의 질책을 받을 만한 곤란한 문제들이 있었던 것은 분명하다. 바울은 이미 자신의 권위(3:1-6)와 사역(5:19-21)과 진실성(8:20)에 대해 조심스럽게 변호하였다. 또한 고린도 교인들이 디도 일행을 영접한 것(7:13)과 넉넉히 연보한 것(9:2)에 대해 칭찬하기도 했다. 그렇게 한 후에 고린도후서의 이 부분에 이르러서야 바울은 고린도 교인들에게 태도를 바꾸라고 훈계할 수 있게 된 것이다(11:3-4, 12-14; 13:5).

10:1 너희를 대하여 대면하면 겸비하고 떠나 있으면 담대한 나 바울은 이제 그리스도의 온유와 관용으로 너희를 친히 권하고

고린도 교인들은 대부분 바울을 지지하였지만(7:8-16에서 분명히 나타나 있듯이) 소수의 무리가 계속해서 그를 비방하였다(비판하는 이 무리들은 2:5-11의 회개한 사람과 관계가 있을 수도 있지만, 확실한 것은 아무 것도 없다). 그 무리들은 바울이 지면으로는 담대하지만 대면하면 어리숙하다고 폄하함으로써 그의 능력을 비난하였다. 다시 말해서, 그가 자기들을 방문했을 때 어떤 권위도 행사하지 않았다고 비난한 것이다. 바울의 비판자들은 이것이 그의 이중성을 의미하는 것이며, 바울이 스스로 영적인 권위가 있다고 주장하지만 실제로는 소유하지 않았음을 나타내는 것이라고 여겼다. 10장부터 13장은 고린도 교회의 비판들에 대한 바울의 직접적인 반응이다.

바울이 편지 중간에 자신의 이름을 직접적으로 거론하는 것은 드문 일이다(예외적인 경우로는 골 1:23; 몬 1:19을 참조하라). 바울은 일반적으로 서신의 서두와 말미에 자신의 이름을 밝힌다(고전 1:1; 16:21; 골 1:1; 4:18; 살후 1:1; 3:17을 참조하라). 그러나 고린도후서의 이 부분에서는 자신의 명성과 자신이 선포한 진리가 공격을 받고 있기 때문에 자신의 이름을 직접적으로 거론하고 있는 것이다.

고린도후서의 이 질책 단원(10장에서 13장까지)은 친절하고 부드러운 말로 시작한다. 바울은 명령권과 통치권이 있던 로마 제국의 관리들이 정중한 방법으로 누군가에게 무엇을 하라고 부탁할 때 사용하던 '권하다'라는 의미의 파라칼로(parakalo)라는 헬라어 동사를 사용하고 있다. 바울이 이 단어를 사용한다고 해서 자신의 대적자들에게 양보하고 있는 것은 결코 아니다. 명령할 수 있는 권한이 있었지만, 바울은 위압적인 방식으로 자신의 권위를 행사하기를 의도적으로 거부하고 있는 것이다. 명령하는 대신에 부탁하고 있다. (바울은 이와 동일한 전략을 2:8; 6:1; 12:18에서 사용하였다; 롬 12:1; 고전 1:10; 4:13, 16; 16:15; 살전 4:1도 참조하라). 권위적인 방법을 사용하지 않았기 때문에 그의 대적자들은 그가 어리석고 비겁하다고 비난하였다.

그가 여기서 취하고 있는 접근 방법의 모델은 **예수 그리스도**였다. 예수께서는 완벽한 하늘의 권위를 소유하셨지만 종으로서 이 땅에 오셨다(빌 2:5-11). 그는 순종과 존경을 강요하시지 않고 사람들에게 단순히 자기를 믿으라고 요청하셨다. 예수께서 주신 전권을 소유한 사도 바울(2:17; 5:19)은 그리스도의 모범을 따라 고린도 교인들에게 단순히 권하는 태도를 취하였다. 이러한 방법으로 바울은 그리스도의 **온유와 관용**을 나타내고 있었다. '관용'에 해당하는 헬라어에는 범죄자에게 관대하고 인자한 재판관처럼 아량을 베푼다는 뜻이 있다. '온유'라는 단어는 친절과 쾌활함을 의미한다. 다시 말해서 바울은 엄하고 권위적인 재판관처럼 행세하기를 원치 않았다. 그는 이미 그들에 대해서 '주관하려고 하는' 의사가 전혀 없다고 밝힌 바 있다(1:24을 참조하라).

10:2 또한 우리를 육체대로 행하는 자로 여기는 자들을 대하여 내가 담대히 대하려는 것같이 너희와 함께 있을 때에 나로 하여금 이 담대한 태도로 대하지 않게 하기를 구하노라

여기서 바울은 자신이 이 편지를 쓰는 이유를 설명하고 있다. 바울은 자기가 고린도 교회를 방문할 때 교회 내의 모든 일이 해결되어 있기를 바라고 또한 기도하고 있었다(13:7을 참조하라). 그는 이미 자기가 편지를 쓰는 것은 그들을 정죄하기 위한 것이 아니라고 말한 바 있다(7:3을 참조하라). 그는 자기가 고린도 교회를 방문하였을 때 담대할 필요가 없기를 바라는 마음에서 편지를 쓰고 있다. 바울은 교회를 세우고 격려하는 일로 시간을 보내야 하는데, 고린도 교회 내의 잘못한 지체를 징계하느라고 시간을 허비하기를 원치 않았던 것이다(13:10을 참조하라). 바울이 고린도 교회의 방문 시기를 미룬 것도 동일한 이유에서였다(2:1-2). 그는 고린도 교인들이 스스로 문제를 해결할 수 있는 충분한 시간적 여유를 주고 싶었던 것이다.

바울은 지혜롭고 인내하며 기다리는 아버지처럼, 고린도 교인들에게 시비와 참과 거짓을 가릴 수 있는 시간과 공간을 마련해 주고 있다. 그러나 바울은 아무런 지침도 없이 그들을 방치해 두지는 않았다. 그는 엄한 경고의 편지와 함께 디도와 같은 공식적인 대리자를 보냈다(2:3-4). 결과적으로 바울은 그들이 자신들의 힘으로 믿음이 성숙해질 수 있는 기회를 주고 싶었던 것이다. 고린도후서는 바울이 고린도 교회에 보내는 마지막 경고다(13:1-5을 참조하라). 근시일 내에 그는 고린도 교회를 방문할 계획이었다. 디도는 이 편지를 전달하고 고린도 교인들이 바울의 방문에 대비할 수 있도록 미리 떠났다(8:16-24). 바울이 가기 전에, 그들이 교회 내부의 분쟁을 해결하지 않고(13:1) 계속 죄를 짓는 이들을 징계하지도 않는다면(13:2), 자신이 직접 가서 그 일을 하겠다는 것이었다. 디도와 마게도냐 교회의 대표들은 바울이 행할 모든 일에 증인이 되어 줄 것이다(9:4을 참조하라).

이 절은 또한 바울을 비방하는 사람들에 대해서 "우리를 육체대로 행하는 자로 여기는 자들"이라고 확실하게 밝히고 있다. 고린도에 있는 바울의 대적자들은 하나님의 거룩한 기준이 아니라 세상적인 기준에 따라 결정하고 설교한다고 바울을 비방하였다. 고린도후서 1장에서 바울은 그러한 비난을 받고 자신의 최근 여행에 대해 이미 변호한 적이 있다(1:17을 참조하라).

10:3 우리가 육체에 있어 행하나 육체('인간적인 계획과 방법', NLT)대로 싸우지 아니하노니

일반적으로 '육신'으로 번역되는 헬라어 *사르크스(sarx)*가 여기서는 '인간적인 계획과 방법'으로 번역되어 있다. 이 단어를 사용하여 바울은 인간적인 기준과 하나님의 기준을 명백하게 대조시키고 있다.

바울은 자신이 인간적이라는 점을 거리낌 없이 인정하고 있다. 바울은 온갖 어려움과 연약함과 실수에 취약한 인간의 육체를 입은 존재였다. 그러나 결코 인간적인 계획과 방법으로 영적인 전쟁을 하지 않았다고 단호히 말하고 있다. 에베소 교인들에게 보내는 편지에 썼듯이, 바울은 그리스도인의 삶을 전쟁으로 생각했다. 이 전쟁은 "혈과 육에 대한 것이 아니요 정사와 권세와 이 어두움의 세상 주관자들과 하늘에 있는 악의 영들에게"(엡 6:12) 대한 싸움으로 생각했다. 그리스도인의 삶은 그리스도에 대해 연합 전선을 형성한 영적인 세력들과 싸우는 영적 전투인 것이다. 세상의 무기-육체적인 힘과 세상적인 전략과 물질적인 부-를 가지고 이 영적인 전투를 수행하는 것은 어리석은 일이다. 영적인 전투에는 하나님만 주실 수 있는 영적인 무기가 필요하다.

10:4-5 우리의 싸우는 병기는 육체에 속한 것이 아니요 오직 하나님 앞에서 견고한 진을 파하는 강력이라 모든 이론을 파하며 하나님 아는 것을 대적하여 높아진 것을 다 파하고 모든 생각을 사로잡아 그리스도에게 복종케 하니

에베소서에 의하면, 우리의 싸우는 병기(하나님의 강력한 무기)는 믿음과 진리와 의와 복음의 소식과 하나님의 말씀이다. 성령께서는 성도들에게 필요한 무기들을 제공하시며, 그리스도인들이 그 싸움에 대비할 수 있도록 장비를 갖추어 주신다(6:6; 엡 6:10-20을 참조하라).

　세상의 무기(육체에 속한 것)-부와 명성과 정치적 권력-는 이 땅에서는 어느 정도 힘을 행사할 수 있겠지만 영적인 전쟁에서는 무용지물에 불과하다. 세상 사람들에 대해서는 술수와 속임이 효과가 있을지 모르지만, 영적인 전쟁에서는 진리만이 승리를 보장할 것이다. (신앙에 대해서-편집자 주) 냉소적이면 배신은 당하지 않겠지만, 영적인 전투에서는 하나님에 대한 믿음만이 능력을 공급해 줄 것이다. 전통적인 도덕을 경멸하면 이 세상에서는 추종자를 얻을 수 있겠지만, 영적인 영역에서는 하나님의 의를 지속적으로 따르는 길만이 승리를 보장받을 것이다.

　바울은 강력한 로마 군단과 막강한 로마 황제의 영향력을 실제적인 악의 진으로 여기지 않았다(진에 대해서는 잠 21:22을 참조하라). 오히려 바울은 기독교를 대적하는 교만한 주장과 반역적인 사상을 악의 요새라고 보았다. 사상의 세계가 하나님과 사단이 실제로 격전을 벌이는 곳이다. 헬라어에서 '교만한 주장'(NLT, 한글개역성경은 '모든 이론'으로 번역함-편집자 주)이라는 단어는 사람들을 복음에서 멀어지게 하는 논리나 추론을 암시한다. 헬라어로 **반역적인 생각**은 '높아진 것'이라는 의미다. 이러한 용어들은 인간이 자신의 위대함을 세상에 알리기 위해 높은 탑을 쌓으려고 했던 바벨탑 이야기를 상기시켜 준다(창 11:1-9). 바울은 이러한 '높아진 것들'을 '하나님에 대한 지식에 대항해'(NRSV) 높아진 것이라고 표현했다. 여기서 바울이 가리키는 것은 높은 건물이 아니라 사람들로 하여금 하나님에 대한 진리를 알지 못하게 하고 예배하지 못하게 훼방하는 모든 복잡한 이론이나 철학을 지칭한다. 하나님의 영광을 가로채고 진리를 은폐하는 이러한 거짓된 철학들이 사단의 진이다. 군대가 요새를 공격하듯이 그리스도인들도 각자 맡은 자리에서 이러한 거짓되고 악한 주장들을 타파해야 한다.

　헬라 철학을 숭상하던 고린도에 사는 성도들은 헬라 철학의 다양한 도구로 복음을 평가하고 싶은 유혹을 받았다. 바울은 이전에 보낸 편지에서 세속적인 그리스 철학의 렌즈로 세상을 보는 자들에게 복음이 어리석게 보일 것이라고 고린도 교인들에게 이미 말한 바 있다(고전 1:22을 참조하라). 바울은 직접 이 일을 경험하였다. 그가 아덴에 모인 철학자들에게 복음을 소개했을 때 그들은 모욕과 조롱으로 반응하였다(행 17:32을 참조하라). 이 철학자들이 보기에 복음은 어리석은 것이었다.

하나님의 전쟁

바울처럼 우리도 연약한 인간에 불과하지만 전쟁에서 이기기 위해 인간적인 계획과 방법을 사용할 필요가 없다. 사단의 '진'을 파하기 위해 우리는 하나님의 강력한 무기를 사용할 수 있다(10:4). 그리스도인은 하나님과 세상의 무기 중에서 어떤 것을 선택할 것인지 결정해야 한다. 바울은 우리에게 있는 하나님의 강력한 무기-기도, 믿음, 소망, 사랑, 하나님의 말씀, 성령-는 그 능력이 확실하고 효과적이라고 확신 있게 선포하고 있다(엡 6:13-18). 이러한 무기들은 하나님을 대적하는 교만한 인간의 주장과 사람들이 하나님을 발견하지 못하도록 사단이 쌓아 놓은 성벽을 무너뜨린다. 그리스도와 관계를 갖지 못하게 하는 교만을 다룰 때 인간의 방법과 무기를 사용하고 싶은 유혹을 받을 것이다. 그러나 하나님만이 이러한 장벽들을 무너뜨리실 수 있다.

10:6 너희의 복종이 온전히 될 때에 모든 복종치 않는 것을 벌하려고 예비하는 중에 있노라

이 절은 이 하나님의 무기가 고린도 교인들에게는 어떤 역할을 할 것인지를 상세히 나타내고 있다. 바울은 고린도를 방문하게 되면 자신에게 위탁된 이 영적인 무기를 사용해 복종치 않는 자들을 벌하겠다는 것이다.

그러나 바울이 자기의 권위를 행사함에 있어서 단서로 내건 조건에 주목하라. 바울은 나머지 고린도 교인들이 복음에 다시 복종하면 권위를 행사하지 않겠다고 한다. 디도의 최근 보고에 따르면 대다수 고린도 교인들이 복음에 다시 헌신하였다. 그들은 최근에 교회 내부에 발생한 문제들에 대해 경건한 슬픔으로 가득 차서 바울과 화해하기 위해 필요한 조치들을 취하였다(7:7-13을 참조하라). 바울이 이 편지에서 자신의 사역에 대해 조심스럽게 변호하고 있는 것으로 미루어 볼 때(1:12-18; 3:1-5; 5:11-17을 참조하라) 교회 내에 여전히 반역하는 소수의 무리가 있었던 것으로 보인다 (2:17을 참조하라). 이 편지의 말미에 바울은 다음 방문 때 이 무리들을 엄중히 다루겠다고 천명하고 있다. 바울은 이 '거짓 사도들'(11:13)이 교회를 오도하는 것을 더 이상 방관할 수 없었다.

> 믿음과 순종은 하나로 묶여 있다. 하나님께 순종하는 자는 하나님을 신뢰한다. 하나님을 신뢰하는 자는 하나님께 순종한다. 찰스 H. 스펄전(Charles H. Spurgeon)

건전하지 못한 생각들

성령의 능력을 공급받는 성도들은 모든 생각을 사로잡아 그리스도께로 복종시켜야 한다(10:5). 옛 속담에 새가 머리 위로 날아다니는 것은 막을 수 없지만 머리에 둥지를 트는 일은 막을 수 있다고 한다. 당신의 상상력을 쉽게 빼앗아 가는 사상이나 기회에 노출될 때, 당신은 위험성을 인식하고 도망가든지 그러한 불건전한 생각이 당신을 사로잡도록 내버려 두든지 둘 중에 하나를 선택해야 한다. 그리스도의 마음을 주시는 그 분 앞에 그러한 생각들을 내려놓는다면, 당신의 생각이 당신의 선택을 통제하지는 못할 것이다. 주님께 그러한 생각들을 정직하게 인정하고 생각의 방향을 재조정하여 주시기를 구할 때, 그러한 환상과 욕망들을 지배할 수 있다. 당신의 생각이 그분의 진리에 지속적으로 집중할 수 있도록 하나님께 분별의 영을 간구하라.

10:7 너희는 외모만 보는도다

바울은 고린도 교인들에게 생각을 바꾸라고 권하고 있다. 그들은 사물의 외모만 보아왔다. 자신들-자신의 권위(10:12-13), 완벽한 히브리 유산(11:21-22), 환상적인 체험(12:11-12)-을 자랑하는 거짓 교사들의 말을 들어왔다. 고린도 교인들은 그들의 요란한 자랑과 현란한 능력 과시에 현혹되어 바울이 전해 준 복음의 단순성에는 눈이 멀고 말았다(고전 2:1-3).

만일 사람이 자기가 그리스도에게 속한 줄을 믿을진대 자기가 그리스도에게 속한 것같이 우리도 그러한 줄을 자기 속으로 다시 생각할 것이라

고린도 교회에 침투해 들어 온 거짓 교사들은 자신들이 그리스도의 교사라고 주장하였다. 그들은 유대에서 왔기 때문에(11:21-22) 그들이 주장하는 내용 중에는 지상에 계실 때 사역하시던 예수님에 대한 지식이나 그분과 접촉한 경험이 포함되어 있었을 가능성이 있다. 어찌됐든지 바울 역시 그리스도께 속하였다는 그들의 주장에 결코 뒤질 것이 없었다. 고린도 교인들은 다메섹 도상에서 바울이 개인적으로 예수님을 만났고 그 만남으로 인해 바울이 영원히 변화된 것을 확실히 알고 있었을 것이다(행 9:1-10을 참조하라).

여기서 바울은 자기의 권위를 의심하는 자들에게 바울과 예수님의 관계에 대한 증거들을 신중하게 생각해 보라고 도전하고 있다. 그 증거들에는 다음과 같은 것들이 있다: 첫째, 그가 전한 복음의 메시지를 듣고 변한 사람들의 부인할 수 없는 증거(3:1-5). 둘째, 복음 전할 때 바울이 보인 신실성(4:1-5). 셋째, 그리스도의 복음을 위하여 그가 견뎌낸 고난(6:3-10; 11:23-29). 그리고 마지막으로 그리스도께서 직접 그에게 이방인의 사도로 임명하셨다는 사실(1:21-22; 5:20-21; 6:1-2; 10:8; 12:2-4).

10:8 주께서 주신 권세는 너희를 파하려고 하신 것이 아니요 세우려고 하신 것이니 내가 이에 대하여 지나치게 자랑하여도 부끄럽지 아니하리라

바울의 대적자들이 그를 약하고 힘이 없다고 하였지만, 바울은 고린도 교인들에게 자신에겐 하나님께서 주신 권위가 있음을 상기시키고 있다(1:21-22; 5:20-21을 참조하라). 거짓 교사들은 그들에게 바울을 무시하도록 부추겼지만, 바울은 자기가 편지에서 썼던 내용들을 심각하게 받아들이라고 주장하였다. 바울은 고린도 교인들을 훈계할 수 있는 권위를 주님에게서 받아 소유하고 있었다. 그가 자신을 자랑하거나 다른 설교자들과 비교하려고 하지는 않았지만, 주님 안에서와 예수께서 구원하는 복음을 전하도록 하시려고 주신 권위 안에서 자랑하였다(10:12-13, 17-18을 참조하라; 고전 1:31도 참조하라).

고린도에 왔던 거짓 교사들과 달리 바울은 자신의 권위의 한계를 알고 있었다(10:13-14과 비교하라). 그의 권위는 교회를 끌어내리기 위한 것이 아니었다. 바울이 복음을 전하기 위해 고린도를 처음으로 방문했을 때, 그는 자신의 임무에 충실할 뿐 어떤 것에도 관심을 두지 않았다. 그는 고린도 교회를 예수님과 복음의 진리 위에 세웠다(고전 3:9-13; 행 18:4-6도 참조하라). 바울의 선교는 파괴적인 것이 아니라 건설적인 것이었다. 그것이 그가 그들을 방문하기를 주저하였던 이유다. 바울은 자신의 방문으로 불필요한 고통을 야기할까 두려워하였던 것이다(1:23-24; 12:19-21).

10:9 이는 내가 편지들로 너희를 놀라게 하려는 것같이 생각지 않게 함이니

바울을 대적하는 무리들은 바울의 편지가 이해하기 어려울 뿐 아니라(1:13에서 자기의 편지가 솔직하고 단순하다고 변호한 내용을 참조하라) 그들을 놀라게 하기 위해 쓴 것이라고 공격하였던 것 같다. 바울이 바로 전에 고린도 교회에 보낸 편지는 강한 질책조의 편지였다. 바울은 그 편지를 보내면서 울기까지 하였다(2:3-4). 그러나 교회 내부의 몇 가지 문제를 해결하기 위해서 부득이하게 그런 호된 편지를 보낼 수밖에 없었다.

10:10 저희 말이 그 편지들은 중하고 힘이 있으나 그 몸으로 대할 때는 약하고 말이 시원치 않다 하니

그리스는 유창하고 설득력 있는 웅변가들로 유명하였다. 이 당시에 번창한 그리스 도시 중 하나인 고린도는 전문적인 연사들로 넘쳤다. (그들 가운데 잠입한 거짓 교사들의 선동을 받은) 고린도 교인들 중에는 바울의 연설 능력을 비판하는 사람들이 있었을 것이다. 바울은 구원의 복음을 소개할 때 의식적으로 수사학이나 인간적인 철학에 의존하지 않으려고 했다는 사실을 고린도 교인들에게 인정한 바 있다(고전 2:1-3을 참조하라). 그는 복음의 메시지 자체만 전달되기를 원했고, 그러한 기교들 때문에 복음의 핵심이 산만해지고 방해받기를 원하지 않았다.

10:11 이런 사람은 우리가 떠나 있을 때에 편지들로 말하는 자가 어떠한 자이면 함께 있을 때에 행하는 자도 그와 같은 줄을 알라

바울은 과거에 고린도 교회의 지체들을 개인적으로 징계하는 일을 삼갔다. 바울은 그들에게 더 이상 범죄하지 말라고 여러 차례 경고하였고(13:2을 참조하라), 교회 자체적으로 죄에서 떠나지 않는 죄인들을 징계하라고 충고하였다(고전 5:1-5을 참조하라). 바울은 고린도 교회의 지도자들이 그 상황에 대해 책임을 지고 지체들을 징계하도록 이처럼 간접적인 방법으로 권면하였다(고전 1:5을 참조하라; 2:6-10도 참조하라). 그러나 그러한 관용적인 방법이 효과가 없었기 때문에, 바울은 다음 방문 때에는 자신의 권위를 행사할 것이며(13:3-4) 자신의 경고를 무시한 자들을 벌주겠다고 선언하고 있는 것이다(13:1-2).

10:12 우리가 어떤 자기를 칭찬하는 자로 더불어 감히 짝하며 비교할 수 없노라 그러나 저희가 자기로서 자기를 헤아리고 자기로서 자기를 비교하니 지혜가 없도다

바울은 계속해서 공격의 수위를 낮추지 않는다. 바울의 비판자들은 스스로 자신들을 칭찬하였지만, 바울은 자신을 그들이나 다른 아무와도 감히 비교하기를 원하지 않았다. 자신이 소유한 능력은 모두 하나님께서 주신 선물이기에, 하나님이 그 모든 것에 영광을 받으셔야 했기 때문이었다.

하나님의 기준

바울은 하나님의 기준보다는 자신을 타인과 비교함으로써 자기의 선함을 입증하려는 거짓 교사들을 비판하였다(10:2). 자신을 남과 비교하는 사람들은 스스로 자신이 우월하다고 생각하기 때문에 자만심에 빠질 것이다. 그러나 하나님의 기준으로 재게 되면, 교만할 근거가 전혀 없다는 것이 명백하게 드러난다. 다른 사람들이 성취해 놓은 것을 보면서 근심하지 말라.

그 대신 이렇게 계속 질문하라. "어떻게 하면 나의 인생은 하나님이 원하시는 기준에 도달할 수 있을까? 나의 인생은 예수 그리스도의 인생과 비교하여 어떠한가?"

그러나 고린도의 바울의 대적자들은 자신들을 서로 비교하는 일을 중단하지 않았다. 그렇게 함으로써 하나님께 돌려 드려야 할 영광을 도적질하고 있었다(10:17). 그들은 하나님께서 칭찬해 주시기를 기다리지 않고 자기를 드러내는 데 열심을 내었다. 고린도 교인들은 외양을 강조하는 경향이 있었기 때문에(5:12, 16; 10:7을 참조하라), 거짓 교사들의 교활한 술수에 쉽게 농락 당하고 말았다(11:4, 19-20). 반면 자랑하기를 삼갔던 바울은 고린도 교인들에게 '약하다'(10:10)는 비판을 받았다. 고린도 교인들은 지혜롭다고 자처하면서도 바울의 대적자들의 가식적인 자랑이 스스로 자신들의 지혜 없음을 드러내는 일인 것을 깨닫지 못했다(10:17-18). 이 거짓 교사들이 회중 가운데 자신들의 세력을 공고하게 구축하고 있었기 때문에, 바울은 그 실상을 적나라하게 폭로할 수밖에 없었다. 그래서 바울은 이 교사들이 어리석고 시끄러운 허풍쟁이에 불과하다고 폭로하고 있는 것이다!

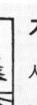

자신을 점검해 보라

사도 바울이 자신들을 드러내는 데 몰두하는 자칭 지도자들과 자신을 비교한다는 것은 생각할 수도 없는 일이었다(10:12). 바울은 자신이 복음을 전달하는 사명을 감당하기 위해서는 반드시 겸손해야 한다고 생각하였다. 그는 신체적인 면과 언어 구사 능력에는 약하다는 것을 알고 있었지만, 자신의 장점에 대해서는 강한 확신이 있었다. 그러나 그러한 자신의 능력까지도 자기의 것이라고 주장할 수 없는 하나님의 선물이었다. 자신과 자신의 사역을 다른 사람들의 업적과 비교하는 것은 어리석은 일이다. 사람들은 모두 각기 자신만의 고유한 의무와 능력을 부여받았다. 내일 아침 거울을 들여다 볼 때, 오랫동안 자세히 한 번 보라. 거울 속의 그 사람은 하나님께서 창조하신 그 누구와도 다른 독특한 존재다. 당신의 재능과 능력도 마찬가지다. 당신의 행위는 불완전한 인격과 잡다한 동기의 체에 걸러진다. 당신이 부러워하는 대상의 사역 역시 마찬가지다. 타인과 비교하면 당신의 사역이 방해를 받을 것이다. 잠시 시간을 내어 당신 속에 있는 질투와 시기심을 고백하라. 그리고 나서 당신을 현재의 모습으로 창조해 주신 주님께 감사하라.

10:13 그러나 우리는 분량 밖의 자랑을 하지 않고 오직 하나님이 우리에게 분량으로 나눠주신 그 분량의 한계를 따라 하노니 곧 너희에게까지 이른 것이라

고린도 교인들은 이러한 거짓 교사들의 말에 귀를 기울여왔기 때문에 바울을 비방하는 사람들의 입을 막기 위해 바울에게 자랑하라고 떠밀고 있었다(11:1-12:13을 참조하라). 여기서 바울은 자신의 자랑의 근거가 어디에 있는지 설명하고 있다. 자기 자신과 업적을 자랑하는 것은 전혀 옳지 않다. 바울에게 그러한 능력을 주신 분은 하나님이시기 때문에 그분만이 영광을 받으실 수 있다.

바울이 자랑할 수 있는 것은 무엇인가? 바울은 하나님과 하나님이 자신에게 맡기신 사명에 대해서만 자랑할 수 있었다. 바울은 고린도에서 일하도록 맡은 사명을 하나님께서 분량으로 나눠 주신 한계라고 인식하였다. 그는 거짓 교사들이 자기 영역을 침범한다는 것을 알았지만-다시 말해서, 하나님께서 자기에게 나눠주신 책임을 빼앗고 있음을 알았지만-바울은 고린도가 여전히 하나님께서 자기에게 허락하신 영역이라고 표현하고 있다.

10:14 우리가 너희에게 미치지 못할 자로서 스스로 지나쳐 나아간 것이 아니요 그리스도의 복음으로 너희에게까지 이른 것이라

바울은 하나님께서 자기에게 고린도를 자신의 사역지로 주셨다는 것을 어떻게 알았을까? 그것은 바울과 동역자들이 고린도 교회에 복음을 **최초로 전한 장본인**이기 때문이다. 그는 고린도 교회의 설립자였기에 고린도 교인들에게 권위를 행사할 권한이 있었던 것이다. 그 점은 고린도 교인들 역시 분명하게 인정하였을 것이다. 그러나 바울은 고린도 교인들이 자신의 영역에 속한다고 여긴 또 다른 이유가 있었다. 성령께서 그를 이방인의 선교사로 세우셨기 때문이다(행 22:21). 예루살렘의 기독교 지도자들은 그의 임무를 다음과 같이 확정하였다:

"도리어 내가 무할례자에게 복음 전함을 맡기를 베드로가 할례자에게 맡음과 같이 한 것을 보고"(갈 2:7)

예루살렘 장로들의 이러한 확정은 복음 전도 사역의 분리를 의미하였다. 베드로는 유대인들에게 복음을 전하고 바울은 이방인들을 대상으로 복음을 전하게 된 것이다. 유대에서 온 이 교사들이 그러한 한계를 지켰는가?

유대에서 온 이 교사들이 예루살렘 장로들의 결정 사항을 어기고 있다는 사실에 우려하지 않은 것은 아니었겠지만, 바울은 분명히 일차적으로 이들이 고린도 교인들을 오도하고 있다는 것에 더 관심을 기울였을 것이다. 과거에 바울은 자신이 터를 놓은 곳에 아볼로와 같은 진리의 교사들이 사역하는 것을 환영하였다(고전 3:5-13을 참조하라). 그러나 최종적으로 볼 때 고린도 교인들에게 진정한 설립자는 바울 한 사람 뿐이었다(고전 4:14-16을 참조하라). 고린도 교회에 대한 권위를 주장할 수 있는 사람이 있다면 그 사람은 바로 바울이었던 것이다. 하지만 역설적이게도 문제가 된 것은 바로 그의 권위였다.

10:15-16 우리는 남의 수고를 가지고 분량 밖에 자랑하는 것이 아니라

(그들 가운데서 바울이 힘에 지나도록 수고한 열매인) 고린도 교인들에 대해서 거짓 교사들이 취한 태도와는 달리, 바울은 다른 복음 전도자들의 수고한 열매를 자기 것으로 자랑하는 행위는 단호히 거부하였다.

바울은 '수고'라는 단어에 대해 육체적인 노동을 요구하는 수고라는 의미의 헬라어를 사용하고 있다. 바울은 실제로 염소털로 짠 천으로 장막 만드는 일을 함으로써 고린도의 복음 사역을 자비량으로 해결하였다(행 18:1-3을 참조하라). 그는 유대인들의 핍박에도 복음 사역을 전혀 포기하지 않았다(행 18:12-17). 고린도 교회는 바울이 고난까지 즐거이 받으려 했기에 세워질 수 있었던 교회였다.

> 오직 너희 믿음이 더할수록 우리의 한계를 따라 너희 가운데서 더욱 위대하여지기를 바라노라 이는 남의 한계 안에 예비한 것으로 자랑하지 아니하고 너희 지경을 넘어 복음을 전하려 함이라

고린도 교인들에게 기식하며 눌러 살려고 했던 순회 설교자(2:17을 참조하라)들과 달리, 바울에게는 자신의 복음 사역이 아직 복음화되지 않은 지역으로 확대될 것이라는 비전이 있었다. 그에겐 다른 전도자들이 이미 복음화시킨 지역을 침범하는 일은 생각할 수도 없는 일이었다. 그러나 이러한 일을 하기 위해서는 고린도 교인들의 믿음이 성장해야 했다. 그들의 믿음이 성숙할 때 바울은 자신의 행동 반경을 확대할 수 있었다. 여기서 바울은, 고린도 교인들이 믿음 안에서 성장하면 그들이 기독교적 삶을 살아가도록 지도하는 일에 시간을 덜 투자할 수 있다는 의미로 이러한 표현을 썼을 가능성이 있다. 그들이 성숙한 그리스도인이 될 때 교회 내 문제를 해결하기 위해 바울에게 의존하는 정도가 낮아질 것이며, 그들의 지경을 넘어 복음의 사각 지대에까지 복음 사역을 확대할 수 있도록 바울을 지원할 수도 있게 될 것이다. 로마서를 통해 우리는 바울의 비전이 복음을 가지고 스페인으로 가는 데까지 확대되었음을 알 수 있다(롬 15:24을 참조하라).

10:17-18 자랑하는 자는 주 안에서 자랑할지니라 옳다 인정함을 받는 자는 자기를 칭찬하는 자가 아니요 오직 주께서 칭찬하시는 자니라

다음 장들은 바울의 목회적 경력과 업적의 일부를 열거하고 있다. 바울은 자기를 자랑하지 않으려고 무척 조심하고 있다. 그래서 무엇보다도 하나님이 받으셔야 하는 영광을 자기가 가로채지 않고(11:30-31), 자신을 높인다는 오해도 받지 않으려고 주의하고 있다(5:12-13; 10:13; 11:16-18을 참조하라). 그러나 바울은 고린도 교회를 폐허에서 구원해 내기 위해서 어쩔 수 없이 자랑에 대한 자신의 철칙을 잠시 보류할 수밖에 없었다. 바울은 자신의 업적-고린도 교인들이 일차적으로 인정했어야 하는 업적-을 적극적으로 표현함으로써 교회에 침투해 들어온 거짓 교사들의 정체가 밝혀지기를 바랐다(11:12).

바울의 신임장

바울과 고린도 교회의 가장 큰 문제는 그들이 바울을 한낱 거세게 몰아 부치기만 하는 설교자로밖에 보지 않는다는 데 있었다. 그래서 그들은 편지나 직접적인 방문을 통해 바울이 충고한 것을 진지하게 받아들이지 않았다. 바울은 고린도후서에서 이러한 태도를 지적하고 그리스도의 사도로서의 자신의 자격과 고린도 교인들이 자신의 충고를 받아들여야 하는 이유를 설명하고 있다.

1:1, 21; 4:1	하나님의 위임을 받음
1:18; 4:2	신실하게 말함
1:12	거룩함과 진실함으로 행하며 그들을 대함에 있어서 하나님만 의지함
1:13-14	편지에 나타난 진실함과 정직함
1:22	하나님의 거룩한 성령을 소유함
2:4; 6:11; 11:11	고린도 성도들을 사랑함
2:17	진실함과 그리스도의 권위로 말함
3:2-3	고린도 교인들 속에서 사역하고 그들의 삶을 변화시킴
4:1, 16	낙심하지 아니함
4:2	성실함으로 성경을 가르침
4:5	그리스도가 자신이 전하는 메시지의 핵심이 됨
4:8-12; 6:4-5, 9-10	복음의 가르침대로 박해를 견딤
5:18-20	복음을 전하도록 부르심을 입은 그리스도의 대사임
6:3-4	사람들이 보고 하나님을 떠나지 않도록 모범이 되는 삶을 살아감
6:6	순결한 삶을 살며 복음을 이해하고 고린도 교인들을 향한 인내를 나타냄
6:7	진실하고 하나님의 능력으로 충만함
6:8	항상 그리고 가장 우선적으로 하나님께 신실함

7:2; 11:7-9	결코 부패하거나 남을 이용하지 않음
8:20-21	예루살렘 성도들을 위한 고린도 교인들의 연보를 책임있고 책잡을 것이 없는 방법으로 처리함
10:1-6	하나님의 일을 할 때 자신의 것이 아닌 하나님의 무기를 사용함
10:7-8	자신이 그리스도의 소유라는 것을 확신함
10:12-13	자신을 자랑하지 않고 하나님을 자랑함
10:14-15	복음을 가르쳤기 때문에 권위가 있음
11:23-33	소명을 완성하기 위해 고통과 위험을 견딤
12:2-4	놀라운 환상을 목격하는 축복을 받음
12:7-10	하나님이 거두어 가시지 않은 '육체에 가시'로 인해 자고하지 않게 됨
12:12	고린도 교인들 가운데서 기적을 행함
12:19	영적으로 사람들을 강하게 하고자 하는 동기부여를 항상 받음
13:4	하나님의 권능으로 충만함
13:9	자기의 영적 자녀들이 성숙한 신자들이 되기를 쉬지 않고 구함

바울은 고린도 교인들에게 자신이 쉽게 흔들리는 불안한 땅 위를 걷고 있음을 자기가 알고 있다는 사실을 강조하기 위해 예레미야 9:24을 풀어쓰고 있다. 자신들의 지혜와 언변을 자랑하는 거짓 교사들에 대한 고발이기 때문에(10:9-10) 이 구약의 구절은 특별히 관련성이 있다:

"여호와께서 이같이 말씀하시되 지혜로운 자는 그 지혜를 자랑치 말라 용사는 그 용맹을 자랑치 말라 부자는 그 부함을 자랑치 말라 자랑하는 자는 이것으로 자랑할지니 곧 명철하여 나를 아는 것과 나 여호와는 인애와 공평과 정직을 땅에 행하는 자인 줄 깨닫는 것이라 나는 이 일을 기뻐하노라 여호와의 말이니라"(렘 9:23-24).

하나님을 구하고 하나님을 알고 사랑하는 것을 우선 순위로 삼는 자들만이 하나님의 인정하심을 얻을 수 있다. 자기 자신이 아니라 오직 하나님께만 영광과 찬양을 드리는 자들만이 하나님이 기뻐하시는 사람이다. 그리고 무엇보다도 오직 하나님의 인정만이 중요하다. 영원성의 관점에 비추어 보면 남들이 어떻게 우리를 판단하는지는 전혀 중요하지 않다.

 **자기 도취**

무엇인가를 잘하는 사람들이 인정을 구하다가 정작 그 인정을 받게 되면 교만해질 수 있다. 사람들의 칭찬보다 하나님의 칭찬을 구한다면 얼마나 더 좋겠는가? 그러면 사람들의 칭찬을 얻더라도 하나님께 그 영광을 돌려드리는 자유로운 존재가 될 것이다. 하나님의 인정을 받기 위하여 바꾸어야 하는 당신의 삶의 방식은 무엇인가?

고린도후서
11장

11:1-15 바울과 거짓 선생들

¹원컨대 너희는 나의 좀 어리석은 것을 용납하라 청컨대 나를 용납하라 ²내가 하나님의 열심으로 너희를 위하여 열심 내노니 내가 너희를 정결한 처녀로 한 남편인 그리스도께 드리려고 중매함이로다 ³뱀이 그 간계로 이와를 미혹케 한 것같이 너희 마음이 그리스도를 향하는 진실함과 깨끗함에서 떠나 부패할까 두려워하노라 ⁴만일 누가 가서 우리의 전파하지 아니한 다른 예수를 전파하거나 혹 너희의 받지 아니한 다른 영을 받게 하거나 혹 너희의 받지 아니한 다른 복음을 받게 할 때에는 너희가 잘 용납하는구나 ⁵내가 지극히 큰 사도들보다 부족한 것이 조금도 없는 줄 생각하노라 ⁶내가 비록 말에는 졸하나 지식에는 그렇지 아니하니 이것을 우리가 모든 사람 가운데서 모든 일로 너희에게 나타내었노라 ⁷내가 너희를 높이려고 나를 낮추어 하나님의 복음을 값없이 너희에게 전함으로 죄를 지었느냐 ⁸내가 너희를 섬기기 위하여 다른 여러 교회에서 요를 받은 것이 탈취한 것이라 ⁹또 내가 너희에게 있어 용도가 부족하되 아무에게도 누를 끼치지 아니함은 마게도냐에서 온 형제들이 나의 부족한 것을 보충하였음이라 내가 모든 일에 너희에게 폐를 끼치지 않기 위하여 스스로 조심하였거니와 또 조심하리라 ¹⁰그리스도의 진리가 내 속에 있으니 아가야 지방에서 나의 이 자랑이 막히지 아니하리라 ¹¹어떠한 연고뇨 내가 너희를 사랑하지 아니함이냐 하나님이 아시느니라 ¹²내가 하는 것을 또 하리니 기회를 찾는 자들의 그 기회를 끊어 저희로 하여금 그 자랑하는 일에 대하여 우리와 같이 되게 하려 함이로라 ¹³저런 사람들은 거짓 사도요 궤휼의 역군이니 자기를 그리스도의 사도로 가장하는 자들이니라 ¹⁴이것이 이상한 일이 아니라 사단도 자기를 광명의 천사로 가장하니 ¹⁵그러므로 사단의 일꾼들도 자기를 의의 일꾼으로 가장하는 것이 또한 큰 일이 아니라 저희의 결국은 그 행위대로 되리라

고린도 교인들은 경력(11:21-23), 논리 정연하고 설득력 있는 달변(11:6), 영적인 능력의 과시와 같은 것에 쉽게 마음을 내주는 경향 때문에 일단의

거짓 교사들에게 농락을 당했다. 새로이 등장한 이 거짓 교사들은 바울을 끊임없이 비판하고 비방함으로써 고린도에서 바울의 권위를 약화시켰다. 바울은 그들의 비방에 맞서 항목별로 하나씩 대응해야 할 필요를 느꼈다 (11:21). 그는 그 교회를 설립하였고 교회가 계속적으로 올바른 길로 가도록 지켜야 할 책임이 있었기 때문이다(고전 4:15).

11:1 원컨대 너희는 나의 좀 어리석은 것을 용납하라 청컨대 나를 용납하라

바울은 고린도 교인들에게 사도적 자격에 대해 말할 때 자신을 인내하고 용납하라고 부탁한다. 바울은 복음 전도의 노력을 통해 고린도 교회를 설립하였기 때문에 자신의 사도직을 반복해서 변호하는 것이 어리석다고 여겼다. 고린도 교인들이 그에 대해 의문을 제기할 이유가 없었던 것이다. 그는 그들에게 그리스도에 대한 믿음을 심어준 영적 아버지였다(고전 4:15을 참조하라). 그러나 고린도 교인들이 이러한 거짓 교사들의 달변에 매료당하고 황홀한 영적인 체험을 자랑하는 이들에게 넋이 나가고 그들의 논리에 속고 있었기 때문에, 바울은 자신이 그리스도를 위해 행한 일을 상기시키기 위해 어리석은 자처럼 자신을 변호할 수밖에 없었다. 모든 영광과 자랑까지도 하나님께 속한 것이었으므로 이러한 행위는 자신의 원칙에 위배되는 것이었다(10:17을 참조하라). 그러나 바울은 딜레마에 빠져 있었다. 그가 사실을 폭로하지 않는다면 거짓 교사들이 계속해서 고린도 성도들을 잘못된 길로 이끌어 갈 것이기 때문이다. 바울은 고린도 교인들이 이러한 거짓 교사들의 자랑이 헛됨을 식별할 수 있기를 원했지만 그들은 그러지 못했다. 그러므로 진리의 대변자로서 바울은 더 이상 침묵할 수가 없었다. 사실을 밝혀야 했다. 이 경우에 진리를 대변한다는 것은 자기 자신의 자격을 변호하는 것이었다. 바울의 사역이 불신을 받게 될 경우 그가 전한 복음도 불신을 당할 위험이 있었기 때문이다.

11:2 내가 하나님의 열심으로 너희를 위하여 열심 내노니 내가 너희를 정결한 처녀로 한 남편인 그리스도께 드리려고 중매함이로다

정숙한 처녀가 신랑될 사람을 위해 사랑을 간직하듯이, 고린도 교인들의 사랑도 그리스도만을 위해 보존되기를 원했다. 1세기 사회에서 약혼은 계약과 유사한 엄격한 약속이었다. 신부가 결혼식날 처녀성을 간직하지 않고 있다면 그것은 약혼 계약에 대한 위반이었다. 신부가 결혼식 날까지 처녀성과 순결성을 지키는 것은 부분적으로는 신부 아버지의 책임이었다.

바울은 이미 자신을 고린도 교인들의 영적인 아비로 기술한 적이 있었다(고전 4:15을 참조하라). 이 단락은 아버지가 딸의 순결을 염려하듯이 고린도 교회에 대해 근심하는 그의 모습을 묘사하고 있다. 바울은 이미 고린도 교인들을 한 남편인 그리스도의 정결한 신부로 줄 것을 약속하였다. 그는 그들을 예수께 인도하게 될 그 놀라운 날을 고대하고 있었다. 예수께서 재림하시는 날은 예수님 자신이 자신의 재림에 대한 이미지로 사용하신 큰 혼인 잔치와 같을 것이다(마 25:1-11을 참조하라). 바울은 그리스도께서 재림하시는 날 부끄러움을 당치 않도록, 고린도 교인들이 그리스도께 대한 순결한 헌신을 저버리지 않도록 필요한 조치를 취하고 있다(11:3). 고린도 교인들이 정신을 차리고, 교회에 잠입하여 다른 예수를 설교하고 있는 이 거짓 교사들의 기만적인 술책(11:4)에서 벗어나도록 하기 위해서 어리석은 자랑도 마다하지 않았다.

질투

바울은 고린도 교회에 대해 질투하고 있었다(11:2). 질투가 항상 나쁜 것은 아니다. 의로운 질투는 자기 만족이 아니라 신실한 사랑에 기초한 상대방의 복지에 대한 강렬한 관심이다. 구약에서 질투는 반역하는 자기 백성이 자멸의 길로 가지 않도록 단호히 개입하시는 하나님의 모습으로 표현된다. 로마서 8:38-39에서 바울이 묘사한 하나님의 사랑도 질투하는 사랑이었다. "내가 확신하노니 사망이나 생명이나 천사들이나 권세자들이나 현재 일이나 장래 일이나 능력이나 높음이나 깊음이나 다른 아무 피조물이라도 우리를 우리 주 예수 그리스도 안에 있는 하나님의 사랑에서 끊을 수 없으리라." 이러한 불타는 질투의 사랑으로 바울은 하나님이 자기에게 위탁하신 자들을 주시하고 있다. 성도들 역시 다른 사람들에 대한 사랑을 나타내야 한다. 당신의 보호 아래서 그리스도께로 나아온 형제들 중 몇 사람이나 믿음 안에서 자라고 있는가? 가장 중요한 영적인 조언자로서 당신을 아직도 의지하고 있다면 마지막으로 접촉한 때는 언제인가? 그들의 시간과 에너지를 앗아가려는 외적인 영향력을 당신은 인식하고 있는가? 그들을 위한 기도 없이 하루를 마감하지는 않는가?

그러므로 바울이 질투한 동기는 자기 자신의 명성이나 권력을 위한 것이 아니었다. 이 점은 바울의 말에서 명확하게 드러난다. 그는 자신의 장점과 업적과 성공이 아니라 약점과 시련과 고난을 자랑했다(11:30-33을 특별히 참조하라). 이 질투는 고린도 교인들이 자신들의 구주인 그리스도를 전심으로 따를 수 있기를 바랐기에 생긴 질투였다(11:3-4). 바울은 아볼로와 같은 경건한 교사라면 누구든지 환영하여 기독교 신앙의 핵심을 가르치도록 허락하였지만(고전 3:6의 아볼로의 사역에 대해 칭찬한 내용을 참조하라), 고린도의 거짓 교사들처럼 다른 그리스도나 다른 복음을 전하는 교사는 강력히 거부했다.

11:3 뱀이 그 간계로 이와를 미혹케 한 것같이 너희 마음이 그리스도를 향하는 진실함과 깨끗함에서 떠나 부패할까 두려워하노라

이와는 결백과 순수의 상징이다. 이 구절은 뱀의 유혹을 거짓 교사들의 유혹하는 메시지에 비유하고 있다. 고린도 교인들은 그리스도를 향한 진실함과 깨끗함으로 신앙 생활을 시작하였다. 그러나 거짓 교사들은 진리에서 떠나도록 고린도 교인들을 부추기고 있었다. 바울은 그리스도를 향한 성도들의 순전한 사랑이 오염되지 않기를 바랐다. '떠나'에 바울이 사용한 헬라어는 실제로 '망치다'는 의미다. 고린도 교인들은 단순히 진리에서 멀어지고 있었을 뿐 아니라 실제로 순결을 더럽히고 있었다.

어떤 주석가들은 이 구절이 고린도 교회에 고질적으로 존재하던 성적인 부도덕성을 암시하고 있다고 주장하기도 하지만(고전 6:9-20을 참조하라), 여기서 강조하는 부분은 고린도 교인들의 마음(생각, NRSV)이다. 죄는 생각에서부터 시작한다. 뱀은 하나님의 법이 그녀를 위한 것이 아니며 하나님께 불순종하는 것이 순종하는 것보다 유익하다고 이와를 설득하는 작업부터 시작했다. 뱀의 속임은 주로 하나님과 그분의 명령에 대한 이와의 생각을 바꾸는 데 맞추어져 있었다(창 3:1-6). 사단은 일단 확신이 서면 행동이 바로 뒤따를 것이라는 것을 알았다. 이와는 사단의 거짓말에 현혹되어 금단의 열매를 따먹기에 이른다. 거짓 교사들 역시 고린도 교인들이 하나님께 대한 순전한 헌신을 포기하도록 기만하고 있었다(11:14-15을 참조하라). 바울은 마음이 영적 전쟁의 주요 격전지라는 것을 알고 있었다(10:5을 참조하라). 그래서 그가 그토록 심각하게 이 거짓 교사들을 다루었던 것이다. 바울은 고린도 교회에서 벌어지고 있는 영적인 전쟁에서 거짓 교사들이 성공하면 사단이 승리하게 될 것이라고 생각했다.

거짓 교사에게 귀기울이기

고린도 교인들은 그럴듯하고 이치가 맞다고 생각하는 달콤한 말과 메시지에 귀를 기울였다(11:3). 오늘날 많은 거짓 가르침이 그럴듯하게 포장된 채 활개를 치고 있다. 권위있게 들리거나 당신이 듣기에 좋은 말을 한다고 해서 그 사람을 믿지 말라. 성경을 찾아서 하나님의 말씀에 위배되는 메시지는 없는지 점검해 보라. 성경을 당신이 신뢰하는 권위적인 지침으로 삼아야 한다. 하나님의 말씀에 위배되는 '권위적인 설교자'의 말에 귀기울이지 말라.

이와가 뱀의 말에 귀를 기울임으로써 중심을 잃었듯이 성도들도 삶이 소란하고 혼란스러워지면 중요한 것을 상실할 수 있다. 그리스도를 삶의 중심으로 모시고자 하는 당신의 헌신을 약화시키는 것이 있는가?

11:4 만일 누가 가서 우리의 전파하지 아니한 다른 예수를 전파하거나 혹 너희의 받지 아니한 다른 영을 받게 하거나 혹 너희의 받지 아니한 다른 복음을 받게 할 때에는 너희가 잘 용납하는구나

고린도에 온 거짓 교사들은 예수님에 대한 진리를 왜곡하고 다른 예수와, 성령이 아닌 다른 영과, 하나님의 구원의 길이 아닌 다른 복음을 전했다.

거짓 교훈이 바울이 전한 복음과 정확히 어떻게 달랐는지를 두고 성경학자들은 수세기 동안 논쟁을 벌여왔다. 바울이 교리적인 오류들을 밝히기보다는 자신의 권위를 변호하는 데 이 서신서의 대부분을 할애하기 때문에, 고린도후서 자체에서는 단서를 찾을 길이 거의 없다.

어떤 주석가들은 '다른 복음'이 유대주의를 신봉하는 유대인들이 갈라디아 교회에 전했던 율법주의(갈 3:1-6을 참조하라)였을 것이라고 주장한다. 갈라디아서 1:6-9은 이 율법주의적 교훈을 다른 복음이라고 규정하고 있다. 이 견해에 대한 증거로서 이 주석가들은 새 언약과 옛 언약, 그리스도의 복음과 모세의 교훈의 차별성을 바울이 얼마나 신중하게 강조하였는지를 지적하였다(갈 3:7-18을 참조하라). 따라서 고린도의 거짓 교사들은 유대적 전통을 자랑하는 유대인이었음이 확실하다고 주장한다(11:22). 더욱이 바울은 그들을 '의의 일꾼'(11:15)이라고 부르는데(11:15), 이 표현은 율법으로 말미암는 의로 이방인들을 구속시키고 있던 율법주의적 유대인을 지칭하기에 적절한 용어다. 그러므로 이 주장에 의하면 거짓 교사들이 전한 '다른 예수'는 유대적 율법에 대한 순종을 구원의 길이라고 가르치는 예수였다.

그러나 많은 주석가들은 바울이 고린도후서에서 율법에 대해 논한 적이 없기 때문에, 고린도의 바울 대적자들이 율법주의자들이라는 주장을 수용하지 않는다. 바울은 율법에 대해서 논의하지 않고 오히려 자신의 사도 자격이 그리스도께 직접 받은 것이라는 주장을 되풀이하고 있다. 바울의 사도적 권위에 대한 증거로는 그리스도께서 자신의 약함을 통하여 능력을 드러내신 것이다(3:1-5; 4:8-12; 6:3-10; 11:16-33). 거짓 교사들은 분명히 자신들의 자격의 우월성(3:1; 11:22), 언변 능력(10:10; 11:6), 황홀한 영적 체험(12:1, 12)을 자랑하였을 것이다. 그들은 자신의 우월성을 드러내기 위해 바울의 사역과 자신들의 사역을 비교했고 그의 능력과 자격을 모독했다.

그리스인들은 세련된 웅변술과 박학다식한 것에 큰 가치를 부여했던 것으로 유명하다(바울이 자기 자신의 지혜로 머리가 꽉 찬 헬라인들을 묘사한 고전 1:22을 참조하라). 고린도에서 개최된 이스트미아 경기(Isthmian Games)는 참가자들이 주어진 주제로 즉흥 연설을 하는 웅변 대회가 많은 것이 특징이었다. 세련된 화술로 청중들을 설득시키는 웅변가가 우승할 수 있었다. 유대에서 온 거짓 교사들은(11:22) 헬라 방식을 철저하게 연구한 사람들이었을 것이다. 그들은 헬라 풍습과 헬라어를 너무나 잘 알았기 때문에 고린도 교인들에게 세련된 헬라 연설가로 자처했을 것이다. 그들은 유대인이었지만 지중해 전역을 순회하면서 청중들에게 인상적인 연설의 대가로 돈을 벌고자 했을 것이다. 실제로 바울은 2:17에서 하나님의 말씀을 그들이 혼잡케 한다고 비난했다. 거짓 교사들은 바울이 전하는 고난당하는 십자가에 못박히신 예수가 아니라 자신들처럼 강력한 연사이며 훌륭한 능력자로서의 '다른 예수'를 가르치고 있었던 것이다(고전 1:23; 빌 2:5-11을 참조하라).

고린고후서에는 증거가 부족하기 때문에 거짓 교사들의 잘못된 교훈의 정확한 형태를 알 수 없다. 그러나 그것이 유대 율법과 관련된 이설이든, 혹은 헬라 지혜와 지식과 관련된 이설이든(고전 1:21-25을 참조하라), 그 교훈이 바울이 전한 복음이나 영과는 다른 것이 확실했다. 거짓 교사들은 고린도 교인들을 구원할 수 있는 유일한 하나님의 은혜에서 이탈하도록 만들고 있었다(1:12; 6:1; 9:8; 12:9에서 은혜에 대한 바울의 강조를 참조하라). 이러한 거짓 교사들의 수사적이고 논리적인 자랑들은 고린도 교인들을 하나님께로 인도하기보다는 자기 자신들에게로 관심을 집중시켰다.

11:5-6 내가 지극히 큰 사도들보다 부족한 것이 조금도 없는 줄 생각하노라 내가 비록 말에는 졸하나 지식에는 그렇지 아니하니 이것을 우리가 모든 사람 가운데서 모든 일로 너희에게 나타내었노라

명석한 사상가였던 바울은 헬라의 수사학으로 단련된 사람은 아니었다. 그는 아마 사람들을 매료시키는 연설가는 아니었던 것같다. 바울의 설교 사역이 효과적이었지만(행 17장을 참조하라) 거짓 교사들처럼 헬라 웅변학교에서 훈련받은 적은 없었다. 실제로 바울은 단순한 복음의 메시지를 전하기 위해 그럴듯한 주장과 고매한 사상들을 피했다(고전 1:17을 참조하라). 고린도 교인들 중에는 바울의 평범한 연설 스타일이 우매한 지성을 의미하는 것이라고 여기는 사람들이 생기기 시작했다.

이러한 비난에 직면했다고 해서 바울이 이 전문적인 연설가들과 겨루려고 헬라 수사학을 공부한 것은 아니었다. 오히려 그는 고린도 교인들에게 복음이 스캔들이며 거리끼는 것(걸려 넘어지게 하는 돌)이라고 설명했다(고전 1:23). 그것은 탁월성이라는 그들의 선험적 개념과 어울리지 않았다. 그것은 이 세상의 지혜자들에게는 어리석게 보일 것이다. 하나님은 연약하고 권력도 없고 어리석고 말도 어눌한 사람들을 통해 얼마나 많은 것을 성취할 수 있는지 알게 하시기 위해, 능력있는 자들을 사용하지 않으시려고 복음을 단순하게 만드셨다. 바울은 고린도에서 세련된 웅변가들과 겨룰 수 없었고 그리고 싶지도 않았다. 그들이 전달하는 내용은 박수 갈채를 받을 만한 것이었지만, 바울의 단순한 메시지는 멸시를 받았다(행 17:32의 헬라 철학자들의 반응을 참조하라). 그러나 세상이 복음에 대해 어떻게 반응하는지는 중요하지 않았다. 세상이 어떻게 반응하든, 바울이 전한 복음은 성령께서 죄에서 인간을 구원하시고 그들의 삶을 변화시키는 데 사용하시는 소식인, 하나님의 구원의 소식이라는 점에는 변함이 없었다(롬 1:16; 고전 2:1-8을 참조하라).

비판자들(지극히 큰 사도들)의 비난에도 불구하고 바울은 자신이 지식을 소유한 사람이라고 주장했다. 그러나 그 지식은 세상과 세상의 방식에 대한 지식이 아니었다. 그것은 복음과 구원받는 방법에 대한 지식이었다(엡 3:3-6). 바울은 명확하고 정직한 방법으로 이 복음의 메시지를 전하려고 온갖 노력을 아끼지 않았다(1:12-14; 고전 2:4-5을 참조하라). 그는 세속적인 수사학이나 흥미를 자아내는 주장을 이용해 사람들을 설득시키기를 원치 않았다. 그는 단순히 복음만을 전하기 원했다.

자기 평가

바울은 자신이 전문적인 연설가가 아님을 인정했다(11:5-6). 그러나 그러한 인정이 그의 메시지를 손상시키지는 않았다. 그는 가장 중요한 것은, 함께 나누어야 하는 지식의 내용이지 포장-유창하게 말할 수 있는 능력-이 아님을 확고하게 인식하고 있었다. 복음의 진리를 가르치는 것이 훨씬 더 중요했던 것이다. 하나님의 말씀은 그 자체로 완전하기 때문에 복음을 듣게 하려고 불완전한 인간을 의존하지 않는다. 많은 사람들이 자신들이 우상화하는 영웅들처럼 노래하고 말하고 가르치거나 설교할 수 없다면, 무엇을 하거나 말하더라도 불안해 한다. 당신의 연약한 부분들에 대해 변명하려고 하지 말라. 하나님께서 나누라고 주신 장점을 겸손하게 수용하던 그 태도로 자신의 한계를 수용하라.

11:7 내가 너희를 높이려고 나를 낮추어 하나님의 복음을 값없이 너희에게 전함으로 죄를 지었느냐

고린도 교인들은 청중들에게 얼마나 많은 액수를 요구하는지를 통해 연사의 가치를 평가했다. 훌륭한 연설가는 많은 액수를 요구할 것이고, 보통 수준의 연사라면 보다 쌀 것이고, 형편없는 연설가는 공짜로 연설했을 것이다. 바울이 고린도에서 복음을 전하면서도 돈을 요구하지 않았기 때문에, 어떤 이들은 그가 아마추어 연설가라고 비난했을 것이다.

고린도전서에서 바울은 재정적인 지원을 요구할 수도 있었지만 복음을 값없이 전하기 위하여 아무런 대가도 바라지 않는 길을 택했다고 분명히 밝혔다. 예수님도 경건한 목자는 목양하는 사람들에게 지원을 받을 수 있다고 가르치셨다(마 10:10).

바울이 고린도에 처음으로 발을 내디뎠을 때 후원을 요구하지 않았던 이유는 오해의 소지를 남기지 않기 위해서였다. 많은 교사들이 자신들의 강연 능력을 이용해 많은 이윤을 벌어들일 목적으로 로마 제국을 순회하던 시대였으므로(2:17), 자신은 그런 사람들 가운데 한 사람으로 보이고 싶지 않았던 것이다. 더구나 실제적인 후원을 받게 될 경우 그 설교자나 교사는 후원자에게 감사를 표현하는 것이 관행이었다. 바울은 특정 집단의 대변자라는 오해를 받지 않으려고 돈받는 것을 경계했을 수 있다. 바울은 순전한 복음을 전하는 자신의 자유를 보호하고 복음 자체가 드러나도록 극히 조심했다.

직업적인 연사들처럼 보수를 요구하는 대신 바울은 브리스길라와 아굴라와 더불어 장막 만드는 육체적인 노동을 통해 자신을 부양했다(행 18:1-

3을 참조하라). 그리스 상류층은 육체적인 노동을 천하게 여겼다. 따라서 그리스와 로마 사회에서는 순회 교사들이 체면을 손상시키는 육체 노동보다는 후원을 받는 길을 더 명예로운 길로 인식하고 있었다. 그러나 유대인들은 손으로 하는 노동을 존중했다. 실제로 율법의 교사인 유대의 랍비들은 일종의 수공 기술로 자립하는 것이 전통이었다. 그러므로 바울이 장막 짓는 일로 자신의 생계를 스스로 해결한 것은 자신이 받은 랍비 훈련을 실천하고 있는 셈이었다. 고린도의 얄팍한 교사들은 바울이 이런 일을 한다고 공격하고 이 사실을 부각시킴으로써 그의 사역을 실추시키려고 했다. 단순히 하류 계급의 신분인 바울이 어떻게 감히 그들을 가르칠 수 있단 말인가?

11:8-9 내가 너희를 섬기기 위하여 다른 여러 교회에서 요를 받은 것이 탈취한 것이라 또 내가 너희에게 있어 용도가 부족하되 아무에게도 누를 끼치지 아니함은 마게도냐에서 온 형제들이 나의 부족한 것을 보충하였음이라 내가 모든 일에 너희에게 폐를 끼치지 않기 위하여 스스로 조심하였거니와 또 조심하리라

이 구절에서 바울이 사용한 표현은 전투적인 은유를 연상시키고 있다. '후원하다'(급료를 받다)에 해당하는 헬라어는 1세기에 군인의 삶을 가리켜 사용하던 단어였다. '탈취하다'의 헬라어는 1세기 군인이 적군을 '발가벗기는' 모습을 묘사하는 군사적 용어였다. 그러므로 바울은 고린도 교회를 섬기기 위해 **마게도냐** 교회들에게 자신의 삶을 탈취했다고 말하고 있는 것이다. 이러한 도전적인 용어는 바울을 비판하는 대적자들의 비방을 반영하는 것일 가능성이 있다.

바울이 자신의 사역에 대한 대가로 고린도 교인들에게 어떠한 돈도 요구한 적이 없었지만(11:7을 보면 그것 때문에 그는 비난을 받았다), 그의 비방자들은 (놀랍게도 그리고 다소 아이러니하게도) 예루살렘 연보 모금이라는 '계책'으로 고린도 교회를 강탈하려 한다고 그를 비방했다(8:16-21; 12:16-18을 참조하라). 바울이 처음부터 그 연보를 직접 모금하는 일을 피한 것으로 볼 때, 이미 이러한 문제들을 어느 정도 예상했음이 분명하다. 그는 고린도 교인들이 자체적으로 사람들을 지명해 그 연보를 모으고 전달하게 했다(8:18-21; 고전 16:1-3을 참조하라). 그는 상황에 상관없이, 즉 후원을 필요로 하든지 혹은 아니든지 간에, 고린도 교인들에게 누(부담, NIV)를 끼치지 않으려고 했다.

바울이 마게도냐 그리스도인들의 후원은 받아들이고, 고린도 교인들의 후원은 거절한 이유가 무엇인가? 이 질문에 대한 대답의 일부는 마게도냐 교인들이 즐거운 마음으로 베풀었다는 데 있다(8:1-5). 반면에 고린도 교인들은 바울이 그들을 '탈취하려고' 한다고 비난했다(12:17). 마게도냐인들은 아무런 조건도 달지 않고 자원하여 드리고 싶어했지만, 고린도 교인들은 영향력과 권력을 얻기 위하여 돈을 이용하고 있었다. 따라서 바울은 자신의 동기에 전혀 의문을 갖지 않았기에 보상받기를 계속 거절했을 것이다. 마게도냐인들은 그의 권위에 대해 의심을 갖지 않았지만 고린도 교인들은 그렇지 않았다.

11:10-11 그리스도의 진리가 내 속에 있으니 아가야 지방에서 나의 이 자랑이 막히지 아니하리라 어떠한 연고뇨 내가 너희를 사랑하지 아니함이냐 하나님이 아시느니라

바울이 고린도 교인들로부터 아무런 대가를 받지 않았다는 사실이 거짓 교사들을 반박할 수 있는 가장 강력한 근거임을 알았다. 그들이 설교를 한 것은 오로지 자신들을 후원하는 추종자들을 모으기 위해서다(2:17을 참조하라). 실제로, 돈이 탐나서 예루살렘 연보 모금을 지연시킨 장본인은 그들이었을 가능성이 있다. 바울은 돈에 대한 자신의 일관된 성실성이 자신이 진리의 선포자임을 알려주는 증거가 되기를 바랐다. 반면에, 그의 대적자들은 거짓을 유포하고 다니는 탐욕스러운 장사꾼에 불과했다(2:17).

바울이 후원을 거절한 이유는 무엇인가? 왜 그는 자신의 진실함을 자랑하는가? 그가 거짓 교사들을 저지한 이유는 무엇인가? 그것은 고린도 교인들을 향한 깊은 사랑 때문이었다. 바울은 고린도 교회를 설립한 사람으로서 고린도 교회의 영적인 안녕에 관심을 가졌다. 그는 시기할 정도로 그들의 영적인 순결을 간절히 바랐다(1:6, 23; 2:10).

11:12 내가 하는 것을 또 하리니 기회를 찾는 자들의 그 기회를 끊어 저희로 하여금 그 자랑하는 일에 대하여 우리와 같이 되게 하려 함이로라

오해를 바로 잡기 위해 바울은 복음을 값없이 전했다는 사실을 계속 강조했다(6:10; 7:2; 11:27; 12:16-18; 고전 9:3-18을 참조하라). 결국 고린도 교인들은 이 거짓 교사들이 바울과 달리 고린도 교인들의 영적인 안녕보다는 돈에 더 관심이 있었다는 사실을 알게 될 것이다.

바울이 자신의 사역에 대해 어쩔 수 없이 어리석은 자랑을 할 수밖에 없었지만, 대적자들을 침묵시키고 자신에 대한 그들의 비난을 해결하기 위해서는 자신의 일관된 정직성과 성실성-자신이 고린도 교인들에 대해 스스로 처신한 방식-을 드러낼 수밖에 없었다. 이러한 설교자들은 '지극히 큰 사도들' 로 인정받기를 원했지만(11:5) 현실적으로는 바울과 같이 인정받을 수 없었다. 그들은 예수님과는 달리 값없이 복음을 전하기 위해 고난을 즐거운 마음으로 받기를 원하지 않았기 때문이다.

그들을 사랑하거나 떠날 것

바울은 자신이 편지를 쓰고 있는 이들을 사랑했다(11:11). 그의 편지 내용이 비록 도전적이고 엄하기는 하지만, 고린도 교인들의 최선을 위한 그의 지치지 않는 헌신의 배경으로 이해되어야 한다. 가르침을 받는 사람들은 하나님의 말씀을 선포하는 목회자나 교사가 그들의 삶에 진지한 관심이 있는지 아니면 정보 전달에만 관심을 두는지 쉽게 간파할 수 있다. 자신들이 사랑 받고 있음을 아는 사람들은 진리에 반응하고 마음을 열어 성령의 채우심을 받아들인다. 하나님의 말씀을 열어서 알려 주는 사람들을 당신은 사랑하는가? 주님께서 당신이 섬기고 있는 사람들을 사랑할 수 있도록 해 달라고 기도하라. 그들 앞에 서면, 그들이 각자 이름이 있고 그 이름마다 그들의 특질을 설명해 주는 사연이 있다는 사실을 기억하라. 당신이 그들에게 얼마나 감사하고 있는지 자주 언급하라. 그들을 섬길 수 있는 특권을 주신 데 대해 하나님께 공개적으로 감사하라.

11:13 저런 사람들은 거짓 사도요 궤휼의 역군이니 자기를 그리스도의 사도로 가장하는 자들이니라

바울은 고린도 교인들 중에서 자신들의 사역을 자랑하고 있는 자들에 대해 가혹하게 비판했다. 그들은 거짓 사도이며 기만적인 일꾼이라는 것이다. 바울이, 이 교사들이 사도로 가장한 거짓 교사라고 확신할 수 있었던 이유는 무엇인가?

거짓 교사를 구별할 수 있는 첫 번째 징후 가운데 하나는 그들이 참된 기독교 교사들과 설교자들을 비방한다는 것이다. 바로 그러한 일이 고린도 교회에서 일어나고 있었다. 바울의 신임과 권위, 연설 능력이 이 자칭 교사들에 의해 비판당하고 있었다(11:5-6). 이 교사들은 바울의 권위를 실추시킴으로써 바울이 터를 닦은 교회의 회중들 속에서 자신들의 입지를 강화시키려고 했다(10:13-18).

거짓 교사의 두 번째 징후는 그들이 자신을 드러내는 방법이다. 고린도의 교사들은 자신들을 바울과 비교하며 자신들의 경력과 능력을 자랑하고 있었다(3:1; 10:12). 그들의 방법(떠벌리는 자랑)은 이 교사들이 고린도 교인들의 영적인 복지를 추구하기보다는 돈을 벌려는 욕심에 사로잡혀 있다는 단서로 인식되어야 했다. 그들은 그 회중에 대한 지배력을 공고히 하기를 원했고, 그들이 자신들의 권위를 드러내는 태도에서 그들의 탐욕스러운 목적이 드러났다(2:17). 그들은 대단히 거만했다(11:20).

이 교사들이 거짓되고 기만적이라는 세 번째 징후는, 그들의 방식이 교회의 분열과 갈등을 조장한다는 점이었다. 바울은 분열을 일삼는 무리들을 주의하라고 로마 교인들을 경고했다(롬 16:17을 참조하라). 이 교사들은 바울의 소망대로 고린도 교인들을 믿음 안에서 세우기보다는(13:10) 자신들의 지지자들을 규합하기 위하여 교회를 분열시키고 있었다(10:12-18). 그들은 예수 그리스도의 복음이라는 견고한 터 위에 세우지 않고 있었던 것이다.

이들이 거짓 교사라는 마지막 징후는, 그들이 전하고 있는 메시지의 내용이다. 고린도 교인들은 그들로 인해 야기된 교회 내부의 갈등, 자기 자신을 드러내는 방법, 하나님의 교사들에 대한 그들의 비방을 목격했을 때 그들이 전하는 메시지를 철저하게 조사했어야 했다. 조심스럽게 분석해 보면, 그것이 바울, 실라, 디모데, 아볼로가 전했던 참된 복음과 '다르다'는 것을 알았을 것이다(11:4-5).

고린도 교인들은 그 교사들이 예수님을 하나님의 아들로 믿는지 알아보기 위해 시험을 했어야 했다(요일 4:1-2). 고린도 교인들은 이러한 작업을 하지 않았을 뿐 아니라 심지어 그들이 교회를 혼란에 빠뜨리도록 방치했다. 바울은 고린도 교인들의 분별력 부족에 낙심했고, 그들이 어떤 자들인지, 즉 거짓 사도라는 것을 폭로하는 특단의 조치를 취하기에 이른 것이다.

11:14 이것이 이상한 일이 아니라 사단도 자기를 광명의 천사로 가장하나니
바울은 거짓 교사들이 자신을 스스로 하나님의 설교자로 가장한다고 해서 놀라지 않았다. 사단도 그들과 유사한 방법으로 하나님의 백성들을 속였기 때문이다.

바울은 이미 고린도 교인들에게 사단이 그들을 유혹하거나 회중을 분열시킬 수 있는 기회를 일절 주지 말라고 경고했다(2:11; 고전 7:5을 참조하라). 여기서 바울은 거짓 교사들의 기만성을 사단의 행위와 비교하고 있다.

구약에서 사단을 광명의 천사라고 기술한 적이 없지만, 유대 문학은 그러한 표현을 사용하고 있다. 바울이 이 구절을 기록하면서 **아담과 하와의 생활과 모세의 묵시록**에 나오는 이야기를 생각하고 있었을 수 있다. 예를 들면, '아담과 하와의 생활'은 하와가 슬퍼하고 있을 때 사단이 천사의 모습으로 나타나 그녀를 위로하는 척 했다고 쓰고 있다. 자신을 빛의 천사로 위장하는 어두움의 왕인 사단보다 더 기만적인 존재는 없을 것이다(엡 6:12; 골 1:13). 마찬가지로 거짓 교사들도 진리를 옹호한다고 주장하는 극히 기만적인 행태를 취하고 있다.

사단의 사람들

사단과 그의 종들은 매력적이고 선하고 도덕적인 사람으로 가장하여 사람들을 속일 수 있다. 순진한 많은 사람들이 부드러운 말로 성경을 인용하는 지도자들을 따라 이교로 빠져든다. 외양에 속지 말라. 인상만으로는 그리스도의 참된 제자인지 아닌지를 정확히 알 수 없다. 그러므로 다음과 같은 질문들이 도움이 될 것이다:

- 그들의 가르침의 내용이 성경을 확증하는가?(행 17:11)
- 예수 그리스도가 인간을 죄에서 구원하시기 위해 인간의 몸을 입고 세상에 오신 하나님이심을 주장하고 선언하는가?(요일 4:1-3)
- 그들의 생활 방식이 성경적 기준의 도덕성과 일치하는가?(마 12:33-37)

11:15 그러므로 사단의 일꾼들도 자기를 의의 일꾼으로 가장하는 것이 또한 큰 일이 아니라 저희의 결국은 그 행위대로 되리라

이 거짓 교사들이 자신들을 하나님의 의의 일꾼이라고 주장했지만, 그들은 실상 이 세상의 신인 사단의 종이었다(4:4). 그들의 행위가 그들의 정체를 드러내고 있었던 것이다. 그들은 하나님께 영광을 돌려 드리기는커녕 오히려 자신들의 업적을 자랑하는 일에 급급했다(10:17-18). 하나님의 부르심에 부응하기보다는(2:17을 4:1-2, 5; 5:20과 비교하라) 돈을 위하여 말씀을 전했다. 그들을 따르는 무리들의 영적인 복지를 보호하기보다는 그들에 대한 영향력을 구축하는 데 관심이 있었다(1:23-24; 10:8; 11:21을 11:18-20과 비교하라). 예수 그리스도의 복음을 분명하게 드러내기보다는(11:6-7) 다른 예수에 대한 왜곡된 복음을 전하고 있었다(11:4). 결국 그들의 기만성, 즉 그리스도인들을 하나님을 향한 헌신에서 벗어나게 하려는 그들의 계략이 폭로될 날이 올 것이다. 그리고 **저희의 행위대로** 하나님의 심판을 받게 될 것이다.

정당한 대가

바울은 모든 사람들이 자기 행위대로 정당한 대가를 받을 날이 올 것임을 상기시킨다. 여기서 바울이 거론하는 대상은 거짓 교사들과 위선적인 지도자들이다. 그러나 이 원리는 하나님을 대변하는 모든 사람에게 적용된다. 사도 야고보는, 가르치는 자들이 가르침을 받는 자들보다 더 큰 주님의 심판을 받을 것이라고 말했다(약 3:1). 아직 그러한 상황에까지 이르지 않았다면, 설교나 성경 공부를 준비하기 위해 성경을 펼 때마다, 성령께 그 말씀들을 현실에 실천할 수 있도록 요청하는 기도를 드리라.

고린도후서
11장

11:16-33 바울이 당한 숱한 시련

¹⁶내가 다시 말하노니 누구든지 나를 어리석은 자로 여기지 말라 만일 그러하더라도 나로 조금 자랑하게 어리석은 자로 받으라 ¹⁷내가 말하는 것은 주를 따라 하는 말이 아니요 오직 어리석은 자와 같이 기탄 없이 자랑하노라 ¹⁸여러 사람이 육체를 따라 자랑하니 나도 자랑하겠노라 ¹⁹너희는 지혜로운 자로서 어리석은 자들을 기쁘게 용납하는구나 ²⁰누가 너희로 종을 삼거나 잡아 먹거나 사로잡거나 자고하다 하거나 뺨을 칠지라도 너희가 용납하는도다 ²¹우리가 약한 것같이 내가 욕되게 말하노라 그러나 누가 무슨 일에 담대하면 어리석은 말이나마 나도 담대하리라 ²²저희가 히브리인이냐 나도 그러하며 저희가 이스라엘인이냐 나도 그러하며 저희가 아브라함의 씨냐 나도 그러하며 ²³저희가 그리스도의 일꾼이냐 정신 없는 말을 하거니와 나도 더욱 그러하도다 내가 수고를 넘치도록 하고 옥에 갇히기도 더 많이 하고 매도 수없이 맞고 여러 번 죽을 뻔 하였으니 ²⁴유대인들에게 사십에 하나 감한 매를 다섯 번 맞았으며 ²⁵세 번 태장으로 맞고 한 번 돌로 맞고 세 번 파선하는데 일 주야를 깊음에서 지냈으며 ²⁶여러 번 여행에 강의 위험과 강도의 위험과 동족의 위험과 이방인의 위험과 시내의 위험과 광야의 위험과 바다의 위험과 거짓 형제 중의 위험을 당하고 ²⁷또 수고하며 애쓰고 여러 번 자지 못하고 주리며 목마르고 여러 번 굶고 춥고 헐벗었노라 ²⁸이 외의 일은 고사하고 오히려 날마다 내 속에 눌리는 일이 있으니 곧 모든 교회를 위하여 염려하는 것이라 ²⁹누가 약하면 내가 약하지 아니하며 누가 실족하게 되면 내가 애타하지 않더냐 ³⁰내가 부득불 자랑할진대 나의 약한 것을 자랑하리라 ³¹주 예수의 아버지 영원히 찬송할 하나님이 나의 거짓말 아니하는 줄을 아시느니라 ³²다메섹에서 아레다 왕의 방백이 나를 잡으려고 다메섹 성을 지킬새 ³³내가 광주리를 타고 들창문으로 성벽을 내려가 그 손에서 벗어났노라

"저희가 그리스도의 일꾼이냐? … 나도 더욱 그러하도다"(11:23). 이것이 바울의 최종적인 반박이었다.

고린도의 탐욕스러운 교사들이 바울의 권위에 의문을 제기하자 그는 그리스도에 대한 그들의 헌신에 대해 의문을 제기한다. 그들이 로마 제국의 가장 유명한 도시 가운데 한 곳에서 그 풍요로움을 즐기고 있는 반면, 바울은 이 구절에서 지적하듯이 복음을 듣지 못한 자들에게 복음을 전하기 위해 온갖 역경을 인내하고 있었다. 이 교사들은 제대로 구비된 신원 보증과 인정받는 신임장, 나무랄 데 없는 천거서를 갖추는 일에는 신중했다. 그러나 바울과 달리 그리스도를 섬기는 일에는 전 인생을 드리지 않았다. 바울이 제시한 긴 고난의 목록은 그를 비방하던 교사들이 흉내도 낼 수 없는 것이었다.

11:16-18 내가 다시 말하노니 누구든지 나를 어리석은 자로 여기지 말라 만일 그러하더라도 나로 조금 자랑하게 어리석은 자로 받으라 내가 말하는 것은 주를 따라 하는 말이 아니요 오직 어리석은 자와 같이 기탄없이 자랑하노라 여러 사람이 육체를 따라 자랑하니 나도 자랑하겠노라

바울은 확실히 자랑하는 일을 극도로 꺼려했다. 그는 자기 자신의 성취를 자랑하면 결국은 파멸에 이른다는 것을 알고 있었다(시 12:13; 잠 16:18). 자랑은 하나님이 받으셔야 마땅한 영광을 강탈하는 행위(시 96:8; 97:6)며, 모든 지혜와 기술과 힘의 원천이신 하나님만이 영광과 찬양을 받으실 분이기 때문이다(시 44:8; 고전 1:31).

그러나 바울은 끈질기게 자신의 결점을 찾아내려는 대적자들과 맞서 고린도 교인들을 위해 자신의 업적을 자랑하지 않을 수 없었다. 그는 자기 자신의 명성에 거의 무관심했지만 고린도 교인들의 영적인 성숙에 대해서는 그렇지 않았다. 자신에 대한 비방을 그대로 방치할 경우 고린도 교인들이 그리스도로부터 멀어질 수도 있는 상황이었다(11:3-4, 12). 바울은 고린도 교회 안에 유포되고 있던 뜬소문과 비방을 진정시키기 위해 부득이하게 나설 수밖에 없었던 것이다.

그러나 거짓 고소에 대해 자신을 변호하는 것만이 언제나 비방에 대한 그리스도인다운 대응은 아니다. 예수님도 자신을 고소한 자들에게 침묵하셨으므로(막 14:61), 그리스도인들은 그리스도의 복음을 높이기 위해 이해할 수 없는 비난 앞에서 침묵해야 한다. 하지만 이 경우에 바울은 자신의 행동을 강력히 방어하는 방법이 적절한 반응이라고 여겼다.

바울은 자신을 변호해야 한다는 것을 알았지만 극히 조심스러운 태도를 취한다. 그는 자신이 **어리석은** 자가 아니지만, **세상의 방식대로** 자랑하는 거짓 교사들을 침묵시키기 위해 바보처럼 행동하겠다고 고린도 교인들에게 조심스럽게 설명한다(11:1-5을 참조하라). 이 거짓 교사들이 고린도 교회에서 발판을 마련할 수 있었던 것은 고린도 교인들이 세상 방식으로-외양으로-사람들을 평가하는 습성을 그대로 갖고 있었기 때문이었다(5:16-17; 10:7을 참조하라).

바울은 그러한 자랑이 주의 사역자들이 취할 온당한 행동이 아니라는 것을 명확히 밝히고 싶었던 것이다. 실제로 자신의 장점이 아니라 약점을 자랑함으로써 자신의 비방자들에 대한 형세를 일변시켰다(11:30). 그는 자신의 대적자들과 자랑하기 시합에 참여하는 것을 단호히 거부했다(10:12). 바울은 자기의 연약함을 거리낌없이 인정함으로써 고린도 교회에 만연한 어리석은 자랑과 경쟁심리를 중지시키기를 바랐다(고전 3:18-23을 참조하라).

11:19 너희는 지혜로운 자로서 어리석은 자들을 기쁘게 용납하는구나

바울은 신랄한 풍자로 고린도 교인들이 이 오만한 거짓 교사들을 용납한 것을 꾸짖고 있다. 고린도 교인들은 이웃 도시인 아덴 사람들처럼 로마 제국의 온갖 최신 사상들을 받아들이려고 야단이었을 것이다. 그러므로 그들은 순회중인 교사들을 환영하고 그들의 새로운 사상을 경청하는 자신들의 태도가 지혜롭다고 생각했다. 이 교사들이 아볼로와 같이 경건한 사람들이었다면, 바울은 그들의 이 너그러운 환대를 크게 칭찬했을 것이다. 그러나 최근에 고린도로 흘러 들어온 교사들은 다른 복음을 전하고 있었고 그 과정에서 바울의 권위를 실추시키고 있었다(11:4). 상황이 이런데도 고린도 교인들은 그들의 말을 계속 청종했던 것이다.

11:20 누가 너희로 종을 삼거나 잡아 먹거나 사로 잡거나 자고하다 하거나 뺨을 칠지라도 너희가 용납하는구나

거짓 교사들이 고린도 교인들을 종속시키려 한다는 사실이 명확해졌는데도, 그들은 거짓 교사들의 말에 계속 귀를 기울이고 있었다. 바울은 계속해서 네 가지 도발적인 착취의 이미지로 이 노예화의 본질을 설명한다.

'잡아먹다'는 짐승이 먹이를 '게걸스럽게 먹어치우는' 모습을 묘사할 때 흔히 사용하던 헬라어를 번역한 것이다. '사로잡다'는 사냥꾼이 덫이나 미끼로 동물을 '포획하는' 모습을 기술하는 데 사용하던 헬라어에서 유래했다. 사냥꾼과 먹이의 심상은 거짓 교사들의 주된 죄가 그들의 동기에 있음을 암시한다. 그들은 자신들을 후원해 줄 만한 어리석은 사람들을 찾아 순회하고 다니는 설교자였다. 그들은 문자 그대로 고린도 교인들을 수중에 넣어 자신들의 필요를 채우기 위해 그 관계를 이용하고자 했다. 그러나 아이러니하게도, 이 순회 설교자들이 고린도 교인들을 농락하고 있는데도 그들은 그 교사들을 환대하는 것을 지혜로운 처사로 여기고 있었다는 것이다.

이 거짓 교사들이 착취하는 방법을 보고 마땅히 고린도 교인들은 그들의 동기를 알아차렸어야 했다. 그들은 오만한 자랑과 더불어 자신들의 신임장과 업적을 떠벌렸다. '자고하다'는 문자적으로 높이 '올라 가다'는 의미다. 바울은 하나님의 지식보다 더 칭송을 받는 것에는 항상 동일한 단어를 사용했다(10:5). 거짓 교사들은 고린도 교인들 속에서 바울의 권위에 대항했을 뿐 아니라 하나님에 대해서까지 대항하는 과장된 자랑으로 스스로 자신들을 높이고 있었다.

마지막으로, 바울은 이 거짓 교사들이 고린도 교인들의 뺨을 친다고 기술하고 있다. 1세기에는 종교 기관에서 신성모독죄를 범한 사람에게 뺨을 때리는 일이 흔했다(행 23:2을 참조하라). 이 거짓 교사들은 자신들을 반대하는 사람들을 때릴 수 있는 뻔뻔스러움을 과시할 정도로 고린도 교회 내에서 지배력을 구축하고 있었던 것 같다.

11:21 우리가 약한 것 같이 내가 욕되게 말하노라 그러나 누가 무슨 일에 담대하면 어리석은 말이나마 나도 담대하리라

아마 바울은, 자신이 너무 약하여 고린도 교인들을 이용할 수 없고 돈도 받지 않으며 그들을 실제로 징계하지 않는다고 쓴 내용에 대해, 자신의 비판자들이 반응한 내용을 인용하는 듯하다. 바울은 그렇게 하지 않으려고 했지만 그의 대적자들처럼 담대히 자랑하려고 하고 있다. 바울은 자신의 뜻과는 상관없는 일을 하겠다고 다시 한번 말하고 있다. 그는 자기의 업적을 늘어 놓는 것을 어리석은 일로 생각한 것이다.

어리석은 자랑

바울은 마지못해 사도로서 자신의 자격 요건을 자랑하기 위해 자신이 평상시 견지하던 품위를 잠시 제쳐 둔다(11:21). 누구나 경력이 있다. 바울도 예외는 아니었다. 실제로 바울의 이력은 그의 신용을 비방하는 자들과는 비교도 안될 정도로 대단했다. 교육 수준, 개인적 업적, 가족 배경이 구원을 얻을 수 있는 자격 요건은 아니지만, 그 사람이 세상에서 차지하는 위치를 확실하게 알 수 있게 하는 역할을 한다. 하나님께서는 한 사람의 업적과 실패를 통해 그 사람이 사명을 감당할 수 있도록 준비시키신다. 잠시 시간을 내어 사역을 감당하기 위한 독특한 교육적 수준, 직무 영역, 혹은 직업상의 업적을 포함하여 인생의 주요한 전환점을 적어 보라. 이 목록을 주님께 드리고 그러한 경험들을 허락하신 그분께 감사를 드리라. 그리고 하나님의 나라를 확장시키는 데 그것들을 사용하시도록 요청하라.

11:22 저희가 히브리인이냐 나도 그러하며 저희가 이스라엘인이냐 나도 그러하며 저희가 아브라함의 씨냐 나도 그러하며

이 구절은 바울의 대적자들이 조목조목 그를 비난하던 내용들을 언급하고 있다.

무엇보다도 유대에서 온 이 순회 설교자들은 자신들이 히브리인이며 이스라엘인—하나님의 선민—이라고 자랑하고 있었다. 바울은 다소에서 출생했다. 그러므로 그의 대적자들이 보기에 그는 출신 성분이 의심스러운 사람이었다. 바울이 순수한 유대인의 혈통인가? 유대를 자신의 고향으로 여기는가? 그가 히브리어를 이해하는가? 바울은 망설일 것도 없이 그렇다고 대답한다. 그 역시 아브라함의 씨였던 것이다. 그가 베냐민의 후손이었으므로 이스라엘인이 분명한 것이다. 그는 출생한지 팔일만에 할레—이스라엘 자손이라는 신체적 증거—를 받았다. 그리고 그 당시 가장 명망높던 교사 중 하나인 가말리엘의 문하생이었다. 그는 바리새인으로서 히브리어 성경을 연구하는 데 수많은 시간을 보냈고, 철저하게 유대인의 율법을 준수했다(빌 3:4-6). 유대인으로서, 그리고 히브리 성경의 전문가로서 그의 자격을 아무도 의심할 수 없었다.

11:23 저희가 그리스도의 일꾼이냐 정신 없는 말을 하거니와 나도 더욱 그러하도다 내가 수고를 넘치도록 하고 옥에 갇히기도 더 많이 하고 매도 수없이 맞고 여러 번 죽을 뻔 하였으니

바울이 자신의 대적자들의 유대적 유산을 인정하기는 했지만, 그들이 그리스도의 일꾼이라는 점에 대해서는 동의하지 않았다. 바울은 이 사람들을 이미 '거짓 사도'라고 못박은 바 있다.

이 교사들은 자기들의 주장과는 달리 하나님께로서 온 자들이 아니었다. 이 점을 증명하기 위해 바울은 자신이 그리스도를 위해 당한 모든 고난을 열거하고 있다. 자기들의 업적과 성취와 신용을 자랑하는 대적자들이 그리스도의 이름을 위하여 견딘 박해와 고난의 목록을 바울보다 더 길게 열거할 수 있겠는가? 그들이 예수님의 고난의 길과 생애를 따라갈 마음이 있었는가? 날마다 그리스도를 위해 자신의 십자가를 지려고 하겠는가?(마 10:38)

바울은 예수께서 자신을 부르신 목적대로 주님을 위해 즐겁게 고난을 감당했다(행 9:15-16의 예수님의 말씀을 참조하라). 바울은 매맞는 고통을 포함해 감옥에 투옥되는 고난을 겪었다(행 16:22-24). 그는 수차례 죽을 뻔한 위기를 맞았다(바울이 돌에 맞아 죽음 직전까지 갔던 행 14:19을 참조하라). 실제로 바울은 이 편지의 초두에 최근 소아시아 여행에서 죽을 뻔한 고비를 넘겼다고 기술한 바 있다(1:9). 이 편지가 바울의 3차 전도 여행(행 18:23-21:17) 도중에 기록된 것이기 때문에, 그의 시련은 여전히 끝나지 않은 상태였다. 그 이후로도 그리스도를 위한 고난과 모욕을 계속 당했을 것이다(행 21:30-33; 22:24-30을 참조하라). 바울은 복음을 위해 자기의 생명을 희생시키고 있었으며, 이것은 거짓 교사들이 흉내낼 수도 없는 삶이었다.

11:24 유대인에게 사십에 하나 감한 매를 다섯 번 맞았으며

바울은 자기의 대적자를 침묵시키기 위하여 복음을 위하여 견뎠던 고난을 상세히 열거함으로 최후의 일격을 가한다.

유대 법에 의하면 매 **사십 대**는 유대인들이 명령할 수 있는 최대 한도였다(신 25:3). 그러나 랍비들은 서른 아홉 대까지만 허용함으로써 매질하는 사람이 실수로 수를 잘못 세어 사십 대 이상을 때림으로써 부지 중에 범죄할 수 있는 가능성을 방지하고자 했다. 이 매질은 회당에서 실시되었고 종교적이거나 도덕적 과실이 있을 경우에 받는 형벌이었다. 이때 사용하던 채찍은 몇 가닥의 가죽끈으로 만들어졌으며, 때로 더 많은 고통을 가하기 위해 끝부분에 뼈 조각이나 금속을 다는 경우도 있었다. 바울의 경우, 유대인들이 보통 신성모독죄라고 여기던 복음을 전하는 일로 그 형벌을 받았을 것이다. 사도행전에는 이 형벌에 대한 기록이 전혀 없지만, 복음에 대한 유대인들의 대대적인 반대에 대해서는 기록되어 있다(행 13:45, 50; 14:2; 18:6, 12).

11:25 세 번 태장으로 맞고 한 번 돌로 맞고

로마인만 태장을 집행할 수 있었다. 그러나 바울은 빌립보에서 **태장으로 맞았다**(행 16:22). 정부 관리들이 그를 태장으로 때린 경우가 두 번 더 있었을 것이다(그러나 사도행전에는 그 기록이 없다). 마지막으로 바울은 루스드라에서 돌로 맞고 살아난 적도 있었다(행 14:8-20).

세 번 파선하는데 일주야를 깊음에서 보냈으며

옛날에는 뱃길이 오늘날처럼 안전하지 않았다. 고린도후서를 기록한 시점에서 바울은 이미 세 번 파선한 경험이 있었고, 로마로 가는 길에 한 번 더 그런 일을 겪었다(행 27장). 바울은 이 시기에 적어도 여덟 번 내지 아홉번의 항해를 했던 것으로 보인다. 그러므로 해로를 이용한 1세기 여행의 위험성을 고려한다면, 그가 바다에서 그렇게 많은 재난을 만났으리라는 것은 확실한 사실일 것이다. 바울이 24시간을 바다에서 '표류하고'(NRSV)도 살 수 있었던 사실은 1세기에는 기적적인 사건, 즉 하나님이 그의 생명을 주관하신다는 증거로 인식되었을 것이다.

11:26 여러 번 여행에 강의 위험과 강도의 위험과 동족의 위험과 이방인의 위험과 시내의 위험과 광야의 위험과 바다의 위험과 거짓 형제 중의 위험을 당하고

바울이 지중해 전역에 복음을 전하기 위하여 여러 번 **여행**하던 중 바다에서만 위험을 만난 것은 아니었다. 고대 세계에서는 끊임없는 **강도**의 위협이 있었다. 예루살렘에서 여리고로 가는 험한 바위 길은 특별히 위험한 지역 가운데 하나였다. 예수께서 그 길과 관련하여 선한 사마리아인의 비유를 드신 이유도 거기에 있었다(눅 10:30-37). 고린도 교인들 역시 강도의 위험을 알았을 것이다. 왜냐하면 고린도에서 아덴으로 이어지는 길은, 특별히 **광야** 지역의 경우, 강도떼가 상습적으로 출몰하는 지역이었기 때문이다.

바울에 대한 위협은 여기서 그치지 않았다. 바울의 동족인 유대인들도 그를 몰락시키는 데 혈안이 되어 있었다. 바울이 처음 고린도를 방문했을 때 유대인들은 그가 복음을 전하지 못하도록 아가야 총독 앞으로 끌고 가기도 했다(행 18:12-17). **이방인**들 역시 빌립보와 에베소에서 그를 대적했다(행 16:19-24; 19:23-31). 이러한 위험한 상황이 한 도시에서 모두 발생하기도 했다.

위험에 대한 바울의 목록은 거짓 형제를 언급하는 데서 절정에 이른다.

이로써 그가 강조하고자 하는 의도가 무엇인지 확실하게 드러내고 있다. 그가 그리스도를 위해 온갖 위험을 용감하게 견뎠기 때문에, 고린도에서 자기의 권위를 험담하는 그 거짓 교사들과 맞설 수 있는 충분한 용기가 있다는 것이다. 바울이 지난 번에 방문했을 때는 자기를 비방하던 사람들에 대해 이처럼 공격적이지는 않았었다(10:1). 하지만 다음에 고린도를 방문하면 그의 대적자들을 용서하지 않겠다고 작정하고 있었다(13:1-5).

하나님의 보호

바울에게 사역은 위험과 동의어였다. 이 구절은 바울이 상상할 수 있는 온갖 곳에서 당했던 위험한 일을 여덟 가지로 언급하고 있다. 하나님께서는 바울이 위험한 상황을 만나지 않게 하시지는 않았지만 항상 그와 동행해 주셨다. 기술적으로 진보한 사회에 살고 있는 우리도 일상 생활 속에서 온갖 위험에 둘러싸여 있다. 고통의 확실성은 신약과 구약을 관통하는 주제다. 예수님도 지상을 떠나시기 전에 "세상에서는 너희가 환난을 당할 것"이라고 말씀하셨다. 그러나 그분이 그 예언의 말씀을 어떤 식으로 매듭지으셨는지 기억해야 한다. "담대하라. 내가 세상을 이기었노라"(요 16:33). 시련과 고난을 만날 때 예수께로 나아가 힘과 인내를 주시도록 간구하라. 그분은 당신의 필요를 이해하시며 도우실 수 있는 분이다.

11:27 또 수고하고 애쓰고 여러 번 자지 못하고 주리며 목마르고 여러 번 굶고 춥고 헐벗었노라

바울은 복음을 전하는 과정에서 어쩔 수 없이 당할 수밖에 없었던 박해와 위험을 상술하는 것으로 자기의 이력을 기술하기 시작한다(11:22-26). 바울은 여기서 그리스도의 복음을 확장시키기 위해 자원해서 감당했던 고난을 기술하고 있다.

첫째, 사역하는 과정에서 생길 수 있는 오해의 소지를 차단하기 위해 바울은 손수 일하여 스스로 생계를 유지했다. 1세기의 떠돌이 노동자의 생활은 고달프기 그지 없었다. 바울은 (그 지역에서는) 이방인이었기에 가장 힘들고 고된 일을 할당받았을 것이다(살전 2:9; 살후 3:8을 참조하라). 고린도에서 그는 장막 만드는 일을 하느라 **수고하고 애썼다**(행 18:1-3). 그가 가르치고 복음을 전파할 수 있었던 때는 여가 시간뿐이었다. 바울은 복음 전파 사역에 전적으로 몰두할 수 없었기 때문에 자지 **못하는** 고난을 자청했다. 떠돌이 노동자의 저임금과 1세기의 힘든 여행 때문에 바울에겐 **굶고 춥고 헐벗는** 일이 다반사였을 것이다. 그러나 바울은 복음을 전하고 예수께서 죄에서 인간을 구워하셨다는 소식을 로마 제국의 사람들에게 전해 주기 위해 이 모든 고난을 자청하여 감당했다.

11:28 이 외의 일은 고사하고 오히려 날마다 내 속에서 눌리는 일이 있으니 곧 모든 교회를 위하여 염려하는 것이라

바울은 매맞음과 위험과 온갖 종류의 고난을 당했을 뿐만 아니라 자기가 설립한 교회들의 영적 건강에 대한 염려로 날마다 마음이 눌렸다. 어린 교인들이 빠질 수 있는 함정과 유혹이 너무나 많았던 것이다. 박해로 인해 교회가 신학적으로 타협할 여지가 있었다. 또한 다툼과 내부 분쟁으로 인해 교회가 본래적인 목적에서 이탈할 수도 있었다. 거짓 교사들이 교회를 기만할 수도 있었다. 바울은 교회들이 믿음을 지키지 못할까 염려했다. 그의 눌림은 그들을 위한 쉼 없는 그의 기도에서 어느 정도 엿볼 수 있다. 그의 서신들 중 상당 부분이 그가 편지를 쓰고 있는 대상들을 위해 기도한다는 내용을 기록하고 있다(13:7-9; 롬 1:10; 빌 1:4; 살전 1:2; 살후 1:11-12).

바울은 기도를 아예 편지 가운데 쓰는 경우도 있었다(엡 1:16-18; 3:14-19; 골 1:3-14을 참조하라). 바울의 기도는 그의 관심사가 무엇인지 드러내 준다. 그의 일차적인 관심사는 교회가 믿음에서 떠나 방황하지 않고 예수 그리스도 안에 든든히 뿌리를 내리는 것이었다(엡 1:16-17). 그는 또한 그들이 하나님의 자녀의 온갖 특권-지혜, 지식, 그들 가운데 거주하시는 성령님을 통해 소유할 수 있는 능력-을 체험하기를 원했다(엡 3:16-17). 또한 그들이 그리스도인으로서 자신들의 소명에 부응하며 선한 열매를 맺음으로 예수께서 영광을 받으시기를 원했다(13:7-9; 골 1:10). 아마도 바울은 고린도 교인들을 위해서도 동일한 기도를 하고 있었을 것이다.

11:29 누가 약하면 내가 약하지 아니하며 누가 실족하게 되면 내가 애타하지 않더냐

바울은 형제 가운데 누구라도 믿음이 약하다는 소식을 들으면 그 사람과 같이 아파했다. 믿음이 강한 성도들에게 약한 형제들을 돌아보라고 권면했다(살전 5:14). 누군가가 믿음에서 떠나기라도 하면 바울은 흔히 그 탓을 사단과 그의 악한 계교 때문이라고 해석했다. 실족한 자들의 믿음에 대한 바울의 염려는 고린도 교인들에게 가능하면 빨리 벌받은 형제를 회복시키라고 권면하고 있는 2:5-11에서 확실하게 엿볼 수 있다.

마음의 고동

바울의 염려는 고린도 교회의 교인들만을 향한 것이 아니었다. 그의 가슴은 개인적으로 접촉했던 모든 교회들을 위한 연민과 걱정으로 고동쳤다(11:28). 바울은 사도였고 그에 대한 여러 호칭(감독이나 주교와 같은)은 그가 여러 교회와 계속해서 접촉했음을 보여준다. 그러나 사도들만이 다른 교회의 그리스도인들에게 관심을 갖도록 부름받은 것은 아니다. 예수님은 실제로 대제사장적 기도에서 아버지께 모든 그리스도인들이 사랑 안에서 연합될 수 있도록 간구하셨다(요 17장). 당신은 당신이 속한 지역의 교회들과 얼마나 잘 연합하는가? 당신이 속해 있는 교회에서 지역 공동체의 다른 교회들을 위해 중보 기도하는 사역을 시작할 수 있다.

11:30 내가 부득불 자랑할진대 나의 약한 것을 자랑하리라

바울이 고린도 교인들 때문에 자기 자신의 진정성과 사도적 권위를 변호할 수밖에 없었지만, 이 편지는 그의 약함에 초점을 맞추고 있다. 바울은 자신이 당한 고난, 시련, 연약함을 자신의 대적자들 앞에 내놓았다. 그는 그들과 같이 자신의 업적을 자랑하지 않았다. 그렇게 함으로써 그들이 비방하는 내용의 일부를 해결했다. 그들이 자신의 무능함을 비난했다면 바울은 복음을 전하는 데 유능한 사람은 있을 수 없다고 거리낌없이 인정했을 것이다. 그의 능력은 그리스도께로부터 오는 것이었기 때문이다(3:4-6). 바울이 내놓은 이력서는 실패의 이력서였다. 그의 대적자들이 자랑하던 업적의 이력서와 비교할만한 내용은 전혀 없었다(4:7-10; 6:3-10; 11:22-29).

바울이 그러한 자기 비하의 내용으로 어떻게 권위를 다시 세울 수 있었을까? 그는 자신의 권위가 자기의 능력에 있는 것이 아니라 그리스도의 인정하심에 있다고 생각했다. 그리스도께서 자신을 이방인의 사도로 부르신 것이다(롬 1:1, 5; 11:13). 바울이 자신의 권위를 입증하는 유일한 방법은 하나님께서 자신의 약함을 통해 어떻게 일하셨는지를 나타내는 것이었다. 이러한 것들이 그의 인생에 하나님이 일하신다는 확실한 증거였다.

11:31 주 예수의 아버지 영원히 찬송할 하나님이 나의 거짓말 아니하는 줄을 아시느니라

바울은 이 서신에서 이 절 외에도 자신의 진실성을 입증할 수 있는 증인으로 세 번이나 하나님을 요청했다. 최근의 여행 계획에 대해 자신의 진실성을 주장했을 때(1:18), 고린도 교인들로부터 어떠한 금전적 도움도 입지 않았다고 주장할 때(11:10), 그들에 대한 자신의 순전한 사랑을 주장할 때(11:11)도 그랬다. 바울은 자신의 말이 의심을 받을 소지가 있다고 생각하면 주저함없이 맹세한다고 선언한다(갈 1:20도 참조하라). 여기서 바울은 고린도 교인들이 다음에 이어질 다메섹에서 도망치던 흥미진진한 이야기(11:32-33)나 삼층천에 대한 환상(12:1-5)에 대해 고린도 교인들이 의심할 수 있으리라고 판단하여 이렇게 맹세를 했을 수 있다.

> 그리스도인들은 티백(teaback)과 같다. 뜨거운 물 속에 들어가기 전에는 당신이 어떤 사람인지 결코 알 수 없다. E. S. 휘트네이(Eleanor Searle Whitney)

11:32 다메섹에서 아레다 왕의 방백이 나를 잡으려고 다메섹 성을 지킬새

로마 황제 갈리굴라(주후 37-41)가 아레타 왕 4세(주전 9-주후 40)에게 다메섹의 나바테아인들을 감독할 방백을 임명할 수 있는 권한을 주었으리라는 추측이 이 절의 가장 가능성 있는 배경으로 작용하고 있다. 다메섹의 유대인들은 바울을 잡기 위해 이 방백의 도움을 얻을 수 있었다(행 9:22-25

을 참조하라).

11:33 내가 광주리를 타고 들창문으로 성벽을 내려가 그 손에서 벗어나노라
이 구절이 이 이야기를 다루고 있는 방식을 보면 바울이 이 사건을 회심 후 최초로 당한 고난으로 인식하고 있음을 드러낸다. 바울이 박해자들을 피해 도망간 적이 여러 번 있었지만(행 14:5-6; 17:10, 14), 이 경우는 그가 떠밀려서 도망간 첫 사건이었다. 바울은 당당하게 머리를 들고 다메섹으로 갔어야 했다. 대제사장이 그 도시에서 그리스도인들을 체포하는 권한을 주었기 때문이다. 하지만 바울은 회심 후 어두움을 틈타 그 도시를 몰래 빠져 나올 수밖에 없었다. 그 권위와 도시 장로들의 환영은 말할 것도 없고 성문으로 걸어 나올 수도 없었기 때문이다(행 9:1-2과 9:23-25을 비교하라).

그리스도께서는 바울이 자신을 위하여 많은 고난을 당하리라고 예언하셨지만(행 9:15-16), 이 사건은 바울이 자신이 당할 고난이 어느 정도인지 깨달은 최초의 사건이었을 것이다. 범죄자처럼 쫓긴 그는 고소자들과 대면하여 자신을 변호할 틈도 없었다. 도망갈 수밖에 없었다. 바울에게 도망은 비겁자나 하는 반응이었을 것이다. 이 사건은 그가 생애에서 경험한 가장 연약한 순간 중 하나였을 것이고, 고린도의 대적자들에게 이 사실을 인정한다는 것은 참으로 쉽지 않은 일이었을 것이다.

고린도후서
12장

12:1-10 바울이 본 환상과 몸의 가시

¹무익하나마 내가 부득불 자랑하노니 주의 환상과 계시를 말하리라 ²내가 그리스도 안에 있는 한 사람을 아노니 십사 년 전에 그가 셋째 하늘에 이끌려 간 자라 (그가 몸 안에 있었는지 몸 밖에 있었는지 나는 모르거니와 하나님은 아시느니라) ³내가 이런 사람을 아노니 (그가 몸 안에 있었는지 몸 밖에 있었는지 나는 모르거니와 하나님은 아시느니라) ⁴그가 낙원으로 이끌려가서 말할 수 없는 말을 들었으니 사람이 가히 이르지 못할 말이로다 ⁵내가 이런 사람을 위하여 자랑하겠으나 나를 위하여는 약한 것들 외에 자랑치 아니하리라 ⁶내가 만일 자랑하고자 하여도 어리석은 자가 되지 아니할 것은 내가 참말을 함이라 그러나 누가 나를 보는 바와 내게 듣는 바에 지나치게 생각할까 두려워하여 그만 두노라 ⁷여러 계시를 받은 것이 지극히 크므로 너무 자고하지 않게 하시려고 내 육체에 가시 곧 사단의 사자를 주셨으니 이는 나를 쳐서 너무 자고하지 않게 하려 하심이니라 ⁸이것이 내게서 떠나기 위하여 내가 세 번 주께 간구하였더니 ⁹내게 이르시기를 내 은혜가 네게 족도다 이는 내 능력이 약한 데서 온전하여짐이라 하신지라 이러므로 도리어 크게 기뻐함으로 나의 여러 약한 것들에 대하여 자랑하리니 이는 그리스도의 능력으로 내게 머물게 하려 함이라 ¹⁰그러므로 내가 그리스도를 위하여 약한 것들과 능욕과 궁핍과 핍박과 곤란을 기뻐하노니 이는 내가 약할 그 때에 곧 강함이니라

하나님께서는 바울에게 삼층천의 환상을 허락하셨다. 바울은 말로 형언할 수 없는 말을 들었고, 필설로 옮길 수 없는 장면을 목격했다. 그러나 이 체험 때문에 하나님께서는 그에게 가시-끊임없이 하나님을 의지할 수밖에 없는 철저히 무력한 존재라는 인식을 하게 한 연약함-를 주셨다. 바울은 이생에서는 아무도 체험할 수 없는 것을 체험했던 것이다. 그러나 바울은 그 체험 때문에 자고해진 것이 아니라 오히려 고통을 당할 수밖에 없었다.

12:1 무익하나마 내가 부득불 자랑하노니 주의 환상과 계시를 말하리라

바울은 자신의 대적자들이 자랑해 왔던 다른 범주인 환상과 계시를 언급할 수밖에 없다고 여겼다. 이 단락에서 자랑에 대한 부정적인 어투가 자주 등장하는 것으로 보아(11:30; 12:1, 5-6, 9-11), 바울이 계시에 대해 자랑하는 것을 가장 어리석은 일로 여겼다는 것을 알 수 있다. 계시는 순전히 하나님의 역사였다. 주님께서는 원하신다면 진리와 신비를 누구에게라도 계시하실 수 있지만, 그것을 받을 자격이 없는 자들에게는 계시하지 않으신다. 바울이 다메섹 도상에서 본 환상이 이 점을 증명했다. 그는 그리스도를 대적하는 일에 누구보다도 열심이었다. 그는 그리스도의 추종자들을 전멸시킬 음모를 꾸미고 있었다. 그런데도 그리스도께서는 그에게 나타나셨다(행 9:1-19). 바울에게는 구속을 받을 만한 자격이 전혀 없었다. 자랑할 수 있는 아무런 여지가 없었다. 그것은 놀라운 일이었다 예수께서 바울에게 나타나기로 작정하신 것이다.

그러나 바울을 비방하는 사람들은 계시를 보았다고 자랑하고 있었다. 사실, 그들은 자신들이 이러한 계시들을 볼 수 있는 합당한 자로 인정받았다고 말하고 있었던 것이다. 바보들만이 하나님의 일방적인 역사로 일어난 일을 자랑한다.

12:2 내가 그리스도 안에 있는 한 사람을 아노니 십 사년 전에 그가 셋째 하늘로 이끌려 간 자라

이 문장에서 바울은 다른 삼자에게서 그 이야기를 들은 것처럼 3인칭으로 전환하여 그 사건을 이야기하고 있다. 그러나 셋째 하늘로 이끌려 간 그리스도 안에 있는 한 사람이 바울 자신을 두고 한 말이라는 것은 명백하다. 12:7에서 하나님께서 바울이 이 계시로 인해 자고하지 않도록 '육체에 가시'를 주셨다고 설명하고 있기 때문이다.

그렇다면 바울은 이러한 계시들에 대해 자신이 경험자가 아니라 관찰자인 것처럼 말하는 이유는 무엇인가? 두 가지 일반적인 설명이 있다: (1) 어떤 이들은 바울이 사건의 관찰자로서 그 환상을 보면서 느꼈던 일을 설명하려고 한다고 주장했다. (2) 어떤 이들은 바울이 자기 자신과 마지 못해 하고 있는 그 자랑을 분리시키기 위해 사용한 기교라고 주장했다. 이 설명이 바울이 이런 식의 표현을 사용한 가장 설득력 있는 이유인 것 같다. 12:5에서 그러한 심정이 드러나 있기 때문이다. "내가 이런 사람을 위하여 자랑하겠으나 나를 위하여는 약한 것들 외에 자랑치 아니하리라"(고후 12:5). 자신의 사도적 권위를 입증하기 위하여 이 계시에 대해 고린도 교인들에게 부득불 말해야 할 필요성을 느꼈지만, 이 계시에 대한 직접적인 자랑을 피하기 위해 3인칭 기법을 동원한 것이다. 바울은 교만해지지 않으려고 표현의 모호성을 기꺼이 감수하고 있는 것이다.

바울은 이 황홀한 체험에 대해 구체적인 내용을 회피하면서도 "셋째 하늘로 이끌려 갔다"는 표현을 사용하고 있다. 이것은 무슨 의미인가? 바울 당시에 하늘에 대한 복수적 개념은 일반적인 것이었다. 당시엔 세개 내지 일곱 개의 하늘이 있다고 생각했다. 신구약에서 사용된 '하늘'과 '하늘들'이라는 단어의 용법을 체계적으로 분석한 학자들은, 성경이 '하늘'이라는 단어를 사용하여 세 가지 장소를 언급하고 있다고 믿는다. 첫째 하늘은 지구의 대기권을 가리킨다(행 1:9-10을 참조하라). 둘째 하늘은 모든 별들이 있는 전 우주를 의미한다(창 1:14을 참조하라). 셋째 하늘은 이 두 하늘을 넘어서서 존재하는 것으로 하나님이 계신 곳을 의미한다(벧전 3:22). 이곳은 '하늘들의 하늘'이다(느 9:6; 시 68:33). 바울이 이 삼중적인 하늘 구분의 개념을 인식하고 있었는지는 모르겠지만, 셋째 하늘을 가장 높은 하늘로 보았다는 점은 확실하다. 바울은 자신이 본 환상을 특별하고 지극히 큰 것으로 여겼다(12:7). 계시를 보았다고 자랑하는 자들을 침묵시키는 데 하늘 위의 하늘에 갔다 왔다는 것보다 더 엄청난 내용이 어디 있겠는가!

바울이 이 환상을 체험한 시기는 **십 사년** 전이었다. 고린도를 방문하던 시기의 체험을 포함하여(행 18:9-10) 바울이 보았던 환상과 계시의 횟수를 누가가 기록으로 남기고 있기는 하지만(행 9:3-7; 16:9; 22:17-21), 여기서 기술하고 있는 것과 연결되는 것은 전혀 없다. 바울이 다메섹 도상에서 본 환상을 가리키고 있지도 않다. 그가 이 환상을 보았을 때는 이미 '그리스도 안에' 있었다고 명확하게 밝히고 있기 때문이다. 그가 고린도와 드로아에서 환상을 본 것(행 16:9)은 그가 이 서신서를 기록하기 7년 전이었다. 바울이 예루살렘에서 황홀한 체험을 한 시기가 이 시기와 가깝지만, 그때에는 하늘로 끌려 올라가는 경험은 아니었고 하나님께서 바울에게 단순히 지시만 하신 사건이었다(행 22:17-21). 바울은 그와 대조적으로 이 사건은 다시 말할 수 없는 말을 들은, 휴거와 같은 경험이었다고 기술하고 있다(12:4). 바울이 들은 말을 표현할 수 없다는 사실이 이 계시에 대한 사도행전의 침묵을 이해할 수 있는 길일 수도 있다.

고린도후서를 쓰기 14년 전이라면, 바울이 사역을 시작한 시기와 가까운 주후 40년경으로 추정된다. 바울은 이 체험을 아라비아(갈 1:17; 2:2을 참조하라)나 안디옥(행 13:1-3)에 있을 때나 혹은 루스드라 밖에서 돌에 맞아 죽은 줄 알았던 때(행 14:19-20) 경험했을 가능성이 있다.

(그가 몸 안에 있었는지 몸밖에 있었는지 나는 모르거니와 하나님은 아시느니라)

고린도 교인들이 환상과 계시에 가치를 부여한 것이 확실하므로 환상의 유형에 따른 분류와 명칭에 관심이 있었을 것이다. 바울은 그러한 상세한 내용을 알 수 없다고 단언하고 하나님의 전지하심을 강조함으로써 그 환상으로 빚어질 수 있는 논쟁의 가능성을 미리 차단하고 있다. 바울이 체험한 환상에 대한 신비를 아시는 분은 하나님 밖에 없는 것이다. 바울이 몸 안에 있었을 가능성을 인정했다는 사실은 사람의 영혼만 하나님께 올라갈 수 있다는 헬라적 사상을 반박하기 위해서인 것같다. 바울이 육체적 부활에 대한 기독교적 개념을 상세하게 설명한 것으로 미루어 볼 때(고전 15:1-58, 특히 35-44을 참조하라), 고린도 교인들이 이 헬라 사상에 강한 영향을 받았을 가능성이 아주 많다.

12:3-4 내가 이런 사람을 아노니(그가 몸 안에 있었는지 몸 밖에 있었는지 나는 모르거니와 하나님은 아시느니라) 그가 낙원으로 이끌려 가서

이 절은 12:2의 내용을 반복하고 있다. 어떤 주석가들은 바울이 '셋째 하늘'의 환상이 아닌 다른 환상을 언급하는 것이라고 주장하기도 하지만 '낙원'은 그것과 동의어로 사용된 것 같다. 바울이 셋째 하늘을 낙원과 동일시한 것은 1세기에는 흔한 일이었을 것이다. 유대인의 묵시록인 「모세의 묵시록」은 이 두 개념을 동일한 것으로 사용하고 있다. 그러므로 이 문장에서 바울은 단순히, 그 방법은 모르겠지만, 자신이 실제로 하늘로 올라간 일을 반복해 말하고 있는 것이다.

예수님도 '낙원'을 하늘과 동의어로 사용하셨다. 그분은 십자가에 매달린 강도에게 그날 자기와 낙원에 있을 것이라고 약속하셨다(눅 23:43). 그리고 나서 예수님은 요한계시록 2:7에서 이기는 모든 자들에게 낙원에 있는 생명 나무를 약속하셨다. 후자의 생명 나무는 분명히 생명 나무와 선악을 알게 하는 나무가 중앙에 있었던 에덴 동산을 암시한다(창 2:9을 참조하라). 실제로 여기서 '낙원'(파라다이스)으로 번역된 헬라어의 파라데이소스(*paradeisos*)는 '울타리'(enclosure)란 뜻이기에, 이 단어는 울타리가 쳐져 있는 동산을 가리키게 되었다. 그러므로 이 단어는 하나님이 자기 백성을 위하여 준비하신 아름다운 곳인 회복된 에덴 동산을 의미한다. 그곳은 의인들이 죽으면 바로 가서 안식하게 되는 장소며, 성도들이 부활 후에 최종적으로 거하게 될 장소다.

말할 수 없는 말을 들었으니 사람이 가히 이르지 못할 말이로다

이 계시의 특별한 성격을 감안한다면(12:4) 이 구절은 그 계시에 대한 묘사로는 놀라울 정도로 짧다. 바울이 밝힌 내용은 자신이 하늘로 들려 올라갔다는 것과 무엇인가를 들었다는 것이 전부다. 그는 고린도 교인들에게 자신이 들은 내용을 밝히는 것이 허용되지 않았다!

하늘에서 그가 보고 들은 내용은 그에게 유익한 내용이었다. 하나님께서 복음을 전하기 위해 그가 받게 될 엄청난 시련과 고난에 대비하여 그를 강하게 하고 힘을 주시는 내용이었을 가능성이 가장 크다(행 9:15-16을 참조하라). 바울은 여기서 고린도에 있는 자신의 대적자들의 주장을 무력화시킬 수 있는 선에서만 그 내용을 언급하였다.

　여기서 강조하고 있는 내용이 교훈하는 바가 크다. 계시와 환상에 대한 설명은 전형적으로 개인이 본 내용에 초점을 맞추는 경향이 있는 데 반해 바울은 자신이 들은 바를 강조하고 있다. 바울에게는 하나님의 말씀을 청종하고 그 말씀에 반응하는 것이 가장 중요했던 것이다(롬 10:14, 17; 갈 3:5; 엡 1:13을 참조하라).

12:5-6 내가 이런 사람을 위하여 자랑하겠으나 나를 위하여는 약한 것들 외에 자랑치 아니하리라 내가 만일 자랑하고자 하여도 어리석은 자가 되지 아니할 것은 내가 참말을 함이라 그러나 누가 나를 보는 바와 내게 듣는 바에 지나치게 생각할까 두려워하여 그만 두노라

바울은 자신이 설명할 수 없는 환상에 대해 언급하기 시작한다면 흔들릴 수밖에 없음을 알았다. 그는 이 계시를 통해 자신을 드러내고 있다는 잘못된 인상을 받는 사람이 아무도 없기를 바랐다. 그러므로 그는 다시 한번 자신에 대해서 자랑하는 것이 아니라고 부정하고 있다.

　고린도 교인들이 바울이 자랑하고 있다고 생각한다고 해도 그들은 그를 **어리석은 자**로 여기지 않아야 할 것이다. 그는 그의 대적자들과 달리 **참말**을 하고 있기 때문이다(11:13-15을 참조하라). 바울은 자신이 본 환상에 대해서 떠들썩하게 자랑하지 않았다. 이는 그들이 독자적으로 그의 성실성과 복음의 진실성을 판단하기를 바랐기 때문이다. 그들은 자신들이 보고 들은 내용으로 증거를 평가할 수 있었다. 누구든지 하나님이 주시는 환상을 보았다고 주장할 수 있을 것이다. 바울도 가장 지고한 곳을 보는 체험을 했다. 그러나 그는 자신의 권위와 메시지의 근거를 영적인 체험에 두기를 거부했다. 오히려 그는 이 모든 것을 버리고 그리스도께서 인간의 죄를 위하여 십자가에 못박히셨다는 확실한 소식만 전하기로 결심했다(고전 2:2). 바울은 고린도 교인들과 자신의 설교를 듣는 모든 사람들이 복음 그 자체와 성령께서 사람들의 삶을 변화시키기 위해 사용하시는 방법을 통해 자기가 전한 복음을 판단하기를 원했다(고전 2:3).

　이 구절에서 바울은 자기가 본 환상에서 자신의 약한 것들로 주의를 전환시키고 있다. 바울은 자신의 '육체에 가시'를 암시하고 있음이 분명하다. 그것에 대해서는 12:7-10에서 다루고 있다. 육체의 가시는 바울의 생애에 하나님께서 직접적으로 개입하신 또 다른 경우였다(자신이 연약하다고 여기는 또 다른 경험에 대한 바울의 진술에 대해서는 11:30-33을 참조하라).

약함에 대한 자랑

바울에게는 남들이 부러워할만한 배경과 초자연적인 체험들이 있었지만 자신의 약함에 대해서만 자랑했다(12:5). 바울은 확실히 오늘날과 같은 세상에 살고 있지는 않았다. 현대 문화는 힘과 권력, 명성과 통제력의 운율에 발맞추어 진행하고 있다. 그러나 바울은 현대 사회가 알지 못하는 것들을 많이 알고 있었다. 자신의 약함에 대한 인정은 하나님께로 더 가까이 이끌어 줄 뿐 아니라 다른 사람들에게도 가까이 가도록 인도한다. 약함은 사람들을 평등하게 만드는 위대한 힘이 있다. 오직 소수만이 성공의 최정상을 오를 뿐 대다수의 사람들이 낙담과 침체와 고통을 알고 있다. 실패의 고통과 살을 파먹는 듯한 불안정성의 아픔은 사람들에게 자신들이 구세주가 필요함을 알게 해준다. 성도들은 그러한 필요성을 남들에게 말하기 전에, 먼저 그 진리에 대한 확신이 있어야 한다. 인생의 여정에서 연약함을 확인할 때마다 힘이 되신 그분께 그 연약함을 내려 놓으라.

12:7 여러 계시를 받은 것이 지극히 크므로 너무 자고하지 않게 하시려고 내 육체에 가시 곧 사단의 사자를 주셨으니 이는 나를 쳐서 너무 자고하지 않게 하려 하심이니라

바울의 육체에 가시에 대해서는 본인이 한번도 밝힌 적이 없기 때문에 무엇인지 알 수가 없다. 헬라어로 '육체'는 인간의 신체를 가리킬 수도 있고 세속적인 자아를 가리킬 수도 있기 때문에, '육체에 가시'가 무엇인지를 두고 수많은 추측이 있었다.

　'가시'에 해당하는 헬라어는 또한 '막대기'를 뜻한다. 이 단어는 헬라어 구약성경에서 이스라엘 백성에게 유혹과 올무가 되었던 이스라엘의 주변 국들을 가리켜 사용되었다(민 33:55). 어떤 이들은 바울이 여기서 사용한 이 단어를 복음을 반대하는 사람들을 간접적으로 암시한 것이라고 해석한다. 그들은 고린도 교인들을 기만하던 거짓 교사들일 수도 있고, 그의 설교를 적극적으로 대적하던 유대인들일 수도 있다.

어떤 이들은 이런 식의 외부적인 반대 때문에 바울이 겸허해지지는 않았을 것이라고 주장한다. 바울은 그 가시 때문에 자고하지 않게 되었다고 분명히 밝히고 있다. 이 주석가들에 의하면 그 가시는 일종의 육체적인 유혹일 것이라고 한다. 중세의 주석가들이 보통 성적인 유혹일 것이라고 주장하는 반면, 개혁주의 주석가들은 영적인 유혹이라고 주장한다. 어떤 경우이든, 이러한 유의 설명은 바울이 이 유혹을 복음에 방해가 된다고 여겼고 그러한 연약함 때문에 겸손했으리라고 주장한다.

또 다른 부류의 주석가들은 육체의 가시가 끈질긴 유혹이 아니라 육체적인 약함을 가리킨다고 주장한다. 고린도후서에 대한 최초의 주석가들은 이 고통이 심각한 두통이었을 것이라고 주장했다. 이들은 육체의 가시를 증상을 설명한 것이라고 여겼다. 다시 말해서 "가시가 내 머리를 돌아다니는 것 같다"는 증상에 대한 설명이라는 것이다. 어떤 의사들은 바울이 편두통을 동반하는 재발성 말라리아 열병에 시달렸을 가능성이 있다고 생각한다.

그러나 많은 주석가들은 육체의 가시가 단순히 증상에 대한 설명이 아니라, 바울의 육체적 약함(특별히 눈)을 총칭하는 은유라고 계속해서 주장해왔다. 어떤 이들은 갈라디아서에서 일종의 안질환 때문에 시력에 문제가 있었다는 암시를 발견한다. 바울은 갈라디아 교인들에게 아래와 같은 편지를 보냈다:

"너희를 시험하는 것이 내 육체에 있으되 이것을 너희가 업신여기지도 아니하며 버리지도 아니하고 오직 나를 하나님의 천사와 같이 또는 그리스도 예수와 같이 영접했도다 너희의 복이 지금 어디 있느냐 내가 너희

에게 증거하노니 너희가 할 수만 있었더면 너희의 눈이라도 빼서 나를 주었으리라"(갈 14-15).

갈라디아 교인들이 자신들의 눈이라도 빼서 바울에게 주었으리라는 사실은 바울이 안질환이 있었다는 강력한 증거다. 더욱이 바울이 편지를 큰 글자로 썼다는 사실도 이 이론을 지지한다(갈 6:11을 참조하라). 그 가시가 무엇이든, 바울을 쇠약하게 만든 만성적인 문제였다는 점은 확실하다. 그것 때문에 바울은 때로 사역을 감당하기 어려운 적도 있었다.

그러나 고린도후서의 이 구절은 바울이 직면한 문제가 정확히 무엇인지에 초점을 두고 있지 않다. 그는 의도적으로 그 문제의 성격에 대한 상세한 설명을 피한다. 중요한 것은 그 가시가 왜 그에게 주어졌냐 하는 것이다. 예수께서는 바울에게 이방인들을 향한 선교를 감당할 수 있도록 '지극히 큰 계시'를 보여 주셨다. 그러나 그가 체험한 유일무이한 환상으로 인해 너무 자고하지 않게 하시려고, 하나님께서는 고난이나 유혹으로 그를 괴롭힐 사단의 사자를 허락하셨다. 이 가시는 바울에게 자신이 하나님을 의지해야 할 필요성을 끊임없이 상기시켜 주었고, 교만과 자기 만족을 멀리하도록 자극했다. 이러한 식으로 하나님께서는 요셉과 그의 형제들에게 하셨던 것처럼(창 50:19-20) 사단의 악한 계교를 선한 목적으로 사용하셨을 것이다.

성경은 여러 곳에서 하나님이 성도들을 시험하시기 위해 사단을 사용하셨다는 기록을 남기고 있다. 욥기에 의하면 사단은 질병을 비롯하여 온갖 종류의 재난으로 욥을 압박했다. 그러나 하나님께서는 한계를 정하셨다. 사단이 행동할 수 있는 범위에 제약을 두신 것이다(욥 1-2장을 참조하라). 데살로니가전서 2:17-18에서 바울은 사단이 데살로니가를 다시 방문하려는 자기를 어떻게 방해했는지 서술하고 있다(행 17:1-10을 참조하라; 롬 17:17도 참조하라). 우리는 사단에게 예수님을 이길 힘이 없으며 귀신들도 그리스도의 뜻에 순종해야 함을 항상 기억해야 한다(요 14:30-31). 더욱이, 예수께서는 사단을 다스리는 이 권세를 제자들에게 주셨다(막 6:7).

바울은 자신의 가시에 대해 설명하지 않을 수 없었다. 고린도 교인들이 실패 대신 성공에, 연약함 대신 권력에 가치를 두었기 때문이다. 성공에 현혹당하는 사람들은 동일한 교훈을 배워야 한다. 그리스도께서는 연약함을 통해 역사하기를 기뻐하신다(고전 1:26-29).

12:8 이것이 내게서 떠나기 위하여 내가 세 번 주께 간구했더니

이 가시가 사역에 걸림돌이 되었기 때문에, 바울은 그것을 사단이 주었다고 인식했다(12:7). 바울은 이러한 사단의 공격에 대해, 악과 싸울 때 사용하는 그리스도인의 주요한 무기(눅 22:40; 엡 6:12, 18)인 기도로 대응했다. 바울은, 그 가시를 제거해 주셔서 복음을 자유롭게 전하고 믿음 안에서 다른 사람들을 세울 수 있도록 해 주시기를 간구했다. 바울은 집요하게 기도했다. 주님께 그 고통을 제거해 주시기를 두 번 간절하게 요청했다. 바울은 응답을 받지 못했지만 세 번째 구하기로 결심했다. 성도들은 바울의 모범을 따라야 한다. 그러나 세 번이라는 기도의 회수에 마술적인 효력이 있다는 식으로 생각하면 안 된다. 바울은 왜 그가 세 번만 기도했는지 이유를 밝히지 않는다. 예수님은 세 번 시험을 받으셨고 겟세마네 동산에서 또한 세 번 기도하셨다. 바울은 이러한 상황에서 예수님의 모범을 따랐는지도 모른다(마 26:36-45을 참조하라).

그리스도를 의지함

하나님께서는 바울에게 겸손을 가르치시기 위해 '가시'를 사용하셨다. 능력이나 자원이 뛰어난 사람들은 자기 자신의 힘으로 하나님의 일을 하고 싶은 유혹을 받으며 그것은 교만으로 이어진다. 자신의 연약함 때문에 씨름하는 이들은 그리스도의 능력을 의지하기 쉽다. 그들은 그렇게 할 때에만 자신의 힘으로 할 때보다 더 강해질 수 있다. 그리스도는 자기 백성들이 약하고 수동적이고 무능한 자들이 되기를 원치 않으신다. 인생을 살다보면 온갖 방해와 좌절을 경험한다. 그분의 도움을 입으려고 겸손하거나 연약한 척 거짓으로 가장해서는 안 된다. 장애물을 만나면 그리스도께 의지해야 한다. 그분의 능력만이 열매맺는 삶을 살 수 있게 하며, 영원한 가치가 있는 일을 하도록 도우실 수 있다.

고린도후서 12:9 **305**

그러나 결과적으로, 한 주제에 대한 개인의 관심사와 예수님만이 도우실 수 있다는 절대적 신뢰를 확인할 수 있는 지표는 기도의 열정이 아니라 기도의 집요함이다. 그러나 지혜에 뛰어나신 주님은 바울에게처럼 항상 문제를 해결해 주시는 것은 아니다(12:9을 참조하라). 때로 그분은 그들의 요청을 거절하심으로써 풍성한 은혜를 의지하도록 하신다.

하나님의 주권

바울은 가시를 제거해 주시도록 세 번이나 기도했지만 응답받지 못했다. 그러나 그는 하나님으로부터 더 큰 은혜와 강인한 성품과 다른 사람들을 동정할 수 있는 능력이라는 훨씬 더 큰 선물을 받았다. 하나님은 자신의 주권적인 계획에 따라 어떤 성도들에게는 그들의 병을 치유해 주시지 않으신다. 어떤 이들은 기도에 응답하시고 어떤 이들은 그렇지 않은 이유가 무엇인지 우리는 모른다. 하나님은 자신이 세우신 거룩한 계획에 따라 선택하신다. 우리가 할 일은 기도하고 믿고 신뢰하는 것이다. 바울은 거룩한 삶과 용기있는 믿음이 육체적인 질병의 즉각적인 치유를 보장하지 않는다는 산 증거다. 우리의 아픈 것을 치유해 주시도록 기도할 때, 우리의 몸을 하나님의 돌보심에 내어 맡겨야 한다. 우리를 그분의 사랑에서 끊을 자가 아무 것도 없음을 인정하고(롬 8:35-39), 영적인 상태가 언제나 육체적인 상태보다 더 중요하다는 것을 깨달아야 한다.

12:9 내게 이르시기를 내 은혜가 네게 족하도다 이는 내 능력이 약한 데서 온전하여짐이라 하신지라

바울의 기도에 대한 예수님의 대답은 고린도후서의 주제를 형성한다. 바울 자신의 무능함과 실패에도 불구하고, 그리스도께서는 은혜로 자신의 사역을 가능하게 하신다는 것이다(1:3-4; 3:4-6; 4:1, 5, 7-12, 16-17; 6:3-10; 7:5-6; 10:17; 11:23-30; 13:9; 또한 고전 15:9-10도 참조하라). 그리스도의 은혜로 말미암아 모든 성도들은 시련과 유혹과 고난을 감당할 수 있는 힘도 공급받게 된다.

바울의 요청이 수락되지는 않았지만, 예수님은 그에게 그의 연약함을 통해 계속 일하실 것이라고 확신시키셨다. 실제로 그리스도의 능력이 바울의 약한 데서 온전하여졌다. '약함'에 해당하는 헬라어는 인간의 존재적 연약성–몸을 입은 존재로서 안을 수밖에 없는 한계들–을 의미한다.

그러므로 그리스도의 능력은 인간의 연약함을 통해 드러날 때 완전함에 이른다. 개인적인 성공과 자기 충족성은 하나님의 역사를 드러내지 못하게 한다. 역경이 없다면, 예수님의 능력이 간과되거나 당연한 것으로 받아들여질 수 있다. 약점이 강하게 부각될수록 예수님의 능력이 더 온전하게 드러난다.

이러므로 도리어 크게 기뻐함으로 나의 여러 약한 것들에 대하여 자랑하리니 이는 그리스도의 능력으로 내게 머물게 하려 함이라

바울은 예수님의 응답을 자기 생애의 원리로 재진술하고 있다. 바울은 자기의 '가시'를 제거해 주시도록 기도하기를 그치고, 기도에 대한 예수님의 응답을 전심으로 받아들였다. 바울은 거룩한 지혜로 예수께서 자신에게 가장 좋은 것이 무엇인지 아신다는 사실을 인정했다.

예수님의 방법이 고난과 치욕과 약한 것을 포함한다 하더라도 바울은 수락했을 것이다. 실제로 그는 기뻐함으로–즉 큰 기쁨으로–자신의 약한 것들을 자랑하고자 했다. 그리스도께서 그를 통해 큰 능력을 나타내시는 것은 그의 약함을 통해서였기 때문이다. 바울의 강함과 지혜와 오만한 자랑을 통해서가 아니라 약함을 통해서 그리스도의 능력이 온전히 드러날 수 있었기 때문이다. 그리스도의 능력이 바울에게 온전히 머무르는 것–문자적으로 헬라어에서는 바울을 덮는 '피난처'로서 기능하는 행위–은 그의 약함을 통해서만 가능했다. 다시 말해서, 바울은 자기 자신의 능력을 의지함으로써 그리스도 안에 있는 보호와 지원을 놓치는 어리석은 자가 되기를 원치 않았던 것이다. 그는 자신이 하는 모든 일에 그리스도의 능력으로 보호받기를 원했다. 그렇게 될 때라야 자기의 수고가 진정한 열매를 맺을 것이기 때문이다.

12:10 그러므로 내가 그리스도를 위하여 약한 것들과 능욕과 궁핍과 핍박과 곤란을 기뻐하노니 이는 내가 약할 그 때에 곧 강함이니라

그리스도께서는 바울의 고통을 제거해 주시지는 않았지만, 바울의 약함을 통해 자신의 능력을 드러내시겠다고 약속하셨다. 이것을 안 바울은 자신이 약하거나 무기력할 때를 기쁨으로 받아들였다. 그는 **능욕과 궁핍**을 다른 각도에서 이해했다. 그러한 것들은 그에게 기도 가운데 예수께 더욱 가까이 갈 수 있는 기회가 되었다. 막다른 곳에 도달하면—선택의 여지가 전혀 없는 상황이 되면—예수께로 달려가는 수밖에 없는 것이다. 즉, 그리스도의 능력을 의지할 수밖에 없는 것이다. 그리스도께 대한 바울의 철저한 의존성이 더욱 분명하게 드러나게 된다. 이것만이 핍박과 곤란의 유익은 아니었다. 그 당시 바울은 그리스도께서 기적적이고 전능하신 방식으로 역사해 주시기를 구하곤 했다. 바울의 연약함을 통해 명확하게 드러난 그리스도의 능력은 영감의 원천과 예수님을 찬양하고 영광을 돌리는 이유로 작용했다.

인생의 융단

하나님이 바울에게 허락하신 체험은 '그리스도를 위하여' 주신 것이었다(12:10). 이것은 그리스도가 통치하시는 왕국이 사도가 만났던 환경들을 통해 확장되었다는 의미다. 일상에서 만나는 고난과 실패가 개인의 성공으로 쉽게 연결되지 않는다 하더라도 결코 헛된 것은 아니다. 손으로 짠 융단의 안쪽 면을 생각해 보라. 정확하고 창조성을 발휘한 바깥 면의 정교하고 조화로운 바느질은 직공이 의도한 예술 작품을 만들어 낸다. 그러나 보이지 않는 안쪽 면은 실과 매듭으로 어지럽게 얽혀 있다. 우리의 인생과 얼마나 유사한가! 그리스도께서는 겉으로 보기에는 아무 의미 없는 환경들—매듭과 얽힘—을 사용하셔서 아름다운 작품을 만들어 내신다. 고난에 처했다 하더라도 우리 자신을 바라보지 말자. 그분은 큰 곤란과 갈등 속에서 영적인 부흥을 이루어 내신다.

그리스도의 능력이 약한 인간들을 통해 입증된다는 사실은 성도들에게 용기를 준다. 자기 자신의 힘, 노력, 재능을 의지하지 않고 그리스도께 지

혜와 힘을 주시도록 의지해야 한다. 연약함으로 인해 그리스도인의 성품이 개발될 뿐 아니라 깊이 있는 예배자로 빚어져 간다. 연약함을 인정함으로써 그리스도의 무한한 힘을 확인할 수 있기 때문이다.

고린도후서
12장

12:11-21　고린도 교인들에 대한 바울의 사랑

¹¹내가 어리석은 자가 되었으나 너희가 억지로 시킨 것이니 내가 너희에게 칭찬을 받아야 마땅하도다 내가 아무 것도 아니나 지극히 큰 사도들보다 조금도 부족하지 아니하니라 ¹²사도의 표 된 것이 내가 너희 가운데서 모든 참음과 표적과 기사와 능력을 행한 것이라 ¹³내 자신이 너희에게 폐를 끼치지 아니한 일 밖에 다른 교회보다 부족하게 한 것이 무엇이 있느냐 너희는 나의 이 공평치 못한 것을 용서하라 ¹⁴보라 이제 세 번째 너희에게 가기를 예비하였으나 너희에게 폐를 끼치지 아니하리라 나의 구하는 것은 너희 재물이 아니요 오직 너희니라 어린 아이가 부모를 위하여 재물을 저축하는 것이 아니요 이에 부모가 어린 아이를 위하여 하느니라 ¹⁵내가 너희 영혼을 위하여 크게 기뻐함으로 재물을 허비하고 또 내 자신까지 허비하니 너희를 더욱 사랑할수록 나는 덜 사랑을 받겠느냐 ¹⁶하여간 어떤 이의 말이 내가 너희에게 짐을 지우지는 아니하였을지라도 공교한 자가 되어 궤계로 너희를 취하였다 하니 ¹⁷내가 너희에게 보낸 자 중에 누구로 너희의 이를 취하더냐 ¹⁸내가 디도를 권하고 함께 한 형제를 보내었으니 디도가 너희의 이를 취하더냐 우리가 동일한 성령으로 행하지 아니하더냐 동일한 보조로 하지 아니하더냐 ¹⁹이 때까지 우리가 우리를 너희에게 변명하는 줄로 생각하는구나 우리가 그리스도 안에서 하나님 앞에 말하노라 사랑하는 자들아 이 모든 것은 너희의 덕을 세우기 위함이니라 ²⁰내가 갈 때에 너희를 나의 원하는 것과 같이 보지 못하고 또 내가 너희에게 너희의 원치 않는 것과 같이 보일까 두려워하며 또 다툼과 시기와 분냄과 당 짓는 것과 중상함과 수군수군하는 것과 거만함과 어지러운 것이 있을까 두려워하고 ²¹또 내가 다시 갈 때에 내 하나님이 나를 너희 앞에서 낮추실까 두려워하고 또 내가 전에 죄를 지은 여러 사람의 그 행한 바 더러움과 음란함과 호색함을 회개치 아니함을 인하여 근심할까 두려워하노라

고린도후서를 마무리하려는 시점에서 바울의 어조는 자녀들에게 깊이 실망한 아버지와 같은 어조로 바뀐다. 바울은 사람들이 자신의 명성에 위

해를 가했음에도 불구하고, 고린도 교인들이 자기를 변호하지 않았다는 사실에 실망했다(12:11-12). 그들이 자신의 동기를 의심하고 있다는 것에도 실망했다(12:16-18). 또한 자기가 그들에게 보여 준 동일한 사랑을 자신에게는 보이지 않는 것에도 낙심이 되었다(12:15). 바울은 고린도를 방문할 계획이 있었지만 그것에 대해서도 크게 염려하였다. '고린도 교회에 방종하는 자녀들처럼 온갖 무질서가 판을 치고 있다면 어떻게 해야 하나?' '그들이 다투고 싸우는 모습을 보게 되는 것은 아닌가(12:20)?' 바울은 모든 일이 해결되어 있기를 바랐다. 그래야 자신이 그들을 징계하지 않고 칭찬할 수 있을 것이기 때문이다.

12:11 내가 어리석은 자가 되었으나 너희가 억지로 시킨 것이니 내가 너희에게 칭찬을 받아야 마땅하도다

바울에 대한 악성 루머가 교회내에 유포되기 시작했을 때, 고린도 교인들은 마땅히 교회의 설립자인 그를 변호했어야 했다. 바울은 무엇보다도 그들의 영적인 아버지가 아닌가(고전 4:15; 9:1; 11:2-4). 성도들의 모임이 존재한다는 그 자체와 그들의 삶이 성령을 통해 변했다는 사실이, 바울이 진리에 충실했다는 것을 증거해 주었다(3:1-5).

내가 아무 것도 아니나 지극히 큰 사도들보다 조금도 부족하지 아니하니라

앞 서신서에서 바울은 자신이 한때 교회를 핍박했기 때문에 '사도 중에 지극히 작은 자'라고 스스로 칭했다(고전 15:9-10). 고린도의 바울 비방자들은 이러한 바울의 자기 인식에 착안하여 그의 사도적 권위를 훼손시키고자 했다. 여기서 바울은 스스로 지극히 큰 사도라고 자처하는 자들보다 조금도 부족하지 않다고 분명하게 밝히고 있다. '지극히 큰 사도들'은 그리스도의 참된 사도들-베드로, 야고보, 요한-이 아니라, 고린도 교회로 흘러들어 와서 자신들이 바울보다 우월한 사도라고 주장하는 순회 설교자들을 가리킨다(2:17; 11:5). 그래서 그는 그들을 야유조로 '지극히 큰 사도'라고 지칭하고 있는 것이다. 실제로 이 사람들은 사도가 아니었을 뿐 아니라 사단이 보낸 거짓 사도들이었다(11:13-14을 참조하라). 그들은 그리스도의 종이라고 자처했지만 그리스도를 위하여 고난과 모욕과 어려움을 당하려고 하지 않았다. (11:23-27에서 바울이 자신을 그들과 어떻게 비교하고 있는지 살펴 보라.) 그들은 그리스도보다는 돈과 명성에 집착했다(2:17; 3:1).

바울은 자신을 음해하는 이 설교자들에 대해 자신을 변호해야 한다고 전혀 생각도 안했지만, 고린도 교인들은 바울에게 변호하도록 강요했다. 그는 이 비방자들의 주장을 일축시키기 위해 그들과 같은 수준의 언어인 어리석은 자랑으로 대답하지 않을 수 없었다.

12:12 사도의 표 된 것은 내가 너희 가운데서 모든 참음과 표적과 기사와 능력을 행한 것이라

고린도에 있을 때 바울은 그리스도의 사도로서 자기 소명에 충실하게 행동했다. 그는 모든 일을 철저히 정직하게 처리함으로써 아무도 자신의 이름을 비난할 수 없도록 했다(1:12). 그는 복음 전하는 일에 충실했고(5:11, 19-21; 고전 1:23; 9:16-18), 고린도 교회에서 그가 한 복음 전파에는 표적과 기사와 능력이 뒤따랐다. 바울은 '능력'에 두나미스(*dunamis*)라는 헬라어를 사용했다. 이 단어는 하나님의 위대한 역사를 의미한다. '기사'에 해당하는 헬라어는 두려움을 일으키는 현상에 대해 일반적으로 사용하는 단어이며, '표적'이라고 번역된 헬라어 세메이온(*semeion*)은 기적적인 징조를 지칭할 때 사용된다. 요한복음은 예수님의 많은 기적을 기술할 때 대체로 이 단어를 사용하고 있다(요 4:54; 6:14; 12:18). 바울의 사역과 마찬가지로 예수님의 사역도 온갖 종류의 기적을 통해 진정성이 입증되었다(행 2:22).

사실상, 바울은 루스드라(행 14:8-10)에서 에베소에 이르기까지(행 19:11-12) 방문한 거의 모든 도시에서 기적을 일으켰다. 이러한 표적들을 통해 하나님의 성령께서는 바울의 사도적 권위와 그가 전한 메시지의 진실성을 고린도 교인들에게 분명히 증명해 주셨다(롬 15:17-19; 고전 2:4).

바울의 기적

하나님의 대변인이며 열정적인 이방인 복음 전도자인 바울이 가는 곳마다 기적이 일어났다. 하나님께서는 바울에게 치유와 축신과 그 밖에 다른 기적을 행할 수 있는 능력을 주셔서 그가 전하는 메시지의 진실성을 확증하셨다(롬 15:17-19; 고전 2:4-5). 바울은 12:12에서 그들과 있을 때 행했던 모든 기적들을 고린도 교인들에게 상기시키고 있다. 그러한 기적들과 그들의 변화된 삶은 하나님이 그를 통해 일하신다는 것을 증명하는 증거로 충분했어야 했다.

바보에서 바울은 복음을 대적하는 박수 엘리마의 눈을 멀게 했다	행 13:6-12
이고니온에서 바울은 많은 표적과 기사를 행했다	행 14:1-3
루스드라에서 바울은 앉은뱅이를 걷게 했다	행 14:8-10
예루살렘 회의에서 바울은 하나님께서 이방인 가운데 행하신 모든 기적과 기사를 보고했다	행 15:12
빌립보에서 바울은 노예 소녀에게서 귀신을 쫓아냈다	행 16:16-18
에베소와 소아시아에서 바울은 온갖 기적을 일으켰다. 바울의 손수건만 만져도 하나님은 치유의 능력이 있게 하셨다	행 19:11-12
드로아에서 바울은 창에서 떨어져 죽은 유두고를 살렸다	행 20:9-12
멜리데 섬에서 바울은 보블리오의 부친과 병자들을 치유했다	행 28:1-10

12:13 내 자신이 너희에게 폐를 끼치지 아니한 일밖에 다른 교회보다 부족하게 한 것이 무엇이 있느냐 너희는 나의 이 공평치 못한 것을 용서하라

바울이 이 '지극히 큰 사도들'이 한 일 중 유일하게 금한 것은, 가르친 대가로 보수를 받는 일이었다. 손으로 하는 노동이 교사나 설교자보다 저급한 신분의 사람들이 하는 일이라는 헬라적 의식을 근거로, 이 거짓 교사들은 사도성을 입증하는 일환으로 봉사의 대가를 요구했다(2:17). 바울이 장막을 짓는 일에 많은 시간을 보냈다는 사실은 이 거짓 교사들이 보기에는 사도로서 자격이 없다는 것을 의미했다. 고린도전서에서 바울은 설교자로서 생계비를 지원받는 것은 모든 사도의 권리라고 설명했다(고전 9:19-12을 참조하라). 그러나 바울은 아무에게도 신세를 지지 않으려고 이 권리를 사용하지 않았다. 그는 모든 사람들-유대인이나 헬라인이나 노예나 자유자에 상관없이-에게 복음을 전할 수 있는 자유를 원했다(고전 9:19-23).

바울의 메시지는 사상의 시장에서 사고 팔리는 이론이 아니었다. 그것은 진리였다. 그것은 값없이 주는 것이었다. 고린도 교인들 가운데 문제가 생기자, 아무런 대가를 받지 않고 진리를 전하겠다는 바울의 원칙은 그에게 유리하게 작용했다. 그러한 바울의 태도는 바울의 대적자들이 결코 흉내낼 수 없었던 유일한 일이었다. 그들의 목적은 오직 사람들에게 돈을 받는 것이었기 때문이다. 자신과 자기를 비방하는 사람들의 이 차이를 계속해서 지적함으로써 바울은 고린도 교인들이 결국 그들의 사기성을 알게 되기를 원했다(2:17; 11:7-12). 이 절에 나타난 바울의 수사학적 질문은 야유조다. 바울이 그들의 재정적 후원을 요구하지 않았기 때문에 고린도 교회는 다른 교회들보다 부유하다는 것이었다.

시련을 당할 때

바울은 단순히 자신의 감정을 표출하는 데 그치지 않고, 예수 그리스도의 사도라는 권위를 옹호하고 있었다(12:1-12). 바울은 고린도 교회가 자신을 의심하고 자신의 권위에 의문을 가진다는 사실에 마음이 아팠다. 그래서 그는 단순히 자신의 상처받은 자아를 만족시키기 위해서가 아니라 복음의 대의를 위해 자신을 변호한 것이다. 시련을 당하면 당신은 단순히 자신의 명성을 보호하기에 급급한가, 아니면 그리스도에 대한 사람들의 생각에 영향을 미칠지를 더 두려워하는가?

12:14-15 보라 이제 세 번째 너희에게 가기를 예비했으나 너희에게 폐를 끼치지 아니하리라 나의 구하는 것은 너희 재물이 아니요 오직 너희니라

바울은 1차 방문 때 고린도 교회를 설립했다(행 18:1). 그 후 짧고 고통스러운 방문이 이루어졌다. 그 두 번째 방문은 계속해서 범죄하고 있는 사람들에게 죄를 회개하라고 경고한 시기에 이루어졌다(2:1; 13:2). 이 방문 이후 그는 고린도 교회에 대한 방문 계획을 포기하고, 대신 그 범법자를 징계하는 것은 교회의 책임이라고 고린도 교인들에게 경고하는 엄중한 서신을 써 보냈다(2:1-4; 7:8-13). 이제 그는 그들을 방문하려고 하고 있다. 이번 방문은 세 번째 방문이 될 것이다(13:1도 참조하라).

바울은 이전 방문처럼, 돈으로 대가를 받거나 숙식을 제공받지 않을 것이라고 밝히고 있다. 고린도 교인들이 내부 분열이 심각하기 때문에 돈을 받을 경우 비난받을 여지를 제공할 것이기 때문이다. 바울은 그들의 재물을 원하지 않았다. 그가 원한 것은 그들의 충성과 우정이었다.

어린 아이가 부모를 위하여 재물을 저축하는 것이 아니요 이에 부모가 어린 아이를 위하여 하느니라 내가 너희 영혼을 위하여 크게 기뻐함으로 재물을 허비하고 또 내 자신까지 허비하리니 너희를 사랑할수록 나는 덜 사랑을 받겠느냐

바울은 고린도 교회의 영적인 부모였다. 그들의 아버지로서 그는 자신의 영적인 자녀들-고린도 교인들-을 그리스도의 순결한 신부로 바치겠다고 약속했다(11:2을 참조하라). 그러나 바울은 한 가지 염려되는 것이 있었다. 고린도 교인들이 그리스도께 대한 헌신을 저버리고 있는 것은 아닌가(11:2-3) 하는 것이었다. 이 편지에 나타난 엄한 훈계들은 대부분 바로 이러한 의구심에 기인한 것이었다(10:1-7; 11:3-4, 16-21; 12:20-21; 13:2, 5).

부모가 본능적으로 자녀를 사랑하듯이 바울은 고린도 교인들을 사랑했다. 그가 그들의 영적인 아비이기 때문에 이번 방문에서도 돈을 요구하는 일은 없을 것이다. 바울은 육신의 아버지처럼 그들에게 자신의 가진 것을 기뻐함으로 사용할 것이다. 1세기의 아버지들은 자녀들에게 유산과 딸을 위한 지참금을 마련하기 위해 돈과 재물을 모았다. 그가 재정적인 후원을 거부한 사실은 고린도 교인들을 거부한 것이 아니라 그들에 대한 큰 사랑의 표현이었다(11:11도 참조하라). 바울은 그들을 위해 돈을 저축하는 이상의 일도 기꺼이 할 마음이 있었다. 그들에게 자기 자신을 허비할-자신의 재물과 시간과 에너지를 완전히 쏟아 부을-마음이 있었다. 그들에 대한 바울의 사랑은 부모의 사랑 이상이었다. 그것은 자기 희생적 사랑이었다.

바울은 고린도 교인들에 대한 사랑을 표현한 후 부모가 자녀들에게 무엇을 요구하겠느냐고 반문하고 있다. "내가 내 평생을 바쳐서 너희들을 사랑한 후에야 나를 사랑하겠느냐?"

12:16-17 하여간 어떤 이의 말이 내가 너희에게 짐을 지우지는 아니하였을지라도 공교한 자가 되어 궤계로 너희를 취하였다 하니 내가 너희에게 보낸 자 중에 누구로 너희의 이를 취하더냐

자신이 고린도 교인들로부터 전혀 돈을 받은 적이 없다는 바울의 자랑은 거짓 교사들에겐 직접적인 도전이 되었다. 그들은 고린도에 온 이후로 교회에서 더 많은 돈을 착취할 수 있는 방법을 찾으려고 혈안이 되어 있었다(2:17; 11:7-12). 거짓 교사들은 어떤 식으로든 바울의 명성에 흠집을 내어야 했기에, 궁핍한 예루살렘 그리스도인들을 위한 연보 모금에 대해 의혹을 품게 하는 방법을 궁리해낸 것이다(8:1-9:15을 참조하라). '이것은 바울이 더 많은 돈을 모으기 위해 꾸민 방법이 아닌가?' '그 돈이 모두 걷히면 슬쩍 빼돌리려는 심사는 아닌가?' 그들은 예루살렘 연보 모금이 고린도 교인들을 이용하려는 바울의 한 방편에 불과하다고 중상했다.

그러나 처음부터 바울은 그러한 비난의 소지에 대비해 자신을 지켜왔다. 고린도 교인들이 먼저 그 헌금을 제의했다(8:10). 그 제의를 수락한 바울은 자신이 가고 나면 매 주일 돈을 따로 떼어서 저축하라고 지시했다. 또한 바울은 그 돈을 모금하는 일에도 일절 관여하지 않으려고 했다. 나아가 그 돈을 예루살렘에 전달하는 일도 자신이 하지 않으려 했다(고전 16:1-3을 참조하라). 바울은 그 돈과 접촉하는 모든 상황을 피한 것이다.

마지막으로 바울은 고린도 교인들에게 정곡을 찌르는 질문을 던진다: "어떻게 내가 너희들의 돈을 빼돌리려는 술수를 쓸 수 있겠느냐?"

12:18 내가 디도를 권하고 함께 한 형제를 보내었으니 디도가 너희의 이를 취하더냐 우리가 동일한 성령으로('같은 영[sprit]으로', NRSV) 행하지 아니하더냐 동일한 보조로 하지 아니하더냐

디도는 고린도 교인들의 존경을 받았다(7:13-16). 바울은 디도에게 바울의 엄한 질책이 담긴 편지를 고린도 교인들에게 전달하는 어려운 임무를 맡겼다(7:7-9을 참조하라). 디도는 그 도전을 받아들여서 고린도 교인들을 권유하고 바울과의 관계를 부드럽게 만드는 커다란 성과를 거두었다(7:7).

고린도 교인들이 디도를 존경했기 때문에 바울은 디도가 자신의 대리자로 갔던 일을 상기시키고 있다. 그들이 디도의 행동에서 잘못된 것을 찾지 못했다면, 디도가 대표하고 있는 바로 그 사람인 바울에게 어떤 허물을 발견할 수 있겠는가? 디도는 바울로부터 어떻게 보조를 취하는지 배운 사람이었다. 그렇다면 바울의 처신이 어떻게 다를 수 있단 말인가?

바로 디도가 고린도후서로 알려진 이 서신을 전달했기 때문에 이 호소는 훨씬 더 설득력이 있었을 것이다. 그의 흠잡을 데 없는 처신은 바울을 비방하는 사람들의 쓸데없는 입담을 계속적으로 반박하는 효과가 있었을 것이다.

12:19 이때까지 우리가 우리를 너희에게 변명하는 줄로 생각하는구나 우리가 그리스도 안에서 하나님 앞에 말하노라

바울은 자신이 자기의 명성을 지키기 위해 변명하고 있다는 인상을 고린도 교인들이 받을까 염려했다. 여기서 바울은 그러한 인상을 받을 경우에 대비해 그것을 바로 잡고 있다.

바울은 고린도 교인들 앞이 아니라 하나님 앞에서 말하고 있다. 이 편지의 여러 곳에서 자신이 하나님 앞에서 말하고 있음을 명시함으로써(1:12-14; 2:10; 3:4; 4:2; 5:10-11; 10:18; 11:11, 31을 참조하라) 바울은 그들의 행위의 중함을 고린도 교인들에게 각인시키려는 노력했다. 이것은 단순히 두 교사들간의 논쟁이 아니므로 고린도 교인들은 가장 균형있게 말하는 이가 누구인지 판단할 수 있었다. 이것은 하나님의 보좌 앞에서 진행되고 있는 논쟁이었던 것이다. 주님이 직접 자신의 신실한 대표자가 누구인지 판단하실 것이었다(5:20; 6:3-10을 참조하라).

사랑하는 자들아 이 모든 것은 너희의 덕을 세우기 위함이니라

바울은 하나님께서 자신이 한 모든 일이 고린도 교인들의 유익을 위한 것임을 아시기 때문에 하나님의 심판을 받지 않을 것이라고 확신했다. 바울의 주된 관심사는 고린도 교인들이 믿음 안에서 굳게 뿌리를 내리는 데 있었다. 그의 모든 노력은 믿음 안에서 고린도 교인들을 세우는 데 집중되었고, 방문을 연기하는 것이나(1:23-24), 징계의 편지를 쓰는 것이나(7:8-9), 혹은 고난을 자발적으로 받는다든지(1:6), 돈 받기를 거절하는(11:7; 12:14-15) 결정은 모두 이 목적을 겨냥하고 있었다. 바울은 하나님이 자신의 동기가 무엇인지, 즉 자신이 하는 모든 일이 고린도 교인들을 위한 사랑(11:11)과 그들의 영적인 성장에 대한 관심(11:2-3)에서 비롯됐다는 것을 아실 것이라고 믿었다.

12:20 내가 갈 때에 너희를 나의 원하는 것과 같이 보지 못하고 또 내가 너희에게 너희의 원치 않는 것과 같이 보일까 두려워하며

바울은 지난 방문에서 범죄를 증명하지 않는 자들에게 회개하라고 경고했다(13:2). 그는 그들이 교회를 바로 잡을 시간을 주기 위해 고린도 교회를 방문하는 계획을 연기하기도 했다(1:23-2:4). 디도의 보고에 따르면 고린도 교인들은 이 일에 다소 진전을 보이고 있었다. 그들은 그 익명의 범법자에 대해 적절한 조치를 취했다(2:5-11; 7:11). 그들이 내린 징계가 너무 가혹하여 바울은 그가 믿음에서 완전히 떠날까 염려할 정도였다(2:7-11).

또 다툼과 시기와 분냄과 당 짓는 것과 중상함과 수군수군하는 것과 거만함과 어지러운 것이 있을까 두려워하고

이러한 진보에도 불구하고 바울은 그들이 여전히 자신의 방문을 받을 준비가 안되어 있을까 염려했다. 그는 고린도 교인들이 교회에서 죄를 제거하기 위한 적절한 조치를 취하지 않았을지도 모른다고 염려하였다. 디도가 고린도 교회에 대해 보고한 직후에 이 편지를 쓰고 있다는 사실은, 디도가 고린도 교인들로 인해 진심으로 힘을 얻었음에도 불구하고(7:13-16), 그들 가운데 여전히 해결되지 못한 문제들이 있다는 사실을 감지했음을 시사한다.

바울은 고린도 교인들이 여전히 **다툼** 가운데 있지 않을까 염려했다(헬라어로 다툼은 '분쟁'이나 '말다툼'을 의미할 수도 있다. 이 단어는 또한 롬 1:29과 13:13의 죄의 목록에도 나타난다). 바울은 앞의 편지에서 파당을 짓고 교회의 권력을 위해 분쟁하는 것에 대해 이미 경고한 바 있다(고전 1:10-13; 3:3을 참조하라).

교회내의 핵심 문제 가운데 하나는 고린도 교인들의 서로에 대한 **시기**였다(고전 3:3-5). 각자 하나님을 위해서 무엇을 할 수 있는지 관심을 집중하는 대신 시기하는 눈으로 서로를 살피며, 하나님이 그리스도 안에서 형제이며 자매인 성도들에게 주신 재능과 자원을 탐냈다(롬 13:13도 참조하라).

고린도 교회에서 분쟁의 원인이 되는 또 다른 것은 고린도 교인들의 **당 짓는 것**(selfishness)이었다(헬라어로 문자적인 의미는 '이기적인 야망'을 뜻한다; 갈 5:20도 참조하라). 고린도전서 4:6-7에서 이미 바울은 그들이 자신을 어떻게 자랑하는지 묘사했고, 그들의 에너지를 그리스도의 영광-그들 자신의 명성이 아니라-을 지키는 데 집중하라고 경고했다.

이러한 악한 태도들은 교회에서 분냄이 성행하는 결과를 낳았다. 고린도 교회 내부의 분쟁과 시기 때문에 교인들은 쉽게 분을 냈다. 그들은 서로를 격려하는 믿음의 공동체로 자라가기보다는(고전 12:12-13), 당파로 나뉘어 서로 반목하고 있었다. 그 와중에 그들은 하나님의 성전인 교회(고전 3:16-17)를 파괴하고 있었다.

이러한 분쟁들은 어쩌다가 한번 발생한 일회성 사건이 아니었다. 그들의 다툼은 고질적인 것이었기 때문에 교회 지체들은 서로에 대해 **중상하기** 시작했다. 바울이 여기서 사용한 헬라어는 문자적으로 '악한 말'이나

'비방'을 의미한다(비방에 대해서는 롬 1:30과 4:11을 참조하라). 이런 식으로 고린도 교인들은 그리스도 안에서 형제와 자매된 성도들의 명예를 더럽히고 있었다(고전 5:11; 6:10).

그들은 서로를 비방했을 뿐 아니라 은밀하게 서로를 험담하고 있었다. 그들은 서로에 대해 악의적으로 **수군수군**했다. 그 중에는 바울에 대한 수군거림도 포함되어 있었을 것이다(고전 5:11; 6:10을 참조하라). '수군거림'에 사용한 헬라어는 문자적으로 '고자질하는 사람'이라는 뜻이다(롬 1:29에서 이 단어에 대한 바울의 용례를 참조하라).

고린도 교인들은 믿음으로 서로를 세워주기보다는(고전 12:7) 오히려 거만해졌다(고전 4:6; 8:1을 참조하라). '거만'에 사용한 헬라어는 '우쭐해진'이라는 의미다. 고린도 교인들은 자만심으로 우쭐해진 것이다(고전 8:1에서 바울의 유사한 표현을 참조하라). 확실히 고린도 교회의 지체들은 특별한 은사를 받았다. 그래서 그들 중 많은 이들이 커가는 교회 안에서 높임을 받기를 원했다(고전 12:27-13:1; 14:12). 그러나 그들의 교만은 하나님과 그분의 역사를 가로막는 가공할만한 장애물이 되었다. 자신의 영광이 아니라 하나님의 영광만을 추구했다면, 하나님께서 그들 가운데 자신의 나라를 세우실 수 있었을 것이다.

마지막으로, 바울은 고린도전서에서와 같이(6:1-8; 11:20-22, 33-34; 14:32-33, 40) 어지러운 것에 대해 고린도 교인들에게 경고했다. 바울은 예배를 방해하거나 교회의 분열을 조장하는 모든 행위를 염두에 두고 이 표현을 쓰고 있다.

사랑의 중요성

다툼, 시기, 분냄, 이기심, 중상함, 수군수군함, 거만함, 어지러운 행동. 바울 시대(그리고 그 이후)의 모든 교회는 이러한 단어들로 설명할 수 있을 것이다. 결국 교회는 불완전하며, 용서받았지만 죄를 짓기 쉬운 인간들로 구성되어 있다. 바울도 지체들이 모두 하나님의 뜻을 좇아 행동하는 회중들, 즉 그리스도를 닮은 성도들을 목회하고 싶은 평생의 숙원을 결코 이루지 못했다. 고린도 교회의 이러한 회중들은 영적인 은사와 잠재력이 풍성했지만 바울이 기도 가운데 늘 근심할 수밖에 없었던 문제로 분쟁이 끊이지 않았다. 사랑에 대한 바울의 빼어난 저작(고린도전서 13장)이 고린도 교회의 이기심을 지적하기 위한 노력의 차원에서 기록되었음을 기억하는 것이 도움이 될 것이다. 교회든 개인이든, 할 수 있게 만드는 하나님의 사랑이 없을 경우 다툼과 탐욕, 자기 도취에 빠지고 말 것이다. 이번 주에 사람들에게 어떻게 다가갈 것인지 알고자 하는 마음으로 고린도전서 1장에서 13장까지 읽어보라.

12:21 또 내가 다시 갈 때에 내 하나님이 나를 너희 앞에서 낮추실까 두려워하고

바울은 이미 자기가 고린도에 갔을 때 굴욕을 당하지 않을까 염려한다는 내용을 고린도 교인들에게 말한 적이 있다. 마게도냐 형제들이 그와 동행할 것이기 때문이다. 고린도 교회를 방문했을 때 교회가 어지러운 가운데 있음을 보게 되고 고린도 교인들이 예루살렘 연보 모금에 참여하기를 거부하는 사태가 발생한다면, 바울은 마게도냐의 경건한 그리스도인들이 보는 앞에서 굴욕을 당하게 될 것이다(9:3-5을 참조하라).

또 내가 전에 죄를 지은 여러 사람의 그 행한 바 더러움과 음란함과 호색함을 회개치 아니함을 인하여 근심할까 두려워하노라

바울은 여기서 고린도 교인들이 어지러운 가운데 있는 것을 목격하는 일이 자기 자신의 개인적인 굴욕 이상의 것을 의미한다는 암시를 주고 있다. 완고하게 자기의 죄를 회개하지 않는 자들에 대해 그가 근심하게(애통하게) 된다는 것이다.

바울이 여기서 열거한 것은 성적인 죄들이다(12:20의 교만과 관련한 죄악들과 비교할 때). '더러움'(impurity)에 해당하는 헬라어는 '불결하다'는 뜻이다. 이 단어는 성적 도착 행위를 행하는 자들이 하나님 앞에서 '불결하다'는 의미를 내포하고 있다. '음란함'(sexual immorality)에 해당하는 헬라어는 포르네이아(porneia)다(이 단어는 영어의 '포르노그래픽'의

어근이다). 포르네이아는 부정한 성적 관계를 가리키며 일반적으로 간음(fornication)으로 번역된다. 마지막으로, '호색함'(licentiousness)에 해당하는 헬라어는 '과다함'이나 '절제하지 않음'이라는 의미다. 이 단어는 부끄러운 행동, 즉 고린도의 종교적 난교 축제와 같은 성적인 일탈을 암시하고 있다.

바울은 이미 고린도에 성행하고 있던 성적인 유혹에 저항하라고 경고했다(고전 6:18-20). 교회는 성적으로 부도덕한 행위를 버리지 않는 교회 지체들을 징계해야 했다(고전 5:9-12). 그리스도를 섬긴다고 하는 자들이 주변 사회의 부도덕한 성적 관습들을 그대로 답습할 수는 없었다. 고린도전서에서 바울은 근친상간을 범하고 있는 한 지체를 교회가 어떻게 다루어야 하는지 구체적으로 지시한 적이 있다. 교회는 그를 교회의 교제권에서 내쫓아야 했다(고전 5:2).

바울은 자신이 전한 지시 사항이 무시되고 있지 않을까 염려했다. 자신들의 성적인 죄악을 회개하지 않은 자들에 대해 애통(근심)하게 될 것이라는 내용은, 바울이 고린도 교인들에게 지시했던 징계를 자신이 직접 시행할 수도 있다는 것을 내포하고 있다. 그가 고린도 교회를 방문하는 날 이러한 자들을 교회에서 축출하는 엄한 징계를 시행하게 될 수도 있다는 것이다. 그는 그들을 징계하기를 원치 않았다. 그것은 그에게 깊은 슬픔을 가져다 줄 것이다. 그래서 바울은 자신이 도착하기 전에 교회 지도자들이 그 상황을 해결해 놓기를 바라는 마음으로 그러한 엄중한 편지를 썼던 것이다. 그리스도인인 그들은 불신자들과는 다른 방법으로 살아야 했고, 이방 사회가 그들의 행동을 지배하지 못하도록 저항해야 했다. 오늘을 살아가는 그리스도인들도 마찬가지다. 우리 시대의 도덕적 방종이 우리의 행동과 습관을 지배하지 못하도록 단호히 거부해야 한다. 하나님의 백성된 자로서 부르심에 합당하게 살아야 한다.

고린도후서 13장

13:1-13　바울의 마지막 충고

¹내가 이제 세 번째 너희에게 갈 터이니 두세 증인의 입으로 말마다 확정하리라 ²내가 이미 말하였거니와 지금 떠나 있으나 두 번째 대면하였을 때와 같이 전에 죄 지은 자들과 그 남은 모든 사람에게 미리 말하노니 내가 다시 가면 용서하지 아니하리라 ³이는 그리스도께서 내 안에서 말씀하시는 증거를 너희가 구함이니 저가 너희를 향하여 약하지 않고 도리어 너희 안에서 강하시니라 ⁴그리스도께서 약하심으로 십자가에 못 박히셨으나 오직 하나님의 능력으로 살으셨으니 우리도 저의 안에서 약하나 너희를 향하여 하나님의 능력으로 저와 함께 살리라 ⁵너희가 믿음에 있는가 너희 자신을 시험하고 너희 자신을 확증하라 예수 그리스도께서 너희 안에 계신 줄을 너희가 스스로 알지 못하느냐 그렇지 않으면 너희는 버리운 자니라 ⁶우리가 버리운 자 되지 아니한 것을 너희가 알기를 내가 바라고 ⁷우리가 하나님께서 너희로 악을 조금도 행하지 않게 하시기를 구하노니 이는 우리가 옳은 자임을 나타내고자 함이 아니라 오직 우리는 버리운 자 같을지라도 너희로 선을 행하게 하고자 함이라 ⁸우리는 진리를 거스려 아무 것도 할 수 없고 오직 진리를 위할 뿐이니 ⁹우리가 약할 때에 너희의 강한 것을 기뻐하고 또 이것을 위하여 구하니 곧 너희의 온전하게 되는 것이라 ¹⁰이를 인하여 내가 떠나 있을 때에 이렇게 쓰는 것은 대면할 때에 주께서 너희를 파하려 하지 않고 세우려 하여 내게 주신 그 권세를 따라 엄하지 않게 하려 함이니라 ¹¹마지막으로 말하노니 형제들아 기뻐하라 온전케 되며 위로를 받으며 마음을 같이 하며 평안할지어다 또 사랑과 평강의 하나님이 너희와 함께 계시리라 거룩하게 입맞춤으로 서로 문안하라 ¹²모든 성도가 너희에게 문안하느니라 ¹³주 예수 그리스도의 은혜와 하나님의 사랑과 성령의 교통하심이 너희 무리와 함께 있을지어다

　진정한 그리스도인의 사랑은 때로 정면 대결을 요구한다. 고린도후서 전체에서 바울은 고린도 교인들을 향한 자신의 깊은 사랑을 표현했다(11:11; 12:15). 그는 편지의 대부분을 그들의 관심사와 비방을 언급하는 데

할애했다(1:12-14, 17, 23; 4:1-2; 5:11-13; 6:11-12; 12:16-18). 그러나 이 편지의 말미-이 마지막 장-에서 바울은 주저없이 고린도 교인들을 엄중히 경고하고 있다(13:2). 그들이 자신의 권위를 거부하기 시작했지만, 바울은 포기하지 않고 그들과의 교제를 확인하고 확신시킨다(2:3; 7:4, 16). 그러나 동시에 바울은 그들이 행한 모든 것이 위대한 재판장이신 하나님 앞에서 이루어진 일이라고 경고했다. 그들이 자신의 충고를 받아들이려고 하지 않는다 해도 그들이 자신들을 살피도록 도전했다. 그들은 그것에 부응했는가? 그들이 그리스도께서 그들 가운데 살아 계신 것처럼 살았는가?(13:5)

13:1-2 내가 이제 세 번째 너희에게 갈터이니

바울은 2차 전도 여행에서 고린도를 처음으로 방문했다. 활발한 상업적 거래와 총체적인 부도덕성으로 유명했던 그 도시에서, 바울은 적은 무리의 성도들을 만났다. 그는 그리스도의 믿음으로 그들을 가르치며 일년 반을 함께 보냈다(행 18:1-17을 참조하라). 2차 방문 때 고통스러운 사건이 발생했다(2:1, 5). 그러므로 바울의 다음 방문은 고린도 교회를 세 번째 방문하는 셈이 되는 것이다.

바울과 고린도 교인들간의 관계는 오래된 것이었다. 그들과 일년 반을 보낸 것 외에도 바울은 디모데(고전 4:17), 디도, 그리고 익명의 한 형제(12:18)를 비롯하여 여러 명의 사자를 보냈다. 바울은 고린도를 미래의 서방 선교를 위한 핵심 기지로 인식했기 때문에 고린도 교인들에게 많은 시간을 투자했다(10:16을 참조하라). 그러므로 그렇게 큰 희망을 두고 있는 교회에 그러한 편지를 쓸 수밖에 없는 바울은 얼마나 낙담했겠는가.

두 세 증인의 입으로 말마다 확증하리라 내가 이미 말하였거니와 지금 떠나 있으나 두 번째 대면하였을 때와 같이 전에 죄 지은 자들과 그 남은 모든 사람에게 미리 말하노니 내가 다시 가면 용서하지 아니하리라
바울은 고린도 교인들에게 신명기 19:15을 엄중한 법적인 소환장으로 인용하고 있다. 고린도후서 전체에서 그는 자기의 행동을 설명하고 변호했다(2:1-4; 11:23-31을 참조하라). 마지막으로 편지의 말미인 여기서, 바울은 자신을 변호하는 일을 중지하고 고린도 교인들과 정면으로 직면한다. 그는 이전처럼(10:1) '겸비한' 방법으로 그들에게 나아가지 않을 것이며 단순히 경고하는 차원에서 그치지 않을 것이다. 오히려 자신의 사도적 권위를 완전히 행사하게 될 것이다.

바울이 신명기 19:15을 인용한 정확한 이유는 주석가들이 논쟁의 대상으로 삼았던 주제다. 예수님은 지상 사역을 하시는 동안 어떤 고소든 두세 증인의 증언이 있어야 유효하다는 구약의 원리를 인정하셨다(마 18:15-17). 바울은 이 율법을 인용함으로써 이번에는 자기가 재판장으로서 그들에게 간다는 사실을 암시하고 있을 가능성이 있다. 그는 그들의 분쟁과 다툼을 해결하겠지만 모든 것이 적법한 순서에 따라 이루어져야 한다는 것이다. 모든 분쟁이 두세 사람의 증인과 함께 그에게 회부되어야 할 것이다.

다른 주석가들은 자신의 세 번째 방문이 고린도 교인들을 꾸짖는 마지막 증언으로 여겼기 때문에 신명기 19:15을 인용했다고 주장한다. 그는 그들을 두 번 방문했고, 지난 방문 때와 고린도후서인 이 서신을 통해 적어도 두 번 정도 그들에게 경고했다. 그는 그들을 징계하기 전에 적절한 조치를 취했다. 충분히 경고했고 회개할 수 있는 충분한 시간을 주었다. 그의 다음 방문은 세 번째 방문이 될 것이고 심판을 위한 목적으로 가는 여행이었다. 바울은 그가 정확히 어떤 종류의 징계를 내릴 것인지에 대해서 구체적으로 밝히지 않았다. 초대 교회가 사용한 징계의 한 형태는 죄를 버리지 않는 자들을 공개적으로 비판하는 것이었다. 흔히 사용되었던 징계의 또 다른 형식은, 그러한 사람을 교회의 교제, 특별히 성찬에 참여시키지 않는 것이었다(고전 5:11). 바울이 이번 방문 때 그렇게 과감한 조치를 취하고자 했다면, 디도와 마게도냐 교회의 형제가 자신의 증인으로 그곳에 있을 것이기 때문에 완벽한 준비를 했을 것이다(8:16-19; 9:4).

마지막으로, 바울은 이미 그들에게 세 번 경고를 했고, 그들이 세 증인과 함께 자신에게 분쟁을 상정할 수 있다는 것을 표현하기 위해 신명기 19:15을 인용했으리라고 분석하기도 한다. 마태복음 18:15-17의 예수님의 가르침은 두 해석을 모두 지지한다. 예수님은 제자들에게 형제들을 세 번 경고하라고 가르치셨다. 한 번은 그 당사자에게 개인적으로, 두 번째는 다른 두 명의 증인을 대동하고, 마지막으로는 교회 앞에서 경고하라고 하셨다(마 18:15-17). 성도에 대해 판단을 확정하기 전에 증인이 세 명 있어야 할 뿐 아니라 그 사람에게 세 번 죄를 경고하는 과정을 거쳐야 하는 것이다.

13:3 이는 그리스도께서 내 안에서 말씀하시는 증거를 너희가 구함이니 저가 너희를 향하여 약하지 않고 도리어 너희 안에서 강하시니라

고린도 교인들 중에 바울이 실제로 그리스도를 대신하여 말하고 있다는 것, 즉 그가 진정한 사도인 증거를 구하는 사람들이 있었다. 헬라 사상에 영향을 받은 이 고린도인들은 강론 능력과 설득력과 환상에 대한 보고를 그리스도께서 교사나 강론가를 통해 일하시는 증거로 이해했다(11:5; 12:12을 참조하라).

바울은 그들의 비판적인 태도를 비난하지 않았다. 그들은 교사들이 예수님을 주로 설교하는지 확인하기 위해 점검하고 있었던 것이다(고전 12:2-3을 참조하라). 그러나 고린도 교인들은 바울에 대해서는 그릇된 기준으로 판단하고 있었다. 그의 메시지가 예수님을 주(Lord)시며 구세주(Savior)로 드러내는지 판단하지 않고 바울의 어눌함과 연약함과 소심함을 비판하고 있었다(10:1; 11:5; 12:7-10).

바울은 이 절에서 고린도 교인들에게 직접적으로 도전하고 있다. 그들이 증거와 강한 능력을 찾고 있다면, 자신이 다음에 방문할 때 그리스도의 능력을 확실히 경험하게 될 것이라고 한다. 그러나 그들이 체험할 예수님의 능력은 고린도 교인들이 기대하는 유형의 능력이 아닐 것이다. 그분은 바울을 통해 고린도 교인들이 거만하게 앉아 구경하고 판단하는 극적인 기적을 연출하시지 않을 것이다. 그리스도께서 강력한 능력으로 임재하실 때 그는 고린도 교인들에게 자신을 증명하는 것이 아니라 그들 가운데 있는 거짓 교사들을 판단하게 될 것이다. 고린도 교인들은 바울에게 온갖 증거와 능력을 요구하기보다는 자신들이 예수님을 온전히 따르고 있는지 스스로 시험하며 자중했어야 했다.

13:4 그리스도께서 약하심으로 십자가에 못박히셨으나 오직 하나님의 능력으로 살으셨으니 우리도 저의 안에서 약하나 너희를 향하여 하나님의 능력으로 저와 함께 살리라

고린도 교인들을 향한 바울의 일관된 메시지는 그리스도의 약함에 대한 소식인 그리스도께서 십자가에 못박히셨다는 것이었다(고전 1:23). 복음에 대한 이러한 강조에도 불구하고 고린도 교인들은 영적인 '능력'을 과시하는 거짓 교사들에게 감동을 받았다. 그들은 인간의 연약함을 입고 오신 예수 그리스도(빌 2:6-11을 참조하라)를 섬기고 있었음에도 강하고 설득력 있는 언변을 자랑하는 교사들을 찾았다.

바울은 고린도 교인들에게 능력이 아니라 약함을 통해 드러나는 **하나님의 능력**을 상기시켜 주었다(12:9). 그리스도의 생애 자체가 이 사실을 증거한다. 예수께서는 사람들에게 능력을 행사하라는 사단의 유혹을 거절하셨다. 성전 꼭대기에서 뛰어 내려 살아남으로써 사람들을 놀라게 하고 추종자들을 만들 수 있는 기회를 거부하셨다(마 4:5-7). 심지어 온 세상을 다스리라는 사단의 제의도 받아들이지 않으셨다(마 4:8-10). 오히려 예수께서는 하나님이 마련해 두신 더 어려운 길-고난, 수치, 십자가 위에서 죄인으로 죽는 죽음의 길-을 순종함으로 받아들이셨다. 세상에 대해 권력(하나님의 아들로서 누리신 권리인 권위)을 휘두르신 것이 아니라 남을 섬기고 심지어 목숨까지도 내놓는 길을 걸으셔야 했다(마 20:28을 참조하라). 그리스도의 약함을 통하여 하나님은 믿는 모든 사람들을 위한 구원을 예비하셨다(요 3:16-18).

하나님께서는 그리스도의 약함을 통해 자신의 능력을 입증하셨듯이 바울의 생애에서도 동일하게 역사하셨다. 하나님이 자기의 능력을 드러내신 것은 고난과 박해와 돌에 맞는 시련을 통해서였다(4:7-10; 6:3-10; 11:23-33에서 바울이 작성한 세 목록을 참조하라). 하나님이 바울에게 주신 능력은 교회를 섬기는 능력이었다. 예수님의 사도로서 바울의 사명은 예수님과 유사했다. 즉 종이 되는 것이었다(4:5; 6:4; 11:23을 요 13:12-17과 비교하라). 대조적으로 고린도 교회에 침투한 거짓 교사들은 종이 아니라 상전으로 행세하고 있었다(11:19-21을 참조하라).

그 안에서

바울은 "하나님의 능력으로 그와 함께 살리라"(13:4)고 천명한다. 바울 사도는 이 사실에 위로를 받았다. 모든 성도가 바울과 같아야 한다. 그리스도인들은 교회를 재미로 다니는 것이 아니다. 우리는 고무 뗏목과 플라스틱 노로 이 세상의 노도를 헤쳐 나가는 것이 아니다. 우리는 성령의 내주하시는 능력으로 항해하는 전능자의 가장 좋은 배에 탄 승객이다. 그리스도께서 원하시는 것을 성취할 수 있을지에 대해 자신의 능력을 과소 평가하려는 유혹이 항상 있다. 그는 포도나무요 우리는 가지라는 사실을 망각하기가 쉽다(요 15:5). 포도나무에 붙어 있는 가지들은 자신들의 창조 목적을 이루는 열매를 자연스럽게 맺는다. 당신의 시간과 자원과 능력을 그분이 사용하시도록 내어드리기만 하면 당신을 통해 일하시기를 기뻐하시는 하나님께, 감사 기도를 드리라.

13:5 너희가 믿음에 있는가 너희 자신을 시험하고 너희 자신을 확증하라 예수 그리스도께서 너희 안에 계신 줄을 너희가 스스로 알지 못하느냐 그렇지 않으면 너희가 버리운 자니라

고린도 교인들은 구원의 복음을 그들에게 가장 먼저 소개한 바울을 시험하자고 계속 주장했다. 이 서신은 그들의 요구에 부응하여 그들의 질문 중 몇 가지에 대답을 하고 있다(1:12-24; 3:4-6; 11:22-23; 12:16-18을 참조하라). 그들의 시험을 무사히 넘긴 바울은 이제 고린도 교인들에게 자신들을 시험하고 믿음에 일치하는 삶을 살고 있는지 확증하라고 요구하고 있다.

처음에 바울은 고린도 교인들에 대한 신뢰를 표현했다(7:4, 16). 그는 예수 그리스도께서 그들 가운데 계신 것을 실제로 믿었다(롬 8:10-11; 골 1:27). 그가 처음 고린도에 복음을 전했을 때 그리스도께서 그들 가운데 강력하게 역사하신 것이 확실하기 때문에 그들의 신앙에 대해 결코 의구심을 드러낸 적이 없었다(1:21-22; 3:1-3; 고전 1:26-29; 2:4; 3:16, 23; 6:19-20).

그러나 그들이 기독교 신앙의 근본적인 진리들을 믿지 않는다면 버리운 자가 될 것이다.

13:6 우리가 버리운 자 되지 아니한 것을 너희가 알기를 내가 바라고

고린도 교인들이 자기 점검에 합격한다면 바울도 그 시험에 통과하게 된다는 암시를 주고 있다. 그들의 삶이 바울이 전해 준 복음으로 인해 변했다는 사실이 바울의 천거서였다(3:1-3을 참조하라). 바울은 고린도 교회를 설립했다. 많은 사람들 중에서 어떻게 하필 고린도 교인들이 그를 의심할 수 있었을까? 그들이 믿음을 견지하고 있다는 사실이 그의 사역의 실효성을 반영했다. 고린도 교인들이 자기 교회의 설립자를 의심한다는 것은 있을 수도 없는 일인데도 그들은 바로 그러한 짓을 하고 있는 것이다! 여기서 바울은 고린도 교인들에게 그들의 신앙이 자기 사역의 결과라고 지적하는 재치 있는 방법을 사용하고 있다. 그것은 그들이 지금 의문을 제기하고 있는 바로 그 사역인 것이다.

점검

바울은 고린도 교인들에게 자신들이 진정으로 그리스도인인지 스스로 점검하고 평가해 보라고 도전했다(13:5). 이 구절은 신자들에게 자신들의 영적인 상태를 점검하라고 촉구하고 있다. 그들은 자신들의 삶에서 그리스도의 임재와 능력에 대한 자각이 자라고 있는지 살펴 보아야 한다. 그렇게 할 때만 자신들이 참된 그리스도인인지, 아니면 단순히 사기꾼인지 알게 될 것이다. 하나님께 가까이 나아가기 위해 적극적으로 노력하고 있지 않다면 그분으로부터 계속해 멀어지고 있는 중인 것이다.

13:7-8 우리가 하나님께서 너희로 악을 조금도 행하지 않게 하시기를 구하노니

바울은 기도의 사람이었다. 그는 기독교 교회의 영적인 성장에 대해 깊이 염려하여(11:28) 자신의 사역으로 복음을 받아들인 성도들을 위하여 밤낮으로 기도하며 보냈다(바울의 기도에 대해서는 엡 1:18-21; 3:16-20; 빌 1:9-11; 골 1:9-14; 살전 3:10; 살후 1:11-12을 참조하라). 고린도 교인들이 그에게 많은 근심과 염려를 가져다 주었지만(2:4), 바울은 그들을 위한 기도를 멈추지 않았다. 하나님께서 옳은 일을 할 수 있는 지혜와 능력을 주시도록 간구했다.

이는 우리가 옳은 자임을 나타내고자 함이 아니라 오직 우리는 버리운 자 같을지라도 너희로 선을 행하게 하고자 함이라 우리는 진리를 거스려 아무 것도 할 수 없고 오직 진리를 위할 뿐이니

바울은 오해받기를 원치 않았다. 그는 그들이 '성공하여' 자신도 성공한 목회자로 평가받으려고 기도한 것이 아니었다. 그는 영리를 목적으로 설교하는 거짓 교사들—성공한 교회로부터 근사한 추천서를 구하는 설교자들(2:17-3:1)—과 같은 길을 걷지 않았다. 바울은 실패자로 오해를 받았음에도 불구하고 고린도 교인들의 성공을 위해서 기도했다. 그리스도께서 모든 인간을 섬기시기 위해 십자가 위에서 모욕과 죽음을 기꺼이 감당하셨듯이, 바울도 고린도 교회와 복음의 **진리**를 위해서라면 실패자가 될 각오가 되어 있었던 것이다(13:4). 당신도 바울처럼 헌신하고 있는가?

13:9 우리가 약할 때에 너희의 강한 것을 기뻐하고 또 이것을 위하여 구하니 곧 너희의 온전하게 되는 것이라

부모들이 자녀들을 위하여 큰 희생을 감수하려 하듯이 바울도 고린도 교인들을 위해 희생하기를 주저하지 않았다. 바울은 고린도 교인들이 믿음 안에서 자라가고 **강한** 그리스도인이 되어 가기를 소원했다. 그가 자신을 완전히 소모하고 자원을 모두 쏟아 부어 **약해져야** 한다면 기꺼이 그렇게 했을 것이다(1:6; 12:14-15도 참조하라). 그는 그들에게 믿음을 가르치며 일 년 이상을 소요하는 등 많은 것을 투자했다. 그는 고린도 교인들이 믿음 안에서 계속 자라가기를 원했다. 이러한 까닭에 하나님께 기도로 그들을 의탁하는 데 많은 시간을 할애했다. 고린도 교인들이 악한 일을 하지 않도록 기도하는 것 외에도(13:7), 그들이 **온전하게 되도록** 기도했다. '온전하게 되다'는 헬라어는 '적절한 상태가 되도록 하다'는 뜻이다. 그러므로 바울은 자신이 도착하면 교회가 질서 가운데 있음을 볼 수 있도록 간구한 것이다(고린도 회중의 무질서에 관한 예는 고전 14:29-33을 참조하라).

당신이 복음을 나눌 때 사람들이 단순히 믿음을 고백하고 교회에 다니기 시작하는 수준에 목표를 둘 것이 아니라, 성숙한 그리스도인으로 자라는 것을 목표로 삼아야 한다. 복음을 전한 사람들을 위하여 기도하라.

13:10 이를 인하여 내가 떠나 있을 때에 이렇게 쓰는 것은 대면할 때에 주께서 너희를 파하려 하지 않고 세우려 하여 내게 주신 그 권세를 따라 엄하지 않게 하려 함이니라

바울 시대에는 편지를 쓴 목적을 설명하기 시작한다는 것은 그 사람이 글을 끝내려 한다는 확실한 표시였다. 바울의 신약 서신서에도 이것이 동일하게 적용된다.

바울은 고린도후서를 디도 편에 부쳐서(8:16, 23) 자기가 고린도 교회를 방문할 때면 문제들이 해결되어 있기를 바랬다. 그가 편지에서 경고하고 있듯이(13:1-4) 하나님이 자신에게 주신 **권세**로 교회를 징계하는 일이 발생하지 않기를 바란 것이다. 오히려 바울과 고린도 교회가 믿음 안에서 서로를 격려하며 세울 수 있기를 바랐다(1:23-24; 2:1-3; 10:8). 그러므로 그의 편지 중에는 간혹 가혹한 질책의 내용이 있기도 하지만(가령, 11:3-5, 19-21을 참조하라) 그것은 고린도 교인들을 향한 커다란 사랑의 표현이었다(11:11; 12:15). 부모가 다치거나 심하게 벌을 받기 전에 제멋대로 구는 자녀에게 경고를 주듯이, 바울은 너무 늦기 전에 고린도 교인들을 경고하고 있었다. 바울은 그들을 엄하게 다루고 싶지 않았지만, 죄에서 돌이키지 않는다면 어쩔 수 없이 과감한 조치를 취할 수밖에 없을 것이다(13:2-3).

그러나 바울은 여전히 희망을 버리지 않고 끝까지 기도하고 있다. 서신서 전체를 통해 그는 고린도 교인들에 대한 신뢰를 표현하고 있다. 그는 그들이 교회 내부의 어렵고 곤란한 모든 상황을 처리할 수 있다고 믿었다.

(바울이 2:5-11; 7:7-13에서 범법한 형제에 대한 고린도 교회의 처리 문제를 어떻게 인정하고 있는지 살펴 보라.) 고린도 교회의 방문시기를 늦추고 디도를 먼저 보냄으로써(2:1; 7:6-8; 8:16-17), 바울은 고린도 교인들이 자신의 경고에 적절하게 반응할 수 있도록 시간을 주고 있다. 고린도 교인들이 바울의 사도적 권위를 의심하고 있었지만 그것까지도 허용하고 있다. 그는 고린도 교인들이 이 편지를 읽고 자신의 방문에 대비해 주기를 바랐다.

 **훌륭한 기초**

바울이 주님께로부터 받은 권위는 교회를 파멸에 이르게 하기 위한 것이 아니라 세우기 위함이었다(13:10). 그는 하나님의 사람들이 하나님의 임재가 이루어지는 거룩한 백성으로 자라가기를 바랐다. 바울은 때로 비판적이고 가혹하기도 하지만 언제나 사람들을 세우고자 했다. 그의 모범은 냉소적인 이 시대에도 유익한 교훈을 준다. 무례와 모욕이 일반적인 풍조다. 빈정거림은 가장 인기를 끄는 유머 양식의 하나가 되었다. 교회에서조차 그리스도인들은 서로에게 사랑으로 충고하기보다는 그대로 외면해 버린다. 그러나 그리스도인들은 성령의 성전이며 지극히 높으신 하나님이 거주하시는 곳이다. 믿음의 가정에는 형제들을 무시하는 공간이 없다. 이번 한 주가 끝나기 전에 교회에서 소외되고 있는 몇몇 형제들에게 격려의 편지를 써 보내라. 그들의 존재와 재능이 교회 내에 얼마나 필요한지 상기시켜 주라. 감사의 마음을 표현하라.

13:11-12 마지막으로 말하노니 형제들아 기뻐하라 온전케 되며 위로를 받으며

바울은 일반적으로 짧은 권면의 말로 편지를 마무리했다(골 4:2-6; 살전 5:12-22을 참조하라). 고린도후서도 예외는 아니다.

'온전케 되며'는 13:9의 명령을 반복하고 있다(NIV는 이 구절과 13:9의 헬라어를 영어 단어 'perfection'[완전함]으로 번역하고 있다). 바울의 마음 깊은 곳에는 고린도 교회의 지도자들이 회개하지 않는 자들을 징계하고(13:2), 회중 내에서 거짓 교사들을 침묵시키며(11:13) 회개한 자를 교회의 교제 속으로 회복시키는 일(2:7)을 감당할 것이라는 생각이 있었다.

바울은 이미 고린도 교인들에게 해야 할 일을 말하고 경고했다. 이 시점에서 그들이 할 일은 이제 그의 말에 '귀를 기울이는 것' 이었다. 고린도후서에서 바울이 호소한 내용은 그를 대적하는 자들의 거짓 복음을 물리치고(11:2-5) 그들에게 그가 전해 준 복음에 충실하라는 것이었다(6:1-2; 13:5).

마음을 같이 하며 평안할지어다 또 사랑과 평강의 하나님이 너희와 함께 계시리라

바울은 거짓 교사들로 인해 야기된 고린도 교회 내부의 분열이 교회의 일치성을 파괴하리라는 것을 알았다. 실제로, 고린도 교회는 출발부터 일치되어 있지 않았다. 다툼과 분열로 얼룩져 있었다(고전 1:11-13). 고린도전서에서 바울은 교회의 각 구성원들은 그리스도의 몸의 일부라고 조심스럽게 설명했다. 사람의 몸의 각 부분이 협력하듯이 고린도 교인들도 그리스도의 몸의 지체로서 일치되어야 하는 것이다. 믿음 안에서 서로를 세워주려는 기회를 찾아야 했다(고전 1:10; 12:7, 12-14). **마음을 같이 하며 평안하**라는 짧은 명령과 함께 이 절은 그리스도 아래서 한 회중으로 연합하라는 고린도전서의 당부를 요약하고 있다(고전 12:27을 참조하라). 그들은 분쟁을 그만 두고 하나님의 나라를 확장시키기 위해, 그리스도의 지도력 아래 하나로 단결해야 하는 것이다. 형제 그리스도인들과 하나되어 그리스도의 뜻을 교회와 공동체 속에 실현하기 위해, 당신이 포기해야 하는 자신의 독특한 개성은 무엇인가?

진정한 해결책

바울의 마지막 말-교회가 직면한 필요에 대해 고린도 교인들이 기억해 주기를 바라는 바울의 소망 사항-은 오늘날의 교회에도 여전히 적용된다. 이러한 특성이 실종된 교회라면 문제가 있다는 증거다. 문제와 갈등, 어려움들을 은근 슬쩍 덮어 버린다고 해서 이 특성이 교회에 생기는 것은 아니다. 이러한 특성이 태만, 부인, 철회, 반감으로 생기는 것이 아니다. 그것은 문제를 해결하고자 하는 극한의 노력의 결과다. 바울과 고린도 교인들이 평화를 위해 어려움을 타개해야 했듯이, 성도들은 하나님의 말씀의 원리를 적용해야 하며 듣기만 하는 것으로 그쳐서는 안 된다.

거룩하게 입맞춤으로 서로 문안하라 모든 성도가 너희에게 문안하느니라
현대인들이 전형적으로 '평안하십시오'와 같은 말로 편지를 마무리하듯이 바울 시대에도 서로 인사를 교환하는 식으로 편지를 마무리했다. 이 절에서 바울은 그러한 편지 쓰기 양식을 사용하고 있다(롬 16:3-16; 고전 16:19-21; 빌 4:21-23도 마찬가지다).

바울은 고린도 교인들이 입맞춤으로 서로 문안하라고 격려한다. 그는 고린도전서에서도 동일한 내용으로 인사를 했다(고전 16:20을 참조하라). 바울 시대엔 상대방의 뺨이나 어깨에 입맞추는 것이 일반적인 인사법이고 우정의 표시였다. 그러한 키스는 현대 사회의 진심에서 우러나온 악수나 포옹과 비슷하다. 바울은 서로 하나되고 화평하게 지내겠다는 그들의 노력의 첫 표시로 서로를 따뜻하게 환대하라고 격려하고 있는 것이다.

바울은 모든 성도들이 문안한다는 내용으로 로마령 내의 회중들이 고린도 교인들과 마찬가지로 그리스도 안에서 연합하려고 노력하고 있음을 상기시켜 주고 있다. 고린도 교인들과 동일한 믿음과 성령을 소유한 지중해 동부 지역의 형제들이 있었던 것이다. 비록 이 성도들은 서로 멀리 떨어져 있지만 예수 그리스도의 권위 아래서 성령을 통해 모두 연합되어 있는 것이다.

그때 바울과 함께 있던 성도들-구체적으로 마게도냐 그리스도인들-도 고린도 교회의 성도들을 위한 사랑과 관심의 표현으로 문안 인사를 보내고 있었다.

13:13 주 예수 그리스도의 은혜와 하나님의 사랑과 성령의 교통하심이 너희 무리와 함께 있을지어다
고린도 교회에 대한 바울의 마지막 축복에는 삼위 일체 하나님께서-성부(하나님), 성자(주 예수 그리스도), 성령-모두 등장하신다. '삼위일체'라는 용어가 성경에 구체적으로 등장하지는 않지만 이와 같은 구절들은 초대 그리스도인들이 하나님이 삼위-성부 하나님, 성자 예수, 성령님-로 계심을 믿었음을 보여준다(삼위 일체에 대한 구절에 대해서 더 알고자 한다면, 마 3:17; 28:19; 눅 1:35을 참조하라). 예수께서 하나님이심을 부인하는 것은 그의 십자가의 죽음으로, 예수를 믿는 자들이 하나님의 은혜를 값없이 받을 수 있음을 부인하는 것이다. 성령께서 하나님이심을 부인하는 행위는 성령께서 성도들에게 하나님과 성도 상호간의 교통을 가능하게 하시는 분임을 부인하는 것이다.

이 마지막 삼위일체 축도송으로 바울은 사랑 안에서 연합하는 법에 대한 하나님의 모델을 고린도 교인들에게 제시하고 있다. 성령께서 주시는 능력으로 그들도 하나님께서 향유하시는 은혜와 사랑과 교통하심을 공동체 속에서 누릴 수 있다.

바울은 고린도 교인들이 회개할 때까지 그들과 모든 교류를 거부할 권한이 얼마든지 있었다. 그러나 바울은 그들을 사랑했기 때문에 방문과 서신을 통해 끈질기게 그들을 권유하고 훈계했다. 이러한 형태의 집요한 사랑은 예수께서 바울에게 보여 주셨던 사랑이다. 바울이 교회를 핍박했지만(딤전 1:13) 예수님은 그에게 값없이 주시는 은혜를 베푸셨다. 바울 역시 고린도 교인들이 그를 배척했을 때 스스로 물러나지 않았다. 그들과의 교류를 단절시키지 않았다. 오히려 그는 그들에 대한 사랑과 관심을 표현했다. 그들을 위해 기도했다. 그는 사랑의 마음으로 그들 가운데 있는 거짓 가르침과 부도덕성을 경고했다. 고린도 교인들이 그리스도와의 풍성한 교제와 하나됨으로 회복되기를 바라는 바울의 간절한 소원은, 고린도 교인들에 대한 무조건적인 헌신-좋을 때나 나쁠 때나 배척을 받을 때나 환대를 받을 때를 막론하고-에서 비롯되었다.